Multipliers

멀티플라이어

어떻게 사람들의 역량을 최고로 끌어내는가

멀티플라이어

리즈 와이즈먼 지음 | **이수경** 옮김

한국경제신문

왜 《멀티플라이어》에 찬사를 보내는가?

이 책은 이 시대 리더들을 위한 위대한 선언문이다. 저자는 모든 직급에 있는 구성원들의 지적 능력을 끌어내 더 똑똑한 조직을 만드는 법에 관한 실제적인 지침을 준다. 매우 시의적절하고 통찰력이 넘치는 책이다.

─노엘 티시Noel Tichy, 미시간대학교 경영학 교수, 《판단력Judgment》의 공저자

멀티플라이어는 조직 구성원들에게서 최고의 역량을 끌어낸다. 그들은 기업 입장에서 최고의 자원이다. 멀티플라이어가 되고 싶거나 다른 사람을 멀티플라이어로 변화시키고 싶다면 이 책을 읽어라. 더 빛나는 경력을 쌓거나 회사의 역량을 키우고 싶은 사람도 이 책을 읽어라.

─케리 패터슨Kerry Patterson, 《결정적 순간의 대화Crucial Conversations》의 공저자

마인드셋이 리더의 행동 방식을 결정한다는 것을 보여주는 놀라운 책이다. 리더십에 관한 우리의 관점을 완전히 뒤바꿔놓을 책.

─캐럴 드웩Carol Dweck, 스탠퍼드대학교 심리학 교수, 《마인드셋Mindset》의 저자

리즈 와이즈먼의 통찰력은 유용하고 실용적이며 큰 의의가 있다. 기존의, 또는 더 적은 자원으로 많은 것을 이뤄내야 하는 리더라면 이 책의 가치를 실감할 것이다.

─데이브 얼리치Dave Ulrich, 미시간대학교 로스경영대학원 교수

매우 흥미롭고 강력한 책이다. 현재 리더 자리에 있거나 앞으로 리더가 되려는 사람은 꼭 읽어야 한다. 리즈 와이즈먼은 매우 성실한 저자로 보인다. 누구나 이 책을 읽고 나면 읽기 전보다 더 나은 사람이 될 것이다.

—바이런 피츠Byron Pitts, ABC 〈나이트라인〉 앵커

이 매력적이고 혁신적인 책은 아주 중요한 질문을 던진다. '오늘날의 중대한 문제들을 해결하려면 사람들의 재능을 어떻게 키우고 활용해야 하는가?' 이 책은 기존의 많은 관점을 다시 생각해보게 한다.

—개러스 존스Gareth Jones, 마드리드 IE 경영대학원 객원교수, 《팔로워의 마음을 훔치는 리더들Why Should Anyone Be Led by You?》의 공저자

리더십에 관한 근본적 진실에 접근한 책이다. 그것은 지금껏 아무도 다루지 않았던 진실이다. 저자는 오래도록 수많은 이들에게 영향을 끼칠 리더십 언어를 만들어냈다.

—번 하니시Verne Harnish, 기업인협회Entrepreneurs' Organization, EO 설립자, 《스케일링 업Scaling UP》의 저자

놀랍도록 뛰어나고 시의적절한 책이다. 모든 리더와 리더십 전문가의 책장에 꽂혀 있어야 마땅하다.

—로더릭 크레이머Roderick M. Kramer, 스탠퍼드 경영대학원 조직행동학 교수

일러두기

멀티플라이어(Multiplier)

세상에는 사람들을 더 훌륭하고 똑똑하게 만드는 리더들이 있다. 그들은 사람들에게서 지성과 능력을 부활시키고 끌어낸다. 우리는 그들을 멀티플라이어라 부른다. 멀티플라이어는 집단 지성 바이러스에 열광하는 조직을 만든다.

디미니셔(Diminisher)

지성과 능력을 없애는 마이너스 리더들, 우리는 그들을 디미니셔라 부른다. 그들은 지적인 사람은 드물고 자신만이 똑똑한 사람이라 생각하며 독단적으로 결론을 내린다. 디미니셔는 역사에서 사라진 많은 제국들처럼 결국 무너지고 마는 조직을 만든다.

○ ○ ○

이끄는 법을 깨닫게 해주고
멀티플라이어가 되는 것이 중요한 이유를 일깨워준
나의 아이들
메건, 어맨다, 크리스천, 조슈아에게

MULTIPLIERS

CONTENTS

사람들로부터 더 많은 것을 끌어내는 능력

스티븐 코비 *Stephen R. Covey*

나는 20대 초반에 멀티플라이어와 함께 일할 기회가 있었다. 그때의 경험은 내 인생 전체에 크나큰 영향을 끼쳤다. 당시 나는 학업을 쉬고 장기 자원봉사 활동에 참여하기로 마음먹고 영국으로 향했다. 그곳에 간지 넉 달 반이 된 어느 날, 해당 조직의 대표가 나에게 다가와 이렇게 말했다. "자네에게 새로운 임무를 주겠네. 영국 여러 곳을 돌아다니며 리더들을 교육해주었으면 해." 나는 깜짝 놀라지 않을 수 없었다. 대체 내가 어떻게 50대, 60대의 나이 지긋한 리더들을 가르친단 말인가? 그들 중에는 내가 살아온 햇수의 두 배나 되는 세월 동안 리더로 살아온 사람도 있었다. 나의 망설임을 눈치 챈 대표는 내 눈을 똑바로 쳐다보며 말했다. "나는 자네를 깊이 신뢰하네. 자넨 할 수 있어. 리더 교육을 준비하는 데 도움이 될 자료를 챙겨주겠네." 그 대표가 나에게 준 영향은 실로 엄청났다. 자원봉사를 마치고 고향에 돌아왔을 때, 나는 인생을 바치고 싶은 일이 무엇인지 깨닫기 시작한 상태였다.

그의 특별한 능력, 즉 사람들에게서 그들이 지녔다고 생각하는 것보다 더 많은 역량을 이끌어내는 능력이 내 마음을 떠나지 않았다. 나는 이후로도 수없이 이에 대해 곰곰이 생각해보았다. '그는 어떻게 나한테서 놀라운 능력을 끌어낼 수 있었을까?' 이 질문에 대한 답이 바로 이 책에 담겨 있다.

리즈 와이즈먼의 책만큼 이 주제를 심도 있게 탐구한 책을 나는 읽어본 적이 없다. 그리고 이 책은 아주 시의적절한 때에 세상에 나왔다.

새로운 요구, 불충분한 자원

조직이 주요 당면 과제들의 해결을 위해 자원을 추가 투입하는 호사를 누릴 수 없는 시기에는 바깥이 아니라 조직 내에서 역량을 찾아야 한다. 조직에 이미 존재하는 지성과 역량을 찾아 증대시키는 것이 무엇보다 중요해진다. 업계를 막론하고 오늘날 모든 조직의 리더는 데이비드 앨런David Allen이 말한 "새로운 요구, 불충분한 자원"이라는 문제에 직면해 있다.

나는 40여 년간 수많은 조직과 일하면서 그들이 '새로운 요구, 불충분한 자원'이라는 문제와 씨름하는 모습을 목격했다. 그리고 오늘날 리더들에게 던져진 가장 큰 과제는 자원이 불충분하다는 사실 자체가 아니라 활용 가능한 귀중한 자원에 제대로 접근하지 못한다는 사실이라는 것을 확신하게 됐다.

세미나 참석자들에게 나는 종종 이렇게 묻는다. "조직 구성원 대다수가 현재 업무에서 발휘하는 것보다 훨씬 더 뛰어난 역량과 창의성, 재능, 추진력, 전략적 수완을 갖고 있다고 생각하는 분들이 계신가요?"
그러면 약 99퍼센트가 손을 든다.

　그리고 나서 나는 또 이렇게 묻는다. "적은 자원으로 보다 많은 성과
를 내야 한다는 압박을 느끼는 분들은요?" 이때도 역시 거의 대부분이
손을 든다.

　두 질문을 함께 생각해보면 리더들이 직면한 도전 과제가 명백해진
다. 이 책에서도 설명하고 있듯이, 실제로 많은 조직의 구성원들이 '과
도하게 일하면서도 능력은 충분히 발휘하지 못하고' 있다. 일부 기업에
서는 가장 똑똑한 인재들의 채용을 핵심 전략으로 삼는다. 똑똑한 사람
이 경쟁자보다 더 신속하게 문제를 해결할 수 있다고 믿기 때문이다.
그러나 이런 접근법은 조직이 인재의 역량을 끌어낼 수 있을 때에만 의
미가 있다. 제대로 활용하지 못하고 있는 거대한 인적 자원에 효과적으
로 접근하고 그 잠재력을 발휘시키는 조직은, 직원들에게도 즐거운 일
터가 되고 시장에서도 경쟁자를 앞서 나가기 마련이다. 조직의 이 같은
능력은 오늘날 글로벌 환경에서 성공하는 기업과 뒤처지는 기업을 판
가름하는 핵심 열쇠다. 또한 기업이 직면한 다른 여러 문제에서도 그렇
듯, 리더십은 조직 역량을 십분 끌어내 활용하는 문제에서도 결정적 역
할을 한다.

새로운 아이디어

이 책은 조직 구성원들의 지적 능력과 잠재력을 끌어내기 위해 필요한
리더십 패러다임을 제시한다. 또한 왜 어떤 리더는 주변 사람을 탁월한

인재로 만드는 반면 어떤 리더는 조직의 지적 능력과 역량을 고갈시키는지 그 이유를 파헤친다.

피터 드러커Peter Drucker가 한 다음 말에는 중요한 핵심이 담겨 있다.

20세기에 경영이 기여한 가장 중요하고 특별한 점은 제조업 육체노동자의 생산성을 50배 증가시킨 일이다.

21세기에 경영이 기여해야 할 가장 중요한 일은 지식노동 및 지식노동자의 생산성을 증가시키는 것이다.

20세기 기업에 가장 귀중한 자산은 생산 설비였다. 기업이든 기업이 아니든 21세기 조직에 가장 귀중한 자산은 지식노동자들과 그들의 생산성이 될 것이다.[1]

이 책은 드러커가 제시한 전망에 부합하는 방향으로 움직이는 리더 유형과 그렇지 않은 유형을 명쾌하게 설명한다.

이 책을 읽으며 인상 깊게 다가온 통찰력 하나는 멀티플라이어가 현실에 입각한 냉철한 리더라는 점이었다. 이들은 부드러운 리더가 아니다. 멀티플라이어는 사람들에게 반드시 훌륭한 성과를 내야 한다고 말하고, 그런 성과를 내도록 적극적으로 이끈다. 인상 깊었던 또 다른 통찰력은 멀티플라이어 곁에 있는 사람들이 실제로 더 똑똑해지고 유능해진다는 점이었다. 즉 그저 똑똑해진 기분을 느끼는 것이 아니라 '실제로' 똑똑해진다. 그들은 어려운 문제를 해결하는 능력이 생기고, 상황에 더 신속하게 대응하며, 더 현명한 조치를 취한다.

이를 제대로 이해하는 리더는 저자의 설명대로 천재(스스로 가장 똑똑해지려고 하는 리더)에서 천재를 만드는 사람(자신의 능력을 이용해 다른 사람들의 탁월한 능력을 끌어내고 증대시키는 리더)으로 변화하게 된다. 이 변화는 조직에 실로 엄청난 영향을 끼친다. 그 변화 전과 후의 조직의 모습은 천양지차다.

이 책을 높이 평가하는 이유

내가 이 책의 내용을 높이 평가하는 이유는 몇 가지가 있다.

첫째, 저널리스트와도 같은 성실성과 고집스러운 끈기로 아메리카 대륙, 유럽, 아시아, 아프리카 등 세계 곳곳의 리더 150명 이상을 분석해 풍부하고 생생한 사례들을 제공한다는 점이다.

둘째, 멀티플라이어와 디미니셔를 구분 짓는 몇 가지 핵심 요인을 집중적으로 다룬다는 점이다. 이 책은 리더의 바람직한 자질과 나쁜 자질을 소개하는 리더십 일반론이 아니다. 이 책은 더 예리하게 범위를 좁혀 멀티플라이어와 디미니셔를 차별화하는 5가지 핵심 원칙을 집중 조명한다.

셋째, 이 책의 '탐구 범위range of motion'에 주목할 필요가 있다. 책 제목을 보면 얼핏 말콤 글래드웰Malcolm Gladwell의 《아웃라이어Outliers》가 연상되기도 하지만, 저자는 현상의 깊은 곳까지 파고들어가 멀티플라이어 리더십에 관한 실용적 통찰력을 제공한다.

넷째, 최첨단 관점과 시대를 초월하는 원칙을 솜씨 있게 결합하고 있다. 많은 책들은 그 둘 중 한 가지밖에 보여주지 못한다. 둘 모두를 충족시키는 경우는 흔치 않다. 이 책은 지금 당면한 현실과도, 그리고 올바른 판단력이 지향하는 가치와도 연결돼 있다.

때를 만난 아이디어

《멀티플라이어》는 모든 업계와 영역에서 빛을 발할 책이다. 기업 간부는 물론이거니와 교육계와 의료계, 각종 재단, 비영리 조직, 스타트업, 의료보험 관련 기관, 중소기업, 지자체 및 중앙정부 기관의 리더들 역시 이 책에서 값진 통찰력을 얻을 수 있다. 나는 이 책이 신임 관리자에서부터 글로벌 리더에 이르기까지 모든 이들에게 유용할 것이라고 확신한다.

이 책은 가장 필요한 시기에 세상에 나왔다. '새로운 요구, 불충분한 자원'이라는 과제를 마주한 최고재무책임자[CFO]와 인적 자원 담당자들이 기존 자원의 보다 효율적인 활용 방안에 대한 필요성을 절감하고 있기 때문이다. 이 책의 원칙들은 시간이 흘러도 언제나 유효할 것이지만, 오늘날과 같은 경제 지형에서는 시장에서 승리하기 위한 열쇠가 될 것이다. 그 어느 때보다 지금 필요한 원칙들이기에 생명력을 얻고 세상의 주목을 얻을 것이다. 빅토르 위고[Victor Hugo]가 "때를 만난 아이디어보다 더 강력한 것은 없다"라고 했듯이, 그것들은 바로 '현재'에 유의미한 원칙이다.

나는 수많은 리더가 자신이 의도치 않게 사람들의 역량을 고갈시키고 있음을 깨닫고 멀티플라이어가 되는 여정에 올라서는 미래를 그려본다. 디미니셔 문화에 물든 교육기관들이 멀티플라이어 원칙을 채택해 새롭게 거듭나고 지역사회에 긍정적 영향을 끼치는 모습을 그려본다. 또한 세계의 리더들이 사람들의 잠재된 역량을 끌어내는 법을 터득해 여러 골치 아픈 난제를 해결하는 모습을 떠올려본다.

모쪼록 여러분도 눈앞에 다가온 기회를 깨닫기를 바란다. 이 책을 그냥 읽기만 하고 덮어두면 안 된다. 멀티플라이어가 되기 위해 실제로 노력하라. 당신의 조직 내에서 멀티플라이어 원칙이 잠시 지나가는 유행에 그치도록 놔두지 마라. 이 원칙들을 적극 활용해 조직에 멀티플라이어 문화를 확산시켜 직원들의 역량을 최대한 끌어내라. 당신 자신이 멀티플라이어 리더가 돼라. 오래전 내가 영국에서 만났던 대표처럼 말이다. 이와 같은 리더십은 틀림없이 팀 차원에서나 조직 전체 차원에서나 엄청난 이로움을 가져다준다. 지구상의 모든 리더가 디미니셔에서 멀티플라이어로 바뀌기 시작한다면 세상이 어떻게 변할지 상상해보라.

그 멋진 변화는 충분히 가능하다.

다른 사람의 능력을 끌어내고 이끄는 것

이 책은 단순한 명제에서 시작됐다. 그것은 '조직 내에는 실제로 활용하고 있는 것보다 더 많은 능력이 존재한다' 라는 사실이다. 세상에는 사람들의 능력을 알아보고 활용하며 더욱 성장시키는 리더가 있는가 하면 사람들의 재능을 질식시키는 리더도 있다. 나는 전자를 멀티플라이어Multiplier, 후자를 디미니셔Diminisher 라고 부른다.

  2010년 책의 초판이 나왔을 때 여기 담긴 내용은 전 세계 많은 관리자의 공감을 불러일으켰다. 아마도 출간 시기가 글로벌 경기 침체 직후였기 때문이었을 것이다. 당시는 기업 세계의 지형에 지각변동이 일어나 모두의 발밑에서 땅이 흔들리고 있었다. 과거에 예측하거나 관리할 수 있었던 것들이 불안정하고 불확실하며 복잡한 무언가가 돼버렸다. 예컨대 지식 측면만 보더라도 과학기술 분야의 정보가 폭발적으로 증가해 9개월마다 2배가 되는 세상에서 뒤처지지 않고 생존하려면 알아야 할 것이 너무나 많다.[1] 자연히 리더에게 요구되는 역할도 변했다. 이제는 똑똑한 머리로 지시하고 명령하는 리더가 아니라 주변 사람들의 능력을 알아보고 이끌어내는 리더가 필요한 것이다.

한때 체제 전복적이라고 여겨졌던 아이디어가 뉴 노멀new normal이 되곤 한다. 디미니셔 리더는 여전히 사회 곳곳에 존재하지만, 그들은 한물간 블랙베리 폰처럼 시대에 뒤진 퇴물이 될 수밖에 없으며 세상은 새로운 리더십 모델로 옮겨 갈 것이다. 기업들은 사람들의 재능을 낭비하고 꼭 필요한 혁신을 억누르며 비즈니스 성장을 저해하는 리더를 감수할 수 없다는 사실을 깨닫고 있다. 성과는 내지만 직원의 역량을 감소시키는 리더와 성과도 내고 직원의 잠재력도 발휘시키는 리더, 이 둘 중에 기업은 당연히 후자를 택하지 않겠는가? 이제 디미니셔 리더들은 시대에 적응해 변화하든지, 아니면 조직을 떠나든지 해야 한다는 압력을 느끼고 있다.

한 다국적 제약회사의 고위 임원이었던 요르겐의 사례를 보자.[2] 요르겐은 담당 지사를 독재자처럼 운영하면서 부하 직원들의 회사 생활을 고통스럽게 만든 전형적인 디미니셔 리더였다. 오랫동안 그런 리더십이 용인됐던 것은 그가 높은 성과를 냈기 때문이다. 하지만 어느 시점이 되자 회사가 시장 변화에 효율적으로 대응하기 위해 전면적인 구조조정과 혁신을 단행했다. 그 과정에서 명령하고 지시하는 리더 개인이 아니라 조직의 경계를 확장할 수 있는 역동적인 팀들 위주로 돌아가도록 조직을 재편했다. 명령하는 리더십에 익숙했던 요르겐은 그런 비독재적인 운영 방식에 적응하기가 쉽지 않았다. 몇 달 뒤 요르겐은 유럽 본사로 불려 갔고 리더십 스타일에 문제가 있다는 질책을 들었다. 그는 자신이 맡은 지사가 내고 있는 인상적인 성과를 강조했다. 하지만 본사 경영진은 그의 말을 중단시키며 말했다. "이건 전적으로 리더십 스타일에 관한 문젭니다. 당신은 우리 회사의 리더로 더는 적합하지 않습니다." 요르겐은 기존 자리에서 쫓겨나 낮은 직급으로 좌천됐다. 그의 밑에서 일하던 직원들은 이 소식을 듣고 다들 기뻐했다. 요르겐 때문에 회사를 그만두려고 마음먹고 있던 직원이 특히 좋아했다. 하지만 요르겐은 부하 직원들에게 쌓인 불만 때문에 밀려난 것이 아니라 조직을 둘러싼 상황 때문에 필연적인 결과를 맞은 것이다. 비즈니스 환경의 변화로 그의 회사는 디미니셔 진영에서 빠져나와야 했고, 그 과정에서 요르겐은 뒤처진 것이다. 이와 비슷한 상황을 겪는 기업 간부들은 점점 더 많아지고 있다.

어떤 조직들은 혁신과 민첩성을 추구하고 어떤 조직들은 보다 적은 자원으로 더 많은 성과를 내기 위해 씨름한다. 미국 버지니아주 앨버말 카운티 교육청의 국장 매튜 하스Matthew Haas는 이렇게 말했다. "우리는 운영에 군살과 낭비 요소를 최소화하려고 노력 중입니다. 부서 이기주의에 갇혀 서로 협력하지 않는 방식은 상상조차 할 수 없습니다. 과거에는 혼자 고립돼 자기 일만 잘하면 됐을지 모르지만, 이제는 효율성을 얻으려면 협력이 필수입니다. 조직을 위한 최선의 길이 무엇일지 생각해보면 멀티플라이어가 되는 것만이 답입니다."

나아가야 할 방향은 분명해 보이지만 우리는 아직 그 여정에 확실히 올라서지 못하고 있다. 갤럽에서 세계 142개국 근로자들을 대상으로 글로벌 업무 실태를 조사한 바에 따르면, 업무에 적극적으로 임하며 보람을 느끼는 사람은 전체의 13퍼센트에 불과하다.[3] 미국 인적자원관리협회SHRM의 보고에 따르면, 일에 만족감을 느끼는 미국인은 2009년도에

86퍼센트였지만 이후 이 비율은 서서히, 그러나 꾸준히 감소해왔다.[4]

낮은 업무 참여도는 단순히 정서적 측면의 문제가 아니다. 그것은 오늘날 대부분 기업들의 역량을 좌우하는 핵심인 지적 자원을 낭비하게 됨을 의미한다. 2011년에 나의 연구 팀이 다수의 기업 임원들에 대한 평가를 진행해보니 그들은 평균적으로 직원들의 능력을 불과 66퍼센트만 활용하고 있었다. 즉 인적 자원에 1달러를 투자하고도 겨우 66센트의 수익만 뽑아내는 셈이다. 34센트는 무의미하게 낭비된다. 임원의 직속 부하들만 따지면 66퍼센트라는 수치는 72퍼센트로 높아졌다. 최근 5년간 추적 관찰한 결과, 이 비율은 느리지만 조금씩 높아졌다. 2011년에 72퍼센트였던 것이 2016년에 76퍼센트로 올라간 것이다.[5] 그리고 관리자들은 자신이 직원 역량 발휘에 끼치는 부정적 영향을 과거에 비해 더 잘 인식하지만, 여전히 많은 관리자가 자신의 멀티플라이어 자질을 과대평가하고 있다. 그들은 자신이 직원들의 능력을 끌어내 발휘시키고 있다고 믿지만, 직원들이 보는 관점은 사뭇 다르다. 일정 부분 개선은 목격되고 있으나, 여전히 수많은 조직 구성원들이 일은 과도하게 하면서 제대로 잠재력을 발휘하지 못하고 있는 게 현실이다.

효과적인 조직 운영 방안을 모색하는 과정에서 많은 중요한 질문이 던져진다. 목표 지점에 얼마나 빨리 도달할 수 있을 것인가? 긍정적 효과를 내는 최선의 길은 무엇인가? 변화에 성공할 수 있는 사람과 그렇지 못한 사람은 누구인가? 변화에 적응하지 못하는 사람은 어떻게 할 것인가? 조직 문화를 변화시킬 방법은 무엇인가? 많은 저자들이 동의하겠지만, 어떤 주제에 관한 정말 중요한 통찰력은 책을 쓰고 한참 지난 뒤에야 얻어지곤 한다. 이번 개정증보판에서는 나와 동료들이 위의 질문들과 씨름하며 얻은 결과를, 그리고 선구적 기업들과 그 리더들을 교육하고 연구하는 과정에서 알게 된 것을 소개할 것이다.

이 개정증보판의 토대가 된 가장 중요한 3가지 관점은 다음과 같다.

1. 모든 곳에서 멀티플라이어의 필요성이 대두되고 있다. 리더십을 연구하다 보면 팔로워십에 대해서도 많은 것을 알게 된다. 나는 문화권이나 직종, 업계에 상관없이 모든 사람이 일터에서 능력을 십분 발휘하기를 바라면서 날마다 출근한다는 것을 알게 됐다. 더 많은 업무량을 할당받고 싶어 하는 것이 아니라, 의미 있는 기여를 하고 도전 의식을 자극하는 어려운 일을 감당할 인재로 인정받고 싶어 한다는 의미다. 업계와 문화권에 상관없이 멀티플라이어 리더십에 대한 요구가 공통적으로 대두되고 있다. 실리콘밸리 같은 혁신의 중심지에만 국한되지 않는다는 얘기다. 멀티플라이어 리더십은 제조업, 교육, 의료 등 다양한 분야에서, 그리고 상하이, 서울, 상파울루를 비롯한 도시들에서도 필요하다. 조직 내 위계질서가 강한 문화권에서도 멀티플라이어 리더가 목격되기는 하지만 그런 곳에서는 디미니셔의 영향력이 더 두드러진다. 즉 멀티플라이어와 디미니셔가 직원들에게서 끌어내는 능력이 2배가 아니라 3배나 차이를 보인다(멀티플라이어가 직원 능력을 100퍼센트 끌어낼 때, 디미니셔의 경우 이 수치의 글로벌 평균이 48퍼센트지만 위계질서가 강한 문화권에서는 약 30퍼센트다).

또한 밀레니얼 세대(1980년대 초에서 2000년대 초에 태어난 세대−옮긴이)만 멀티플라이어를 원하는 것도 아니다. 확실히 젊은 세대는 일터에서 자기 윗세대 사람들과 다르게 대우받기를 (요구하는 것까진 아닐지라도) 기대한다. 그러나 밀레니얼 세대든 나이 든 세대든 결국 그들이 필요로 하거나 원하는 것은 다르지 않다고 나는 확신한다. 조직에 몸담은 구성원이라면 누구나 자신의 아이디어가 존중받기를 원하고 자기 의견에 누군가 귀 기울여주기를 원하며 자신이 성장하고 발전할 수 있는 일터를 원한다. 젊은 세대는 기존 세대보다 자기 목소리를 내는 데 더 주저함이 없으며 최신 기술에 익숙해 더 다양한 루트로 쉽게 목소리를 낼 수 있는 것뿐이다. 젊은 세대에게 좋은 것이라면 기존 세대에게도 좋은 것이다.

2. 때로는 좋은 의도를 품어도 나쁜 리더가 된다. 연구 시작 당시 나는 대부분의 디미니셔가 독재적이고 자기도취적인 고약한 리더라고 생각했다. 그러나 디미니셔 리더 대다수가 실은 좋은 의도를 갖고 있음을 알게 됐다. 이들을 나는 '뜻하지 않은 디미니셔Accidental Diminisher' 라고 부른다. 이들은 좋은 관리자가 되고 싶은 마음을 갖고 있다. 나는 누가 디미니셔인가 하는 문제보다는 사람들 내면의 디미니셔 성향을 불러일으키는 요인에 훨씬 더 관심을 갖게 됐다. 개정증보판에 새로 추가한 7장 '뜻하지 않은 디미니셔' 에서는 좋은 의도가 어떻게 엇나갈 수 있는지, 그리고 자기 인식과 간단한 해결책으로 그들이 어떻게 훌륭한 리더가 될 수 있는지 살펴본다. 7장을 추가한 것은, 가장 커다란 결실을 얻는 길은 완고한 디미니셔를 바꾸는 것이 아니라 뜻하지 않은 디미니셔가 보다 적극적인 멀티플라이어가 되도록 돕는 것, 그럼으로써 일터에 멀티플라이어 숫자를 늘리는 것이라고 믿기 때문이다(직원 능력 활용도를 현재의 76퍼센트에서 100퍼센트로 높이는 것을 목표로 삼아야 한다).

3. 가장 큰 장애물은 주변 상황과 조직 문화에서 기인한다. 인적 자원을 최대한 활용하는 조직을 만들기 위해서는 공격 전략과 방어 전략이 함께 필요하다. 이 책을 읽은 많은 리더들이 멀티플라이어가 되기를 염원하면서, 에이브러햄 링컨^{Abraham Lincoln}의 표현을 빌리자면 "그들 본성의 선한 천사_{the better angels of their nature}"를 발견하기를 희망한다. 그러나 종종 주변의 방해꾼에 대응하느라 너무 많은 에너지를 소모하는 탓에 멀티플라이어가 되려는 노력이 좌절된다. 때로는 디미니셔 동료 때문에 에너지를 빼앗겨 훌륭한 리더십을 발휘하려는 의지가 꺾인다. 근시안적인 디미니셔들의 영향력에 맞설 방법을 찾기 위해 나는 수많은 사람을 대상으로 설문 조사와 인터뷰를 실시했다. 그리고 디미니셔의 부정적 영향력에 속수무책으로 당해야 하는 것은 아님을 깨달았다. 우리는 타인을 바꿀 수는 없지만 그 사람에게 대응하는 방식을 바꿔 디미니셔 상사나 동료의 날카로운 영향력을 제거할 수 있다. 8장 '디미니셔에 대응하기'에서는 디미니셔 사이클을 반대로 뒤집는 데, 또는 적어도 그 영향을 최소화하는 데 유용한 전략을 소개한다.

개인의 잠재력을 이끌어내는 일은 단순히 의지력이나 개인의 행동 변화의 문제가 아니다. 거기에는 전체 시스템의 역할이 필요하며, 조직 전체의 의지를 가다듬는 데 많은 노력이 들어간다. 대규모 변화에 수반되는 복잡한 측면들을 제대로 이해하도록 돕기 위해, 더 와이즈먼 그룹_{The Wiseman Group}의 팀원들과 나는 그런 변화를 성공적으로 진행하고 있는 조직들을 연구했다. 9장 '멀티플라이어 되기'에서는 조직이 타성을 극복하고 통찰력을 영향력으로 전환할 수 있는 길을 제시할 것이다.

이 개정증보판에는 여러 자료를 보완했다. 세계 각지의 멀티플라이어 사례들을 새로 추가했으며, 부록 E에는 멀티플라이어 관점과 실행력을 높이는 데 활용할 수 있는 실험들을 정리했다. 또한 부록 B '자주 하는 질문'을 초판보다 한층 보완해 그동안 많은 독자에게 받았던 직설적인 질문들을 함께 다루었다. 예컨대 이런 것들이다. "위기 상황에서는 어떻게 조직을 이끌어야 하는가?" "성별에 따른 차이가 있는가?" "디미니셔 성향이 강한 동시에 시대의 아이콘이 된 스티브 잡스Steve Jobs 같은 리더들은 어떤가?"

세상은 **빠르게** 변화하고 있다. 변화의 속도에 뒤처지지 않고 구성원 모두가 번영하는 일터를 만들려면 디미니셔들이 물러나고 조직 전체의 지성과 역량을 끌어내는 진정한 멀티플라이어 리더들이 그 자리를 채워야 한다. 그것은 미래 전망으로 보나 실제 실행 측면에서 보나 굉장한 일이다. 그러니 지금 당장 시작해야 한다.

캘리포니아 멘로파크에서
리즈 와이즈먼

MULTIPLIERS

MULTIPLIER *vs* DIMINISHER

1장

왜 멀티플라이어인가?

영국 총리 윌리엄 이워트 글래드스턴William Ewart Gladstone을 만난 사람은
그가 세상에서 가장 똑똑하다는 인상을 받았지만,
그의 라이벌 벤저민 디즈레일리Benjamin Disraeli를 만난 사람은
자신이 세상에서 가장 똑똑하다고 느꼈다고 한다.[1]

보노Bono

1994년 여름, 데릭 존스Derek Jones는 쇠퇴하고 있는 고향 미시간주 디트로이트를 떠나 미 해군에 입대했다. 세상살이 지식에 밝고 자신감 넘치는 열여덟 청년 데릭은 해군 적성검사에서 높은 점수를 받았고, 해군의 첨단 전자 컴퓨터 프로그램을 입력하는 업무를 맡았다. 일리노이주 신병 훈련소에서 9주간의 교육을 마치고 8개월 동안 미사일 발사 시스템의 집중 훈련을 받은 뒤, 데릭은 상병으로 진급함과 동시에 이지스AEGIS 컴퓨터 네트워크 기술병 고급 훈련 과정에 선발됐다. 이후 훈련 과정을 수석으로 졸업해 자신이 복무할 함정을 선택할 수 있는 기회가 주어졌다. 그는 최신형 알레이버크급 유도탄 탑재 구축함을 선택했다. 몇 개

월이 채 안 돼 데릭은 우수 수병 210명에 포함됐고, 함정 내에서 가장 똑똑하고 성실한 수병 중 한 명으로 상관들에게 인정받았다. 기술병에게 가장 중요한 자격 검증 합격을 앞두고 있던 그는 최고 성과를 낼 수 있다는 자신감으로 가득했다. 프레드릭스 중령이 새로운 함장으로 부임하기 전까지는 말이다.[2]

미 해군사관학교 출신의 프레드릭스는 알레이버크급 구축함의 함장이 됨으로써 향후 순양함의 지휘관을 맡는 데 도움이 될 고급 경력을 쌓을 수 있었다. 중대한 단점 하나만 제외하면, 제독의 위치까지 오를 수 있는 길을 착착 밟고 있었다. 그는 함정 운영에 관한 탁월한 지식을 늘 부하들 앞에서 과시했다. 또 함선 운용의 세세한 부분까지 간섭하고 모든 상황과 부하들 하나하나를 통제하는 타입이었다.

프레드릭스 함장의 지휘하에 첫 번째 미사일 훈련을 준비하는 과정에서 데릭의 팀은 함정의 무기 체계를 점검해 100퍼센트 완벽하게 준비해야 했다. 그런데 훈련을 불과 2~3일 앞둔 상황에서 중요한 부품이 빠져 있음을 발견했고, 팀원들은 비공식 네트워크를 통해 해당 부품을 확보한 뒤 무기 체계를 보완해 정상 작동이 가능하도록 조치했다. 그로부터 며칠 뒤 프레드릭스는 자매함의 함장을 통해 이 사실을 알게 됐다. 그 함장이 자기 배의 수병들이 부품을 제공해줬다고 지나가는 말로 언급한 것이다. 프레드릭스 함장은 자기 부하들이 빠른 상황 대처력을 발휘했다는 사실에 뿌듯해하기는커녕 다른 함정의 도움을 받았다는 사실을 당황스러워하면서 불같이 화를 냈다. 그 분노는 고스란히 데릭에게 향했고, 그는 데릭을 예전보다 더 철저하게 감시했다.

일반적으로 미사일 훈련 때 함장은 전술 담당관과 함께 전투 지역을 살피고, 적군을 탐지하고, 발포 솔루션을 확정하고, 표적을 조준해 공격하는 일련의 과정을 총지휘한다. 이 모두가 적과 교전하는 상태에서 신속하고 일사불란하게 이루어져야 한다. 수많은 사항이 동시에 진행되면서 우선순위가 정해지고 함장이 내린 결정이 즉각 이행된다. 자연히 작전의 성공을 위해서는 모든 승조원에게 고도의 집중력과 날카로운 정신력이 필요하다. 이 같은 일련의 과정에서는 특히 긴장감과 부담이 가중될 수 있는데, 이는 함장이 이지스 시스템 조작자 바로 곁에서 모든 수행 과정을 계속 지켜보기 때문이다.

데릭과 팀원들은 프레드릭스 함장의 빈틈없는 감시하에서 명령을 이행했다. 프레드릭스는 그들이 각종 정보를 토대로 표적의 방향과 거리 등을 즉각 산출하지 못하면 대놓고 무시하며 질책했다. 결국 데릭은 기동훈련에서뿐만 아니라 거의 모든 상황에서 저조한 성과를 냈다. 그는 훈련병 시절 누구보다 탁월한 실력을 보이던 인재였지만, 바로 등 뒤에서 지켜보는 프레드릭스에게 모든 세부 사항을 간섭당하고 실수를 지적당하자 긴장감과 부담감이 말할 수 없이 커졌다. 정확한 판단도 내리기 힘들었고 잘해보려 해도 자꾸 실망스러운 결과만 나왔다. 함장의 감독과 감시가 계속되면서 데릭과 팀원들은 수행력이 점점 더 떨어졌다. 그들은 함장의 간섭 없이 함정 전투 체계를 운용하기는 불가능함을 깨달았다. 그리고 데릭의 역량이 부족하다고 판단한 프레드릭스는 그의 이지스 시스템 조작 자격을 박탈했다. 이후 데릭의 업무 성과는 급격히 하락했다.

이런 우울한 상황에 반전이 찾아온 것은 3개월 뒤였다. 새 함장이 부임한 것이다. 역시 해군사관학교 출신인 애벗 중령은 자기 능력뿐만 아니라 부하들의 능력에 대해서도 믿음을 갖고 있었다.[3] 과거 그는 자신의 역량을 한계까지 밀어붙일 수 있는 여러 프로젝트를 맡겨준 국방부 고위급 관리 밑에서 일한 경력이 있었다. 애벗은 전임 함장 밑에서 데릭이 겪은 애로 사항을 전해 듣고 곧장 데릭을 불렀다. 그리고 곧 다시 해상 미사일 훈련이 실시될 예정이라면서 이렇게 말했다. "존스, 이번 훈련에서 자네는 내 부하일세. 이 훈련을 성공적으로 끝낼 수 있도록 철저히 준비해주게. 난 자네의 능력을 믿네. 다른 승조원들도 마찬가지로 그렇고." 이후 1주일간 데릭의 팀은 모든 시나리오 상황에서 이지스 시스템을 실수 없이 훌륭하게 조작했다. 훈련 준비 기간 동안 애벗 함장은 실수나 사고가 발생하지 않도록 주의 깊게 지켜보면서 내내 침착한 태도로 이것저것 꼼꼼히 체크했다. 데릭은 과거와 달리 감시받고 시험받는 기분을 느끼지 않았다. 그보다는 도전 과제 앞에서 함장과 협력하면서 뭔가 배워나간다는 기분이었다.

미사일 훈련 당일, 데릭은 애벗 함장이 뒤에서 지켜보는 가운데 이지스 전투 체계 콘솔을 조작하면서 표적의 방향 및 거리를 한 치의 착오 없이 정확하게 산출했고, 1년간 운용된 모든 구축함들 중에 최고 성적을 거두었다. 애벗은 함 내 스피커를 통해 이렇게 발표했다. "존스 상병과 팀원들이 오늘 전투의 승리에 크게 기여했음을 알린다."

이후 데릭은 진급을 거듭했다. 유례없이 짧은 기간 내에 병장이 됐고, 최고 영예인 '분기별 우수 승조원'으로 선정됐다. 애벗 함장은 데릭을 상위 5퍼센트 승조원에 포함시켰을 뿐만 아니라, 대학 학위를 취득하고 장교로 임관될 수 있는 과정인 STA-21 프로그램에도 추천했다. 데릭은 장교 훈련 과정을 마친 뒤 계속 우수한 성과를 내면서 진급

심사에 합격했다. 9년도 되지 않아 그는 부장이 되어 다른 장교들을 훈련하기 시작했다. 현재 데릭은 미 해군 소령으로 복무 중이며 향후 함장이 될 유력한 후보로 평가받고 있다.

데릭의 군 경험은 지휘관이 달라지면 부하의 능력 발휘도 달라질 수 있다는 것을 보여준다. 데릭은 한 리더 밑에서는 두려움과 긴장감에 얼어붙었지만, 다른 리더 밑에서는 훌륭한 능력을 발휘했다. 프레드릭스 함장의 어떤 말과 행동이 데릭의 능력을 질식시켰을까? 또 애벗 함장의 어떤 언행이 복잡한 상황에서 현명하게 판단할 수 있는 데릭의 능력을 회복시키고 확장했을까?

어떤 리더는 사람들을 더 똑똑하게 만든다. 그들은 사람들의 지적 능력을 이끌어낸다. 이 책은 그런 리더에 관한 책이다. 사람들의 능력을 끌어내고 회복시키는 리더 말이다. 나는 그들을 '멀티플라이어'라고 부른다. 어째서 멀티플라이어가 사람들의 천재적 능력을 이끌어내고 그들을 더 똑똑하고 유능하게 만드는지, 그 이유를 앞으로 설명하겠다.

천재에 의문을 갖다

세상에는 새를 관찰하는 사람도 있고 고래를 관찰하는 사람도 있다. 나는 천재를 관찰하는 사람이다. 나는 사람들의 탁월한 지적 능력에 매료되곤 한다. 그리고 면밀한 관찰과 연구를 통해 그들의 다양한 유형을 파악하게 됐다. 1,740억 달러 규모의 소프트웨어 기업 오라클^{Oracle} Corporation은 천재를 관찰하기 위한 최적의 장소였다. 나는 17년간 오라클의 고위직에 있으면서 많은 똑똑한 임원들과 함께 일하는 행운을 누렸다. 일류 대학과 최고 기업에서 스카우트된 이들이었다. 나는 오라클의 글로벌 인재 개발 전략 책임자로 일하면서 사내 대학을 운영했기 때문에, 그들과 밀접하게 일하며 바로 곁에서 리더십을 목격할 수 있었다. 이런 유리한 위치에서 나는 그들이 뛰어난 능력을 이용하는 다양한 방식을 관찰하기 시작했다. 그리고 그들이 조직 구성원들에게 끼치는 영향은 무척 흥미로웠다.

천재의 문제점

나의 관찰에 따르면, 어떤 리더는 주변 사람들의 지적 능력과 역량을 고갈시켰다. 그들은 자기 자신의 능력에만 집중했으며, 스스로 가장 똑똑한 사람이 되려는 마음이 강해서 다른 이들은 빛을 내지 못하게 만들었다. 그들이 유능해 보이려면 나머지 사람들은 멍청해 보여야만 했다. 누구나 이런 블랙홀 같은 리더와 일해본 경험이 있을 것이다. 이들은 사람들의 에너지를 소용돌이처럼 빨아내 고갈시킨다. 이들이 들어오면 사무실 안에 있는 사람들의 IQ가 낮아지고 회의 시간은 2배로 길어진다. 다양한 상황에서 이런 리더는 아이디어를 죽이고 에너지를 고갈시키는 주범이었다. 이런 리더가 있는 자리에서는 사람들의 사고력이 질식해 죽어버렸고 지적 역량의 흐름이 중단됐다. 지적인 힘이 한 방향으로만, 즉 그에게서 아랫사람들 쪽으로만 흘렀다.

반면 자신의 능력을 파괴적 무기가 아니라 도구로 활용하는 리더도 있었다. 이들은 자기 능력을 활용해 사람들의 지적 능력과 역량을 증폭시켰다. 이런 리더 옆에 있는 사람들은 더 똑똑하고 유능해졌다. 아이디어를 적극적으로 냈고, 어려운 상황을 극복했으며, 힘든 문제도 잘 해결했다. 이런 리더가 사무실 안에 들어오면 사람들 머릿속에 환한 전구가 반짝 켜졌다. 아이디어와 의견 교환이 어찌나 활발하던지, 내용을 제대로 파악하려면 회의를 슬로모션으로 재생해봐야 할 지경이었다. 회의 자리는 온갖 아이디어를 결합하는 시간이었다. 이런 리더는 구성원 모두의 능력을 한 단계 높이 끌어올리는 듯했다. 이들은 자기 자신만 똑똑한 것이 아니라 남들의 지적 역량도 배가시키는 멀티플라이어였다.

이들은 지적 능력의 꼭대기에 있는 사람은 천재가 아니라 천재를 만드는 사람이라는 사실을 알고 있었다.

오라클 이후의 시간이 내게 준 것

내가 이 책의 아이디어를 구체화한 것은 오라클을 그만둔 이후 평온한 시간을 갖게 되면서였다. 오라클을 나오자 마치 초고속 열차에서 내려 갑자기 모든 게 슬로모션으로 움직이는 세상으로 나온 기분이었다. 그렇게 얻은 평온함과 여유 덕분에 그동안 내내 머릿속을 맴돌던 질문을 깊이 숙고해볼 수 있었다. 어째서 어떤 리더는 주변 사람들의 지적 역량을 발휘시키고 어떤 리더는 질식시키는가?

기업 임원 코칭을 시작한 나는 다른 많은 기업에서도 이런 현상을 목격했다. 어떤 리더는 구성원들의 지적 능력을 한층 배가시키는가 하면 어떤 리더는 그들의 정신적 에너지를 말살시켰다. 굉장히 똑똑하지만 공공연하게 또는 은연중에 직원의 능력 발휘를 방해하는 자신의 성향과 씨름하는 임원들도 있었고, 자원을 효율적으로 활용할 방법을 고심하는 리더들도 있었다. 대부분의 리더는 사업 성장기에 리더십 기술을 키운 이들이었다. 그러나 예전보다 우호적이지 않은 비즈니스 환경에서는 단순히 더 많은 자원을 쏟아부어서 문제를 해결할 수 없음을 절감하고 있었다. 이미 보유한 인력의 생산성을 높일 방안을 찾아야 했다.

데니스 무어라는 고객과 했던 인상적인 대화가 떠오른다. 그는 천재 수준의 IQ를 가진 기업 간부였다. 리더가 구성원들의 지적 역량에 영향을 끼치고 지성을 바이러스처럼 퍼뜨릴 수 있는 방법에 대해 이야기를 나누는 동안 그는 이렇게 말했다. "그런 리더는 증폭기와도 같습니다. 지적 능력을 더 크게 증대시키니까요."

그렇다. 지적 능력을 증폭시키는 리더들이 분명히 있다. 이들 멀티플라이어는 조직 내에 지적 능력을 바이러스처럼 퍼뜨린다. 그런가 하면 디미니셔 리더는 조직의 중요한 역량을 감소시킨다. 멀티플라이어는 어떻게 그럴 수 있을까? 그들이 디미니셔와 다른 점은 무엇일까?

이 질문의 답을 찾고자 경영 저널들과 인터넷을 샅샅이 뒤졌지만 이렇다 할 소득이 없었다. 그래서 내가 직접 연구하기로 했다. 나는 조직의 지적 능력을 한층 높이고 싶어 하는 리더들을 위해 답을 찾아보기로 결심했다.

연구 과정

첫 번째 중요한 성과는 연구 파트너 그렉 맥커운 Greg McKeown을 만난 일이었다. 그는 스탠퍼드 경영대학원에서 공부 중이었다. 호기심 많고 끈기 있는 성격의 그렉은 리더십 연구 열정이 남달라서 의문에 대한 답을 찾으려는 의지가 나만큼이나 강했다. 먼저 우리는 향후 2년간 몰두할 질문을 확정했다. '멀티플라이어와 디미니셔를 가르는 핵심 차이점이 무엇이며, 그들은 조직에 어떤 영향을 끼치는가?' 였다. 영화 〈사랑의 블랙홀Groundhog Day〉을 보면 빌 머레이Bill Murray가 매일 같은 시간에 같은 알람시계 음악 소리에 잠에서 깨어나 전날과 똑같은 일들을 경험하는 것처럼, 우리는 730일 동안 날마다 똑같은 질문을 생각하며 하루를 시작했다. 그리고 이 질문을 끈질기게 탐구해 멀티플라이어 효과를 깊이 이해하게 됐다.

우리는 개인적으로나 조직 차원에서나 지적 역량이 경쟁 우위 선점에서 중요한 일단의 기업과 업계를 선정했다. 이런 조직은 지적 자산의 힘에 따라 성패가 좌우되므로 멀티플라이어 효과가 더 두드러질 것이라는 게 우리의 생각이었다. 우리는 해당 조직의 고위 간부 인터뷰를 통해, 멀티플라이어와 디미니셔 각각의 특성에 부합하는 리더 2명을 알려달라고 요청했다. 이렇게 나온 리더 150명 이상을 대상으로 리더십 스타일에 대한 정량적 평가 및 인터뷰를 실시했다. 이후 대부분의 리더들과 관련해 해당 경영 팀의 전직·현직 구성원들을 만나 밀도 높은 360도 인터뷰를 진행했다.

아울러 범위를 넓혀 다른 기업 및 업계의 리더들도 추가로 연구했다. 비즈니스 부문과 비영리 부문을 아우르는, 또는 지역을 아우르는 공통 요소를 찾기 위해서였다. 우리는 4개 대륙을 넘나들며 연구를 진행했고, 매우 다양한 유형의 리더들을 만났다. 그 과정에서 몇몇 리더와는 상당한 친분이 쌓여 그들과 그들이 속한 조직을 한층 심도 있게 연구할 수 있었다.

우리가 연구한 리더들 중에 2가지 리더십 스타일의 뚜렷한 대조를 보여주는 사례가 있었다. 이 2명은 같은 회사에서 일했으며 직급도 같았다. 한 명은 미다스의 손을 가진 멀티플라이어였고, 다른 한 명은 재능을 꺾어버리는 디미니셔였다.

두 리더의 사례

비크람Vikram**4**은 인텔Intel에 근무할 때 2명의 부서장 밑에서 엔지니어링 관리자로 일했다. 두 부서장 모두 뛰어난 능력의 소유자였으며 비크람에게 커다란 영향을 끼쳤다. 첫 번째 부서장은 조지 슈니어George Schneer라는 사람이었다.

첫 번째 리더: 천재를 만드는 사람

조지는 인텔에서 뛰어난 사업 운영 능력으로 평판이 자자했다. 그가 맡은 사업부는 언제나 수익을 내면서 탄탄하게 성장했다. 그러나 무엇보다도 두드러진 장점은 직원들에게 끼치는 영향력이었다.

비크람은 말했다. "조지와 일하는 동안 나는 스타였다. 나를 그렇게 만든 건 바로 그였다. 그 사람 덕분에 나는 일개 직원이 아니라 뛰어난 관리자로 변했다. 그와 함께 있으면 나는 똑똑한 인재가 된 기분이었다. 나뿐만 아니라 다른 직원들도 그랬다. 조지는 내 능력을 100퍼센트 끌어냈다. 나는 신나게 일할 수 있었다." 다른 직원들도 비슷한 의견을 표현했다. "조지의 비결이 정확히 뭔지는 모르겠지만, 늘 우리는 자신이 똑똑하다고, 훌륭하게 해내고 있다고 생각했다. 그의 팀에서 일한 건 우리의 경력에서 최고의 순간이었다."

조지는 직원들의 역량을 끌어내고 성장시켰다. 주목을 받으려는 욕심도 없었고 자신이 얼마나 유능하게 보이는지 신경 쓰지 않았다. 그가 신경 쓰는 것은 팀원 모두에게서 최대치 능력을 뽑아내는 일이었다. 회의 때 그는 전체 시간의 10분의 1 동안만 발언했고 그것도 대개는 안건을 간명하게 설명하는 내용이었다. 나머지 시간에는 뒤로 물러나 직원들이 직접 답을 찾게 했다. 직원들은 참신하고 값진 아이디어를 내놓는 경우가 많았다. 조지의 팀은 높은 매출 실적 달성에 기여했고 인텔이 마이크로프로세서 분야에 진입할 수 있는 발판을 마련했다.

두 번째 리더: 천재

몇 년 뒤 비크람은 조지의 팀에서 나와 다른 부서장 밑에서 일하게 됐다. 이 리더는 과거에 초기 마이크로프로세서를 설계한 사람이었다. 뛰어난 과학자인 그는 이제 경영진에 올라 칩 생산 공장의 운영을 총괄했다. 여러모로 탁월한 능력자였으며 어딜 가나 자신의 흔적을 남겼다.

문제는 그가 혼자서 모든 생각을 다 한다는 것이었다. 비크람은 말했다. "그는 정말로 똑똑했다. 하지만 직원들은 그의 옆에 있으면 실력 발휘를 못 하고 움츠러들었다. 그는 직원들의 아이디어를 질식시켰다. 회의 때면 그가 말을 하는 데 전체 시간의 30퍼센트를 써서 우리는 토론

할 시간이 부족했다. 그는 피드백을 자주 주었는데 대부분은 직원들의 아이디어에 흠을 잡는 내용이었다."

이 리더는 모든 결정을 혼자 내리거나 또는 신뢰하는 사람 딱 한 명하고만 상의했다. 그러고 나서 결정 사항을 직원들에게 통보했다. 비크람은 말했다. "그는 모든 문제에 대한 답을 내놓았다. 자기 의견을 강하게 고집하는 스타일이었고, 직원들한테 자기 생각을 납득시키고 세부적인 부분 하나하나까지 거기에 맞춰 실행하게 했다. 다른 직원들의 의견은 전혀 중요하지 않았다."

이 리더는 똑똑한 인재들을 채용했지만 그들은 이 팀에서는 스스로 생각하고 의견을 낼 수 없다는 사실을 곧 깨달았다. 결국 그들은 그만두거나 그만둘 기미를 보였다. 인재 유출을 가만히 두고 볼 수 없었던 회사 측에서는 결국 이 리더 옆에서 보좌관 역할을 할 관리자를 새로 들였다. 그래도 상황은 많이 나아지지 않았다며 비크람은 이렇게 덧붙였다. "나는 창의력을 발휘하는 인간이 아니라 기계가 된 기분이었다. 그 리더는 내 능력의 50퍼센트밖에 끌어내지 못했다. 두 번 다시 그의 밑에서 일하고 싶지 않다."

디미니셔인가, 멀티플라이어인가?

두 번째 리더는 자신의 똑똑함에만 심취한 나머지 사람들의 능력 발휘를 억누르고 조직의 가장 중요한 지적 능력을 약화시켰다. 반면 조지는 직원들의 잠재력을 밖으로 끌어내고 조직 전체에 지적 능력이 바이러스처럼 퍼지게 만들었다. 요컨대 한 명은 천재였고 다른 한 명은 천재를 만드는 사람이었다.

리더가 얼마나 많은 지식을 갖고 있느냐가 아니라, 사람들의 지적 능력에 얼마만큼 접근할 수 있느냐가 중요하다. 직원들이 얼마나 똑똑한가보다는 그들의 능력을 얼마나 이끌어내 활용하느냐가 더 중요하다.

누구나 이런 두 유형의 리더를 경험해봤을 것이다. 당신은 어떤 리더인가? 천재인가, 아니면 천재를 만드는 사람인가?

멀티플라이어 효과

멀티플라이어는 천재를 만드는 사람이다. 즉 주변 사람들을 더 똑똑하고 유능하게 변화시킨다. 멀티플라이어는 각 개인의 독특한 지적 역량을 끌어내 조직을 천재로 가득한 분위기로 만든다. 혁신, 생산적 활동, 집단 지성이 꽃피는 환경을 조성한다.

멀티플라이어와 디미니셔를 연구하면서 우리는 이 두 유형이 사람들에게서 근본적으로 다른 결과를 이끌어낸다는 사실을 발견했다. 두 유형은 지적 능력에 대한 관점이 다르며 일을 진행하는 방식 또한 매우 다르다. 이제 '멀티플라이어 효과'가 무엇인지 설명할 것이다. 멀티플라이어 곁에 있는 사람들이 더 똑똑해지는 이유가 무엇일까? 어째서 멀티플라이어는 디미니셔에 비해 인적 자원의 능력을 2배로 활용하는 것일까?

멀티플라이어는 자신의 뛰어난 능력에 몰두하기보다는 사람들의 탁월한 능력을 끌어내고 확대하는 데 에너지를 쏟기 때문이다. 그럼으로써 그들의 능력을 조금 더 얻어내는 것이 아니라 아주 많이 얻어낸다.

2배 효과

멀티플라이어의 영향력은 2가지 관점에서 볼 수 있다. 하나는 함께 일하는 사람들의 관점이고, 다른 하나는 조직의 관점이다. 먼저 멀티플라이어가 사람들에게 영향을 끼치는 방식부터 살펴보자.

지적 능력을 끌어내다

멀티플라이어는 사람들의 능력을 남김없이 끌어낸다. 우리가 인터뷰한 사람들은 자신의 능력을 디미니셔보다 멀티플라이어가 '훨씬' 더 많이 끌어낸다고 대답했다. 디미니셔가 그들의 능력을 얼마만큼 끌어내느냐고 물었을 때 우리에게 돌아온 답변은 20~50퍼센트였다. 반면 멀티플라이어와 관련해 같은 질문을 하자 70~100퍼센트라는 대답이 나왔다.[5] 두 데이터를 비교해 계산해보니 멀티플라이어가 1.97배 더 끌어낸다는 것을 알 수 있었다. 거의 2배에 해당하는 차이다. 멀티플라이어는 '2배 효과'를 나타냈다. 우리는 공식 연구를 마무리한 뒤에도 워크숍을 진행하거나 경영진을 만나는 기회가 생기면 이 질문을 계속 던졌다. 즉 과거에 경험한 멀티플라이어 또는 디미니셔 상사가 직원들의 능력을 얼마나 끌어냈다고 생각하느냐고 물었다. 그 결과 업계에 상관없이, 그리고 공공 부문, 민간 부문, 비영리 부문 할 것 없이 멀티플라이어가 디미니셔보다 최소한 2배 더 능력을 끌어낸다는 사실을 알게 됐다.

사람들의 능력을 2배로 얻어낼 때 나타날 성과의 차이를 상상해보라.

이런 차이가 생기는 것은 멀티플라이어 리더와 일하는 사람들이 능력을 남김없이 발휘할 수 있기 때문이다. 그들은 최고의 사고와 창의성, 아이디어를 내놓는다. 업무에서 요구하는 것보다 더 많은 것을 내놓고, 에너지와 문제 해결 능력을 자발적으로 발휘한다. 또한 조직에 기여할 더 나은 방법을 적극적으로 찾으며 스스로 높은 기준을 세운다. 그들은 자기 능력을 100퍼센트 쏟아붓는다. 그리고 때로는 100퍼센트 이상을 발휘한다.

지적 능력을 확대하다

멀티플라이어는 능력을 끌어낼 뿐만 아니라 확대하고 발전시킨다. 우리가 인터뷰한 많은 이들이 멀티플라이어 리더가 자신들의 능력을 100퍼센트 '넘게' 끌어냈다고 말했다. 처음에 나는 "그 상사가 내 능력을 120퍼센트 끌어냈어요"라는 대답을 듣고 고개를 갸웃거렸다. 100퍼센트면 100퍼센트지 그 이상을 얻는다는 것은 수학적으로 말이 안 되니까 말이다. 그러나 멀티플라이어가 100퍼센트 이상을 끌어낸다고 말하는 사람들이 계속 목격됐기에, 우리는 이런 질문을 떠올리게 됐다. 사람들은 어째서 멀티플라이어가 자신들의 실제 능력치 이상을 발휘시킨다고 주장하는 것일까?

실제로 연구해보니 멀티플라이어는 사람들의 현재 능력치를 이용하는 데서 그치지 않고 그 능력을 더 확대했다. 사람들 스스로 갖고 있다고 여기는 능력 그 이상을 발휘시키는 것이다. 사람들은 멀티플라이어와 함께 일하면서 자신이 실제로 더 똑똑해졌다고 대답했다.

우리의 연구는 지적 능력 자체가 실제로 향상될 수 있다는 사실을 시사한다. 이는 지능의 향상 가능성을 탐구한 다른 최근 연구들에서도 입증됐다. 예컨대 다음 연구들이다.

▶ 스탠퍼드대학교의 캐럴 드웩Carol Dweck이 발표한 획기적인 연구 결과
는 이런 사실을 보여주었다. 아이들에게 갈수록 더 어려워지는 일련
의 문제를 풀게 하면서 그들의 '지능'을 칭찬한 경우, 이들은 자신의
지능이 한계에 도달해 문제를 못 풀까 봐 두려워하면서 부진한 성과
를 냈다. 한편 똑같은 문제를 주되 그 과정에 기울인 '노력'을 칭찬한
경우 이 아이들은 사고력과 문제 해결 능력이 실제로 높아졌다. 열심
히 노력했다는 점을 인정받자 좋은 성과를 낼 수 있다는 믿음을 갖게
됐고 실제로도 그렇게 된 것이다.[6]

▶ 버지니아대학교의 에릭 터크하이머Eric Turkheimer는 나쁜 환경이 아동의
IQ를 억누른다는 사실을 발견했다. 가난한 환경에 살던 아이들이 중
상류층 가정에 입양되자 이들의 IQ가 12~18포인트 상승했다.[7]

▶ 미시간대학교의 리처드 니스벳Richard Nisbett은 다음과 같은 사실을 보여
주는 연구들에 주목했다. 1) 학생들의 IQ는 여름방학 기간에 낮아진
다. 2) 사회 전반의 IQ 수준은 시간 흐름에 따라 꾸준히 높아져왔다.
1917년에 살던 사람들의 평균 IQ는 오늘날 IQ 검사 기준으로 치면
73에 불과하다.[8]

이 같은 연구들을 접한 뒤, 나는 멀티플라이어가 끌어낸다고 사람들이
실제로 대답한 비율 데이터를 그대로 적용해 다시 계산해보았다. 100
퍼센트가 넘는 수치까지 반영해 계산해보니 멀티플라이어가 디미니셔
보다 2.1배나 많은 능력을 끌어낸다는 것을 알 수 있었다. 리더가 팀원
들의 역량을 2배 더 활용할 '뿐만 아니라' 그들이 더 똑똑하고 유능해
져서 5~10퍼센트 성장까지 추가로 얻는다면 어떨지 생각해보라.

이 2배 효과는 멀티플라이어가 자원에서 얻는 지렛대 효과 덕분이다. 2배 효과를 조직 전체에 적용해보면 그 전략적 중요성을 알 수 있다. 한마디로 자원의 지렛대 효과가 경쟁 우위를 가져다준다.

자원의 지렛대 효과

현재 애플Apple CEO 팀 쿡Tim Cook의 사례를 살펴보자. 팀은 과거 애플의 COO(최고 운영 책임자)로 일할 당시 한 세일즈 부서의 예산 검토 회의에서 전략적으로 볼 때 반드시 매출을 증대시켜야 한다고 말했다. 이는 관리자들 모두 예상한 말이었지만, 팀이 인력 자원의 추가 '없이' 해내야 한다고 하자 다들 깜짝 놀랐다. 해당 부서 책임자는 추가 인력을 투입해야만 매출 목표를 달성할 수 있다고 말했다. 그러면서 점진적 인력 증가라는 검증된 선형 모델을 택하자고 제안했다. 매출을 높이려면 당연히 세일즈 인력이 더 필요한 게 아니냐면서 말이다. 팀과 부서 책임자는 이 문제를 수개월간 논의했지만 의견 차이를 좁히지 못했다. 세일즈 책임자는 덧셈의 언어로 말하고 있었고(더 많은 자원을 투입해야 성장이 가능하다는 관점), 팀은 곱셈의 언어로 말하고 있었다(기존 자원을 더 효과적으로 활용해 성장할 수 있다는 관점).

덧셈의 논리

새로운 과제가 생기면 자원을 추가한다는 것은 기업들이 계획을 수립할 때 흔하게 기대는 논리다. 고위 경영진이 더 높은 성과를 내라고 요구하면 그 밑의 실무 리더들은 인력이 더 필요하다고 요청한다. 양측은

협상을 계속 하다가 이를테면 '인력을 5퍼센트 추가해 성과를 20퍼센트 높이기로 한다' 같은 결론에 이르곤 한다. 경영진과 실무 리더 모두에게 썩 만족스러운 결론은 아니다.

자원 할당 및 추가라는 논리를 견지하는 실무 리더들의 주장은 아래와 같다.

1. 우리 직원들은 이미 과도하게 일하고 있다.
2. 최고 직원들도 능력의 한계에 도달해 있다.
3. 따라서 더 높은 목표를 달성하려면 더 많은 자원을 투입해야 한다.

이것은 덧셈의 논리다. 얼핏 설득력 있게 들리지만 기존 자원을 최대한 활용할 기회를 간과한다는 중요한 맹점이 있다. 덧셈의 논리에서는 사람들이 일은 과도하게 하면서도 능력을 충분히 발휘하지 못하는 상황이 된다. 자원을 지렛대처럼 활용할 방안은 모색하지 않고 자원 배분만 주장하면 기업은 고비용을 감당해야 한다.

경영대학원 교수이자 경영전략 구루인 게리 하멜$^{Gary\ Hamel}$과 C. K. 프라할라드$^{C.\ K.\ Prahalad}$는 공저에서 이렇게 말했다. "최고 경영진의 자원 배분 능력이 자원을 지렛대처럼 활용하는 능력에 비해 지나치게 중시되어 왔다. (…) 경영진이 자원 효율성을 배가하는 일보다 자원 배분에 따른 프로젝트들의 실행 가능성 평가에 더 많은 에너지를 쏟으면 그저 적당한 수준의 부가가치밖에 얻을 수 없다."[9]

뷔페에 간 아이들을 생각해보라. 아이들은 접시에 양껏 음식을 담지만 상당량을 먹지 못하고 남긴다. 기껏 골라 온 음식이 결국 버려지는 것이다. 그런 아이들처럼 디미니셔는 자원을 최대한 확보하려고 애쓴다. 그렇게 해서 목표는 달성할지 몰라도 많은 인력의 역량이 활용되지 못하고 낭비된다. 한 기술회사의 잘나가던 제품 개발 담당 임원이 초래한 비용을 살펴보자.

○ **고비용 디미니셔** 재스퍼 월리스는 늘 말이 앞서는 리더였다.[10] 그는 똑똑했으며 자신이 맡은 제품에 관해, 그리고 고객에게 돌아갈 혁신적 이익에 관해 강력한 비전을 제시했다. 또한 사내 정치에도 능했다. 문제는 재스퍼의 사업 부문이 그가 세운 비전을 현실화하지 못한다는 점이었다. 직원들이 재스퍼만을 중심축으로 도는 사이클 안에 계속 머물러 있었기 때문이다.

재스퍼는 뛰어난 전략가이자 아이디어맨이었다. 그러나 그의 두뇌는 직원들의 실행 속도보다 빠르게 움직이면서 계속 아이디어를 제시했다. 그는 1주일에 한 번꼴로 새로운 핵심 프로젝트나 계획을 발표했다. 그의 밑에서 일한 운영 책임자는 이렇게 회상했다. "그는 월요일이면 직원들 앞에서 'X 경쟁사를 따라잡아야 한다'고 말했고 우리는 그 주 안에 해내야 했다." 직원들은 마치 경기 종료 몇 초를 남겨놓은 농구 선수처럼 정신없이 움직여 며칠간 진척을 보였지만, 곧 그다음 주에 달성해야 할 또 다른 새로운 목표가 주어지는 바람에 결국 추진력을 잃었다.

재스퍼는 세세한 사항까지 관리하려 들었기 때문에 프로젝트 추진에 오히려 장애물이 됐다. 그는 극도로 열심히 일했지만 직원들은 느리게 움직였다. 사사건건 관리하는 스타일이 직원들의 능력 발휘를 제한했다. 모든 사안에 그의 최종 결재가 필요했으므로 결과적으로 자원이 낭비됐고, 그의 사업 부문은 1,000이라는 자원을 갖고도 500밖에 활용하지 못하는 셈이 됐다.

그가 중시하는 방식은 사내에서 비슷한 기술 제품을 개발하는 더 큰 사업부와 자원 확보를 두고 경쟁하는 것이었다. 그의 목표는 자기 사업부를 그 사업부보다 더 크게 키우는 것이었다. 그래서 무서운 속도로 사람들을 채용해 충원했고 자신의 사업부가 사용할 내부 인프라와 인력 시스템을 구축했다. 기존 인프라가 있으므로 전부 불필요한 것이었음에도 말이다. 그는 심지어 회사 측을 설득해 자신의 사업부를 위한 전용 건물까지 지었다.

결국 이 모든 것이 재스퍼의 발목을 잡았다. 그가 추진한 제품들은 빛 좋은 개살구임이 드러났고 회사는 시장점유율을 잃었다. 투자수익률을 산출해본 결과, 그는 회사에서 해고됐고 그의 사업부는 다른 제품 그룹에 흡수됐다. 그가 만든 중복 인프라도 결국 제거됐다. 이미 천문학적 비용이 낭비되고 시장 선점 기회들도 놓친 뒤였다.

이처럼 디미니셔는 고비용을 발생시킨다.

곱셈의 논리

지금까지 덧셈의 논리와 그것이 가져오는 자원 비효율성을 살펴봤다. 조직 전체 차원에서 보다 효과적으로 자원을 활용하려면 새로운 논리가 필요하다. 즉 곱셈의 논리다. 곱셈의 논리로 바라보는 리더는 자원을 더 많이 쏟아붓는 선형적 성장을 추구하지 않는다. 대신 이미 가진 자원의 힘을 '배가함'으로써 구성원들의 역량을 더 효과적으로 발휘시켜 성장의 수직 상승이 가능하다고 믿는다.

곱셈의 논리에서는 다음과 같은 관점을 취한다.

1. 대다수 구성원의 능력이 충분히 활용되지 못하고 있다.
2. 올바른 리더십으로 그들 모두의 능력을 활용할 수 있다.
3. 따라서 더 많은 투자를 하지 않고도 지적 능력과 역량을 배가할 수 있다.

애플의 예를 들어보자. 애플은 특정 사업 부문에서 기존 자원으로 빠른 성장이 필요했을 때 세일즈 인력을 늘리지 않았다. 대신 여러 부서의 핵심 인재들을 모아 팀을 꾸리고 1주일 동안 문제를 면밀히 분석한 뒤 함께 해결책을 도출했다. 애플은 사내 역량 센터를 활용하고 유능한 세일즈 직원들과 업계 전문가들을 더 효과적으로 이용하는 방향으로 세일즈 모델을 바꿨다. 그 결과, 추가 인력 투입 없이도 매년 두 자릿수 성장을 달성했다.

기업용 소프트웨어 솔루션 분야의 선구자인 70억 달러 규모의 기업 세일즈포스Salesforce는 덧셈의 논리에서 곱셈의 논리로 전환한 대표적인 회사다. 이 회사는 '문제가 생기면 자원을 투입한다'는 낡은 접근법으로 10여 년간 높은 성장을 거두었다. 새로운 고객들과 새로운 요구에 부딪히면 최고 수준의 기술 및 비즈니스 인재를 채용해 대응했다. 그러나 시장 환경이 나빠지자 새로운 접근법의 필요성이 대두됐다. 즉 기존 자원으로 더 많은 생산성을 얻어내야 했다. 자원 투입이라는 구식 관점이 더는 통하지 않게 된 것이다. 이 회사는 직원들의 능력을 배로 끌어올려 조직 전체의 역량을 높임으로써 성장 목표를 충족시킬 수 있는 리더들을 개발하기 시작했다.

자원의 지렛대 효과는 단순히 '적은 자원으로 높은 성과를 올리는 것'보다 훨씬 더 깊은 개념이다. 멀티플라이어는 적은 자원으로 더 많이 얻어내는 것이 아니라 '더 효과적으로 활용함으로써' 더 많이 얻어낸다. 사람들의 지적 능력과 역량, 열정, 신뢰를 더 많이 끌어낸다. 어느 CEO는 말했다. "똑같은 80명이라도 어떤 경우엔 50명의 생산성을 내고 어떤 경우엔 500명의 생산성을 낸다." 멀티플라이어는 자원 효율성을 달성하기 때문에 덧셈 논리에 빠진 회사들보다 한층 강력한 경쟁 우위를 갖는다.

이제 시대에 맞지 않는 덧셈 논리의 뿌리를 뒤흔들어야 할 때다. 멀티플라이어가 어떻게 역량을 끌어내는가 하는 문제를 좀 더 깊이 들여다보자. 그 답은 멀티플라이어들의 사고방식과 5가지 원칙에서 찾을 수 있다.

멀티플라이어의 사고방식

멀티플라이어와 디미니셔를 연구하면서 일관되게 목격한 것은 함께 일하는 사람들의 능력을 보는 관점이 완전히 다르다는 점이었다. 이 차이는 두 유형이 일하는 방식이 다른 이유를 상당 부분 설명해준다.

○ **디미니셔의 사고방식** 디미니셔의 관점은 엘리트주의와 희소성에 바탕을 둔다. 이들은 '정말로 똑똑한 사람은 매우 드물고 내가 바로 그 소수

에 속한다'고 믿는다. 때문에 자기 자신은 특별하고 '자기가 없으면 사람들이 일을 제대로 처리하지 못할 것'이라고 생각한다.

내가 예전에 함께 일했던 한 리더는 '지능 지상주의자'였다. 이 임원은 대기업의 기술 사업 부문을 이끌고 있었다. 이 부문에는 4,000명 이상의 고학력 지식 근로자가 속해 있었고 대부분 일류 대학을 나온 인재였다. 어느 날 나는 경영진 회의에 참석했다. 임원 20명이 제품의 시장 진입 전략과 관련한 중요한 문제의 해결책을 찾는 자리였다.

회의가 끝나고 나오면서 우리는 회의에서 나온 이야기와 결정에 대해 생각해보고 있었다. 그때 그 리더가 걸음을 멈추고서 나에게 조용히 말했다. "보통 나는 회의에서 두세 명의 의견에만 귀를 기울입니다. 나머지 사람들은 별 도움이 안 돼요." 순간 그는 내 얼굴에서 놀란 기색을 읽었던 모양이다. 곧장 어색한 말투로 이렇게 덧붙였던 것이다. "아, 물론 당신도 그 두세 명에 속합니다." 나는 그 말이 진심이라고 생각되지 않았다. 총 인력이 4,000명이나 되는 사업 부문을 대표하는 20명의 임원 중에서 그는 고작 두세 명만 쓸모 있다고 생각했다. 우리는 복도를 걸어가면서 직원들이 일하는 칸막이 공간과 사무실 옆을 지나갔다. 그의 말을 듣고 나니 갑자기 그 넓은 공간이 쓸모없는 두뇌만 가득한 폐허처럼 보였다. 문득 나는 그들 모두에게 '당신네 리더는 당신들이 무능하다고 생각하니 그냥 집에 가라'고 큰 소리로 말하고 싶었다.

디미니셔는 지적 능력을 희소한 자질로 여길 뿐만 아니라 웬만해선 바뀌지 않는다고 생각한다. 즉 지적 능력은 고정된 것이며 시간 흐름이나 환경에 따라 변할 수 없다고 믿는다. 이런 관점은 저명한 심리학자 겸 저술가 캐럴 드웩이 말한 '고정 마인드셋fixed mindset'에 해당한다. 개인의 능력은 변하지 않는다고 믿는 관점이다.[11] 디미니셔는 이런 두 단계 논리로 생각한다. '지금 이해하지 못하는 사람들은 앞으로도 영영 이해하지 못한다.' 따라서 '내가 그들 대신 생각하고 결정해야 한다.' 디미니셔의 세계에서 똑똑한 사람들은 쉴 틈이 없다!

당신은 위에 소개한 리더의 일상적인 행동이 어땠는지 충분히 예상할 수 있을 것이다. 만일 당신 자신이 그런 사고방식을 가진 사람이라면 어떻게 행동할지 생각해보라. 아마도 직원들에게 명령하고, 모든 중요한 결정을 혼자 내리고, 누군가가 실수할 것 같으면 재빨리 뛰어들어 간섭할 것이다. 그리고 결국 당신이 거의 항상 옳을 것이다. 지적 능력은 바뀔 수 없다는 믿음 때문에 사람들을 복종시키고 당신에게 의존하게 만들 테니까 말이다.

○ **멀티플라이어의 사고방식** 멀티플라이어의 관점은 매우 다르다. 디미니셔가 지적 능력을 흑백 색깔의 이분법으로 바라본다면 멀티플라이어는 총천연색 관점으로 본다. 멀티플라이어는 지적 능력에 관해 폭넓은 관점을 견지한다. 소수의 몇 명만 사고력을 발휘할 자격이 있다고 보지 않는다. 또한 지적 능력을 꾸준히 발전시킬 수 있다고 본다. 이것은 드웩이 말하는 '성장 마인드셋growth mindset'이다. 지능 같은 기본 자질을 노력으로 높일 수 있다는 견해다.[12] 멀티플라이어는 '사람들이 똑똑하고 문제 해결력을 갖고 있다'고 가정한다. 훨씬 더 많은 기여를 할 수 있는 인재들이 조직에 가득하다고 믿는다. 우리가 인터뷰한 관리자들 중에 바로 그런 유형이 있는데, 그녀는 팀원을 하나하나 세심히 살펴보며

'이 직원은 어떤 측면에서 똑똑한가?'를 생각해본다. 그리고 답을 생각하면서 종종 직원들의 숨겨진 다채로운 능력을 발견한다. 그녀는 능력미달이라며 직원을 무시하지 않고 '그들의 잠재력을 발전시키려면 어떻게 해야 할까?'를 생각한다. 그리고 해당 팀원의 잠재력을 끌어내고 조직의 이익에도 기여하는 업무 과제를 내준다.

멀티플라이어는 복잡한 기회와 도전 과제를 마주하면 '이 문제의 해법을 찾고 그 과정에서 탁월한 역량을 발휘할 팀원들이 사방에 있다'라고 생각한다. 또한 내적 역량을 이끌어내는 분위기를 조성하고 적절한 팀원들을 모으는 것, 그런 다음 자신은 한발 물러나 그들 스스로 해내도록 이끄는 것이 자신의 임무라고 여긴다.

만일 당신이 이런 관점을 가졌다면 어떻게 행동할까? 힘든 위기 상황에서도 팀원들을 신뢰하게 될 것이다. 힘든 과제를 주고 그들이 책무를 완수하게 지켜볼 것이다. 그들의 역량을 이끌어내 실제로 더 뛰어난 인재로 변모시킬 것이다.

아래 표는 이렇게 판이하게 다른 관점이 디미니셔와 멀티플라이어의 리더십에 끼치는 강력한 영향을 요약한 것이다.

상황	디미니셔 "내가 없으면 사람들은 해내지 못한다."	멀티플라이어 "사람들은 똑똑하니까 해낼 수 있다."
재능을 관리할 때	이용한다	발전시킨다
실수를 대할 때	비난한다	분석한다
방향을 제시할 때	지시한다	도전을 장려한다
결정을 내릴 때	혼자 결정한다	의견을 구한다
일을 진행할 때	통제한다	지원한다

이들 핵심 관점은 반드시 짚고 넘어갈 필요가 있다. 결국 행동은 머릿속의 관점에 좌우되기 때문이다. 멀티플라이어 리더가 되고 싶은 사람이라면 단순히 멀티플라이어의 행동을 그대로 모방하는 것으로는 안 된다. 일단 멀티플라이어와 같은 사고방식을 가져야 한다는 얘기다. 나는 20년간 기업 임원들을 관찰하고 코칭하면서 리더의 관점이 경영에 끼치는 영향을 직접 목격했다. 먼저 자신의 핵심 관점을 검토하고 개선하려고 노력하는 리더는 멀티플라이어의 5가지 원칙을 한층 쉽게 실천할 수 있다.

멀티플라이어의 5가지 원칙

그렇다면 평범한 리더와 차별화되는 멀티플라이어만의 리더십 방식은 무엇일까? 150명 이상의 리더들에 관한 자료를 분석해보니 멀티플라이어와 디미니셔는 공통점이 꽤 있었다. 둘 다 고객 중심적이고 비즈니스 감각과 시장 통찰력이 뛰어났다. 또한 주위에 똑똑한 사람이 많았고 스스로를 '생각의 리더'라고 여겼다. 하지만 멀티플라이어에게 뚜렷이 나타나는 특성들이 분명히 있으며 그것은 아래 5가지 원칙으로 정리할 수 있다.

1. 재능을 끌어당겨 최대한 활용한다. 멀티플라이어는 '재능 자석'이다. 누구에게 속한 인재인지 상관없이 그 인재를 끌어당겨 최대로 활용한다. 사람들은 멀티플라이어 옆에 있으면 성장하고 훌륭한 성과를 낼 수 있다고 생각하므로 그와 함께 일하려고 모여든다. 반면 디미니셔는 '제국 건설자'처럼 행동하면서, 생산적 성과를 내려면 자신이 모든 자원을 통

제해야 한다고 믿는다. 이들은 자신이 소유한 인적 자원과 그렇지 않은 인적 자원 사이에 분명한 선을 그으며, 이런 인위적 구분이 자원의 효과적 활용과 발전을 방해한다. 사람들은 처음엔 디미니셔와 함께 일하고 싶을지 몰라도 결국 그들의 경력에 전혀 도움이 안 될 때가 많다.

디미니셔는 자원을 확보해 낭비하고 마는 제국 건설자다. 멀티플라이어는 사람의 능력을 활용하고 한층 발전시키는 재능 자석이다.

2. 최고의 사고력을 요하는 열정적인 분위기를 조성한다. 멀티플라이어는 의욕을 자극하는 근무 환경을 만들어 모든 구성원이 생각하고 의견을 내고 최선을 다할 수 있도록 한다. 그는 '해방자'가 되어 편안하면서도 에너지 넘치는 분위기를 조성한다. 사람들이 두려워하지 않고 지적 능력을 마음껏 발휘할 수 있게 만든다. 또한 모두가 최선을 다할 수밖에 없는 열정적인 분위기를 이끈다. 이에 반해 디미니셔는 '폭군'처럼 행동하고, 주변 사람들은 평가받는 것이 두려워 제대로 생각하지 못하고 얼어붙는다. 디미니셔는 사람들에게 최고의 아이디어를 요구하지만 얻어내지 못한다.

디미니셔는 스트레스 가득한 업무 환경을 만드는 폭군이다. 멀티플라이어는 과감한 사고를 장려하는 분위기를 만드는 해방자다.

3. 도전 의식을 북돋운다. 멀티플라이어는 자기 자신과 주변 사람들이 능력의 한계를 넘어서도록 끊임없이 재촉하는 '도전 장려자'다. 기회가 있는 곳으로 이끌고, 구성원들의 능력을 최대한 발휘시킬 과제를 던져주며, 해낼 수 있다는 믿음과 열정을 형성하도록 한다. 반면 디미니셔는 자신의 지식을 자랑하기 위해 명령하는 '전지전능자'다. 디미니셔는 방

향을 정해주지만 멀티플라이어는 사람들이 방향을 찾게 유도한다.

디미니셔는 명령을 내리는 전지전능자다. 멀티플라이어는 기회를 제시하는 도전 장려자다.

4. 토론으로 결정한다. 멀티플라이어는 철저한 토론을 통해 합리적 결정을 도출하는 '토론 조성자'다. 또한 구성원들이 결정 사항을 실행하는 데 필요한 모든 정보를 의사 결정 프로세스에 포함시킨다. 멀티플라이어는 문제를 허심탄회하게 논하는 토론에 사람들을 참여시키고, 이로써 모두가 충분히 이해하고 효과적으로 실행할 수 있는 결론에 도달한다. 반면 디미니셔는 '결정자'로서, 핵심 인물 몇몇하고만 상의해 결정하는 경향이 있다. 나머지 사람들에게는 과정을 알리지 않으며, 사람들은 결정 사항의 실행에 집중하지 못하고 그 타당성을 따지고 논쟁하느라 에너지를 허비한다.

디미니셔는 자기가 내린 결정을 사람들에게 납득시키려고 애쓰는 결정자다. 멀티플라이어는 사람들의 진정한 동의를 얻어내는 토론 조성자다.

5. 주인 의식과 책임감을 심어준다. 멀티플라이어는 구성원 모두에게 높은 기대치를 심어줌으로써 훌륭한 성과를 내고 유지한다. 그는 '투자자'가 되어 성공에 필요한 자원을 제공한다. 또한 구성원들에게 일의 책임을 지게 한다. 시간이 흘러도 멀티플라이어의 높은 기대치는 계속해서 강한 힘을 발휘해 사람들 스스로 책임감을 느끼게 하며, 그들은 리더의 개입 없이도 자립적으로 해내게 된다. 반면 디미니셔는 자기가 주인이 되어 통제하고 사사건건 간섭하며 직접 성과를 관리하는 '간섭형 관리자'다.

디미니셔는 수시로 통제하는 간섭형 관리자다. 멀티플라이어는 주인 의

식을 심어주고 책임지게 하는 투자자다.

아래 표는 디미니셔와 멀티플라이어를 구분 짓는 5가지 핵심 원칙의 요약이다.

멀티플라이어의 5가지 원칙

	디미니셔	멀티플라이어
관점	"내가 없으면 사람들이 해내지 못한다."	"사람들은 똑똑하므로 충분히 해낼 수 있다."
행동	1. 제국 건설자 자원을 쌓아놓고 재능을 충분히 활용하지 못한다. 2. 폭군 사고와 능력 발휘를 막는 긴장된 분위기를 만든다. 3. 전지전능자 자신의 지식을 보여주려고 명령을 내린다. 4. 결정자 독단적인 결정을 갑자기 통보해 사람들을 혼란스럽게 한다. 5. 간섭형 관리자 직접 간섭해 성과를 낸다.	1. 재능 자석 뛰어난 인재를 끌어당겨 최대한 활용한다. 2. 해방자 최고의 사고력을 요하는 열정적 분위기를 만든다. 3. 도전 장려자 사람들이 최대한 능력을 펼칠 기회를 제시한다. 4. 토론 조성자 철저한 토론을 통해 합리적 결정을 도출한다. 5. 투자자 결과에 대한 주인 의식을 심어주고 사람들이 성공할 수 있게 투자한다.
결과	구성원들의 능력을 50퍼센트도 얻지 못한다.	구성원들의 능력을 2배로 끌어낸다.

놀라운 발견

세계 곳곳의 멀티플라이어를 연구하면서 우리는 초반의 관찰을 확증해 주는 일관된 특성과 몇 가지 패턴을 발견했다. 우리가 알게 된 놀랍고 흥미로운 점은 다음 4가지다.

멀티플라이어는 냉철한 현실감각을 지닌다

우리가 얻은 가장 중요한 통찰력 중 하나는 멀티플라이어가 매우 냉철한 현실감각을 지녔다는 점이다. 이들은 사람들에게서 많은 것을 기대하고 탁월한 결과를 내도록 이끈다. 단순히 성과 중심주의를 뜻하는 것이 아니다. 그는 구성원들에게 많은 노력을 요구하는 까다롭고 엄격한 리더다. 멀티플라이어는 사람들에게 똑똑해진 기분을 느끼게 하지만, 그저 기분을 맞춰주는 '사람 좋은 스타일'의 리더가 아니다. 사람들의 능력을 알아보고 최대한 끌어내 활용하고자 한다. 커다란 능력이 보이므로 당연히 그것이 발휘되기를 기대한다.

우리가 인터뷰한 사람들은 함께 일했던 멀티플라이어 상사에게 고마움을 느꼈는데, 그 고마움은 멀티플라이어와 '함께 일하면서 얻은' 만족감 때문이었지 기분 좋은 인간관계 때문이 아니었다. 어떤 사람은 대기업의 세무 담당 임원 데브 랭Deb Lange과 일했던 경험을 이렇게 회상했다. "그녀와 일하는 건 마치 격렬한 운동을 하는 것과 비슷했다. 진이 다 빠질 만큼 힘들었지만 굉장히 짜릿했다." 또 다른 사람은 자기 상사를 두고 이렇게 말했다. "그는 나한테 있는지도 몰랐던 능력을 끌어냈다. 나는 그를 실망시키지 않으려고 있는 힘껏 노력했다." 오라클의 아태 지역 부사장 데릭 윌리엄스^Derek Williams 밑에서 일한 한 임원은 이렇게 표현했다. "그와 얘기를 나누고 사무실을 나올 때면 들어갈 때보다 훨씬 잘난 사람이 된 기분이 들었다."

멀티플라이어 접근법은 단순히 기존 리더십보다 진보한 관점이 아니다. 멀티플라이어는 사람들에게서 많은 것을 얻어내고 진정한 업무 만족감을 되돌려주기 때문에 더 높은 성과가 가능해진다. 이 책의 초판을 읽은 한 독자의 표현대로, 멀티플라이어는 "컵케이크나 초콜릿처럼 달달한" 상사가 아니다.

멀티플라이어는 자신의 능력을 아끼지 않는다

멀티플라이어가 한 걸음 물러나야 주변 사람들이 빛날 수 있다고, 그가 능력을 조금만 발휘해야 사람들이 역량을 제대로 펼쳐 돋보일 수 있다고 흔히들 생각한다. 그러나 내가 관찰한 바에 따르면 멀티플라이어는 남의 능력을 최대치로 끌어낼 뿐만 아니라 자기 자신의 능력도 남김없이 발휘한다. 내가 좋아하는 멀티플라이어 리더 중 한 명은 매직 존슨^Magic Johnson이다. 본명이 어빈 존슨 주니어^Earvin Johnson Jr. 인 그는 이미 고등학교 때 놀라운 재능을 보인 농구 선수였다. 고등학교 농구팀 감독은 그에게 "어빈, 공을 잡으면 무조건 슛을 날려"라고 말했고, 그는 감독 말대로 했다. 그는 경기마다 높은 득점을 올렸고 그의 팀은 연승 행진을 기록했다. 팀이 올린 점수 54점 중에 어빈의 득점이 무려 52점에 이르기도 했다. 감독도 동료 선수들도 모두 만족스러워했다. 무적 불패의 팀에서 뛰는 선수라는 사실을 싫어할 사람이 누가 있겠는가? 그런데 어느 날 경기가 끝난 뒤 선수들이 체육관을 나와 부모들 차로 향할 때, 어빈은 그들 부모들의 얼굴 표정을 보고서 뭔가 퍼뜩 깨달았다. 그들은 자기 아들이 농구하는 모습을 보러 왔다가 슈퍼스타만 보고 돌아가게 된 것이었다. 어빈은 말했다. "나는 그때 다짐했다. 하늘이 내게 주신 재능을 남김없이 이용해 모든 팀원들이 더 훌륭한 선수가 되도록 돕겠다고 말이다." 결국 그는 '매직Magic'이라는 별명을 얻게 됐다. 자신이 속한 팀의 경기력과 모든 동료의 기량을 한층 끌어올리는 그의 능력에 걸맞은 별명이었다. 꼭 멀티플라이어가 움츠러들어야 나머지 사람들이 크게 빛날 수 있는 것은 아니다. 멀티플라이어는 자신의 능력도 남김없이 쏟는 동시에 다른 사람들의 기여도 높인다.

멀티플라이어는 유머 감각이 탁월하다

우리는 리더십 설문 조사에 '탁월한 유머 감각'을 즉흥적으로 집어넣었는데 결과적으로 우리의 추측이 옳았음이 드러났다. 유머 감각은 멀티플라이어의 두드러진 특성인 동시에, 디미니셔와 가장 거리가 먼 특성이기도 하다. 멀티플라이어가 코미디언이라는 얘기가 아니다. 다만 그들이 자기 자신이나 상황을 지나치게 심각하게 여기지 않는다는 말이다. 멀티플라이어는 자신의 능력을 애써 방어할 필요가 없기 때문에, 자신이 잠시 웃음거리가 돼도 대수롭지 않게 넘길 수 있고 실수나 인간적인 약점에서 유머를 발견할 줄 안다. 그들의 유머 감각은 사람들의 숨통을 트이게 한다. 일터를 연구한 여러 결과에 따르면, 유머 감각은 인간관계를 다져주고 스트레스를 줄이며 공감 능력을 높인다. 즐거운 환경에서 일하는 사람은 더 높은 생산성을 내고, 대인 관계가 원활하며, 병가를 덜 낸다.[13] 리더가 유머 감각이 있으면 구성원들이 잠재력을 최대한 발휘해 기여할 수 있는 분위기가 조성된다.

멀티플라이어의 유머 감각을 얘기하자면 조지 클루니George Clooney를 빼놓을 수 없다. 그는 자기 비하적인 위트를 구사하며 상대를 편안하게 만들어 상대가 자기 모습을 있는 그대로 드러내게 한다. 한 기자는 클루니를 두고 이렇게 썼다. "그와 함께 불과 15분을 있었을 뿐인데 나는 집에 있는 것처럼 편안한 기분이 들었다."[14] 클루니와 같은 작품에 출연한 배우는 이렇게 말했다. "그는 상대에게 '한번 해봐' 하고 부추기곤 하는데, 그러면 도저히 도전하지 않을 재간이 없다." 멀티플라이어는 유머 감각을 이용해 편안함을 조성함으로써 사람들의 에너지와 역량에 불을 붙인다.

뜻하지 않은 디미니셔

놀랍게도 디미니셔 리더들 중에는 자신이 사람들의 능력을 억누른다는 사실을 자각하는 이가 거의 없었다. 그들 대부분은 어릴 때부터 똑똑하다는 칭찬을 들었고 개인적인, 대개는 지적인 탁월함 때문에 조직의 높은 자리에 오른 이들이었다. '상사'가 된 그들은 가장 똑똑한 관리자로서 많은 '부하'들을 관리하는 것이 자기 임무라고 생각했다. 그런가 하면 어떤 이들은 한때 멀티플라이어의 사고방식을 갖고 있었음에도, 너무 오랫동안 디미니셔에 둘러싸여 일하다 보니 그 행동 방식과 관점에 물든 경우도 있었다. 한 임원은 이렇게 말했다. "당신의 연구 결과를 읽고, 내가 디미니셔 세계에 너무 오래 살아서 그 세계의 일원이 돼버렸다는 것을 깨달았습니다." 디미니셔 상사 밑에서 일한 뒤 그의 심각한 피해자가 되지는 않았다 해도, 디미니셔 성향에 다소 물들어 현재의 리더십에 영향을 줄 수 있다. 다행히도, 이렇게 뜻하지 않게 디미니셔가 된 사람도 멀티플라이어로 변화할 방법이 있다. 7장 '뜻하지 않은 디미니셔'는 좋은 의도를 가졌음에도 사람들의 능력을 제대로 활용하지 못하는 관리자에게 유용할 것이다.

이 책이 전하는 메시지

리더 때문에 능력을 제대로 꽃피우지 못하는 똑똑한 인재들을 연구 과정에서 거듭 목격했다. 그들은 아무리 열심히 일하면서 더 기여하려고 노력해도 리더가 그들의 역량을 조금밖에 얻어내지 못한다며 답답함을 토로했다. 우리는 과도하게 일하면서도 능력은 전부 발휘하지 못하는 상황이 실제로 가능하다는 것을 알게 됐다. 조직 곳곳에 많은 재능이 잠자고 있다. 끌어내지 못하는 자원이 곳곳에 숨어 있다.

멀티플라이어는 이 잠자는 역량을 깨워 남김없이 활용하는 방법을 안다. 뛰어난 멀티플라이어는 기업, 교육기관, 비영리 기구, 정부 등 여러 영역에서 목격된다. 본문에서 자세히 소개할 대표적인 멀티플라이어 리더는 아래와 같다.

1. 성공한 녹색 기술 기업가이자 CEO인 K. R. 스리다르[K. R. Sridhar]는 최고 인재들을 뽑고 긴장감은 높지만 스트레스는 적은 근무 환경을 조성한다. 그 속에서 직원들은 마음껏 새로운 시도를 하고 리스크를 감수해 최적의 기술과 솔루션을 찾아낸다.

2. 교육청 국장 알리사 갤러거[Alyssa Gallagher]는 자신의 교육구에서 학교교육을 혁신적으로 변화시키는 프로젝트를 이끌면서 교사들에게 주도적 권한을 주어 혁신을 이뤄내게 했다.

3. 마이크로소프트 러닝[Microsoft Learning]의 대표 루츠 지옵[Lutz Ziob] 밑에서 일한 팀원들은 이렇게 말한다. "그는 훌륭한 결과가 나올 수밖에 없는 분위기를 만든다. 훌륭한 인재를 고용하고, 실수를 허락하고, 중요한 결정 사항에 대해선 치열하게 토론한다. 팀원들에게 최고를 요구하되 성공의 결과는 모두 함께 나눈다."

4. 생명공학 회사 사장이었다가 벤처 캐피털리스트가 된 수 시겔[Sue Siegel]과 함께 일한 비즈니스 파트너는 그녀를 이렇게 표현했다. "그녀 주변의 모든 것이 갈수록 나아지고 그녀의 조언을 받은 회사들은 성장한다. 우리는 그걸 '수 효과'라고 부른다. 아마 그녀가 없으면 사람들은 완전히 다른 모습일 것이다."

5. 34년 동안 392승 9패라는 대기록을 세운 하이랜드고등학교 럭비팀의 감독 래리 겔웍스[Larry Gelwix]. 그의 이런 엄청난 성과는 경기장 안팎에서 선수들의 능력을 적극적으로 끌어내는 리더십 철학 덕분이다.

이 리더들은 앞으로 멀티플라이어가 되려는 사람들에게 좋은 본보기가 된다.

당신이 마음에 새길 내용은 간단하다. 당신도 얼마든지 멀티플라이어가 될 수 있다. 당신도 주변 사람들을 똑똑하게 만들어 더 큰 기여를 끌어낼 수 있다. 멀티플라이어처럼 생각하고 행동할 수 있다. 이 책이 방법을 알려줄 것이다. 그리고 왜 그것이 중요한지도 일깨워줄 것이다.

이 책은 힘든 시장 상황 속에서 자원 부족의 해법을 찾으려 고군분투하는 모든 관리자를 위한 것이다. 구성원의 능력을 더 끌어내 성과를 올려야 하는 리더들에게 유용한 메시지를 전해줄 것이다. 기업들이 자원 절약을 지향할수록, 기존 인력의 역량을 배가하는 리더의 필요성은 더욱 절실해진다. 이 책은 현재의 리더십을 한층 더 개선하고 싶은 열정적 멀티플라이어에게도, 앞으로 사람들의 역량을 남김없이 끌어내는 멀티플라이어가 되고 싶은 리더에게도 유용하다. 아울러 이 책은 디미니셔에게 꼭 필요하다. 그들은 자기 능력에만 집중하는 리더의 부정적 효과를 인지해야 한다. 한마디로 이 책은 조직의 역량을 배가하는 멀티플라이어 리더십을 원하는 모든 관리자를 위한 것이다.

책의 핵심 메시지는 다음과 같다.

1. 디미니셔는 사람들의 능력을 다 활용하지 못한다.
2. 멀티플라이어는 구성원들의 능력을 한층 높인다. 그들은 실제로 더 똑똑해지고 유능해진다.
3. 멀티플라이어는 자원을 지렛대처럼 활용한다. 조직은 최고의 인재들을 멀티플라이어로 변화시킴으로써 역량을 2배 더 얻어낼 수 있다.

멀티플라이어 리더십을 본격적으로 파헤치기 전에 먼저 분명히 해둘

점이 있다. 이 책은 호감형 리더가 되는 법을 말해주는 책이 아니다. 이 책은 사람들의 능력을 더 발휘시키기 위한 현실적이고 냉철한 리더십을 논한다. 또한 멀티플라이어와 디미니셔에 관한 설명이 주를 이루기는 해도 그들 자신의 성과에 초점을 두지 않는다. 그들이 주변에 끼치는 영향력이 더 중요하다는 얘기다. 그리고 마지막으로, 이 책의 궁극적 목적은 당신의 상사나 동료에게 디미니셔라는 꼬리표를 달아주는 것이 아니라 당신이 멀티플라이어가 되도록 돕는 방향을 제시하는 것이다.

이 책은 멀티플라이어 접근법에 대한 이해에서 실행에 이르는 모든 단계의 학습 경험을 지향한다. 1장에서는 멀티플라이어 효과를 간략히 소개하고 멀티플라이어의 특징을 개관했다. 이후 본문에서는 멀티플라이어와 디미니셔의 차이와 멀티플라이어의 5가지 원칙을 자세히 살펴보고, 뜻하지 않게 디미니셔가 될 가능성을 최소화할 방법도 알아본다. 또한 어쩔 수 없이 디미니셔와 함께 일하게 됐을 때 거기에 대응할 전략도 소개한다. 실제 현실 속의 멀티플라이어와 디미니셔 사례를 소개할 때 디미니셔 및 해당 조직은 가명을 사용했다. 책 말미에는 멀티플라이어가 되기 위한, 그리고 조직 전체에 멀티플라이어 문화를 만들기 위한 로드맵을 제시한다.

이 책을 이렇게 읽기 바란다

멀티플라이어/디미니셔 접근법이 이분법처럼 보이겠지만, 사실 멀티플라이어와 디미니셔 사이에는 스펙트럼 구간이 존재하며 그 양극단에 속하는 사람은 소수다. 연구 결과에 비춰 보면 대부분의 사람은 그 스펙트럼 중간 어딘가에 위치하며 멀티플라이어 쪽으로 이동할 수 있는 잠재력을 갖고 있다. 멀티플라이어 리더십은 얼마든지 계발할 수 있다. 이 점을 기억하라. 1) 멀티플라이어는 분명히 존재하고 2) 우리는 연구를 통해 그들의 비결을 밝혀냈으며 3) 누구나 멀티플라이어가 되는 법을 배울 수 있다. 당신 자신이 멀티플라이어가 되는 데서 그치는 것이 아니라 다른 사람들도 멀티플라이어로 변화시킬 수 있다. 그러면 당신은 '멀티플라이어들의 멀티플라이어'가 된다.

이 책을 여러 차원에서 읽기를 권한다. 가장 기본적인 차원에서 보자면 당신도 틀림없이 경험했을 사실, 즉 세상에는 능력을 끌어내는 리더도 있고 파괴하는 리더도 있다는 사실을 책에서 분명히 재확인할 수 있을 것이다. 또는 좀 더 나아가 그동안 살아오면서 만났던 전형적인 멀티플라이어 또는 디미니셔를 떠올려볼 수 있을 것이다. 그러나 이 책의 가장 좋은 활용법은 때로 디미니셔의 탈을 쓰고 있던 자신의 모습을 깨닫는 것이다. 자신이 멀티플라이어의 정신을 갖고 있으면서도 디미니셔 세계에 살며 방향을 잃었다는 사실을 깨닫게 하는 것이 이 책의 가장 중요한 역할일지도 모른다. 당신도 어쩌면 뜻하지 않은 디미니셔일지 모른다.

나는 멀티플라이어와 디미니셔의 세계를 연구하면서 그 안에서 내 자신의 모습(현재 또는 과거의)을 종종 목격했다. 그리고 세계 곳곳의 리더를 교육하고 코칭하는 나의 일에서 멀티플라이어로서 훌륭한 본보기가 되는 법을 깨달았다. 대부분의 사람들에게는 디미니셔 성향이, 또는 적어도 몇 가지 취약점이 있으며 대개 그것들은 좋은 의도에서 기인한다. 나 역시 마찬가지다. 설령 디미니셔 성향을 완벽히 없애지는 못하더라도 멀티플라이어의 면모를 최대한 자주 발휘하려고 노력할 수는 있다.

이 책은 멀티플라이어의 길을 가려는 이들에게, 영국 총리 벤저민 디즈레일리^{Benjamin Disraeli}처럼 상대편으로 하여금 자신이 가장 똑똑하다고 느끼게 만드는 리더가 되고 싶은 이들에게 좋은 지침이 될 것이다. 또한 조직에 더 많은 멀티플라이어 씨앗을 뿌리고 모두가 성장하길 원하는 기업 리더들에게도 유용할 것이다.

본문에서는 여러 분야의 멋진 멀티플라이어들을 소개한다. 기업에서 교육계, 아프리카 들판에 이르기까지 다양한 곳에서 그들을 만날 수 있다. 또한 우리가 선택한 리더들은 지향하는 이데올로기도 다양하다. 정치적 관점이 나와 다른 사람이라도 그에게서 배울 것은 배워야 한다. 이들 리더는 완벽하지는 않지만, 그들의 멀티플라이어 리더십에서 우리는 새로운 가능성과 희망을 발견할 수 있다. 우리가 그랬듯이 모쪼록 당신도 그들의 이야기와 리더십 방식, 영향력에서 큰 영감을 얻길 바란다.

멀티플라이어 vs. 디미니셔

- **멀티플라이어:** 천재를 만드는 사람이며 다른 이들의 능력을 끌어낸다. 조직 전체에 지적 능력이 바이러스처럼 퍼지게 한다.
- **디미니셔:** 자신의 뛰어난 능력에 몰두하고 사람들의 능력을 질식시키며 조직의 중요한 역량을 고갈시킨다.

멀티플라이어의 5가지 원칙

1. 재능 자석: 인재를 끌어와 최대한 활용한다.
2. 해방자: 최고의 사고력을 요하는 열정적 분위기를 만든다.
3. 도전 장려자: 도전할 기회를 제시한다.
4. 토론 조성자: 토론으로 결정을 내린다.
5. 투자자: 책임감을 심어준다.

뜻하지 않은 디미니셔

진짜 나쁜 디미니셔는 찾아내기 쉽다. 하지만 좋은 의도를 갖고 이끌거나 도움을 주려는 리더의 행동이 오히려 직원의 아이디어와 능력 발휘를 방해해서 디미니셔의 악영향이 나타나는 경우가 많다.

결과

멀티플라이어는 사람들의 능력을 남김없이 끌어내 디미니셔보다 2배 많이 얻어낸다.

/ 2장 /
뛰어난 인재를 탁월한 인재로 키운다

나는 내 머리뿐만 아니라 다른 이들의 머리도 최대한 빌려서 활용한다.
우드로 윌슨Woodrow Wilson

캘리포니아주 멘로파크에 있는 이베이eBay CEO 메그 휘트먼Meg Whitman 의 집을 보니 그녀가 과거 미국 동부에서 살았음을 알 수 있었다. 뉴잉 글랜드의 대표적 주택 형태인 흰색의 소금 그릇형 목재 주택이었기 때 문이다. 아마 그녀는 이 집을 보면 매사추세츠주 케임브리지에서 경영 대학원을 다니던 시절이 떠오를 것이다.

2008년 미국 대통령 선거까지 아직 꽤 남아 있던 2007년 9월의 어느 날이었다. 당시 여러 인상적인 후보자들이 최종 대선 후보 티켓을 거머 쥐기 위해 경쟁하고 있었다. 그날 지역 주민들이 그 후보들 중 한 명을 엿볼 수 있는 자리가 마련됐다. 또한 나에게는 연구의 폭을 넓히고 흥미로운 리더 2명에게 주목할 수 있는 좋은 기회였다.

손님이 가득 모인 집 뒤뜰에서 메그 휘트먼이 마이크를 들고서 대선 후보로 출마하는 밋 롬니Mitt Romney를 소개하기 시작했다. 그녀의 소개말은 간단했다.

저는 젊은 시절 베인앤드컴퍼니Bain & Company에 컨설턴트로 입사해 밋 롬니 밑에서 일하는 행운을 누렸습니다. 당시 저 같은 신입 컨설턴트들은 누구나 밋의 팀에 들어가고 싶어서 안달이었습니다. 왜 그랬을까요? 그는 팀원들을 이끄는 법을 알고 그들을 성장하게 만드는 최고의 상사라는 평판이 있었기 때문입니다. 사람들은 그와 함께 일하면서 나날이 성장하고 발전했습니다.

메그는 하버드 경영대학원에서 MBA를 딴 뒤 사회 초년병으로 부푼 꿈을 안고서 비즈니스 세계에 입성했다. 많은 MBA 소지자들처럼 그녀는 컨설턴트로서의 첫 직장으로 일류 경영컨설팅회사 베인앤드컴퍼니를 선택했다. 그녀는 회사 안에서 좋은 팀에 자리를 잡아야 일을 빨리 배우고 자신의 경력과 가치도 높일 수 있다고 생각했다. 그러던 어느 날 선배 컨설턴트가 그녀에게 "네가 똑똑하다면 밋 롬니의 팀에서 일하려고 하겠지"라고 했다. 메그는 어째서 밋이 그렇게 좋은 상사인지 몰랐지만, 눈치 빠르고 영리하게 움직여 밋의 팀에 들어갈 기회를 얻었다. 그리고 밋과 함께 일하면서 이유를 알게 됐다.

밋의 팀에서 일하는 직원들은 하나같이 의욕적으로 일했다. 밋은 직원 개개인에 대해 알고 그들의 능력을 제대로 이해하려고 노력했다. 그것은 이력서 검토만으로는 결코 알 수 없는 것이었다. 밋은 직원의 강점을 파악하고 고객 계약을 추진할 때 그 재능을 활용할 방법을 찾았다. 또 팀원들에게 역할을 정해줄 때 "자네의 다음 도전 과제는 무엇인가? 자네가 성장할 수 있는 도전적인 업무는 무엇이겠는가?"라는 질문을 던졌다. 밋은 난관에 빠진 다른 팀 프로젝트의 해결에 자기 팀원의 능력이 도움이 된다면 기꺼이 파견을 보냈다. 팀원과의 일대일 면담 때는 프로젝트 현황뿐만 아니라 장애물에 대해서도 물었다. 그가 자주 던지는 질문은 "자네가 프로젝트를 성공시키는 데 걸림돌은 무엇인가?"였다.

한편 메그의 입사 동기들 중에 다른 팀에서 일하는 많은 이들은 사정이 사뭇 달랐다. 그들의 리더는 팀원을 성장시키는 것보다 자기 자신의 경력을 높이는 데만 관심이 있어 보였다. 팀 회의 때는 프로젝트 리더가 한참 동안 현황 및 지시를 전달하고 나면 각 컨설턴트가 업무의 진척 상황 및 업데이트 보고를 하는 게 전부였다. 그들은 각자의 업무 역할에만 묶여 있었다. 업무가 버거워지면 동료의 도움을 구하기보다는 혼자 끙끙대다가 며칠씩 밤을 새우기 일쑤였다. 목표를 달성해도 팀원 개인의 노력이 인정받는 경우는 드물었다. 프로젝트 리더에게 공이 돌아가거나 부서 규모가 커지는 것으로 보상이 이루어졌다. 팀원들은 지난번 프로젝트에서 했던 것에서 크게 벗어나지 않는 역할을 거의 예외 없이 다음 프로젝트에서도 맡았다.

어느 조직에나 훌륭한 인재를 끌어당겨 최대한 활용하고 그들을 다음 도전에 준비시키는 재능 자석이 있다. 이런 리더는 높은 성과를 낼 뿐만 아니라 젊고 유능한 인재가 성장할 수 있는 분위기를 만든다는 평판을 얻고 있다. 이들은 사람들의 경력이 빠르게 성장하도록 촉진하는 가속기 역할을 한다.

밋 롬니는 재능 자석이었다. 그는 메그 휘트먼의 성장에 속도를 붙여준 리더였고, 메그는 나중에 이베이 CEO가 되어 재임 기간 동안 회사 매출을 88배나 높였다. 밋이 재능 자석이자 가속기로서 주변 사람을 성장시킨 사례는 메그 말고도 수없이 많다.

당신은 어떤 리더인지 생각해보라. 주변에서 당신을 어떻게 표현할까? 인재를 알아보고 끌어와 역량을 최대한 발휘시키는 리더라고 생각할까? 그들은 과거에 함께 일했던 관리자들과 달리 당신과 일하면서는 훨씬 더 성장했다고 말할까? 아니면 당신은 사람들을 발전시켜야 할 인재로 보지 않고 그저 능력이 소진될 때까지 사용하는 자원으로 여기는가? 그들은 기껏 힘들게 입사하고도 의미 있는 기여를 하지 못한다고, 자신이 조직의 전시품이나 장식물밖에 되지 않는다고 생각하지는 않을까?

어떤 리더는 자석처럼 인재를 끌어당기고 최고의 역량을 펼치도록 발전시킨다. 그런가 하면 어떤 리더는 자원을 확보해 자신의 제국을 만든다. 이번 장에서는 이 두 유형의 차이와 이들이 구성원에게 끼치는 영향을 알아본다.

제국 건설자 vs. 재능 자석

멀티플라이어는 재능 자석처럼 움직인다. 인재를 끌어당기고 능력을 최대치로 활용한다. 멀티플라이어가 최고 인재를 확보하는 것은 꼭 채용 기술이 뛰어나서가 아니라 인재가 그들과 함께 일하고 싶어 모여들기 때문이다. 메그 휘트먼이 밋 롬니의 팀에 적극적으로 찾아 들어갔듯이 사람들은 재능 자석 곁에 있고 싶어 한다. 능력을 제대로 인정받고 자신의 시장가치가 높아질 것임을 알기 때문이다.

이에 반해 디미니셔는 인재를 쌓아놓고 제대로 활용하지는 못하는 제국 건설자의 행태를 보인다. 이들은 거창한 전망을 제시하며 최고 인재를 영입하지만, 그들의 능력을 충분히 발휘시키지 못하고 그들에게 실망감만 안겨준다. 왜일까? 자기 과시와 이득을 위해 인적 자원을 모으기 때문이다. 제국 건설자는 능력을 배가하지 않고 쌓아놓기만 한다. 사람들을 진열장의 수집품처럼 전시해놓고 정작 활용하지는 못한다.

이 두 방식은 저절로 계속되는 사이클을 만들어낸다. 재능 자석은 끌어당김의 선순환에, 제국 건설자는 퇴보의 악순환에 빠진다.

끌어당김의 선순환

1914년 영국 탐험가 어니스트 섀클턴Ernest Shackleton은 남극대륙 횡단을 목표로 탐험대를 꾸리면서 〈타임스The Times〉지에 이런 모집 광고를 냈다.

탐험대원 모집: 위험한 여행이 될 것임. 보수도 적고 혹한의 추위, 몇 달씩 지속되는 어둠, 끊임없는 위험을 견뎌야 함. 안전한 귀환은 불확실함. 성공할 경우 명예와 유명세를 얻을 수 있음.

놀랍게도 수천 명의 희망자가 지원했다. 경험 많은 노련한 대장인 섀클턴은 특정한 성향과 자질을 갖춘 이들을 까다롭게 골랐다. 모험을 좋아하고 명예 욕심이 있되 혹독한 탐험 과정을 기꺼이 겪을 각오가 돼 있는 사람들 말이다. 뛰어난 대원들로 팀을 꾸린 그의 능력은 극한 상황에서 한 명의 낙오자 없이 전원 무사 귀환할 수 있었던 핵심 요인이었다.

끌어당김의 선순환은 자신감을 지닌 리더가 최고 인재들을 끌어오는 것에서 시작된다. 즉 큰 잠재력과 당면 과제에 필요한 능력을 갖춘 'A급 인재'를 확보한다. 재능 자석 리더는 이들의 뛰어난 능력을 발견해 남김없이 활용한다. 이들은 자신의 능력을 최대한 발휘하면서 더 똑똑하고 유능해진다. A급 인재는 A+급 인재가 되어 더욱 주목받고 인정과 명예를 얻는다. 또 그럴수록 대내외적으로 인재시장에서 가치도 올라간다. A+급 인재는 훨씬 더 큰 기회를 얻게 되고, 재능 자석의 전폭적인 지원하에 그 기회를 붙잡는다.

이후에는 저절로 홍보 효과가 나타나기 시작한다. 인재 활용, 성장, 기회로 이어지는 이러한 패턴이 계속 나타나면 조직 안팎의 많은 이들이 자연히 알게 되고, 해당 리더가 이끄는 조직은 '성장할 수 있는 곳'이라는 평판이 생긴다. 이런 소문이 퍼지면 더 많은 A급 인재가 모여든다. 뛰어난 사람들이 계속 흘러 들어오면서, 성장해서 조직을 떠나는 인재들의 자리를 메운다.

베인앤드컴퍼니에서 밋 롬니의 팀에도 바로 이런 선순환이 일어났다. 메그 휘트먼이 그의 팀에 합류한 이유이기도 하다. 요약하면 다음 그림과 같다.

재능 자석은 강력한 힘을 발산해 인재를 끌어당기고 사람들의 발전

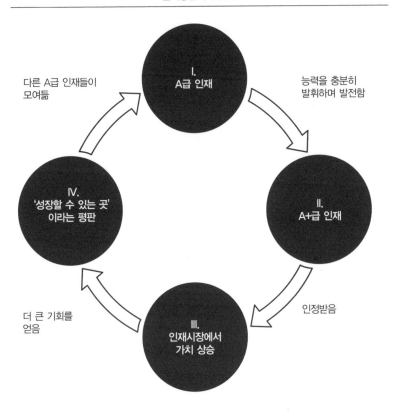

에 속도를 붙여준다. 이런 리더는 마치 원자를 결합해 이 세상 물질들을 존재하고 움직이게 하는 전자기력 같은 존재다.

퇴보의 악순환

나는 오랫동안 브라이언 베컴[1]과 가까이에서 일했다. 붙임성 좋고 똑똑한 캐나다 사람인 그와 함께 일하는 동안 꽤 즐거웠다. 브라이언은 총명하고 긍정적이고 사람들과 잘 협력했으며 아무리 어려운 문제도 어떻게든 해결하는 동료였다. 그런 평판을 가진 인재였기에 빠르게 성장하는 사업부의 운영 담당 임원이 될 수 있었다. 그런데 문제가 하나 있었다. 그 사업부를 이끄는 리더가 통제 불가능한 디미니셔이자 완강한 제국 건설자였다는 점이다.

브라이언은 사업부의 복잡한 문제들을 해결하는 작업에 착수했지만, 사업부 리더인 전무가 근본적인 문제 해결에 별 관심이 없다는 사실을 곧 깨달았다. 그는 오로지 제국을 만드는 일에만 골몰했으며 어떻게든 사업부 규모만 키우려고 했다. 브라이언의 직급은 허울뿐인 전시용에 불과했고, 그와 팀원들은 얄팍한 눈속임으로 업무를 처리해 회사 측으로부터 인력 충원 비용을 계속 지원받을 수 있게 만들어야 했다.

브라이언이 몇 개월간 고군분투하는 동안 사업부의 오래된 문제들이 곪아가고 있었다. 상사의 무관심 속에서 브라이언은 점점 무기력해졌고 평범한 수준의 성과에 만족하기 시작했다. 유능한 부하 직원들도 회사를 떠나갔다. 사내 다른 고위 리더들이 이 사업부의 문제가 심각함을 감지했을 때, '미다스의 손'이라는 브라이언의 평판은 이미 퇴색돼가고 있었다. 브라이언은 시간이 지나면 나아지겠지 하는 막연한 희망으로 몇 년을 버텼지만, 결국 죽어가는 조직에 갇혀 많은 기회가 사라지는 것을 지켜봐야만 했다.

브라이언 역시 흔히 조직들에서 목격되는 '좀비'가 됐다. 겉으로 보기에는 바쁘게 움직이며 일하는 것 같지만 속으로는 의욕도 희망도 없는 좀비 말이다. 자리만 채우고 앉아 진짜 노력은 안 하고 일하는 시늉만 하는 것이다. 유능하고 총명했던 브라이언이 그렇게 변하는 모습을 보니 내 마음도 무척 괴로웠다. 당신도 이런 동료를 한 번쯤 목격했을 것이다. 어쩌면 당신 자신이 겪었을지도 모른다. 당신이 이끄는 조직에서도 이런 일이 일어나지 말란 법은 없다.

제국 건설자는 퇴보의 악순환을 만들어낸다. 이런 리더 밑에 있는 사람들은 업무 의욕을 잃고 좀비처럼 변한다. 이 악순환도 끌어당김의 선순환과 시작은 비슷하다(그래서 디미니셔에게 속기 쉬운 것이다). 제국 건설자도 A급 인재들을 데려온다. 하지만 재능 자석과 달리 제국 건설자는 스스로 더 똑똑하고 유능한 리더로 보이기 위해 인재를 쌓아놓는다. 사람들은 조직도의 직급 박스에 들어가는 이름일 뿐 그들의 진짜 재능은 현실에서 빛을 내지 못한다. A급 인재들이 별다른 기여를 하지 못하고 A-급 또는 B+급 인재와 비슷해지기 시작한다. 성과를 내도 인정받지 못하므로 자신감을 잃는다. 이들은 제국 건설자의 그림자에 묻히기 시작한다. 인재시장에서 가치도 떨어져 기회들이 점점 사라진다. 따라서 그냥 원래 조직에 머물면서 상황이 나아지길 기대하며 시간을 보낸다. 이런 사이클은 직원 개인에게만 영향을 끼치는 게 아니라 조직 전체로 감염된다. 이런 조직은 '사람들이 죽어 나가는 곳'이라는 평판이 생기며 코끼리 무덤으로 변한다. 뛰어난 능력을 가진 어느 기술 담당 임원은 자기 직책이 무의미하다면서 "여기서 내 유통기한은 이미 지나갔다"라고 말했다. 목소리에 체념이 가득했다. 그는 우유로 치면 상한 우유인 셈이었다.

제국 건설자는 '경력 살인자'라는 평판 탓에 진짜 유능한 인재를 확보하기가 어렵다. 그래서 인적 자원을 비축해두려고 애쓴다. 이들도 처음에는 최고 인재를 데려오지만 자신의 경력을 높이고 조직 규모를 키우는 데만 집중하기 때문에 이미 있는 인재도 제대로 활용하지 못하고 그들이 고인 물처럼 썩게 내버려둔다.

결과적으로 다음 그림 같은 퇴보의 악순환이 지속된다.

제국 건설자는 인적 자원을 쌓아두기만 하고 활용할 줄 모른다. 재능 자석은 인재를 끌어오고 최고의 기여를 하게 만든다. 끌어당김의 선순환을 만들고 사람들의 역량을 높이는 재능 자석의 세계를 더 자세히 들여다보자.

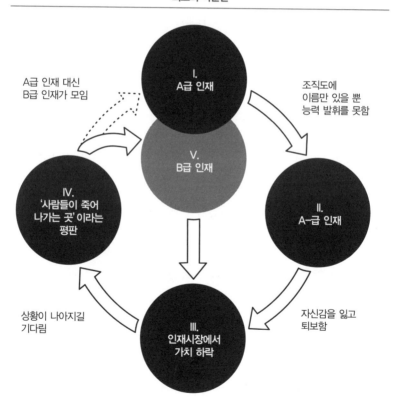

퇴보의 악순환

재능 자석

재능 자석은 끌어당김의 선순환을 만들어 성과를 가속화하고 인재를 성장시킨다. 그런데 이것은 A급의 최고 인재에게만 해당하는 얘기일까? 아니면 재능 자석은 어느 곳에서나, 어떤 사람에게서나 재능을 찾아내고 발전시킬까?

제네릭 의약품 전문 기업 헥살Hexal은 독일 뮌헨 인근의 작은 마을에 위치하고 있다. 헥살은 자수성가한 쌍둥이 형제 사업가 토마스와 안드레아스 슈트뤼엥만Thomas and Andreas Strüengmann이 1986년 설립했다. 의사인 안드레아스는 의학의 권위자이고 토마스는 해외 마케팅 전문가다. 형제는 각자의 전문성을 합쳐 제네릭 의약품 기업을 세우고 성공시키는 과정에서 주로 해당 지역 사람들을 채용했다. 이 기업의 인재 방침은 결코 일반적이지 않았다. 지극히 평범한 직원들에게서 탁월한 결과를 이끌어냈다.

이 형제는 직원 채용 방식부터 남달랐다. 그들은 이렇게 설명했다. "일단 입사 지원자에게 질문을 한두 개 해봅니다. 대답을 들어보고 우리와 안 맞는 사람이라고 판단되면 면접을 중단하지요. 예컨대 개인주의 성향이 강한 사람은 우리의 기업 문화와 맞지 않습니다. 우리 회사와 잘 맞는 지원자라는 생각이 들면, 아주 오랫동안 대화를 나누면서 그 사람의 능력이 무엇인지, 회사에 어떤 기여를 할 수 있을지 판단합니다." 형제는 최적의 인재를 알아보고 영입하는 법을 알고 있었다.

헥살에 입사한 직원은 여타 기업들과 다른 독특한 운영 방침을 알게 됐다. 이곳에는 정해진 직책도, 조직도도 없었다. 하지만 자기네 인재를 다른 회사에서 빼내 갈까 봐 조직도를 외부에 공개하지 않는 일부 일류 기업들과는 이유가 달랐다. 이 회사에 조직도가 없는 것은 슈트뤼엥만 형제가 조직도를 무의미하다고 여겼기 때문이다. 직원들의 관심사와 고유한 능력에 따라 업무 역할이 대략적으로만 구분돼 있었다. 형제는 이것을 '아메바 모델'이라고 불렀다. 예를 들면 이런 식이다.

우르술라는 고객 서비스 책임자를 보조하는 직원이었다. 그런데 일을 하다 보니 똑같은 사항에 대한 고객 요청이 반복되는 경우가 매우 많았고, 그 현황을 계속 일일이 직원들에게 알려줘야 했다. 우르술라는 인터넷을 이용해 '업무 흐름 추적 시스템'을 만들면 어떨까 하는 아이디어를 떠올렸다. 그래서 간단한 기획서를 작성한 뒤 이메일로 동료들에게 보내 의견을 물었다. 이메일로 답장을 보내온 동료도 있었고, 아이디어에 관해 이야기를 나누러 우르술라의 자리에 직접 찾아오는 동료도 있었다. 다들 꽤 괜찮은 아이디어라고 입을 모았다. 자신감을 얻은 우르술라는 필요한 직원들을 모아 임시 팀을 꾸리고 예산을 확보한 뒤 함께 시스템을 만들었다. 그리고 결과물을 슈트뤼엥만 형제에게 보여주었다. 형제는 팀의 노고와 우르술라의 리더십과 추진력을 칭찬했다. 이들 형제는 많은 사람의 응원을 얻은 아이디어라면 좋은 아이디어라고 믿었다. 핵살은 열정이 곧 실행력으로 이어지는 일터였다.

슈트뤼엥만 형제는 열정을 좇아 시도할 수 있는 분위기를 조성해 직원들이 최대의 능력치를 발휘하게 했다. 그들을 엄격히 규정된 직책에 가둬놓지 않았다. 직원들은 아이디어와 열정만 있다면, 자신이 기여할 수 있는 부분이라고 생각되는 일에 얼마든지 참여할 수 있었다. 고정된 형태 없이 유연한 아메바처럼 직원들이 능력에 맞는 기회 쪽으로 자유롭게 흐르게 놔두는 것이 이 형제의 운영 방침이었다.

혝살의 성공에는 여러 요인이 함께 작용했다. 2005년 슈트뤼엥만 형제는 혝살을(그리고 보유하고 있던 타 기업의 지분도 함께) 노바티스^{Novartis}에 76억 달러에 매각했다. 55세에 각자 38억 달러의 재산을 갖게 됐다. 이들은 혝살을 운영하는 동안 평범한 직원들에게서 놀라운 결과를 이끌어냈다. 사람들 안에 숨겨진 뛰어난 잠재력을 끌어내는 법을 아는 재능 자석이었기 때문이다.

어떻게 그것이 가능할까? 재능 자석의 4가지 특징에서 그 답을 얻을 수 있다.

재능 자석의 4가지 특징

우리는 멀티플라이어들에게서 끌어당김의 선순환을 촉진하고 지속시키는 4가지 특징을 발견했다. 그들은 1) 인재 탐색 범위에 한계가 없고 2) 타고난 재능을 찾아내고 3) 사람들의 역량을 충분히 활용하고 4) 방해꾼을 제거한다. 하나씩 살펴보자.

1. 인재 탐색 범위에 한계가 없다

재능 자석은 항상 새로운 인재를 찾으며 자신의 주변 너머 멀리까지 시선을 돌린다. 그물을 넓게 던져 다양한 곳에서 다양한 유형의 인재를 찾는다. 지적 능력이 여러 모습을 띠고 있다는 것을 알기 때문이다.

모든 유형의 재능을 인정한다

1904년 프랑스 심리학자 알프레드 비네^Alfred Binet^는 학생들의 학습 능력을 평가하는 도구로 지능검사를 개발했다. 이는 오늘날 IQ 검사의 초기 형태다. 그는 지능이 낮다는 것은 학습 능력 부족을 뜻하는 것이 아니라 더 많이 가르치고 다른 종류의 교수법을 사용해야 한다는 의미라고 생각했다.[2] 이 검사는 지적 능력을 판단하는 유일한 도구로 전 세계에 빠르게 퍼져나갔다. 그러나 최근 20년간 인지심리학 분야의 연구가 활발해지면서 지능의 규명 및 개발에 관한 여러 다른 관점들이 등장했다. 하버드대학교 하워드 가드너^Howard Gardner^의 다중 지능 이론, 대니얼 골먼^Daniel Goleman^의 감성 지능 연구, 마인드셋이 개인의 능력과 성공에 끼치는 영향을 분석한 스탠퍼드대학교 캐럴 드웩의 연구 등이 대표적이다. 그런데 이들 연구에는 공통적인 분명한 메시지가 있다. IQ 검사는 실용적이기는 하나 인간의 진정한 지적 능력을 판단하는 도구로는 한계가 있다는 점이다. 우리 인간은 IQ 검사만으로 측정할 수 없는 다양한 종류의 지적 능력을 지니고 있다.

재능 자석은 천재적 능력이 다양한 형태로 나타날 수 있음을 안다. 어떤 사람은 정량 분석이나 언어적 추리에 뛰어나다. 이는 IQ 검사나 SAT, 여타 전통적인 인지적 지능검사에서 측정할 수 있는 능력이다. 어떤 사람은 참신하고 대담한 아이디어를 내는 창의력이 뛰어나다. 비판적 안목이 남달라서 계획에 숨어 있는 문제점이나 지뢰를 즉각 찾아내는 사람이 있는가 하면, 지뢰밭을 피해 안전한 터널을 뚫을 방법을 천재적으로 고안하는 사람도 있다. 기업 CEO 경력이 있는 도쿄의 한 벤처 캐피털리스트는 기술 스타트업 경영진의 투자 유치 피칭을 들을 때 원칙으로 삼는 것이 있다. 경영진 구성원 모두가 엔지니어이면 사업 계획을 받아들이지 않는 것이다. 그는 구성원의 다양성을 중요하게 여긴다. 어떤 분야의 창업에서든(기술회사라 할지라도) 반드시 다양한 유형의 인재가 필요하다고 믿기 때문이다.

2016년 세상을 떠난 인튜이트Intuit 전 CEO 빌 캠벨Bill Campbell은 기업이 성공하려면 인재 다양성이 꼭 필요하다고 여겼다. 경제학을 전공했고 컬럼비아대학교 풋볼팀 감독을 지낸 그는 실리콘밸리 유수의 IT 기업들에 조언과 코칭을 제공한 것으로 유명하다. 그는 "그들은 내가 못하는 것을 할 수 있다. 그들에게는 내게 없는 천재적 능력이 있다"라고 말했다. 타인의 지적 능력에 대한 이런 존중은 그의 행동에도 나타났다. 그는 자신이 생각하지 못하는 것을 남들이 해낸다는 것을 즉시 인정했고, 사람들의 기여를 인정할 줄 알았다. 자신과 관점이 다른 사람의 조언과 아이디어에 열심히 귀를 기울였다. 또한 자신이 모르는 것을 기꺼이 배울 자세가 돼 있었다. 사람들의 능력을 인정할 줄 알았던 이 전직 풋볼 감독은 애플, 구글을 비롯한 많은 기업의 CEO에게 값진 조언을 제공했다.

경계를 무시한다

재능 자석은 최고의 팀을 꾸리기 위해서라면 조직의 경계도 개의치 않는다. 어느 곳에서나 다양한 형태의 지적 능력을 발견한다. 재능 자석의 세계에는 담장이 없으며, 계급에 따른 수직적 제약도, 수평적 제약도 없다. 대신 그들은 인재를 네트워크의 관점으로 본다.

재능 자석은 조직도를 무의미하게 여긴다. 조직도는 누가 어떤 상사 밑에서 일하는지, 문제가 생겼을 때 책임자가 누구인지 알아보는 데는 편리하다. 하지만 진짜 인재를 찾을 때는 그런 구분이 별로 중요하지 않다. 재능 자석에게는 조직도가 큰 의미가 없다. 왜일까? '누구나' 그를 위해 일할 수 있기 때문이다. 적어도 그가 재능을 발굴해내는 사람은 누구나 그렇다. 멀티플라이어는 '뛰어난 인재를 발견하면 그 능력을 발휘시켜야 한다'는 관점을 가지고 있다.

멀티플라이어는 사람들이 능력을 발휘해 쓸모 있는 인재가 되고 싶어 한다는 것을 안다. 멀티플라이어의 노력으로 누군가의 재능이 발견되면 그 사람이 값진 인재가 되는 길이 열리는 것이다. 멀티플라이어는 그 직원이 조직도상에서 자기 직속 부하가 아니더라도 망설이지 않는다. 그는 활용할 수 있는 무궁무진한 인재 풀이 있다고 본다. 누구라도 멀티플라이어를 위해 일할 수 있는 것이다.

부서 간 협력 프로젝트나 회사 간 협력 사업을 지휘하는 멀티플라이어가 핵심 참모일 수도 있고 조직도 맨 꼭대기의 경영자일 수도 있지만, 그들의 공통점은 인재를 찾기 위해 경계선을 의식하지 않는다는 것이다. 베이징에 있는 어느 첨단 기술회사 CEO는 최고 인재를 영입하려고 항상 대학이나 경쟁사 주변을 맴돌며 후보를 물색했다고 한다. 그는 퇴근 후 우버^{Uber}(스마트폰 애플리케이션(앱)으로 승객과 차량을 이어주는 서비스—옮긴이)에 등록한 자신의 차를 경쟁사 건물 앞에 대놓고서 그곳 직원을 승객으로 태우곤 했다. 직원이 차에 타면 자연스럽게 대화를 시작해 스카우트할 만한 인재인지 탐색했다. 밤늦게 경쟁사 앞에 숨어 기회를 노리는 것은 좀 극단적인 경우지만, 어디서나 인재를 찾고 면밀히 관찰해 잠재력을 발견해내려는 재능 자석의 적극적인 접근법을 보여주는 사례이기도 하다.

2. 타고난 재능을 찾아낸다

다국적기업의 글로벌 업무 책임자였던 나는 부서 간 협력 회의나 태스크 포스 회의에 자주 참석했다. 그런 날은 으레 회의가 지지부진하게 흘러가면서 답답해지는 순간이 있다. 그러면 누군가 내게 펜을 건네며 회의실 앞의 화이트보드를 가리키면서 "리즈, 속 시원하게 정리 좀 해줘요"라고 말했다. 나는 기꺼이 앞에 나가 상황을 정리하고 펜을 내려놓았다. 그런데 언제부턴가 이런 의문이 들었다. 왜 나는 회의실 뒤쪽에 앉아 이메일이나 체크하는 사람들하고 달리 앞에 나서게 되는 거지? 어째서 어려운 회의를 진행해달라는 요청이 항상 나에게 오는 것일까? 본래 내가 맡은 일이 아닌데도 왜 항상 책임을 지게 되는 걸까?

사람들이 모이는 자리에서 이런 패턴이 반복되는 것을 몇 년간 경험하고 나서, 나는 그것이 말 그대로 직무에 따른 책임이 아니라 매우 특별한 종류의 '책임'이라는 것을 깨달았다. 그 순간 사람들에게는 상사 같은 리더가 아니라 회의 흐름을 원활하게 돕는 리더가 필요했던 것이다. 언젠가 동료 벤이 내가 그런 종류의 회의에서 늘 리더 역할을 부탁받는 이유를 설명해주었다. "당신이 문제를 간단명료하게 제시하고, 사람들 의견을 통합하고, 향후 행동 방침을 정리하는 것을 너무나 쉽게 해내기 때문이에요." 뭐라고? 내가? 나는 그게 무슨 얘기냐는 표정으로 쳐다봤다. 마치 숨쉬기를 잘한다는 칭찬을 듣는 것처럼 의아했다. 남들이 어려워할 엄청난 일을 해낸 것도 아니었으니까. 적어도 나에게는 말 그대로 숨 쉬는 것처럼 쉬웠다. 벤은 나에게 타고난 능력이 있음을 일깨워주었다. 그것은 내가 수월하게, 그리고 기꺼이 할 수 있는 일이었다.

타고난 재능에 주목한다

재능 자석은 사람들의 타고난 재능을 발견할 줄 안다. 내가 말하는 '타고난 재능'이란 리더십 360도 평가에서 높은 점수가 나오는 강점이나 기술보다 훨씬 더 독특하고 고유한 것이다. 타고난 재능은 무언가를 굉장히 잘하는 동시에 매우 자연스럽게 해낼 때 쓰는 말이다. 한마디로 수월하게(특별한 노력을 들이지 않고), 그리고 기꺼이(조건 없이) 무언가를 한다.

수월하게 한다는 것은 의식적인 노력이 동반되지 않는다는 뜻이다. 다른 어떤 일보다 잘하지만 특별히 힘들게 애써야 하는 것은 아니다. 남들보다 훨씬 뛰어난 성과를 내면서도 진땀을 흘리지 않는다.

기꺼이 한다는 것은 조건 없이 한다는 뜻이다. 돈이나 여타 형태의 보상이 없어도, 때로는 부탁받지 않아도 그 일을 한다. 타고난 재능이 있는 일에서 사람들은 자연스러운 만족감을 느끼고, 능력을 자발적으로 심지어 열정적으로 제공한다. 쉽게 할 수 있는 일이므로 기꺼이 능력을 쏟는다. 정해진 직무 사항인지 아닌지는 중요하지 않다.

타고난 재능을 발견하는 것은 자발적인 노력을 불러일으키는 지름길이다. 사람들은 정해진 업무 그 이상을 하고 능력을 남김없이 발휘하게 된다. 타고난 재능을 발견하려면 행동과 일 처리 방식을 주의 깊게 관찰해야 한다. 진심 어린 열정이 자연스럽게 나올 때가 언제인지 눈여겨 보면 된다. 사람들을 보며 이런 질문들을 생각해보라.

- ▶ 가장 잘하는 일이 무엇인가?
- ▶ 다른 이들보다 더 잘하는 일이 무엇인가?
- ▶ 어떤 일을 쉽게 해내는가?
- ▶ 요청받지 않아도 자발적으로 하는 일이 무엇인가?
- ▶ 금전 보상 없이도 기꺼이 하는 일이 무엇인가?

재능을 콕 집어 알려준다

타고난 재능은 본능적으로 발휘되는 것이라 정작 당사자는 의식하지 못할 수도 있다. "물고기는 자기가 물속에 있다는 것을 의식하지 못한다"라는 말도 있지 않은가. 그런데 재능을 자각하지 못하면 적극적으로 활용하기도 힘들다. 사람들에게 재능을 알려줌으로써 자신감을 높이고 능력을 십분 발휘하도록 이끌 필요가 있다.

래리 겔윅스는 전무후무한 기록을 세운 하이랜드고등학교 럭비팀을 이끈 감독이었다. 이 팀에서 뛴 선수들은 그가 다른 어떤 감독보다 선수들의 뛰어난 능력을 효과적으로 이끌어냈다고 입을 모은다. 래리의 팀에 오기 전에 존은 스스로 괜찮은 선수라고는 생각했지만 뛰어난 선수라고 느끼지는 않았다. 그런데 래리의 말이 존이 자신을 바라보는 관점을 바꿔놓았다. 존은 회상한다. "감독님은 내 스피드가 훌륭하다고 공개적으로 칭찬했다." 존은 감독이 다른 선수들 앞에서 자신을 빠르다고 칭찬하는 것을 듣고 깜짝 놀랐다. "나는 내 스피드가 괜찮은 편이라고는 생각했지만 뛰어나다고 생각한 적은 없었다. 그런데 감독님이 그걸 콕 집어서 인정해주자 '나는 빠른 선수다' 라는 확신을 갖게 됐다. 경기 중에 빠른 스피드가 필요해질 때마다 그걸 떠올리고 내 능력을 한계까지 밀어붙였다." 존은 그냥 빠른 선수가 아니라 엄청나게 빠른 선수가 됐다.

래리는 존의 재능을 콕 집어 알려줌으로써 능력을 한층 더 이끌어냈다. 존도 그랬듯이 사람들은 누군가 자신의 재능을 콕 집어 가리키면 종종 "정말요? 누구나 다 할 수 있는 거 아닌가요?" "그리 특별한 게 아닌데요!" 하며 어리둥절한 반응을 보인다. 타고난 재능을 정확히 가리켜 알려주는 것은 능력을 더 끌어내는 지름길이다.

3. 사람들의 역량을 충분히 활용한다

재능 자석은 타고난 재능을 발견하면 그것이 발휘될 기회를 찾는다. 그 기회는 쉽게 보이기도 하지만 때에 따라서는 사업이나 조직을 바라보는 참신한 관점이 필요하다. 재능 자석은 사람들의 재능을 끌어낸 뒤에는 스포트라이트를 비춰 모두가 볼 수 있게 한다.

사람과 기회를 연결한다

코트니 캐드웰Courtney Cadwell은 로스앨터스 학구學區에 속하는 이건Egan 중학교에 새로 부임해 7학년 수학 교사를 맡았다. 그녀는 수학과 과학에 열정이 남달랐으며, 혁신 지향적이고 새로운 아이디어를 시도해보길 좋아했다. 일반적인 관리자라면 코트니를 어떤 식으로 대우할까? 교사로서 즐겁게 일할 수 있게 해줄까? 고학년 담당으로 옮기거나 우등생 반을 맡길까? 물론 그것도 그녀의 가치를 교내에 알리고 그녀가 더 의욕적인 교사가 되는 데 도움이 될 것이다.

이건중학교 교장은 칸 아카데미^{Khan Academy}(다양한 교과목의 동영상 강의를 제공하는 온라인 교육 사이트-옮긴이)의 콘텐츠를 활용하는 복합 교육 시스템의 시범 구축에 참여할 교사를 추천해달라는 요청을 로스앨터스 교육청으로부터 받았다. 그는 교육 방식의 새로운 시도와 혁신에 관심이 많은 코트니를 추천했다. 로스앨터스 교육청은 교육 혁신을 위한 야심찬 비전을 추구했고, 국장 알리사 갤러거가 시범 팀을 이끄는 책임자였다.

시범 팀에 참여한 교사 4명은 다들 수학 교수법에 변화가 필요하다는 데 절실히 공감했고, 새로운 복합 교육 시스템 구축에 적극 뛰어들었다. 기존 교과과정에 온라인 학습 방식을 효과적으로 통합하는 과정에는 뜻밖의 장애물이 많았고 골치 아픈 애매한 문제들도 있었다. 이 과정에서 코트니는 질문을 던지고, 가능한 선택지들을 탐색하고, 복잡한 상황을 다른 교사들이 이해하도록 도왔다. 알리사는 골치 아픈 상황이 코트니의 리더십을 자연스럽게 이끌어낸다는 것을 알아챘다. 유심히 관찰해보니 코트니는 복잡한 문제를 다루는 데 탁월한 재능이 있었다. 문제가 애매하고 어려울수록 더 뛰어난 능력을 발휘했다.

시범 시스템을 성공적으로 완료한 뒤, 알리사는 이 복합 교육 전략을 교육구 내 모든 상급 학년의 수학 교육에 적용하기 위한 예산을 확보했다. 여기에 종사하는 교사들 수는 50명이 넘었다. 알리사는 코트니를 교육구 수학 담당 코치로 임명했다. 이제 코트니는 근무시간의 절반에는 자기 학생들을 가르치고, 나머지 절반에는 다른 교사들이 기존의 교실 강의와 온라인 콘텐츠를 함께 활용할 수 있도록 도왔다. 교사들이 문제를 겪거나 장애물에 부딪힐 때도 코트니가 나서서 도왔다. 한번은 학생 1인당 컴퓨터 1대가 확보되지 않은 상황 때문에 교사가 고민하자 코트니는 기존의 컴퓨터 5대로 해결책을 찾자고 제안했고, 곧 둘은 학생들이 교대로 컴퓨터를 쓸 수 있는 방법을 찾아냈다. 교사들은 코트니의 코칭을 받으면서 질문을 다음 단계로 나아가는 디딤돌로 삼았다. 얼마 안 가 이 새로운 복합 교육 전략은 로스앨터스 교육구의 모든 학교에서 시행됐다.

시행 3년째가 되자 이건중학교에서는 혁신에 대한 열정이 전염병처럼 퍼졌다. 학부모들도 관심을 갖고 3명의 전임 코칭 교사를 위한 자금을 적극적으로 지원했다. 기술 통합 코치, 혁신 전략 코치, STEM(과학science, 기술technology, 공학engineering, 수학math) 코치였다. 코트니는 STEM 코치가 되어 이제 수학뿐만 아니라 과학에서도 교사들의 교육법 혁신에 영향을 끼쳤다. 이 학교의 혁신에 주변의 관심이 너무 많이 쏟아졌기 때문에, 알리사는 다른 학교 리더들이 찾아와 이들이 복합 교육 환경을 창출하고 수업을 혁신적으로 변화시키는 모습을 직접 보고 배울 수 있도록 공개 행사를 주최했다. 이날도 코트니는 그들이 복잡한 문제들을 이해할 수 있도록 도왔다.

리더가 타고난 재능과 열정을 큰 기회와 연결해주면 사람들은 최대 능력치를 발휘할 수 있다. 알리사가 이룬 성과는 우연한 행운이 아니었다. 거기에는 관리자로서의 의도적인 접근법이 있었다. 그녀는 코트니와 나머지 팀원들을 세심하게 관찰했고, 그 결과 각자의 타고난 재능을 간파할 수 있었다. 그리고 그들이 최선을 다해 실무에 뛰어들어 교육법의 혁신적 변화라는 교육구의 목표를 이루도록 이끌었다.

당신의 팀에도 기회만 제대로 만나면 혁신을 이뤄낼 인재들이 있는가? 아직 능력을 다 꺼내 쓰지 못하고 있는 인재들이 있는가?

재능에 스포트라이트를 비춘다

매년 여름이면 캘리포니아 시에라산맥의 산악 지역에서 10대 소녀 약 75명이 참가하는 캠프가 열린다. 즐거움과 모험을 만끽하며 우정도 다지는 이 행사는 소녀들에게 학창 시절의 잊지 못할 경험이 된다. 캠프는 전적으로 60명의 자원봉사 리더들에 의해 운영된다. 지난 6년간 마거리트 핸콕Marguerite Hancock이 캠프 총감독으로서(그녀 역시 자원봉사자다) 참가 청소년들과 봉사자들을 이끌어왔다.

마거리트는 컴퓨터역사박물관Computer History Museum 산하 기관의 소장이며, 과거 스탠퍼드대학교에서 연구 책임자로 일했다. 똑똑하고 출중한 능력의 소유자로 소신이 뚜렷한 강한 리더다. 캠프 자원봉사자 한 명은 "마거리트는 캠프 운영의 거의 모든 일을 직접 소화할 수 있을 만큼 뛰어난 능력을 지녔다"라고 말했다. 그러나 마거리트는 충분히 할 수 있는 능력을 가졌음에도 하지 않는다. 대신 멀티플라이어로서 나머지 자원봉사자 59명의 능력과 헌신을 이끌어내는 것이다.

마거리트는 저마다 서로 다른 재능을 가진 사람들을 신중하게 선택해 '드림 팀'을 만든다. 한 자원봉사자는 인터뷰에서 이렇게 말했다. "마거리트는 사람들을 세심하게 관찰해서 그들이 잘하는 게 뭔지 알아낸다. 사람을 뽑을 때 단순히 그의 강점을 보는 게 아니라 그녀가 취약한 부분을 채워줄 강점이 있는지를 보았다." 그런 다음 각자의 재능이 빛날 수 있는 역할을 찾아준다. 예컨대 아이들과 일대일 소통을 하는 리더, 스포츠 프로그램을 관리하는 리더, 야간 캠프파이어를 담당하는 리더가 각각 따로 있다. 자원봉사자 개개인의 독특한 재능에 맞춰서 역할을 세심하게 정하는 것이다.

또 마거리트는 해당 역할을 맡긴 이유를 각자에게 분명히 설명한다. 재능을 알아보기만 하는 것이 아니라 그것을 본인에게 콕 집어 알려주는 것이다. 한 자원봉사자는 이렇게 말했다. "그녀는 내 재능을 알려주고 그게 왜 중요한지 말해줬다. 나로 인해 캠프가 더 훌륭해질 수 있는 이유를 설명해줬다." 하지만 마거리트가 하는 일은 거기서 끝이 아니다. 그녀는 모두에게 그 사실을 알린다. 자원봉사자들을 한자리에 모아놓고 누군가를 이렇게 소개하는 일이 흔하다. "이쪽은 제니퍼입니다. 제니퍼는 창의력이 정말 뛰어나죠. 그녀가 이번 캠프의 예술 프로그램을 담당하게 돼서 정말 다행입니다."

다양한 재능을 가진 팀원들이 확정되고 나면, 마거리트는 회의실 뒤쪽으로 걸어가 스포트라이트 조명으로 한 명씩 비춘다. 그들을 야단스럽게 칭찬하지만 결코 빈말이 아니다. 그녀는 구체적인 내용의 칭찬을 공개적으로 한다. 자원봉사 리더들은 자신의 노력과 캠프의 성공적 운영이 직결돼 있음을 느낀다. 한 자원봉사자는 말했다. "마거리트는 그냥 '잘하고 있다'라고 말하지 않는다. 왜 그것이 캠프에 오는 아이들을 위해 중요한지 설명한다. 나는 노력이 인정받고 있다는 기분에 뿌듯해진다."

마거리트는 재능을 찾아내고 스포트라이트를 비춰 모두가 그것을 알게 한다. 이것이 가져오는 결과는? 75명의 소녀들은 인격을 형성하고 삶을 변화시키는 경험을, 59명의 자원봉사자들은 보람을 느끼고 성장도 하는 경험을 한다.

4. 방해꾼을 제거한다

재능 자석은 인재를 끌어당기고 성장시키며 그 성장에 필요한 공간과 자원을 제공한다. 그런데 자원 제공에서 그치는 것이 아니라 장애물도 제거한다. 다른 사람의 발전을 방해하는 직원을 제거해야 하는 경우가 많다. 어느 조직에나 다른 이들의 성장을 가로막는 사람, 동료들의 발전에 필요한 자원을 고갈시키는 사람이 있기 마련이다. 그런 사람은 정원의 잡초처럼 타인의 능력이 꽃피지 못하게 질식시킨다.

독불장군을 제거한다

미국 실리콘밸리에 위치한 블룸에너지^{Bloom Energy}는 깨끗하고 저렴한 친환경 에너지를 만들어내는 연료전지 시스템을 개발한 기업이다. 유명 벤처 캐피털회사 클라이너 퍼킨스 코필드 앤드 바이어스^{Kleiner Perkins Caufield & Byers}가 녹색 기술 투자를 결정한 첫 번째 대상이었던 블룸에너지는 현재 업계 리더로 우뚝 올라섰다. 이 기업의 수장 K. R. 스리다르는 저명한 항공 우주 및 환경 과학자이자 에너지 전문가다.

스리다르는 블룸에너지 창업 당시 자칭 '유전자 풀 만들기^{gene pool engineering}'라는 접근법을 택했다. 그는 설명한다. "A급 인재는 다른 A급 인재를 끌어당긴다. 능력과 열정이 넘치는 사람들이 있는 곳이면 다른 인재들도 일하고 싶어 한다. 따라서 첫 직원 50명이 가장 중요하다." 블룸에너지가 첫 50명을 뽑을 당시에는 녹색 기술 산업이 제대로 정착되지 않은 상태였다. 그래서 스리다르는 에너지 발전 설비를 만드는 데 필요한 기술을 세분화한 뒤 해당 분야들의 최고 기업이 어디인지 조사했다. 그런 다음 각 기업이 절대 뺏기고 싶어 하지 않는 인재가 누구인지 알아냈다. 스리다르는 해당 인재들과 접촉해 블룸에너지가 시도하려는 과감한 도전을 설명하고 스카우트해 왔다. 이런 식으로 각 분야 최고의 기술 인재들로 구성된 '재능 유전자 풀'을 만들었다. 그는 원칙 하나를 정했다. '자기 혼자만 주인공이 되고 싶어 하는 독불장군은 안 된다'는 것이었다. 자기중심적 마인드를 버리고 팀의 일원으로서 기꺼이 협력하는 직원이 필요했다. 인재들을 확보한 스리다르는 이제 통합 에너지 기술을 개발할 팀을 구축하는 작업에 박차를 가했다.

이 엘리트 팀에는 특히 없어서는 안 될 기술자인 스테판이 있었다. 스테판은 출중한 능력의 과학자로 블룸에너지가 개발하려는 제품의 핵심 기술에서 세계적으로 인정받는 전문가였다. 그런데 스테판은 팀원들과 잘 협력하지 못하고 자주 부딪쳤으며, 회사가 나아갈 기술적 방향에 관해 자기 의견만 고집했다. 18개월 뒤 제품의 베타 버전을 공개한다는 중요한 목표를 세워놓은 상황이라 팀원들 사이에는 긴장과 불안이 커졌다. 스리다르는 스테판을 불러 상황을 설명했지만 스테판은 태도를 굽히지 않았다. 이번 프로젝트에서 자신의 역할이 얼마나 중요한지 잘 아는 스테판은 오히려 "나를 택하든지 팀을 택하든지 결정하라"고 스리다르에게 압박을 가했다. 스리다르가 가능한 여러 대안도 얘기해봤지만 스테판의 고집은 수그러들지 않았다.

스리다르는 고민을 거듭했다. 고려할 리스크가 많았다. 결국 그는 1시간도 안 돼 결정을 내렸다. 팀을 택하기로 한 것이다. 그는 스테판을 내보내고 나머지 팀원들에게 상황을 설명했다. "내 결정으로 우리 모두가 중대한 리스크를 감수해야 할 상황이 됐습니다. 하지만 난 우리가 극복해낼 거라 믿습니다. 해낼 수 있을 겁니다. 목표 스케줄에 적지 않은 차질이 생기겠지만요." 사무실 안은 찬물을 끼얹은 듯 조용했다. 최고의 핵심 기술자를 포기한 스리다르의 용단에 다들 놀란 것이다. 조금 뒤 한 명이 침묵을 깨고 말했다. "아뇨. 스케줄에 차질은 없을 겁니다. 무슨 수를 써서라도 해내야죠." 팀원들은 다시금 팔을 걷어붙이고 일에 달려들었다. 주말 근무와 야근도 불사했다. 그들에게 미흡한 부분에 전문성을 갖춘 컨설턴트들도 영입했다. 그들은 18개월 동안 페이스를 유지하면서 노력한 끝에 스테판의 빈자리를 메울 수 있었다. 그리고 결국 베타 버전을 성공적으로 출시했다. 당초 목표일에서 단지 2일 지연됐을 뿐이었다!

이 일은 블룸에너지 운영 방침의 기초를 세우는 계기가 됐다. 업계 최고 인재들을 활용하되 독불장군은 절대 허용하지 않는다는 것이었다. 스리다르는 회사의 지적 자원 개발에 한층 속도를 냈고, 다른 직원들의 능력 발휘에 걸림돌이 되는 독불장군이 있으면 주저 없이 내보냈다. 오늘날 블룸에너지는 성공 가도를 달리고 있으며, 클라이너 퍼킨스 코필드 앤드 바이어스는 이 사례를 발판으로 녹색 기업 포트폴리오를 점차 늘려가고 있다.

뛰어난 개인은 경영자의 판단을 흐릴 수 있다. 처음에는 출중한 슈퍼스타를 내보내는 것이 큰 손해처럼 느껴진다. 설령 그가 팀에 부정적 영향을 끼치고 있더라도 말이다. 그러나 파괴적 영향력을 지닌 천재 때문에 치러야 하는 높은 비용은 간단한 계산으로도 알 수 있다. 우리 연구에 따르면, 디미니셔 곁에 있는 사람은 능력을 약 50퍼센트밖에 발휘하지 못한다. 뛰어낸 직원이나 관리자를 내보내는 일은 쉽지 않겠지만 그만큼 커다란 보상이 따른다. 팀원 11명 중에 디미니셔 1명을 없앰으로써 10명이 자기 능력의 절반이 아닌 100퍼센트를 발휘하기 시작하면, 결과적으로 5명에 해당하는 능력을 되찾을 수 있다. 1명을 잃고 5명을 얻는 셈이다.

리더들은 보통 어떤 직원이 방해꾼인지 안다. 그들이 가장 흔히 하는 실수는 방해꾼을 없애지 못하고 너무 오래 주저하는 것이다. 당신 팀의 유능한 직원이 다른 직원들을 방해하고 있지는 않은가? 당신은 방해꾼을 내보내지 못하고 기다리고만 있지는 않은가? 조직에 잠재된 능력을 깨우려면 잡초부터 찾아 뽑아내라. 조용히 처리하지 마라. 스리다르가 그랬듯이 직원들을 모아놓고 전체 팀에 방해가 되는 사람을 내보냈다는 사실을 알려라. 그들이 다시 능력을 발휘할 수 있는 분위기를 조성하라.

기꺼이 물러설 줄 안다

때로는 리더 자신이 방해물이 되기도 한다. 2010년 4월 세상을 떠난 저명한 경영 구루 C. K. 프라할라드는 내게 소중한 멘토였다. 언젠가 그는 "벵골보리수 아래에서는 아무것도 자라지 못한다"라는 인도 속담을 말해주었다. 거대한 이 나무는 안락하고 넓은 그늘을 제공하지만 햇빛을 가려 그 아래서 식물이 자라기 힘들다. 이런 벵골보리수 같은 리더가 많다. 그들은 직원들을 보호해주지만 그들 밑에서는 직원들이 성장하기 어렵다.

어느 대기업 임원은 자기 사무실 문에 이렇게 써 붙였다고 했다. "여러분의 임무 완수에 필요하다면 기꺼이 내 의견을 무시하시오." 직원의 능력과 판단을 신뢰한다는 것을 보여주는 문구였다. 직원들은 스스로 판단해 일을 빨리 완수하는 것이 상사의 기분을 맞춰주는 것보다 더 중요하다는 것을 깨달았다. 이 임원은 신입 직원이 들어오면 이렇게 말했다. "내 생각과 다르게 일을 처리한 걸 보고 흥분하는 경우가 있을 걸세. 하지만 그때뿐일 거야. 나는 자네가 자신의 판단을 믿고 자신감 있게 밀고 나가기를 바라네."

재능 자석은 사람들의 능력 발전을 가로막는 장애물을 치울 줄 안다.

재능 자석의 세계는 역동적으로 돌아간다. 리더의 자석 같은 힘에 이끌려 인재들이 모이고, 인재들은 능력치의 끝까지 발휘하면서 새로운 도전을 맞을 준비를 갖춘다. 제국 건설자의 세계에는 그런 역동적이고 생산적인 모습이 없다. 사내 정치와 소유권, 능력 제한의 세상이기 때문이다.

디미니셔의 인재 관리 방법

멀티플라이어는 어디에나 인재가 있고 타인의 재능을 발견하기만 하면 최대한 이용할 수 있다고 믿는다. 디미니셔는 '직원들이 제대로 일하게 만들려면 나한테 반드시 보고해야 한다'고 생각한다. 이 유형에 속하는 한 임원은, IT 부서의 실적이 낮은 것은 부서원들이 자신이 아니라 다른 엉뚱한 사람에게 보고하기 때문이라고 말했다. 그는 자신이 인적 자원을 소유하는 것이 해결책이라고 믿었다. 디미니셔는 인재를 성장시키지 않고 소유하려 든다. 재능을 키우는 데 관심이 없는 리더 밑에서 일하는 사람들은 퇴보하고 고인 물처럼 썩을 수밖에 없다.

디미니셔가 인재를 대하는 방식은 아래와 같다. 이런 행동이 조직과 구성원들에게 어떤 영향을 끼칠지 생각해보라.

○ **자원 확보에 골몰한다.** 제국 건설자는 인적 자원을 확보해 그들을 자신의 통제권 아래에 있는 자리에 앉히는 일에 골몰한다. 어떤 리더들은 이렇게 인재를 축적하는 것에 강박적으로 집착한다.

앞에서 소개한 고비용 디미니셔 재스퍼 월리스를 떠올려보라. 그는 자기 사업부를 다른 사업부보다 더 크게 키우는 데 온 에너지를 쏟았다. 오른손으로는 조직을 키우고 왼손으로는 근본적인 문제들을 감추면서 자신만의 제국을 만드는 데 성공했다. 이 제국은 사업부 전용 건물과 고객 센터, 직원 교육 시설까지 갖췄다. 하지만 그의 사업부는 내실 없이 덩치만 커졌고, 통합과 조정 측면에서 새로운 문제들이 생겨났다. 구멍은 점점 더 심각해져 마침내 사업부는 전면적으로 규모가 축소된 뒤 다른 제품 그룹에 흡수됐다. 결국 이 조직은 로마제국처럼 지나치게 비대해져 제 무게를 감당하지 못하고 무너진 셈이다.

○ **사람들을 각자의 영역에 가둔다.** 제국 건설자는 분할 통치 전략을 선호한다. 이들은 인재를 데려와 각자에게 영토를 정해주고 그 울타리를 넘지

못하게 한다. 관리자들에게 움직일 수 있는 넓은 범위를 허락하지 않고, 자기 자신이 통합의 구심점이 되려고 한다. 흔히 제국 건설자는 일대일 면담을 선호하거나 직원회의를 관리자들이 맡은 각 영토에 대해 보고를 받는 자리로 이용한다.

한 경영자는 관리자 팀 전체와 상의하지 않고 일대일 대화를 통해 중요한 결정을 내리곤 했다. 그러다 보니 관리자들 사이에 은밀한 눈치 싸움이 벌어졌다. 금요일 오후에 맨 마지막으로 경영자와의 일대일 면담 시간을 차지하려고 경쟁한 것이다. 왜 그랬을까? 그가 주말 동안 생각해보고 혼자 결정을 내린 뒤 월요일 회의에서 발표했기 때문이다. 사람들은 금요일 오후의 마지막 보고나 의견 제시가 경영자의 결정에 가장 큰 영향을 끼친다는 사실을 금세 눈치챘다. 그의 분할 통치 전략 때문에 사람들은 각자의 좁은 역할에만 갇혀 있었을 뿐 아니라, 조직의 중요한 의사 결정에도 위험과 비용이 따랐다.

○ 인재가 썩게 방치한다. 제국 건설자는 혼자만 주목받고 싶어 하기 때문에 인재들의 능력 발휘를 억누른다. 자신이 주인공이 되어 무대에 가장 많이 오르고 대본도 자기 위주로 쓰이기를 바란다. 재능 자석은 사람들에게 공을 돌리지만 제국 건설자는 명예와 공이 자신에게 돌아오길 원한다.

인정을 독차지하려는 것은 적극적인 행동 방식이다. 그런데 그보다 눈에 덜 띄지만 역시 유해한 것은 이들이 '하지 않는' 행동이다. 이들은 인재를 열심히 끌어오고서도 그들을 발전시키려는 노력은 하지 않는다. 사람들의 성장에 관심이 없다. 실제로 우리의 연구 결과, '팀원의 재능 계발하기'는 디미니셔의 가장 미숙한 능력 3가지에 포함됐다.

또한 무용지물 같은 구성원을 빨리 제거하지 않는 것도 사람들의 재능 발휘를 막는 요인이다. 우리가 목격한 어느 디미니셔는 필요한 조치를 취하지 않아서 조직에 해를 끼치는 것으로 악명 높았다. 그곳 직원들은 말했다. "그와 경영진은 결정을 내리지 않았다. 움직이지 않고 그냥 늘 상황 분석만 했다." 그는 조직에 부정적 영향을 끼치거나 일 못하는 관리자를 즉시 해고하지 않고 서서히 망가지게 놔두었다. 한 직원은 이렇게 말했다. "그의 밑에 있는 관리자가 잘리는 과정을 옆에서 보는 일도 괴로웠다. 그 리더는 마치 거미 다리를 하나씩 잡아뗀 뒤 절름거리며 기어가는 모습을 지켜보는 어린아이 같았다."

제국 건설자는 뛰어난 인재를 데려오고도 충분히 활용하지 못한다. 근본적으로 그들의 가치를 과소평가하기 때문이다. 제국 건설자는 '하나의 두뇌, 수많은 일손'이라는 접근법을 고수하므로, 사람들의 능력과 재능 발전을 가로막는다. 디미니셔는 사람들을 죽이는 조직을 만든다. 때문에 높은 비용을 발생시킬 수밖에 없다. 그들의 포트폴리오에 들어있는 자산은 가치가 올라가지 않는다.

재능 자석이 돼라

멀티플라이어가 되면 사람들의 능력을 배로 얻을 뿐만 아니라 그들의 역량이 확장되면서 일종의 성장 배당도 얻을 수 있다. 재능 자석이 되는 출발점 몇 가지를 살펴보자.

어떻게 하면 조직 내에 성장과 발전 가속화의 순환을 만들 수 있을까? 먼저 '재능 관찰자'가 되어 사람들의 타고난 재능을 발견하도록 노력하라. 당신이 기업 관리자라고 치자. 직원 개개인을 관찰해 그들이 수월하게 해내고 기꺼이 하는 일이 무엇인지 간파해야 한다. 누가 일을 잘하고 못했는지 감시하는 일은 접어두고, '가장 중요한 일을 완수하는 데 직원의 타고난 재능을 어떻게 활용할까?'를 생각하라. 예컨대 고등학교 교장이 2주 동안 교사들의 재능을 관찰하는 연습을 한 결과 이제 어디서나 재능을 발견해낸다고 상상해보라. 그는 교육구 회의에 참석했다가 경쟁 고등학교의 교과과정 코치인 엘렌을 목격한다. 엘렌은 새로운 교육 프로그램을 도입하는 학교들이 마주치는 수많은 함정을 지적해낸다. 예전에는 회의에서 잠재적 문제를 밖으로 끌어내는 그녀가 짜증스럽게 느껴졌지만, 이제는 그런 능력이 매우 유용해 보인다. 교장은 자기 학교 교사들 중에 '함정 찾아내기' 재능을 가진 사람이 누구인지, 그것을 어떻게 활용할지 생각해본다.

사람들의 재능을 알아보고, 콕 집어내 알려주고, 활용하는 리더가 되고 싶다면 아래 3가지를 실천하라. 재능 자석이 되려면 꼭 필요한 기술이다. 본문에 소개되는 멀티플라이어 실천 사항들을 위한 평가지가 부록 E에 실려 있으니 참고하기 바란다.

1. **재능을 구체적으로 관찰하라.** 사람들의 타고난 재능을 이용하고 그들 안에 잠자는 자발적 노력을 끌어내야 한다. 개개인의 재능을 관찰해도 좋고, 아니면 함께 일하는 데 어려움을 겪는 직원이나 어떻게 활용해야 할지 모르겠는 직원을 선별해 집중적으로 관찰해도 좋다. 당신

은 어쩌면 그를 팀에서 내보내고 싶었을지도 모른다. "이 직원은 똑똑한가?"라고 묻지 말고 "이 직원은 어떤 면에서 똑똑한가?"라고 물어라. 그 직원에 대한 이런저런 추측을 깨부수는 무언가를 발견하게 될지도 모른다. 타고난 재능을 관찰해 발견하는 연습을 어느 정도 한 이후에는 조직 내 관리자들에게도 권유하라. 그래서 그들이 각자 자기 팀원들의 재능을 이해할 수 있게 하라.

2. **능력치를 넘어서는 과제를 줘라.** 일을 할당할 때 어린아이에게 신발을 사줄 때처럼 하라. 지혜로운 부모라면 아이에게 어떻게 신발을 사줄까? 먼저 발 치수를 재고 그보다 큰 신발을 선택한다. 신발을 신어본 아이가 어색한 걸음걸이로 가게 안을 돌아다니면서 신발이 너무 헐겁다고 투덜대면 부모는 뭐라고 할까? "걱정 마라. 금방 발이 커서 맞게 될 거야."라고 안심시킨다.

   사람들에게 일을 줄 때도 그렇게 하라. 현재 능력을 평가해본 뒤, 능력치에 비해 버거워 보이는 과제를 줘라. 경우에 따라 각 개인에게 리더십 역할을 맡겨보고, 일선 관리자에게 더 큰 의사 결정권을 부여하라. 만일 그들이 놀라는 기색을 보이면 그런 역할이나 책무를 처음 맡으면 어색하기 마련이라고 안심시켜라. 그리고 한 걸음 뒤로 물러나 그들이 조금씩 발전하며 그 자리에 맞게 성장하는 것을 지켜보라.

3. **슈퍼스타를 기꺼이 떠나보내라.** A+급 인재가 조직을 떠나는 모습을 지켜보는 것보다 그가 떠나도록 독려하는 일이 아마 더 힘들 것이다. 대부분의 관리자는 최고 인재를 놓치지 않고 붙잡으려 애쓰지만, 진정한 리더는 그를 떠나보내야 할 때를 아는 법이다. 진정한 리더는 슈퍼스타가 더 큰물에서 놀아야 할 시점이 됐다는 사실을 인정한다. 대학

진학을 위해 집을 떠나는 자녀를 바라보는 부모처럼 리더는 마음이 복잡해진다. 하지만 젊고 유능한 인재에게는 더 큰 기회와 도전이 필요하다고 믿는다. 당신 조직에는 더 큰물로 옮겨 가야 할 인재가, 당신이 놓아주지 않으면 계속 성장하기 힘든 인재가 없는가?

오른쪽 위를 향해

생명공학회사 아피메트릭스Affymetrix의 전前 대표이자 탁월한 멀티플라이어인 수 시겔은 리더로서 잊지 못할 경험을 이렇게 회상했다. "팀원들이 힘든 목표를 달성하거나 어려운 장애물을 극복한 뒤 내게 전화를 걸어 알려주던 때, 그때가 내게는 최고의 순간이었다. 그들은 지쳐 있었지만 도전을 겪고 성장해 열정이 넘쳤다. 그들에게도 나에게도 멋진 경험이었다." 사람들은 수 밑에서 일했던 때가 그들 경력의 최고점이었다고 말한다.

재능 자석은 사람들이 성장해 떠나도록 독려한다. 기꺼이 추천서를 써주어 그들이 능력을 발휘할 다음 무대로 나아가게 돕는다. 재능 자석은 조직을 떠나는 인재의 새 출발을 축하해주고 그런 성공을 다른 구성원들에게도 알린다. 이런 조직의 모습은 또 다른 최고 인재들을 끌어당기는 힘이 된다.

잭과 수지 웰치Jack and Suzy Welch 부부는 이렇게 썼다. "직원들이 고용주를 좋아하면 훌륭한 인재들이 모여들고 이는 선순환을 만들어낸다. 최고의 팀은 최고의 인재를 끌어들이고 성공은 또 다른 성공을 낳는다.

이것은 경영자와 직원 모두 내리고 싶지 않은 순환 궤도다."[3] 재능 자석은 고용주와 직원들 모두를 만족시키는 끌어당김의 선순환을 창출한다. 이런 조직은 누구나 일하고 싶은 곳이 된다. 사람들은 재능 자석이 자신들을 성장시키고 경력을 빠르게 키워준다는 것을 알기에 자연스럽게 모여든다. 이런 조직은 모두에게 롤러코스터 같은 속도와 짜릿함을 안겨준다. 그리고 이 롤러코스터는 모든 CFO가 꿈꾸는 수익 차트 모양처럼 계속해서 '오른쪽 위로' 올라간다.

멀티플라이어 이펙트 ②

제국 건설자 vs. 재능 자석

- **제국 건설자:** 훌륭한 인재를 데려오지만 충분히 활용하지 못한다. 인재를 쌓아놓고 자신의 이득을 위해 이용하기 때문이다.
- **재능 자석:** 훌륭한 인재를 충분히 활용한다. 사람들은 자기 능력을 남김없이 발휘하고 발전시킬 수 있음을 알기 때문에 재능 자석 곁으로 모여든다.

재능 자석의 4가지 특징

1. 인재 탐색 범위에 한계가 없다.
   - 모든 유형의 재능을 인정한다.
   - 경계를 무시한다.
2. 타고난 재능을 찾아낸다.
   - 타고난 재능에 주목한다.
   - 재능을 콕 집어 알려준다.
3. 사람들의 역량을 충분히 활용한다.
   - 사람과 기회를 연결한다.
   - 재능에 스포트라이트를 비춘다.
4. 방해꾼을 제거한다.
   - 독불장군을 제거한다.
   - 기꺼이 물러설 줄 안다.

재능 자석이 되기 위한 실천 사항

1. 재능을 구체적으로 관찰하라.

2. 능력치를 넘어서는 과제를 줘라.

3. 슈퍼스타를 기꺼이 떠나보내라.

두 리더의 차이점

	제국 건설자	재능 자석
접근법	인재를 쌓아놓고 제대로 활용하지 않는다.	인재를 끌어와 능력을 최대한 발휘할 수 있게 한다.
결과	'사람들이 죽어 나가는 곳'이라는 평판 때문에 A급 인재들이 기피한다.	'성장할 수 있는 곳'이라는 평판 때문에 A급 인재들이 일하고 싶어 한다.
	사람을 충분히 활용하지 못해 인재의 능력이 퇴보한다.	사람을 충분히 활용해 인재의 능력이 계속 발전한다.
	실망한 A급 인재가 다른 A급 인재를 데려오지 않는다.	만족한 A급 인재가 또 다른 A급 인재를 끌어온다.
	A급 인재가 무기력해지고 재능이 고인 물처럼 썩는다.	A급 인재가 성장해 조직을 떠나고 다른 A급 인재가 그 자리를 메운다.

뜻밖의 발견

1. 재능 자석과 제국 건설자 모두 뛰어난 인재를 데려온다. 조직에 들어온 인재를 어떻게 대하는가 하는 점이 둘의 차이를 만들어낸다.

2. 재능 자석은 인재가 더 큰 기회를 붙잡도록 내보내도 인재가 부족해지지 않는다. 그의 곁에서 일하고 싶어 하는 사람들이 계속 들어오기 때문이다.

3장

일터를 쉼터로 만든다

영원히 중요한 유일한 자유는 지성의 자유, 즉 의견과 판단의 자유다.
존 듀이|John Dewey

마이클 창[1]은 작은 컨설팅회사에서 사회생활을 시작했다. 젊은 관리자였을 때 그는 자기 의견을 강하게 고집하고 잔인할 정도로 솔직한 말을 쏟아내는 타입이었다. 하지만 점차 그것이 직원들에게 안 좋은 영향을 끼친다는 것을 깨달았다. '이건 직원들의 능력 발휘를 가로막는 방식이야' 하는 생각이 들었다.

마이클은 리더가 되면 무게중심이 더는 자기 자신에게 있지 않다는 것을 깨닫기 시작했다. 그의 멘토는 직원들을 무대에서 마음껏 활약하게 만드는 것이 리더의 임무라는 사실을 일깨워주었다. 초점을 자신에서 직원들에게로 옮긴 마이클은 통제하려는 모습이 줄고 그들에게 능력을 펼칠 공간을 주는 리더가 됐다. 예전에는 직접 개입해 일을 처리했지만 이제는 뒤에서 지켜보며 기다렸다. 그는 직원들이 의외로 적극적으로 나설 뿐만 아니라 자기보다 더 나은 결과물을 만들어낼 때도 많다는 사실을 알고 놀랐다. 그는 차츰 리더로서 성장하면서 파괴적인 영향을 끼치지 않고도 솔직하게 말하는 법을 알게 됐다. 리더가 솔직한 피드백을 주면 직원들이 의기소침해지는 것이 아니라 뭔가 배우고 성장하는 분위기가 형성됐다.

현재 마이클은 잘나가는 스타트업의 CEO다. 그는 직원들이 자유롭게 움직여 최고의 성과를 내도록 몇 가지 운영 방침을 실천 중이다. 사내에 배움의 분위기를 조성하려고 의식적으로 노력한다. 인재 채용 시에는 학습 욕구가 높은 사람을 뽑고, 자신의 실수를 기꺼이 인정하는 모습을 보인다. 이런 분위기 탓에 직원들은 실수를 해도 극복하고 교훈을 얻으면 된다고 여긴다. 마이클은 자기 의견을 제시할 때 '강한 의견'과 '약한 의견'을 구분한다. 직원들한테 약한 의견을 제시할 때는 '이 아이디어에 대해 각자 어떻게 생각하는지 말해달라'는 뜻이다. 강한 의견은 그가 단호하게 밀고 나가고 싶은 경우에만 제시한다.

마이클은 자칫 폭군으로 변할지 모르는 관리자였다가 나중에 스스로 멀티플라이어이자 해방자로 변화한 사례다. 그의 변화는 대단한 것이다. 똑똑하고 의욕 넘치는 리더라면 대개 폭군이 되는 것이 가장 쉽고 편하기 때문이다. 마이클조차도 "강압적인 리더가 되고 싶은 유혹은 떨쳐내기 쉽지 않다"고 말했다.

오늘날 기업 세계는 디미니셔 리더십이 발달하기 매우 좋은 환경이며 많은 조직에 폭군적 관리를 낳을 수 있는 요인이 내재돼 있다. 조직

도와 관리 계층, 직급, 결재 체계로 인해 힘이 상부로 쏠리고 아래 직원들은 조용히 명령에 따르는 문화가 생겨난다. 직급 서열이 있는 조직에서는 경기장이 평평한 경우가 드물다. 상부 리더들이 경기장의 높은 쪽에 서 있고, 거기서 아이디어와 정책이 내려와 아래쪽 직원들에게 전달된다. 질서를 위해 만들어진 이런저런 정책이 어느새 직원의 자유로운 사고를 막는다. 이런 정책은 그것을 따르는 구성원들의 생각을 구속하고 지적 능력 발휘를 제한한다. 최악의 경우 아예 생각 자체를 완전히 막아버린다.

이런 서열 구조에서는 폭군이 득세하기 쉽다. 그리고 지휘권을 쥔 폭군형 관리자는 사람들의 사고를 억누르고 제한하기 십상이다.

케이트의 사례를 보자. 케이트는 회사 생활을 처음 시작했을 때 똑똑하고 의욕적이고 창의적이며 동료들과 협력할 줄 아는 직원이었다. 이후 그녀는 관리자 직급으로 올라갔고 곧 임원으로 승진해 현재는 큰 조직을 이끌고 있다. 그녀는 여전히 스스로를 열린 사고방식을 가진 창의적인 리더라고 여긴다. 그러나 최근 360도 평가 보고서를 받아 보고 깜짝 놀랐다. 직원들은 그녀를 그렇게 생각하지 않았던 것이다. 그녀의 강한 의견 제시가 직원들의 창의성과 역량을 억누르고 있었다. 또 성과를 중시하는 그녀의 방침 탓에 직원들이 솔직하게 생각을 말하거나 모험을 시도하기가 어려웠다. 어느 직원의 의견은 이랬다. "그냥 우리는 잠자코 있고 사장님 의견대로 하는 게 속 편하다." 케이트는 충격을 받았다.

그녀는 높은 자리로 승진할수록 본의 아니게 직원들의 아이디어를 억누르게 됐다. 조직 내 서열 체계가 힘을 한쪽으로 쏠리게 만들었고,

케이트가 부하 직원과 대화를 나눌 때면 늘 불평등한 구도가 형성됐다. 대화의 판 자체가 그녀에게 유리하게 기울어져 있었던 것이다. 그녀가 즉흥적으로 한 발언도 직원 입장에서는 단호한 의견으로 들렸고 그것은 곧 사업부의 방침이 됐다. 어떤 직원이 의견을 말하고 나서 케이트가 짜증스러운 눈빛을 보이거나 한숨을 쉬면, 사무실 안의 사람들은 자기도 그런 반응을 얻을까 봐 말하기를 꺼렸다. 케이트는 자신이 의식하는 것보다 더 많은 힘을 행사하고 있었다. 그녀는 뜻하지 않게 디미니셔가 된 것이다.

나는 대학 시절에 전쟁 영화를 너무 많이 본 게 아닌가 싶다. 언제부턴가 전쟁 영화는 다 똑같아 보였다. 그런 영화에는 어김없이 이런 장면이 나왔다. 어떤 심각한 위기 상황을 은밀히 알게 된 졸병이 차렷 자세를 하고 잔뜩 긴장한 말투로 사령관에게 "제 의견을 말씀드려도 됩니까?" 하고 묻는 장면 말이다. 그게 내 눈에는 너무나 이상해 보였다. 자기 생각을 말하는데 왜 남의 허락을 받아야 한단 말인가? 나는 자유롭게 생각하고 말하는 것이 당연한 대학 캠퍼스를 누비던 학생이었으니 그런 의문이 들 법했다. 그러나 사회에 나와 직장을 다녀보니 이해가 갔다. 조직의 서열 체계가 밑에 있는 사람들의 목소리와 생각을 억누르기 십상이었던 것이다.

하지만 멀티플라이어는 사람들을 기업 계층구조의 억압적 힘에서 벗어나게 해방시킨다. 사람들이 자유롭게 생각하고 말하고 행동할 수 있게 한다. 최고의 아이디어와 성과가 나오는 근무 환경을 만든다. 멀티플라이어는 사람들에게 적극적으로 생각할 수 있게 허용한다.

폭군 vs. 해방자

멀티플라이어는 진지하면서도 치열한 분위기를 만들어 뛰어난 생각과 행동이 도처에서 나오도록 한다. 폭군은 긴장된 분위기를 만들어 사람들의 능력을 질식시킨다.

송곳처럼 날카로운 리더

제나 힐리는 대형 통신회사의 현장 운영 총괄 전무였다. 키가 160센티미터 정도인데도 부하 직원들보다 늘 더 커 보이는 존재였으며, 엄격하고 똑똑하고 경험도 많았다. 그리고 완전히 폭군이었다.

제나의 동료 임원들은 말했다. "그녀는 히스테리 가득한 분위기를 만들었다. 다들 그녀를 두려워하고 겁을 먹었다. 자신이 원하는 걸 얻을 때까지 직원들을 괴롭혔다. '직원들이 나를 위해 뭘 더 할 수 있는가?'만 생각하는 리더였다." 제나 밑에서 일한 관리자는 그녀를 두고 "영화 〈악마는 프라다를 입는다〉에 나오는 무자비한 편집장 미란다 프리스틀리와 비슷하다"고 했다. 나는 그 말을 듣자마자 딱 감이 왔다.

제나는 직원들을 들들 볶을 뿐만 아니라 시도 때도 없이 공격했다. 그녀가 언제 폭발할지, 다음 희생양이 누가 될지 아무도 예측할 수 없었다. 한 직원은 말했다. "다음 희생자가 자기일지 모른단 생각에 다들 마음을 졸였다. 나도 늘 스트레스를 받으며 떨었다." 이렇게 말하는 이들도 있었다. "대피해야 할 때를 알 수 있게 '제나 폭풍 경보'가 있어야 한다."

덴버에서 분기별 경영 회의가 열렸을 때다. 제나가 각 부서 팀장들을 소집해 미국 시장의 사업 현황을 검토하는 자리였다. 각 부서가 돌아가며 사업 현황 및 성과를 발표하는 평범한 회의였다. 몇몇 부서의 발표가 끝나고 정보 기술 팀장 대니얼이 프레젠테이션을 시작했다. 그는 자기 팀에서 만든 IT 도구를 현장 서비스 직원들이 얼마나 이용하고 있는지 현황을 데이터로 보여주었다. 그리고 이렇게 말했다. "이와 같은 수치를 감안해볼 때, 서비스 팀이 IT 도구를 제대로 활용하고 있는지 궁금합니다." 제나의 부하 직원들이 멍청하고 게으르다는 얘기를 돌려서 말한 것이었다. 제나는 바로 맞받아쳤다. "지금 대체 무슨 말을 하는 겁니까?" 그리고 사람들 앞에서 대니얼을 질책하며 공격하기 시작했다. 둘의 언쟁이 격해지면서 10분쯤 계속됐다. 마침내 누군가가 휴식 시간이 됐다는 말을 하자 사람들은 기다렸다는 듯이 회의실을 빠져나갔다. 하지만 대니얼은 제나와 할 이야기가 아직 남았는지 방을 떠나지 않았다. 모두가 복도에 있는 동안 회의실 안에서는 언쟁이 뜨거워지면서 급기야 고함 소리까지 들렸다.

그동안 복도는 찬물을 끼얹은 듯 조용했다. 다들 속으로 고약한 상사에게 용감하게 맞서는 대니얼을 응원했다. 그리고 아직 프레젠테이션이 남은 팀장들은 두려움에 잔뜩 위축됐다. 다행히 이미 프레젠테이션이 끝난 사람들은 그들의 행운을 빌었다. 이 나머지 발표자들은 서둘러 프레젠테이션을 수정하기 시작했다. 이미 '뚜껑이 열린' 제나를 더 자극하거나 꼬투리가 잡힐지 모를 내용을 빼느라 바빴다. 그들은 그렇게 무난하게 수정한 내용을 발표해 회의를 무사히 넘겼다. 하지만 실속 없이 껍데기뿐인 회의에 불과했다.

제나의 조직은 보통 수준의 성과를 냈지만 계속해서 수익 및 서비스 품질의 목표치 달성에 실패했다. 결국 그녀는 도를 넘어서 동료 임원까지 괴롭히다가 조직에서 해고됐다. 그리고 다른 회사의 COO(최고 운영 책임자)로 갔다. 하지만 겨우 2주 만에 한직으로 좌천됐고 6개월 뒤에는 그곳에서도 쫓겨났다.

사람들은 제나 같은 리더 옆에서 위축될 수밖에 없다. 그런 폭군은 조직 내 지성의 흐름을 차단하고 최고 성과를 이끌어내지 못한다. 폭군 리더 밑에 있는 직원들은 능력을 다 발휘하지 못한다. 폭군은 위협과 강압적 지시에 의존한다. 그러면 원하는 것을, 즉 최고의 아이디어와 성과를 얻을 수 있다고 믿기 때문이다. 그러나 상사의 위협과 직원들의 두려움이 상존하는 조직에서는 최고의 성과가 결코 나오지 못한다.

세일즈와 서비스를 담당한 또 다른 리더의 사례를 살펴보자.

차분하면서도 열정적인 리더

로버트 엔슬린Robert Enslin은 세계적인 소프트웨어 기업 SAP의 글로벌 고객 운영 책임자다. 남아프리카공화국 출신인 그는 차분하면서도 자신감 넘치는 리더다. 로버트는 공정하고 한결같은 세일즈 리더로서 조직을 성장시키고 높은 성과를 낸다는 평판이 자자하다.

로버트는 권위 의식이 전혀 없어서 직원들이 거리감을 느끼지 않는다. 관리자 한 명은 이렇게 말했다. "그는 상대편을 무장해제시킨다. 밑에 있는 직원도 동료처럼 대한다. 직급이 세 단계 밑에 있는 직원에게도 의견을 묻는다." 이렇다 보니 직원들은 솔직한 태도로 그를 대한다.

그들은 상사 귀에 듣기 좋은 말을 할 필요를 못 느낀다. 로버트는 다가 가기 쉬운 상사라서 곁에 있는 직원들이 편안함을 느낀다. 그리고 그런 사내 분위기는 그가 대규모 세일즈 조직을 순조롭게 이끌 수 있는 토대 가 된다.

몇 년 전 로버트는 SAP의 일본 자회사를 맡아 세일즈 실적 관련 문제 를 해결해야 했다. 일본 현지 경영진과 함께 진행한 첫 세일즈 성과 예 측 회의에서, 로버트는 예측 프로세스가 엉망이라는 것을 발견했다. 그 는 권위적인 태도로 잘못을 질타하고 해결책을 지시하는 대신, 하고 싶 은 말을 자제한 채 일종의 학습 프로세스를 개시했다. 그는 현재 방식 의 한계점과 새로운 접근법의 장점을 경영진 스스로 깨닫도록 도왔다. 또 일본 현지 상황에 대해서는 그들이 훨씬 더 상세히 안다는 점을 존 중하면서 "우리가 다음 단계로 나아가려면 어떻게 하는 게 좋겠습니 까?"하며 의견을 물었다. 로버트는 그들이 새로운 접근법을 시도하고 문제를 스스로 해결할 수 있는 여지를 충분히 주었다. 그리고 몇 달간 함께 노력한 끝에 세일즈 전망에 활용할 탄탄하고 믿을 만한 예측 프로 세스를 만들어냈다.

로버트는 평등함을 중시하는 태도와 차분하고 한결같은 리더십으로 유명했지만 그런 그의 리더십도 시험대에 오른 적이 있다. 글로벌 금융 위기가 한창이던 2008년 SAP의 북미 사업을 총괄하는 자리에 앉았을 때였다. 자금 흐름이 막혀 대규모 자본 투입 건이 줄줄이 연기되고 있 던 터라 모든 임원이 공황 상태에 빠졌다. 필라델피아 근처에 있는 SAP 뉴타운스퀘어 지사의 복도에는 긴장감이 감돌았다. 유리문 너머로 보 이는 중역 회의실 안쪽의 분위기는 더욱 무거웠다.

이 경제 위기를 뚫고 나아갈 세일즈 전략을 세우기 위해 로버트와 관리자들은 회의실에 모였다. 로버트가 최고 경영진 회의에 들어갔다 왔으며 커다란 압박감을 느끼고 있다는 것을 관리자들 모두 알고 있었다. 그래서 고통과 스트레스를 기꺼이 분담하겠다는 생각으로 회의실에 들어왔다. 하지만 로버트는 평소처럼 평온하기만 했다. 혹시 로버트가 뉴스 기사를 못 본 것은 아닐까, 최고 경영진 회의에 불참한 것은 아닐까 하는 생각마저 들 정도였다. 조금 뒤 로버트는 회의를 시작했다. 그는 현재의 경제 상황이 심각한 것은 사실이지만 일단 그 문제는 잠시 잊자고 말했다. 대신 그들이 통제할 수 있는 문제들에 집중하자고 독려하면서 이렇게 물었다. "현시점에서 우리 제품을 타 기업과 차별화할 수 있는 방법은 무엇일까요?" 관리자들은 각자의 전문 지식과 통제 범위 안에서 가치 제안을 구상했다. 경제 격변기 속에서 그들의 제품이 확고한 위치를 점하기 위한 가치 제안이었다. 토론이 끝난 뒤 로버트는 물었다. "소비자들이 우리 제품을 사용해 최고의 경제적 가치를 얻게 만들 방안이 없을까요?" 관리자들은 치열하게 의견을 나눠 그에 대한 계획도 수립했다.

로버트의 팀원은 말했다. "그는 틀림없이 상부로부터 큰 압박을 받고 있었다. 하지만 우리 앞에서는 불안감을 조성하지 않았다. 절대 흥분하는 일 없이 항상 침착했다. 그는 직원들에게 채찍질을 하는 관리자가 아니다." 또 다른 임원은 이렇게 말했다. "위기가 닥치면 로버트는 질문을 더 많이 던진다. 끝까지 치열하게 생각하게 만드는 질문들이다. 보이지 않는 그의 손이 결정을 유도한다."

로버트의 차분한 모습은 나약함에서 오는 것이 아니다. 그는 다른 유능한 세일즈 리더들 못지않게 열정적이고 집중력이 높다. 차이가 있다면 그가 어디에 초점을 맞추는가 하는 점이다. 그의 동료 임원은 말했다. "로버트는 문제 해결에는 가차 없지만 사람에 대해선 관용을 가질 줄 안다. 직원들은 로버트를 자신의 뒤를 든든히 받쳐주는 기둥처럼 느낀다. 로버트는 실수한 직원을 닦아세우는 대신 실수를 바로잡게 도와준다. 모두 한배를 탔다는 분위기가 형성돼 있다. 때문에 어느 한 사람 혼자 스트레스를 짊어지지 않고 모두가 고통을 분담한다." 또 다른 임원은 이렇게 말했다. "로버트는 초점이 자신에게 있지 않다. 직원들에게, 그리고 그들에게서 최고 성과를 끌어내는 데 초점을 둔다."

로버트의 한결같은 지원과 그가 만든 열린 분위기는 자칫 위기에 빠질 수도 있었던 조직을 탄탄하고 안정된 조직으로 만들었다.

두 리더의 차이

폭군은 스트레스와 불안감이 가득한 긴장된 분위기를 만든다. 반면 로버트 같은 해방자는 집중력과 부지런함, 에너지를 필요로 하는 치열한 분위기를 만든다. 그런 분위기에서는 사람들이 스스로 생각해 의견을 내고 최선을 다해야겠다는 책임감을 느낀다.

디미니셔가 스트레스 가득한 환경을 만드는 것은 직원들에게 성과에 대한 통제권을 주지 않기 때문이다. 이들은 폭군처럼 굴면서 어떻게든 자기 의견을 관철하려 들고, 그 밑의 사람들은 위축되고 주눅이 들며 소극적으로 변한다. 폭군이 곁에 있으면 사람들은 튀지 않으려고 애쓴다. 정치 독재자의 통치하에 사는 국민들과 비슷하다. 사람들이 질책당하지 않을 안전한 아이디어만 내면서 적당히 일하므로 폭군 리더는 많은 것을 얻지 못한다.

폭군과 달리 해방자는 사람들이 적극적으로 나설 공간을 마련해준다. 폭군이 조직 내에서 채찍을 휘두를 수 있는 자리를 찾아 옮겨 다닌다면, 해방자는 조직이 안정된 분위기에서 앞으로 나아가는 추진력을 얻게 만든다.

해방자

해방자는 좋은 성과가 나오는 환경을 만든다. 지적 능력이 발휘돼 성장하고 구체적인 성공으로 이어질 수밖에 없는 분위기를 조성한다는 얘기다. 이러한 배움과 성공의 순환을 위한 조건은 다음과 같다.

▶ 아이디어를 자유롭게 낸다.

▶ 빨리 배우고 새로운 상황에 잘 적응한다.

▶ 협력해서 일한다.

▶ 복잡한 문제를 해결한다.

▶ 어려운 과제를 완수한다.

저마다 다른 업계에서 이런 환경을 창출해 구성원들이 자유롭게 생각하고 일하는 조직을 만든 해방자 3명의 사례를 살펴보자.

사례 1: 공평한 분위기를 만들다

아르헨티나 출신의 어니스트 바크라크Ernest Bachrach는 세계적인 사모 투자 전문회사 어드벤트인터내셔널Advent International의 디렉터 겸 스페셜 파트너다. 사모 투자업계에 27년간 몸담았으며 하버드에서 MBA를 받은 그는 누구도 부인할 수 없는 전문가다. 하지만 그가 뛰어난 성과를 내는 핵심 요인은 구성원들의 탁월한 능력을 발휘시키는 환경을 만든다는 점에 있다.

그의 밑에서 일한 애널리스트는 이렇게 말한다. "어니스트는 사내 분위기 조성에 특별한 노력을 쏟는다. 누구나 아이디어를 자유롭게 내는 토론 시간을 마련한다. 단, 의견을 내는 사람에게 까다로운 조건을 요구한다. 정확한 데이터를 함께 제시해야 하는 것이다. 어니스트는 데이터로 뒷받침되지 않는 의견은 받아들이지 않는다."

어니스트는 구성원들이 배우며 성장하는 분위기를 조성한다. 실적 관련 문제가 눈에 띄면 해당 직원에게 지체 없이 피드백을 준다. 그 내용은 직설적이고 때로는 잔인할 만큼 날카롭지만, 그는 해당 직원이 소화해 배우고 개선할 수 있을 만큼의 분량씩 피드백을 준다. 그는 직원들에게 투자업계에서는 실수가 일상적이라고 말한다. 그렇다면 실수에는 어떻게 반응할까? 그는 당황하거나 질책하지 않는다. 한 직원은 말했다. "어니스트는 함께 내린 결정이라면 실수도 함께 책임져야 한다고 강조한다. 어느 한 개인이 비난과 책임을 떠맡아서는 안 된다는 것이다." 팀원 전체가 모여 사후 검토 및 분석을 하고 같은 실수를 피할 방법을 연구한다. 어니스트는 사람에게 투자하고 거기서 최대의 이익을 얻어내는 환경을 조성하는 리더다.

사례 2: 개개인의 능력을 간파하다

영화감독 스티븐 스필버그Steven Spielberg를 모르는 이는 없을 것이다. 당신이 가장 좋아하는 영화 열 편을 꼽아보면 아마 그의 작품이 하나쯤은 들어갈 것이다. 그가 영화 1편당 평균 1억 5,600만 달러의 수익을 올리는 엄청난 감독이 된 비결은 무엇일까? 어떤 이는 그의 천재적 창의성과 스토리 구성 능력을 꼽는다. 또 어떤 이는 그의 직업의식을 꼽는다. 그러나 스필버그의 성공을 견인한 진짜 힘은 다른 어떤 감독보다도 함께 일하는 사람들에게서 많은 능력을 끌어낸다는 점이다. 그의 영화 작업에 참여한 사람들은 "스필버그의 곁에서는 최선을 다할 수밖에 없다"라고 말한다.

스필버그가 최고 능력을 뽑아낼 수 있는 것은 사람들 각자가 지닌 재능과 능력을 정확히 알기 때문이다. 그는 팀원들의 일을 속속들이 알지만 자신이 직접 하지는 않는다. 그는 그들이 가진 능력을 높이 사기 때문에 채용한 것이라고 강조한다. 영화 작업과 사람들 개개인의 능력에 대한 지식을 토대로, 그들이 능력을 최고로 발휘할 수 있는 기준을 세운다.

스필버그는 그 자신이 뛰어난 아이디어의 발전소이지만 나쁜 아이디어도 괜찮은 출발점이라고 강조한다. "좋은 아이디어도 늘 처음에는 형편없는 아이디어에서 출발한다. 그래서 완성까지 시간이 오래 걸리는 것이다." 그는 창의성을 마음껏 시도할 수 있는 열린 분위기를 조성하되, 팀원들에게 최고 성과를 요구한다. 스태프 한 명은 이렇게 말했다. "그는 사람들에게 최선을 다할 것을 기대한다. 사람들은 자신이 온 힘을 쏟지 않으면 스스로가 그렇다는 것을 안다."

스필버그가 수많은 명작을 탄생시킨 비법은 무엇일까? 함께 일하는 사람들이 폭군 같은 감독 밑의 사람들보다 2배는 더 생산적이기 때문이다. 스필버그는 최고 성과를 낼 수 있는 환경을 만들기 때문에, 배우와 스태프들은 늘 그와 또 함께 일하고 싶어 한다. 보통 스필버그는 서로 다른 제작 단계에 있는 2가지 영화 프로젝트를 동시에 진행한다. 스태프들이 영화 하나에서 맡은 임무를 끝낸 뒤 곧바로 다음 영화에 투입되기에 가능한 일이다. 스필버그는 사람들의 최고 성과를 얻어 생산성을 2배로 높인다. 결국 그들은 스필버그 옆에서 최고 작품이 탄생하는 데 기여한 일원이 된다.

사례 3: 최고의 교사

당신 인생에서 만난 최고의 선생님을 떠올려보라. 그는 어떤 학습 분위기를 만들었는가? 학생들에게 생각의 자유와 공간을 얼마나 주었는가? 학생들의 성과에 대한 기대치는 어땠는가? 그 선생님 밑에서 당신은 어떤 식으로 능력을 발휘했는가? 당신의 학습 성과는 어땠는가? 나는 패트릭 켈리Patrick Kelly 가 가르치는 8학년 아이들 여남은 명에게 이런 질문을 했다.

패트릭 켈리는 캘리포니아의 한 공립학교에서 8학년생들에게 역사와 사회를 가르치는 교사다. 해마다 졸업식에서는 유독 그에게 졸업생들의 감사 인사와 환호가 쏟아진다. 그에게 향하는 감사는 다른 교사들이 받는 인사를 전부 합친 것보다도 많다. 켈리는 다른 어떤 교사보다도 자주 학생들 입에 오르내린다. 그를 지독하게 싫어하는 학생도, 열렬히 좋아하는 학생도 많다. 어째서일까?

나는 라 엔트라다중학교에서 열린 '학부모 정보의 밤'에 갔다가 그 이유를 알 수 있었다. '학부모 정보의 밤'은 자녀가 여럿인 부모에겐 퍽 부담스러운 행사다. 나 같은 경우는 아이가 넷이라 교사를 17명이나 만나야 한다. 몸이 여러 개도 아닌데 말이다. 8학년인 딸아이는 내게 이렇게 말했다. "이게 우리 수업 시간표예요. 최대한 많은 수업에 들어가셔야 해요. 켈리 선생님의 사회 수업은 빼놓지 말고 꼭 들어가세요. '절대' 늦으면 안 돼요. 켈리 선생님이 말하는 동안엔 얘기하지 말고 휴대전화도 받으면 안 돼요. '절대로' 늦으면 안 돼요. 알았죠, 엄마?" 나는 걱정 반 호기심 반으로 그의 교실에 들어갔다. 그리고 10여 분간 켈리의 수업을 참관한 뒤 감동한 채 교실을 나왔다. 다시 중학생으로 돌아가 그에게 역사를 배우고 싶은 마음이 들 정도였다.

어째서 켈리는 학생과 학부모 모두에게 그렇게 칭송받는 교사가 됐을까?

일단 교실 분위기 자체가 다르다. 그는 학생들에게 열심히 공부하고 생각하고 배우려고 학교에 왔다는 사실을 분명히 해둔다. 한 학생은 말했다. "켈리 선생님은 게으름 피우는 걸 용납하지 않아요. 우리는 늘 노력하고, 문제를 끝까지 생각하고, 실수를 해도 거기서 배울 수 있다고 여겨요." 교실은 진지하고 지적인 분위기이지만, 학생들이 열심히 공부할수록 분위기는 더 즐거워진다. 켈리의 수업에서는 아이들이 자유롭게 생각을 말할 수 있다. 또 좋은 질문을 하는 것과 선생님의 질문에 적극적으로 대답하는 것도 똑같이 중요하다.

학생들에 대한 켈리의 기대치는 분명하면서도 높다. 한 학생은 말했다. "켈리 선생님은 기대치가 높아야 좋은 결과가 나온다고 믿어요. 우리한테 최선을 다하라고 요구하죠. 최선을 다해 노력하면 반드시 해낼 수 있다고 늘 말씀하세요." 또 다른 학생은 이렇게 말했다. "켈리 선생님은 우리가 어느 부분을 더 향상시켜야 하는지 늘 솔직하게 말해줘요. 실력을 최대한 발휘해야 한다고 강조하고요." 더도 말고 덜도 말고 현재 가진 능력으로 최선을 다하라고 독려하는 것이다. 켈리는 아이들에게 숙제를 내지 않는다. 대신, 수업 내용을 제대로 이해하고 좋은 시험 성적을 받기 위해 각자 알아서 '자율 학습'을 하게 한다. 학생들은 각자의 선택에 따라 적극적으로 자율 학습을 한다.

모든 학생이 켈리를 좋아하는 것은 아니다. 어떤 아이들은 그가 너무 엄격하고 까다롭다고, 다른 선생님들에 비해 학생에 대한 기대가 너무 높다고 불평한다. 쉬운 길을 원하는 학생들에게는 그의 수업이 부담스러울 수 있다. 그러나 대부분의 학생들은 켈리의 능력과 헌신에 큰 자극을 받아 높은 학습 성과를 낸다. 켈리의 열정이 아이들에게 전염돼 아이들도 인권과 미국 헌법, 국민의 역할에 관해 열심히 공부한다.

패트릭 켈리는 아이들의 사고력과 학습 능력에 날개를 달아주는 멀티플라이어다. 그는 거리낌 없이 발표할 수 있는 분위기, 열심히 생각하고 공부해야 하는 분위기를 만든다. 그가 가르친 학생들의 98퍼센트가 주써 학습 능력 표준 테스트에서 '우수' 또는 '최우수' 평가를 받은 사실도 놀라운 일이 아니다(이 수치는 3년 전에 82퍼센트였다).[2]

하이브리드 자동차처럼

켈리의 교실과 어니스트 바크라크의 회사, 스티븐 스필버그의 영화 촬영장 분위기에서 공통적으로 목격되는 것은 해방자 특유의 이중성이다. 해방자는 얼핏 반대되는 듯 보이는 2가지를 동시에 추구한다. 다시 말해 '편안함'과 '압박감'이 공존하는 분위기를 만든다는 것이다. '나는 당신에게 자유를 줄 테니 당신은 최고의 결과를 내놓으라'는 것인데, 이는 해방자가 보기에 공정한 교환이다.

또한 해방자는 사람들에게 실수를 허락한다. 배움의 분위기를 조성하고, 실수에서 배우라고 요구한다. '실수해도 좋다고 허락할 테니, 당신은 거기서 배우고 같은 실수를 되풀이하지 않을 의무가 있다'는 것이다.

해방자의 힘은 이런 이중성에서 나온다. 사람들의 생각을 자유롭게 풀어놓는 것으로는 충분하지 않다. 최선을 다해 생각하고 최고의 성과를 내야 하는 치열한 분위기를 만드는 것이다. 해방자는 압박감을 주지만 스트레스는 초래하지 않는다.

해방자는 전기 모터와 가솔린 엔진을 동시에 장착한 하이브리드 자동차에 비유할 수 있다. 하이브리드 자동차는 저속 주행 시에는 전기 모터로 움직이고 속도가 높아지면 가솔린 엔진을 사용한다. 해방자 리더는 자유롭게 생각하고 움직일 수 있는 개방되고 편안한 분위기를 조성하지만, 더 강력한 힘이 필요해지면 사람들에게 최선의 노력과 치열한 분투를 요구한다.

어떻게 해방자는 편안하고 개방적인 분위기를 만드는 동시에 최고의 생각과 노력을 가차 없이 요구하는 것일까? 어떻게 해서 조직의 지적 능력을 최대로 끌어내는가? 해방자의 3가지 특징을 하나씩 살펴보자.

해방자의 3가지 특징

해방자의 특징 3가지는 다음과 같다. 1) 충분한 기회를 제공한다. 2) 최선의 노력을 요구한다. 3) 빠른 학습 사이클을 만든다.

1. 충분한 기회를 제공한다

제대로 일하고 조직에 기여하려면 충분한 기회가 필요하다. 해방자는 사람들에게 기회가 충분히 주어져 있다고 당연시하지 않는다. 능력을 발휘할 공간과 기회를 적극적으로 만들어준다. 몇 가지 사례를 살펴보자.

자신을 자제하고 다른 이들에게 기회를 준다

사람들이 기여할 수 있게 기회를 주는 것은 중요하다. 그러나 그런 분위기를 계속 유지하는 것, 리더 자신이 다시 끼어들어 그들이 자유롭게 움직일 기회를 빼앗고 싶은 유혹을 뿌리치는 것은 더 중요하다. 구성원들이 상사 의견에 따르는 것에 익숙한 계층구조의 조직에서는 특히 더 그렇다.

오라클의 전 사장이자 실리콘밸리의 저명한 벤처 캐피털리스트인 레이 레인Ray Lane은 힘을 자제할 줄 아는 리더다. 그가 투자한 회사의 CEO

는 이렇게 말했다. "레이는 때로 리더의 막강한 힘을 자제하는 것이 중요함을 안다. '적은 것이 많은 것이다'라는 말의 의미를 제대로 안다. 그는 꼭 필요한 순간에만 의견을 제시한다."

레이가 잠재 고객사의 중역들과 만나는 자리에서 최소한 2가지는 확실하다. 1) 고객이 풍부한 경험을 가진 레이의 의견을 듣고 싶어 한다는 것과 2) 레이가 그럴 준비를 충분히 갖춘 사람이라는 것이다. 하지만 레이는 유혹에도 불구하고 불쑥 나서지 않는다. 그는 간단한 인사말을 주고받은 뒤, 함께 간 자신의 영업 팀이 거래를 진행하게 놔둔다. 대화 도중 그가 의견을 말하고 싶은 주제가 테이블에 올라와도 자제하며 기다린다. 영업 팀은 자신들보다 레이가 더 능숙하게 일을 처리할 수 있다는 것을 알지만 계속 회의를 진행해나간다. 영업 팀이 할 일을 다 하고 나면 그때 레이가 대화에 들어온다. 이때도 그는 자기 생각을 쏟아내며 연설을 하지 않는다. 지금까지 주의 깊게 듣고 지켜본 것을 토대로 꼭 보태야 할 의견을 핵심만 담아 짧게 내놓는다.

레이의 오랜 동료는 "중요한 회의에서 그는 오랫동안 잠자코 있을 때가 많다. 다른 사람들의 말을 최대한 집중해서 듣는다. 그러고 나서 그가 발언을 하면 다들 귀를 기울인다."라고 말한다.

레이는 업계에서 탁월한 전략가이자 명쾌한 커뮤니케이터로 유명하다. 그러나 절대 자기 의견만 내세우지 않고 다른 이들에게 충분한 기회를 주며, 가장 큰 영향력을 낼 수 있는 타이밍에 자신의 존재를 드러낸다.

말하기보다 듣기에 집중한다

해방자는 상대의 말을 그저 잘 듣는 것이 아니라 최선을 다해 듣는다. 앎에 대한 욕구를 채우기 위해, 남이 아는 것을 배워 자신의 지식 창고를 넓히기 위해 상대의 이야기를 경청한다. 경영 전문가 C. K. 프라할라드는 말했다. "똑똑함이란 타인의 지적 능력을 얼마나 정확히 알아보느냐에 좌우된다." 해방자가 열심히 경청하는 것은 타인이 아는 것을 이해하고 배우려 노력하기 때문이다.

애플의 세일즈 담당 임원 존 브랜던John Brandon은 세계적으로 3개 지역에서 해마다 수백억 달러의 매출을 올리는 조직을 이끈다. 에너지 넘치는 세일즈 리더인 그는 출장과 회의 스케줄이 늘 꽉 차 있어서 그를 만나려는 사람은 약속을 한 번 잡기도 쉽지 않다. 하지만 부하 직원들과 일대일 면담을 할 때만큼은 직원에게 온전히 집중한다. 존은 직원의 말을 정성껏 경청하고 그들의 상황을, 즉 고객이나 거래와 관련해 현재 겪는 일을 이해하려고 굉장히 노력한다. 존은 문제의 핵심에 다가가는 섬세한 질문을 던진다. 그의 부하 직원 한 명은 이렇게 말했다. "존이 여느 상사들과 다른 점은 직원의 말을 들어준다는 것이 아니라 '엄청나게 열심히' 듣는다는 것이다." 보통 존은 대화할 때 시간의 80퍼센트를 듣고 질문하는 데 쓴다. 그는 성심껏 듣고 꼼꼼하게 질문을 던지면서 업무 현황을 파악하고, 팀원들이 마주한 기회와 문제를 그들과 함께 이해한다. 이처럼 팀원들과 함께 시장에 대한 시각을 키운 덕분에 그의 조직은 지난 5년간 375퍼센트 성장이라는 경이로운 성과를 올릴 수 있었다. 존은 화술이 뛰어난 사람임에도 입이 아니라 귀를 열어야 할 때를 안다.

해방자는 듣는 일에 많은 시간이 아니라 대부분의 시간을 할애한다. 말하기보다 듣기에 더 집중함으로써 사람들에게 자신이 아는 것을 펼쳐놓을 기회를 준다.

새로운 시도를 장려한다

나이키Nike의 글로벌 디자인 부문 책임자 존 호크John Hoke는 상부 관리자들이 참여하는 1주일간의 워크숍을 열었다. 제품 디자인의 새로운 방향을 모색하고 관리자들이 구성원들의 능력을 배로 이끌어낼 방안을 연구하기 위한 워크숍으로, 내가 조력자로 함께 참여했다. 존은 평소 리더로서 갖고 있는 낙관적 관점이 문제가 될 줄은 몰랐는데, 그런 리더십 스타일이 오히려 불안을 조성할 수 있다는 사실을 워크숍에서 깨달았다. 관리자들은 매번 결점 없는 완벽한 디자인을 완성해야 한다는 엄청난 압박감에 시달린다고 토로했다. 올림픽을 얼마 남겨놓지 않고 나이키라는 브랜드의 명성을 지켜야 한다는 사명감이 가득한 그들은 절대 실패해서는 안 된다고 생각하고 있었다.

존의 격려 아래 나는 관리자들과 함께 새로운 시도를 해볼 수 있는 부분을 찾기로 했다. 우리는 다양한 시나리오를 가정한 뒤 두 그룹으로 나눴다. 하나는 실패해도 괜찮은 것들, 다른 하나는 반드시 성공해야만 하는 것들이었다. 그리고 토론을 거쳐 각각의 시나리오가 어느 쪽에 속하는지 합의를 도출했다. 한 시간쯤 뒤, 그들은 설령 시도했다가 실패하더라도 이해관계자들이나 사업에 손실을 끼치지 않는 범위를 확정할 수 있었다. 이렇게 경계를 분명히 정의하고 나니 굳이 리더가 강조하지 않아도 자연스럽게 낙관적이고 의욕적인 분위기가 형성됐다.

이런 관점은 나이키의 디자인 담당자들에게도 퍼져나갔고, 특히 글로벌 디자인 운영 총괄 책임자 케이시 레너$^{Casey\ Lehner}$에게 큰 영감을 주었다. 케이시는 '모험과 반복'이라는 목표를 세우고, 모든 디자인 운영 팀장들에게 리스크를 감수할 만한 문제를 찾아내서 1년 동안 여러 해결책을 반복해 시도해보라고 독려했다. 케이시는 말했다. "실패는 중요하지 않다. 시범적 모델을 만드는 것이 중요하다. 팀원에게 추진하고 싶은 아이디어가 있으면 나는 주저 없이 해보라고 말한다. 그리고 만일 내 지원이 필요하면 기꺼이 제공한다. 설사 아이디어가 실패해도 우리는 값진 것을 배우고 발전할 수 있다."

'모험과 반복' 접근법은 실패 가능성을 충분히 인정하고 움직이는 것이었고, 디자이너들이 리스크 높은 문제에 과감히 달려들어 씨름해볼 기회를 주었다. 한 팀원은 이렇게 말했다. "케이시는 팀원들이 긴장을 받아들이고 모험을 시도하게 한다." 또 다른 팀원은 말했다. "그녀는 마음껏 시도할 자유를 주는 것과 우리에게 지원이 필요할 때 뒷받침해주는 것, 이 둘 사이에 놀라운 균형을 유지한다." 2012년 직원들은 케이시 모르게 그녀를 '올해의 멀티플라이어' 후보로 추천했고, 케이시는 수상자로 선정돼 직원들의 축하를 한 몸에 받았다.[3]

공평한 경기장을 만든다

어느 조직에서나 경기장은 공평하지 않다. 특정한 일부 구성원에게 목소리를 더 크게 낼 권한이 있기 마련이다. 고위 임원들, 영향력 있는 생각을 가진 리더, 회사 내에서 중요한 부문(예컨대 제품 개발이나 세일즈), 조직에서 오랫동안 일관되게 유지돼온 노하우를 아는 사람들이 그에 해당한다. 의식적인 노력이 없으면, 실무에 가장 환한 다른 사람들은 목소리조차 내지 못할 수 있다. 해방자는 그 목소리들에 스피커를 달아주어 지적 능력을 최대한 끌어내며 경기장 낮은 쪽의 아이디어에 기회를 준다.

마크 댄크버그Mark Dankberg는 1986년에 비아샛ViaSat을 공동 창립했으며, 현재 이 기업의 회장 겸 CEO다. 마크의 리더십 아래에서 비아샛은 미국에서 가장 빠르게 성장한 기술회사 중 하나가 됐으며, 〈잉크Inc.〉지가 선정하는 '가장 빠르게 성장하는 500대 기업'에 3번이나 이름을 올렸다. 마크는 연 매출 14억 달러에 직원 4,000명이 넘는 대기업을 이끄는 수장이지만, 계급과 서열 때문에 아래쪽 직원들의 훌륭한 아이디어가 올라오지 못하고 묻혀버리는 조직이 되는 것을 가장 경계한다.

마크는 뛰어난 인재를 채용했으면 조직도의 직급에 연연해서는 안 된다고 생각한다. 만일 엔지니어링 부서의 직원이 다른 부서의 잘못된 문제점을 발견한다면 주저 없이 지적해서 회사가 올바른 방향으로 나아가게 해야 한다. 비아샛에서는 갓 대학을 졸업한 1년 차 엔지니어도 임원이나 CEO에게 하고 싶은 말을 할 수 있다. 하급 직원들도 자유롭게 의견을 낼 수 있고 그 의견에 모두 귀를 기울인다. 마크는 말했다. "지혜는 꼭 상부에서 나오는 게 아니다. 조직 구성원 모두에게서 나온다. 리더는 사람들의 목소리를 억누르지 않는 것 이상을 해야 한다. 즉 그들이 목소리를 내도록 적극적으로 장려해야 한다. 자꾸 질문을 던지고, 말단 직원도 생각을 표현할 수 있게 해야 한다."

케빈은 비아샛의 법률 고문이다. 그는 한 법무 법인의 젊은 변호사이던 시절에 마크를 처음 만났다. 그는 이렇게 말했다. "마크는 내 직급이

나 위치와 상관없이 언제나 나를 똑같이 대했다. 마크는 직급이 아니라 옳은 판단력, 충분한 심사숙고 끝에 의견을 내는 것을 중요하게 여긴다. 직급이 높다고 더 존경심을 얻는 것은 아니다. 어떤 기여를 하느냐가 중요하다. 내가 신출내기였을 때도 마크는 늘 내 의견에 귀를 기울였다." 케빈은 비아샛에 합류한 지 얼마 안 됐을 때 휴일 특근을 하던 날을 회상했다. 그는 어떤 사업의 법률적 문제를 논의하기 위해 상사를 따라 마크의 방에 들어갔고, 토론은 3시간쯤 계속됐다. 그날 케빈에게 깊은 인상을 남긴 것은 마크가 일개 신참 변호사의 의견에 주의 깊게 귀를 기울이는 모습이었다. 케빈은 그날 얻은 자신감을 이후에도 오래도록 유지했다.

비아샛은 자사의 상업 모빌리티 사업 부문이 빠르게 성장할 당시, 보다 효과적인 성장 전략을 세우려고 베테랑 관리자들과 하급 관리자들로 구성된 팀을 조직했다. 직원들의 역할을 결정하기 위해 이야기를 나누던 중 한 베테랑 관리자가 아무렇지 않게 말했다. "제임스가 그 역할을 맡는 걸 어떻게 생각하는지 내가 의견을 들어볼게요." 그러자 최근에 입사한 관리자 한 명이 깜짝 놀란 표정을 지었다. 고위 간부가 직급상 까마득하게 아래에 있는 직원한테 의견을 묻는다고 하니 놀란 것이다. "의견을 들어본다고요? 그가 할 일을 그냥 정해주면 되는 거 아닙니까? 여기가 무슨 민주주의 집단도 아니잖아요." 이 말을 들은 마크가 이렇게 설명했다. "비아샛은 민주주의 집단과 비슷합니다. 우리는 직원한테 일방적으로 업무를 지시하지 않습니다. 동료들의 기대에 부응하는 성과를 내는 직원이라면 그에게 선택권을 주죠."

해방자는 먼저 충분한 기회를 주지만 거기서 끝이 아니다. 기회를 주는 만큼 사람들에게서 뛰어난 성과가 나오기를 기대한다.

2. 최선의 노력을 요구한다

미국 리처드 닉슨^{Richard Nixon} 대통령 시절 국무 장관이었던 헨리 키신저 ^{Henry Kissinger}는 까다로운 외교관이었지만 멀티플라이어의 면모를 보여주는 사례도 많았다. 한번은 그의 참모가 외교정책 보고서를 제출했다. 키신 저는 보고서를 받아 들고 물었다. "이게 자네가 쓸 수 있는 최선의 결과물 인가?" 참모는 잠시 머뭇거렸다. 그리고 자신의 상관이 보고서에 만족 하지 못할 것 같다는 생각이 들어 이렇게 대답했다. "더 개선할 수 있을 것 같습니다." 키신저는 보고서를 다시 그에게 돌려주었다. 2주 뒤 참모 는 수정한 보고서를 들고 왔다. 키신저는 그것을 1주일간 보관하고 있 다가 "이게 최선이라고 확신하는가?"라고 쓴 메모를 붙여 되돌려보냈 다. 뭔가 중요한 내용을 누락한 게 분명하다고 확신한 참모는 다시 보 고서를 수정했다. 그리고 이번에는 제출하면서 "이것이 저의 최선입니 다"라고 말했다. 이 말을 들은 키신저는 그제야 "그렇다면 이번엔 읽어 보도록 하지"라고 대답했다.[4] 해방자는 사람들에게 최선을 다할 것을 요구한다. 그 사례를 살펴보자.

'최선을 다한다'는 기준을 양보하지 않는다

하이랜드고등학교 럭비팀 감독 래리 겔웍스는 시즌 첫 경기가 끝난 뒤 경기장 한쪽에 선수들을 모았다. 그리고 "'최선'을 다했느냐?"라고 물 었다.

한 선수가 잔뜩 들뜬 목소리로 말했다. "우리가 이겼잖아요." 래리는 담담한 태도로 "내가 물어본 건 그게 아니야"라고 말했다. 이번엔 다른 선수가 말했다. "64 대 20으로 우리 팀의 압승이었어요. 그럼 됐지, 감독님은 뭘 더 원하세요?" 그러자 래리가 대답했다. "입단 테스트 때 나는 너희에게 '최선'을 기대한다고 말했다. 몸으로도, 머리로도 최선을 다해달란 얘기다. 오늘 너희는 정말로 최선을 다했느냐?"

한 선수는 통가의 섬에서 열렸던 경기가 자신이 이 질문에 '예스'라고 자신 있게 대답할 수 있는 경기였다며 이렇게 회상했다. "당시 나는 상대 팀 선수에게 공격적인 태클을 걸다가 어깨에 심한 타박상을 입었다. 경기를 그만두고 싶었다. 동료들이 실망하더라도 말이다. 통증이 어찌나 심한지 팔을 들어 올리기도 힘들었다. 그때 속으로 마오리족 전사들의 전통 춤인 하카haka 구호를 외치기 시작했다. 야자나무들 사이로 해가 지는 모습이 보였다. 그 순간 나의 플레이도 끝날 것만 같았다. 나는 선택을 해야 했다. 내 안의 어떤 목소리가 계속하라고, 끝까지 최선을 다하라고 말했다. 나를 위해서뿐만 아니라 팀을 위해, 동료들을 위해 포기하면 안 된다고 말이다. 그 목소리와 함께 수많은 연습과 경기에서 겔윅스 감독님이 '최선을 다했느냐?'고 묻던 것이 떠올랐다. 나는 경기를 끝까지 뛰었고, 트라이(미식축구의 터치다운에 해당)를 2번 성공시켜 득점했다. 통가에서 득점한 최초의 미국인 고등학생이 됐다."

상사는 부하 직원이 평소보다 못한 성과를 내면 알아차린다. 그러나 그들이 정말로 최선을 다했는지 여부는 알기 어렵다. 그들에게 최선을 다했느냐는 질문을 던짐으로써, 이전의 한계를 넘도록 스스로를 밀어붙일 기회를 줄 수 있다. 멀티플라이어가 사람들의 능력을 100퍼센트 이상 끌어내는 것은 그런 이유에서다.

최선의 노력과 결과를 구분한다

최선의 노력을 요구하는 것과 원하는 결과를 강요하는 것은 다르다. 자신의 통제력을 넘어서는 결과를 내라고 요구하면 사람들은 스트레스를 받는다. 그러나 최선을 다해야 한다는 요구에서는 긍정적인 압박을 느낀다.

녹색 에너지의 혁신 주자이며 저명한 과학자인 블룸에너지 CEO K. R. 스리다르는 사내에서 이런 구분을 분명히 한다. "대담한 모험을 장려하려면 '실험적 시도'와 '결과'를 구분해야 한다. 나는 새로운 시도를 하지 않는 직원을 용납하지 않는다. 하지만 시도의 결과물에 대해선 책임을 묻지 않는다. 적극적으로 시도하고 움직였는가 하는 점에 대해서만 책임을 묻는다." 이것이 블룸에너지가 복잡한 기술 분야에서 혁신을 이뤄내는 비결이다.

스리다르는 압박감과 스트레스의 차이를 아는 리더다. 그는 아들의 머리 위에 사과를 올려놓고 활을 쏘았다는 빌헬름 텔을 언급하며 말했다. "그 상황에서 빌헬름 텔은 압박감을, 아들은 스트레스를 느낀다." 스리다르는 직원들이 일정 수준의 압박감을 느끼며 일하게 하되, 그들의 통제 범위 바깥에 있는 결과에 대해 책임을 물어 스트레스를 주지는 않는다.

3. 빠른 학습 사이클을 만든다

나는 멀티플라이어를 연구하면서 종종 이런 질문이 떠올랐다. '멀티플라이어가 되려면 얼마만큼 똑똑해야 하는가?' 이 질문에는 인튜이트 전 회장 겸 CEO 빌 캠벨이 완벽한 대답을 주었다. "배울 수 있을 만큼 똑똑하면 된다."

해방자의 가장 중요한 특징은 실수를 허용하되 거기서 배우라고 강조한다는 점이다.

실수를 인정하고 공개한다

루츠 지옵이 2003년 마이크로소프트의 교육 사업 부문을 맡았을 당시 이 부문은 매출 목표에 못 미치는 부진한 성과를 내고 있었다. 빨리 실적을 올려야 하는 리더 입장에서는 직원들을 닦달해 스트레스를 주기 쉬운 상황이었다. 하지만 루츠는 시장에서 뒤처지지 않으려면 창의성과 모험적 시도도 중요하다고 생각했다. 전형적인 경영 딜레마였다. 목표 달성을 강조하는 뻔한 길을 택하면 긴장감이 높아지고 직원들이 리스크를 회피하기 십상이다. 그러나 목표를 낮춰서 압박감을 줄이면 그저 그런 성과에 만족하며 안주하게 된다. 루츠는 둘 중 어느 방법도 택하지 않았다.

대신 그는 압박감과 배움이 공존하는 분위기를 만들었다. 성과에 대한 압박감을 줄이지 않되, 새로운 것을 시도하고 실수해도 괜찮은 분위기를 만든 것이다. 자신과 직원들의 실수에 대해 그가 보이는 태도는 여느 리더들과 달랐다.

루츠는 자신의 실수를 숨기거나 그 책임을 직원들에게 전가하지 않고 아무렇지 않게 공개했다. 자신이 실수했던 경험담을 들려주곤 했다. 그가 추진한 제품이 실패하면 그 과정과 거기서 배운 교훈을 직원들에게 말해주었다. 한 동료는 이렇게 말했다. "그는 프로젝트가 실패한 이유를 궁금해하는 분위기를 만든다." 리더인 루츠가 자기 잘못을 숨기지 않고 밝히므로 밑에서 일하는 직원들도 모험을 하고 실패해도 심리적 스트레스를 받지 않았다.

실수에서 배우라고 강조한다

루츠는 기꺼이 실수를 허용하는 리더다. 루츠 밑에서 세일즈와 마케팅 책임자로 일하던 크리스 피리Chris Pirie는 마이크로소프트 러닝의 세일즈 총괄 책임자로 승진하고 나서 리스크가 높은 홍보 전략을 시도했다. 안타깝게도 그 전략은 실패로 끝나고 말았다. 하지만 크리스는 자신의 실수를 합리화하지 않았다. 대신 루츠에게 찾아가 자기 판단이 미흡했다고 인정하며 해당 전략의 문제점을 분석한 뒤 다른 방법을 시도했다. 크리스는 말한다. "루츠와 일할 때는 실수에 대한 부담이 없다. 대신 배울 점을 빨리 깨닫고 회복해야 한다. 실수는 해도 괜찮다. 단, 같은 실수를 반복해선 안 된다."

루츠는 직원들에게서 오는 피드백을 환영한다. 피드백에 열려 있을 뿐만 아니라 그것을 적극적으로 요청한다. 한 부하 직원은 루츠가 특별히 애착을 느끼던 중요한 프로젝트와 관련해 그에게 쓴소리를 했던 때를 회상했다. 루츠는 그 프로젝트 이야기만 나오면 흥분해서 혼자 떠들면서 회의를 장악했다. 보다 못한 부하 직원이 일대일 면담을 요청해 루츠의 사무실에 찾아가 이런 피드백을 주었다. "당신 혼자만 말하고 있어요. 혼자 사무실 안의 공기를 다 빨아들여서 나머지 사람들은 숨도 못 쉰다고요. 좀 자제하실 필요가 있습니다." 이 말에 루츠가 어떤 반응을 보였을까? 부하 직원이 찾아와 당신더러 '회의실 안을 질식시키는 거만한 돼지'라고 한다면 당신은 어떻게 하겠는가? 루츠는 더 알고 싶은 눈빛으로 이렇게 물었다. "회의 때 내 모습이 정확히 어떤가? 내 태도가 누구에게 어떤 영향을 주었나? 내가 또다시 그렇게 되지 않으려면 어떻게 해야 한다고 생각하나?" 루츠는 자신이 고쳐야 할 점을 이해하고는 이렇게 말했다. "내가 또 그러면 나한테 얘기해주겠나? 좀 더 빨리 말해주지 그랬어." 루츠의 말은 진심이었다.

루츠는 혹독한 시장 환경에서도 빠르게 배우고 깨닫는 사이클을 만듦으로써 자신이 원하는 사내 분위기를 조성했다. 크리스 피리는 "루츠는 좋은 일이 일어날 수밖에 없는 환경을 만든다"라고 말했다. 루츠는 외적 압력이 만만치 않은 시기에도 최고의 아이디어와 성과를 끌어내는 분위기를 조성해 조직의 창의력을 유지했다.

폭군과 해방자 모두 실수를 예상한다. 폭군은 실수한 사람을 물고 늘어지며 질책하지만, 해방자는 실수를 최대한 많은 것을 배우는 기회로 삼게 한다. 최고의 사고력과 아이디어는 배움의 과정 없이는 탄생할 수 없다. 그리고 실수 없이는 배울 수 없다. 해방자는 생각하기와 배우기, 실수하고 재빨리 회복하기, 이 과정들이 빠르게 진행되는 사이클을 만들어 최고의 아이디어를 끌어내고 민첩한 조직을 탄생시킨다. K. R. 스리다르는 말했다. "우리는 이 과정을 빠르게 반복해 그 주기를 단축한다. 이 같은 빠른 반복의 열쇠는 리스크를 숨기지 않고 실수에 신속하

게 대처하는 분위기를 만드는 것이다." 프록터앤드갬블Procter & Gamble, P&G
의 전 CEO 앨런 G. 래플리Alan G. Lafley는 "직원들로 하여금 비용이 적은
초기 단계에 빨리 실패를 경험하게 하라. 그리고 거기서 배우게 하라."
라고 말한 바 있다.

디미니셔는 이런 사이클을 만들어내지 못한다. 그들은 사람들에게서
최고의 사고력을 원하면서도, 거리낌 없이 아이디어를 내고 충분히 발
전시킬 수 있는 환경은 만들지 못한다.

디미니셔의 방식

디미니셔는 편안함과 압박감이 공존하는 환경을 만들지 못한다. 대신
공격적 태도로 자기 의견을 고집하고 다른 이들의 생각과 행동에는 무
관심해서 조직 구성원들을 애먹인다.

티머시 윌슨은 영화 촬영장의 소도구 책임자로 이 분야의 수상 경력
도 있다. 영화에 필요한 장면과 분위기를 만드는 것이 그와 팀원들의
역할이며, 그는 할리우드의 유명 대작들에도 참여한 경력이 있다. 티머
시는 창의성이 뛰어난 인재지만 큰 비용을 발생시킨다. 왜일까? 그와
'다시' 함께 일하고 싶어 하는 사람이 거의 없기 때문이다.

티머시의 스태프 한 명은 "또다시 그와 함께 일하느니 다른 업계에서
일을 찾겠다"라고 할 정도다. 티머시와 함께 일한다는 것은 곧 즐거움
은 포기하고 두려움과 스트레스에 시달려야 함을 의미한다. 그의 팀에
서 일한 사람들은 "둘째 날이 되면 벌써 출근하기가 싫어진다"라고 말

한다. 티머시가 영화 세트장에 등장하기만 하면 분위기가 달라진다. 사람들은 그의 독설을 맞을 각오를 해야 한다. 제레미라는 이름의 스태프는 자신이 2일간 꼬박 작업해 만든 소품 쪽으로 티머시가 다가가자 속으로 조마조마했다. 이번엔 또 어떤 모욕적인 말이 쏟아질까? 아니면 혹시라도 칭찬이 나오려나? 티머시는 소품을 찬찬히 살펴보더니 모두가 듣게 큰 소리로 그 특유의 비난을 뱉어냈다. "이따위는 B급 영화에나 갖다 쓰라고 그래!" 티머시가 언제, 무엇 때문에 폭발할지 아무도 예측할 수 없었다. 소품 카트가 제대로 정리돼 있지 않아도 불같이 화를 냈다. 하루는 극도로 날카로워져서 촬영감독과 언쟁을 벌이다가 그를 향해 무전기를 집어던졌다. 촬영장의 긴장감은 더욱 팽팽해졌고 다들 몸을 사리느라 바빴다.

어떤 리더는 최선을 다해 생각하고 행동할 수밖에 없는 치열한 분위기를 만든다. 그러나 티머시는 공간을 독차지하고 불안을 조성하고 사람들을 비판함으로써 긴장된 분위기를 만들었고, 이는 생각과 성과를 질식시키는 결과를 초래했다.

○ **공간을 독차지한다.** 폭군은 넓게 퍼져 모든 공간을 빈틈없이 메워버리는 가스와도 같다. 그들은 회의를 장악하고 모든 시간을 독차지한다. 다른 사람에게는 운신의 폭을 거의 주지 않으며, 지적 능력 발휘를 막아버린다. 자기 의견을 강하게 내세우고 고집하며 좌중을 통제하려고 애쓴다. 소비자 제품 기업의 최고 마케팅 책임자 가츠 야마모토는 사무실 안의 모든 공간을 독차지하는 폭군이다. 그는 직원들이 발표할 때 말허리를 잘라 끼어들기 일쑤고 자기 의견을 완강하게 고집한다. 또 아

랫사람들의 업무에 지나치게 간섭하거나, 아니면 아예 무관심하다. 사람들은 신입 직원이 들어오면 "여기서 살아남으려면 가츠 야마모토를 조심해"라고 경고한다. 한 직원은 이렇게 말했다. "나는 이곳에서 점점 퇴보하고 있는 것 같다. 내 능력의 50퍼센트밖에 발휘를 못 한다." 이 직원은 결국 사표를 냈고 지금은 다른 회사에서 승승장구하고 있다.

○ **불안감을 조성한다.** 폭군의 전형적인 특징은 신경질적이고 괴팍하며 행동을 예측하기 힘들다는 것이다. 그가 언제 뚜껑이 열릴지 짐작할 수 없다. 그러나 그가 나타나면 곧장 사무실 분위기가 바뀌는 것만은 확실하다. 폭군은 사람들이 '불안세anxiety tax'를 치르게 한다. 사람들이 그의 심기를 건드리지 않으려고 애쓰느라 정신적 에너지를 소모하는 것이다. 티머시가 있는 촬영장에서 낭비되는 생산성을 생각해보라. 스태프들은 'A급 영화' 소품을 준비하는 데 에너지를 쏟지 못하고 티머시가 무슨 말이나 행동을 할지, 아니면 뭘 집어던질지 전전긍긍하며 불안에 떨어야 했다.

○ **사람들을 비판한다.** 폭군은 힘을 움켜쥐고서 혼자 판사와 배심원, 형 집행자의 역할을 다 한다. 해방자는 빠른 학습 사이클을 만들지만, 폭군은 비판과 비난, 소극적 태도의 사이클을 만든다. 제나 힐리(《악마는 프라다를 입는다》의 편집장 미란다를 연상시키는 통신회사 임원) 앞에서 발표할 내용을 황급히 수정하던 직원들처럼, 사람들은 소극적으로 변해 리더에게 비판받지 않을 아이디어만 내놓는다. "모난 돌이 정 맞는다"라는 속담을 떠오르게 한다.

폭군 같은 리더 밑에서는 사고력과 능력이 억눌린다. 사람들은 몸을 사리면서 조심스럽게 일하고 리더가 괜찮다고 할 만한 안전한 아이디어만 내놓는다. 바로 그래서 디미니셔는 조직에 높은 비용을 발생시키는 것이다. 조직은 돈을 들여 인재를 채용하고도 그 가치를 50퍼센트밖에 얻지 못하니까 말이다.

디미니셔는 '압박과 스트레스가 성과를 높인다'고 믿으면서 사람들에게 최고의 능력을 요구하지만 실제로는 얻지 못한다. 그는 의견을 솔직하게 표현해도 괜찮은 분위기를 만들지 않는다. 불편한 분위기는 안전한 아이디어만 낳는다. 반면 멀티플라이어는 사람들이 똑똑하므로 해낼 수 있다고 믿는다. 타고난 능력을 끌어내는 리더 밑에서 사람들은 최선을 다해 생각한 결과물을 내놓는다. 리더의 분노를 피할 안전한 아이디어만 내는 것이 아니라 심리적 편안함이라는 토대 위에서 마음껏 과감한 의견을 낸다. 배움을 중시하는 분위기에서는 리스크를 감수하고, 실수해도 빠르게 극복할 수 있다.

해방자는 기본적으로 '최선의 노력은 강요로 되는 것이 아니라 자발적으로 이뤄져야 한다'라는 관점을 갖는다. 관리자가 일정 수준의 생산성이나 결과물을 강조할 수는 있겠지만, 직원들이 최선을 다하는 노력은 자발적으로 이뤄져야 한다. 이런 관점은 리더의 역할을 근본적으로 변화시킨다. 최선의 결과물을 독촉하는 대신, 최선을 다할 수 있고 또 그것이 반드시 필요한 분위기를 만들어야 한다. 그런 조직에서는 사람들이 기꺼이 최선의 노력을 기울이기 마련이다.

해방자가 돼라

디미니셔가 되는 것이 가장 편하고 쉽다는 사실을 잊지 말라. 앞서 소개한 마이클도 말했듯 "강압적인 리더가 되고 싶은 유혹은 떨쳐내기 쉽지 않은" 법이다. 해방자가 되려면 오랜 시간에 걸친 의지와 노력이 필요하다. 그 출발점 몇 가지를 소개하겠다.

해방자가 되기 위한 출발점

○ **포커 칩의 개수를 줄여라.** 사람들에게 기여할 기회를 더 주고 싶다면, 그리고 당신이 대화 테이블을 장악하려는 경향이 있다면, 포커 칩 활용을 고려해보기 바란다.

　매튜는 의견을 조리 있게 표현할 줄 아는 똑똑한 리더다. 하지만 여러 부서 멤버로 구성된 '복합 기능 팀'과 일할 때면 답답하기만 했다. 자기 혼자만 저만치 앞으로 달려 나가면서 팀원들을 제대로 끌고 가지 못하는 기분이었다. 또 사람들이 매튜의 말을 귀담아듣지 않았다. 그가 내놓은 아이디어가 훌륭해도 회의에서 지나치게 말이 많은 탓에 혼자 시간을 독점해서 사람들이 거부감을 느꼈다. 나는 그가 중요한 사내 리더십 포럼을 준비하는 과정을 옆에서 돕게 됐다. 그는 거기서 회사의 성장 전략에 대한 자신의 의견을 말할 시간을 고대하고 있었다. 나는 그에게 이런 과제를 내주었다.

　매튜에게 포커 칩 5개를 주면서 각각에 발언 시간이 할당된 것으로 생각하라고 했다. 하나는 120초, 세 개는 90초, 나머지 하나는 30초짜리였다. 그리고 회의에서 칩의 개수만큼, 즉 5번만 발언하라고 했다. 아무 때나 사용해도 되지만 횟수는 5번을 지켜야 했다. 매튜는 처음엔 당황했지만(머릿속에 있는 그 많은 생각을 겨우 5번 만에 전달하라니!) 곧 내 제안을 받아들였다. 회의가 시작되자 그는 신중하게 말을 아끼면서 생각을 거르고 정리해 핵심 요점만 말했으며, 회의 흐름을 잘 살펴 적당한 순간에 의견을 발표했다. 그는 포커 칩을 요령 있게 사용해 2가지 중요한 성과를 얻었다. 1) 먼저 다른 사람들에게 많은 기회를 주었다. 매튜 1인의 전략 발표 자리가 아니라 다양한 구성원들의 의견을 모아 함께 전략을 창출하는 토론이 됐다. 2) 리더로서 매튜의 신뢰도와 존재감이 높아졌다. 리더가 조금 물러나자 리더와 구성원 모두의 의견이 충분히 수렴될 수 있었다.

회의에 들어갈 때 당신만의 포커 칩을 활용하라. 5개여도 좋고 1~2개여도 좋다. 그것을 현명하게 이용해 다른 사람들에게 기여할 기회를 충분히 주어라.

○ **의견의 종류를 구분하라.** 조직에서는 구성원들이 윗사람 의견에 따라야 한다는 의식이 강하게 형성되곤 한다. 어느 임원은 대기업 사장으로 새로 부임했던 첫 1주일을 이렇게 회상했다. 그가 출근하자 각 부서에서 너도나도 찾아와 산적한 문제들에 대한 의견을 물었다. 이제 막 부임한 리더로서 도움을 주고 싶었던 그는 생각나는 대로 편하게 의견을 말했다. 그리고 몇 주 뒤에 깜짝 놀랐다. 자기가 했던 말들이 회사 방침으로 정해져 있었던 것이다. 게다가 그것들은 체계도 없이 혼란스럽게 얽혀 있었다. 혼란스러운 상황을 수습하면서 그는 즉흥적인 말과 공식적인 의견, 회사 방침 관련 결정 사항을 신중하게 구별해야 한다는 것을 깨달았다.

앞서 소개한 마이클 창처럼 '약한 의견'과 '강한 의견'을 구분하는 방법을 활용해보라.

- ▶ **약한 의견:** 사람들에게 당신의 관점이나 아이디어를 고려해보게 할 때
- ▶ **강한 의견:** 명확하고 단호한 의견을 제시할 때

'약한 의견'의 경우, 편안하게 이의를 제기하고 각자의 생각을 표현할 수 있는 여지를 사람들에게 주는 것이다. '강한 의견'은 꼭 필요한 순간에만 제시하라.

○ **실수를 공개하라.** 리더 자신의 실패담을 들려주는 것만큼 새로운 시도와 배움을 촉진하는 데 도움이 되는 일은 없다. 실수를 인정하는 리더의 모습은 실수해도 괜찮다는, 거기서 배우고 빨리 극복해 더 나은 능력을 발휘하면 된다는 생각을 심어준다.

훌륭한 부모는 자녀를 그렇게 교육한다. 아이들은 엄마, 아빠도 사람이고 자기들처럼 때로 실수한다는 것을 알게 되면 한층 자유롭게 무언가를 시도한다. 부모님이 실수를 통해 배우고 회복했다는 사실을 알면 큰 인상을 받는다. 사람들이 실패를 극복할 수 있게 돕는 리더는 값진 배움의 사이클을 만들어낸다.

실수를 알릴 때 다음과 같이 하라.

1. **직접 경험한 것을 말하기:** 어떤 실수를 했으며 거기서 무엇을 깨달았는지 들려줘라. 그때의 교훈을 현재 어떻게 활용하고 있는지 이야기해

쥐라. 컨설팅회사의 팀장이라면 과거에 진행한 프로젝트가 실패했던 일과 화난 고객에게 어떻게 대응했는지 팀원들에게 들려줄 수 있다. 그 일에서 뭘 배웠는지, 그때의 경험이 현재의 프로젝트 관리 방식에 어떻게 영향을 끼쳤는지 이야기하라.

2. **공개적으로 말하기:** 사무실 문을 닫아놓고 또는 단둘이 있을 때 들려주지 말고 공개적인 자리에서 이야기하라. 그래야 실수 당사자가 다른 오해의 소지를 없앨 수 있고 모두가 배울 수 있다. 이것을 운영 방침의 당연한 일부로 삼아라.

나는 기업 임원이었을 때 이런 방침을 극단적으로 밀고 나갔다. 나는 회의에 '이번 주의 멍청한 짓'이라는 순서를 마련했다. 나를 포함해 팀원들 중에 어이없거나 창피한 실수를 한 사람이 있으면 밝히는 시간이었다. 우리는 내용을 듣고 한바탕 웃어넘긴 뒤 다음 안건으로 넘어갔다. 이런 간단한 제스처는 팀원들에게 '실수는 발전을 위해 꼭 필요하다'라는 메시지를 전달한다.

○ **실패의 범위를 정하라.** 모험적 시도를 위한 범위를 규정하라. 실패해도 괜찮은 영역과 그렇지 않은 영역을 명확히 구분하는 것이다. 이런 구분선은 경영 전문가 짐 콜린스Jim Collins가 말한 배의 흘수선(배가 물 위에 떠 있을 때 배와 수면이 접하는 경계가 되는 선-옮긴이)과 같은 역할을 한다. 이 '흘수선' 위에서 사람들은 새로운 시도를 하고 리스크를 감수하고 얼마든지 회복한다. 그러나 흘수선 아래에서 일어나는 실수는 포탄과 같아서 치명적 손실을 야기하고 '배를 침몰시킬' 수 있다. 팀원들에게 명확한 '흘수선'을 제시하라. 그래야 자신감 있게 새롭고 과감한 시도를

하는 한편, 중요도가 높은 사안에서는 실수하지 않도록 정신을 바짝 차린다. 또 이런 구분선이 있으면 리더도 물러나서 지켜봐야 할 때와 뛰어들어 팀원들을 구조해야 할 때를 알 수 있다.

이와 같은 실천 사항들은 간단한 출발점에 해당한다. 그러나 오랫동안 꾸준히 실천하면 조직에 잠자는 역량을 해방시키는 강력한 힘을 지닌 리더가 될 수 있다.

자유로움을 통해 역량을 높이다

스트레스 속에서는 능력을 제대로 발휘할 수 없다. 스트레스가 심해지면 사람들은 결국 저항하게 되고, 종종 독재적인 리더를 끌어내리기도 한다. 사람들이 자유롭게 사고하며 최선을 다하는 조직을 만들려면 그저 폭군과 독재자를 없애는 것만으로는 부족하다. 해방자 리더가 많아져야 한다는 얘기다. 구성원에게 충분한 기회를 주면서도 최선을 다할 수밖에 없는 적당한 압박감을 조성하는 리더가 필요하다.

멀티플라이어는 서열 체계의 숨 막히는 위협과 독재적 리더의 지배에서 사람들을 해방시킨다. 무엇을 생각해야 하는지 지시하는 대신 어떻게 생각해야 하는지를 알려준다. 멀티플라이어는 지적 에너지를 남김없이 쏟아붓게 만들고 공동의 지혜를 끌어내는 도전 과제를 준다. 모든 구성원이 능력을 발휘하고 모두가 목소리를 낼 수 있는 환경을 조성한다. 멀티플라이어는 저항의 움직임이 아니라 생산적인 움직임을 만들어낸다.

폭군 vs. 해방자

- **폭군:** 능력 발휘를 억누르는 긴장된 분위기를 만든다. 사람들은 소극적으로 변해 리더가 좋아할 안전한 아이디어만 내고 조심스럽게 일한다.
- **해방자:** 최선을 다해 생각하고 행동할 수밖에 없는 치열한 분위기를 만든다. 사람들은 과감한 아이디어를 내고 최선을 다해 노력한다.

해방자의 3가지 특징

1. 충분한 기회를 제공한다.
    - 자신을 자제하고 다른 이들에게 기회를 준다.
    - 말하기보다 듣기에 집중한다.
    - 새로운 시도를 장려한다.
    - 공평한 경기장을 만든다.
2. 최선의 노력을 요구한다.
    - '최선을 다한다'는 기준을 양보하지 않는다.
    - 최선의 노력과 결과를 구분한다.
3. 빠른 학습 사이클을 만든다.
    - 실수를 인정하고 공개한다.
    - 실수에서 배우라고 강조한다.

해방자가 되기 위한 실천 사항

1. 포커 칩의 개수를 줄여라.

2. 의견의 종류를 구분하라.

3. 실수를 공개하라.

4. 실패의 범위를 정하라.

두 리더의 차이점

	폭군	해방자
접근법	능력 발휘를 억누르는 긴장된 분위기	최선을 다할 수밖에 없는 치열한 분위기
결과	사람들이 겉으로는 일하는 듯이 보이지만 실제로는 위축돼 있다.	사람들이 최선을 다하고 실제로 적극적으로 능력을 쏟아낸다.
	리더가 동의할 만한 안전한 아이디어만 낸다.	최고의 아이디어와 과감한 아이디어를 낸다.
	조심스럽게 일하며 리스크를 회피하고 실수하면 변명을 한다.	에너지를 남김없이 쏟고 리스크를 감수하며 실수에서 배워 빨리 회복한다.

뜻밖의 발견

1. 가장 편하고 쉬운 길은 폭군이 되는 것이다. 많은 조직에서 힘이 상부로 쏠려 있기 때문에 리더는 더 많은 힘을 갖고 폭군처럼 행동할 수 있다.

2. 해방자는 이중성의 관점을 견지한다. 즉 사람들이 자유롭게 움직이도록 풀어놓되, 최선을 다할 의무를 부여한다.

3. 멀티플라이어는 열정적이다. '긴장된' 분위기와 '치열한' 분위기의 차이를 아는 리더는 조직 구성원들에게서 훨씬 더 많은 역량을 끌어낼 수 있다.

/ 4장 /

변화와 도전을 즐긴다

노벨상을 받는 사람과 그렇지 못한 사람들의 가장 중요한 차이는
IQ나 근면함이 아니라 큰 질문을 던지느냐의 여부다.
피터 드러커Peter Drucker

맷 매컬리Matt McCauley는 미국 샌프란시스코에 있는 7억 9,000만 달러 규모의 아동복회사 짐보리Gymboree에서 기획과 재고관리 부서를 거친 뒤, 서른셋의 나이에 이 기업을 이끄는 수장이 됐다. 이로써 맷은 짐보리 30년 역사상 최연소 CEO가 됐을 뿐 아니라, 월스트리트의 러셀 2000 지수 종목에 속하는 기업들의 CEO 중 최연소 리더가 됐다.

맷은 항상 직원의 의견에 귀를 기울이는 젊은 리더였다. 그는 "직원들에게 내 생각을 들려주고 그들의 의견을 묻는 일이 즐겁다. 맡은 업무에 상관없이 우리 회사 직원은 누구나 재능 있고 똑똑하다."라고 말했다. 맷은 대학 시절 장대높이뛰기 선수였다. 당시 그는 먼저 자신이

충분히 넘을 수 있는 5.3미터에 바를 걸고, 두 번째에는 반드시 6미터 (당시 세계기록에 근접한 높이)에 도전했다. 인간으로서 가능한 높이를 스스로 상기하기 위해서였다. 맷은 일터에서도 이런 접근법을 취했다.

○ **바bar를 높이다.** 맷이 CEO 자리에 올랐을 무렵 짐보리에는 최근 매출이 회복된 제품 라인도 있었지만 엉성하게 운영되는 사업 영역들도 있었다. 그는 전체 매출뿐만 아니라 당시 0.69달러였던 주당순이익도 크게 높일 수 있는 기회라고 보았다. 운영과 재고 최적화에 관한 풍부한 경험과 지식을 이용해 상황을 분석한 그는 성장 기회를 감지하고, 주당순이익 1달러 달성이 충분히 가능하다고 이사회에 밝혔다. 이사회 멤버들은 코웃음을 쳤지만 맷의 확신에는 흔들림이 없었다.

이후 맷은 임원 회의에서 자신이 매출과 주당순이익 모두를 높일 수 있다고 보는 근거를 설명했다. 최근 5년간의 매출과 비용 최적화에 관한 분석 결과를 보여주고 나서, 주당순이익 1달러라는 '미션 임파서블'을 제시했다. 그러고는 임원 각자에게 "당신의 미션 임파서블은 무엇인가?"라고 물었다. 임원들은 높은 목표를 바라보는 리더의 열정에 동화됐고, 아래 직원들에게도 똑같은 질문을 던지기 시작했다. 곧 짐보리의 9,500명 직원들 대부분이 각자의 미션 임파서블을 정했다. 얼핏 터무니없어 보이는 목표를 가능하다고 믿고 움직이기 시작한 것이다. 각자의 미션 임파서블을 생각해보라는 요구가 그것을 현실화하는 추진력에 불을 댕겼다.

○ **바를 넘다.** 1년 뒤 맷은 이사회와 월스트리트, 짐보리 전 직원에게 주

당순이익 1달러라는 미션 임파서블을 뛰어넘어 1.19달러를 달성했다고 발표했다. 전년 대비 72퍼센트나 높아진 수치였다.

이에 더욱 자신감이 생긴 맷은 바를 더 높였다. 주당 2달러를 달성할 수 있다고 이사회에 말한 것이다. 이사회는 터무니없는 목표라고 생각했다. 그러나 맷은 경영진과 직원들에게 지지와 협력을 구했다. 주당 2달러라는 새로운 목표를 알리고, 이번에도 그 목표 달성을 위해 각자가 해내야 할 미션 임파서블을 생각해보라고 했다. 2007년도에 짐보리는 주당순이익이 80퍼센트 높아져 2.15달러를 달성했다.

맷은 이제 3달러를 목표로 잡았다. 1년 뒤 짐보리는 주당순이익 2.67달러를 발표했고, 2년 뒤에는 3.21달러를 발표했다. 주당순이익이 4년 만에 거의 5배가 된 놀라운 결과였다.

O **미션 임파서블** 맷은 자신의 풍부한 경험을 토대로 기회를 발견하고 전례 없는 성과를 달성할 방법을 찾았다. 그는 구성원들에게 그 기회를 분명히 설명하고 도전 과제를 제시했다. 그리고 불가능해 보이는 목표에 함께 도전하자고, 그것을 달성할 방법을 연구하자고 독려했다. 그는 목표를 높이 잡음으로써 사람들이 각자의 역할을 재고해보도록 이끌었다. 각자의 미션 임파서블을 정하고 도전 과제에 뛰어들게 했다. 그리고 분명히 쉽지 않은 목표라는 것을 리더 스스로 인정함으로써, 실패하면 어쩌나 하는 두려움 없이 과감하게 시도할 수 있도록 했다.

맷은 사람들이 스스로 갖고 있다고 생각하는 것보다 더 많은 능력을 끌어냈다. 충분히 가능한 목표라고 설득했기 때문이 아니라, 불가능해 보이는 것을 시도하게 독려했기 때문에 가능한 결과였다. 불확실하고 익숙지 않은 영역에서는 자신이 가진 상상력과 능력을 최대한 뽑아내게 되기 마련이다.

이번에는 다른 리더의 사례를 살펴보자.

모든 것을 아는 전문가

리처드 파머는 1990년대 중반 영국에서 비즈니스 프로세스 리엔지니어링을 위한 시스템과 도구를 개발하는 SMT 시스템스$^{SMT Systems}$를 창립했다. 리처드의 아이디어에서 탄생한 이 회사의 지적 토대는 비즈니스 프로세스 분석과 전문가 시스템에 대한 그의 전문 지식이었다. 프로세스 리엔지니어링은 그가 젊은 시절 체스 선수로 활약하면서 키운 탁월한 전략 감각에 딱 들어맞는 일이었다.

리처드는 어린 나이에 잉글랜드의 체스 챔피언이 되어 '마스터' 타이틀을 얻었다. 회사 내에서 다들 아는 사실이었고, 사람들은 리처드 얘기가 나오면 그 얘기를 꼭 언급했다. 체스 챔피언에다 옥스퍼드대학교 출신인 리처드는 사내에서 가장 똑똑한 천재였다. 그는 사람들에게 자기 의견을 들려주는 것이 아니라 강압적으로 납득시켰다. 리처드 자신은 영감을 주며 직원들을 자극하고 있다고 생각했을지 몰라도, 사실상 그들을 압박하고 기를 꺾어 복종시키는 것에 가까웠다. 그가 다른 사람에게 CEO 직함을 넘기고 이사회 의장으로 남았을 때도 여전히 예산과 가격 책정, 제품 개발, 보상, 전략 등 모든 영역을 쥐락펴락한다는 사실을 모르는 직원은 아무도 없었다.

○ **장기판의 졸卒들** 리처드가 사무실에 들어오면 순식간에 분위기가 싹 바뀐다. 마치 학교 조회 시간에 교장 선생님이 등장할 때처럼 말이다. 직원들은 잔뜩 긴장해 위축된다. 수학 선생님이 갑자기 구두시험을 본다고 발표할 때 학생들이 '제발 내 이름이 불리지 않게 해주세요!' 하고 기도하며 움츠리는 것을 상상해보라. 딱 그런 모습이다. 모두가 자기한테 이목이 쏠릴까 봐 두려워하지만, 사실 시선이 집중되는 사람은 어떻게든 사무실 안에서 가장 똑똑한 전문가로 보이고 싶어 하는 리처드 자신이다.

어느 날 경영진 회의에서 리처드는 기업 지배 구조 관련 특정 법규에 대한 전문적인 질문을 갑작스레 던져 법률 고문을 곤혹스럽게 만들었다. 그는 법률 고문이 해당 법규의 미묘한 측면을 제대로 이해하지 못하고 있는 것 같아 탐탁지 않았던 터였고, 이참에 질문 공세를 퍼부었다. 법률 고문은 하나씩 답변을 해나갔지만, 리처드는 더 구체적인 질문을 던지며 세세한 부분까지 파고들었다. 법률 고문은 당황했음에도 자신이 아는 한도 내에서 최대한 답변을 내놓았다. 리처드는 거기서 만족하지 못했다. 그는 퇴근 후 서점에 들러 최신 기업 지배 구조 법규에 관한 600쪽짜리 입문서를 구입했다. 그리고 회의에서 자신이 던진 질문들에 대한 답만 찾은 것이 아니라 밤을 꼬박 새워 그 책을 다 읽었다. 이튿날 그는 급히 경영진 회의를 소집했다. 회의 주제는 물론 그 법규에 관한 것이었다. 그는 책에서 알게 된 내용을 늘어놓으면서, 모든 사람 앞에서 법률 고문이 잘못 알고 있었던 사항을 조목조목 짚어가며 설명했다.

○ **고약한 대장** 리처드는 상대의 흠을 잡는 일에 선수다. 그는 자신이 답을 아는 질문만 한다. 상대가 얼마나 아는지 떠보기 위해, 사람들이 그의 견해를 제대로 이해하고 있는지 확인하기 위해 질문을 던진다. 한 임원은 "그가 답을 모르는 질문을 하는 걸 본 적이 한 번도 없다"라고 말했다.

또한 리처드는 교묘하게 시간을 버는 데도 선수다. 필요한 정보를 자신이 모를 때 활용하는 수법이다. 그는 전화회의나 화상회의에서 사소하고 지엽적인 질문을 던져 회의를 지연시키곤 한다. 그사이 긴요한 정보를 인터넷 검색으로 알아내 대화 주도권을 확보하려는 것이다. 한번은 브리티시텔레콤^{British Telecom}과의 계약을 위한 제안서를 준비 중인 고객 관리 팀과 회의를 하고 있었다. 계약서 초안은 검토 단계에 있었다. 리처드는 계약서 내용을 어떻게 확정해야 할지 판단이 서지 않자 도중에 불쑥 이렇게 물었다. "브리티시텔레콤의 현장 운영 매뉴얼을 읽어본 사람이 있는가?" 그것은 500쪽에 달하는 자료로 고객 관리 및 세일즈 담당자들이 읽을 필요가 없는 문서였다. 팀원들은 쓸데없는 질문이라고 생각하면서도 읽어보지 않았다고 소심하게 대답했다. 그러자 리처드가 다그쳤다. "현장 운영 매뉴얼도 안 읽고 대체 어떻게 브리티시텔레콤과의 계약을 성사시킬 수 있단 말인가?" 팀원들과 리처드가 해당 매뉴얼을 읽느라 이 계약 프로세스는 완전히 중단됐다. 한 팀원은 말했다. "그는 '계약서 항목들을 제대로 이해하는 데 도움이 되도록 매뉴얼을 살펴보는 게 어떻겠나?'라고 말하는 리더가 아니었다. 그것을 안 읽었다고 모두를 바보 취급하는 리더였다."

○**뒤처질 수밖에 없는 조직** 이렇다 보니 진짜 유능한 인재들은 이 조직에서 오래 버티지 못한다. 리처드는 자신이 원하는 능력에 못 미친다고 여겨지는 직원에게 퇴사를 권유한다. 어떤 직원은 마음은 떠나고 몸만 남아서 의미 있는 기여를 할 수 있다는 기대를 접은 채 일한다. 똑똑한 직원들이 스스로 떠나는 것은 이곳에서 시간과 재능을 낭비한다고 느끼기 때문이다. 또 이 조직에서 창립자 리더를 뛰어넘어 성장할 수 없다는 것을 알기 때문이다. 리처드의 지휘 아래서 매출이 높아지긴 했지만, 대부분의 직원들은 이 회사의 성장이 본질적으로 제한될 수밖에 없다고 생각한다. 그들은 "우리는 절대 훌륭한 기업이 될 수 없다"라고 말한다.

맷은 도전 장려자이고, 리처드는 전지전능자다. 두 유형에 대해 자세히 살펴보자.

전지전능자 vs. 도전 장려자

위에 소개한 두 리더는 전지전능자와 도전 장려자가 조직의 방향을 정하고 기회를 추구하는 방식의 본질적인 차이를 잘 보여준다.

디미니셔는 전지전능자가 되어 움직이면서, 자신이 가장 많이 아는 사람이 되어 구성원들에게 지시를 내려야 한다고 생각한다. 조직은 전지전능자 위주로 돌아간다. 사람들은 상사가 무슨 생각을 하는지 짐작하려고, 그리고 거기에 맞춰 일하고 있는 것처럼 보이려고 애쓴다. 결국 디미니셔는 사람들의 성취 능력을 제한하게 된다. 그는 자신의 지식에만 과도하게 집중하기 때문에 그 테두리를 넘어 구성원들이 발전하기 힘들다.

멀티플라이어는 근본적으로 접근법이 다르다. 그는 답을 알고 지시하는 역할이 아니라 도전을 장려하는 역할을 한다. 조직이 성장할 기회를 찾아내고 사람들이 그 기회를 붙잡도록 이끌고 도전하게 한다. 멀티플라이어는 자신이 아는 것에 연연하지 않는다. 자신의 지식을 팀원들이 뛰어넘을 수 있게 독려한다. 결과적으로 도전의 기회를 제대로 이해하고 거기에 뛰어들 집중력과 에너지를 가진 조직이 된다.

멀티플라이어의 사고방식

두 리더는 기본적으로 어떤 관점을 갖고 있을까? 사람들을 도전하게 이끌어 최고의 능력을 발휘시킨 맷의 마음속에는 어떤 관점이 깔려 있을까? 어째서 리처드 밑에 있는 사람들은 능력이 정체됐을까? 둘 다 조직에 대한 분명한 비전을 갖고 있으며 일에 대한 열정도 남다른 똑똑한 리더다. 하지만 조직을 이끄는 방식을 보면 기본 관점이 매우 다름을 알 수 있다.

리처드의 마음속에는 '내가 모든 답을 알아야 한다'라는 가정이 강하게 깔려 있다. 그것이 리더의 가장 중요한 역할이라고 여긴다. 그리고 답을 모르면 어떻게든 찾거나, 아니면 아는 척이라도 해야 한다. 답을 모를 때 그가 어떻게 했는지 생각해보라. 답을 찾아낼 때까지 일을 지연시켜 시간을 끌고, 관련 서적을 사서 읽고, 구글을 검색했다. 그는 모든 걸 아는 전문가가 돼야 한다고 생각했다. 이런 사고방식은 오랜 시간을 거치며 견고해졌을 것이다.

리더가 답을 제공해주는 것을 자기 역할로 여기고 직원들도 체념하고 이런 방식을 받아들이면, 조직은 자연스럽게 다음과 같은 퇴보 프로세스에 들어간다. 첫째, 리더가 모든 답을 준다. 둘째, 직원들은 거기에 익숙해져 리더의 지시만 기다린다. 셋째, 직원들은 리더가 알려준 답에 따라 일을 처리한다. 그러면 리더는 '직원들은 내가 없으면 절대 해내지 못했을 거야'라고 생각한다. 또 그런 믿음을 뒷받침하는 증거만 눈에 들어온다. 리더는 '내가 지시를 내리는 것이 당연히 옳군'이라고 생각하게 된다.

짐보리의 맷이 보여준 리더십은 사뭇 다르다. 그는 자신의 능력과 에너지를 2가지에 쏟는다. 첫째, 대담한 질문을 던진다. 둘째, 도전 과제를 한 단계씩 높여가며 제시한다. 직원들은 조금씩 더 높은 목표를 성취해감에 따라 지적 근육과 자신감이 커진다. 맷은 '사람들은 도전에 부딪히면 더 똑똑하고 강인해진다'라는 관점을 갖고 있다. 힘든 과제와 씨름하면서 통찰력과 신념이 더욱 강해진다. 그러면 곧 불가능했던 것이 가능해 보이기 시작한다.

자신이 질문도 던지고 답도 항상 알아야 한다고 생각하는 리더는 답을 아는 질문만 한다. 반면 자신이 모든 답을 알 필요가 없다고 생각하는 리더는 더 크고 과감한 질문, 사람들의 호기심을 자극하는 질문을 던진다. 또 자신의 지식이 부족한 영역에서도 기회를 추구할 수 있다.

이제 또 다른 도전 장려자를 살펴보자.

도전 장려자

1995년 오라클은 샌프란시스코반도에 위치한 레드우드쇼어스라는 부유한 동네에 본사를 두고 운영 중이었다. 당시 오라클은 인터넷용 제품 라인의 재정비에 들어갔지만 아직 명쾌한 사업 전략을 세우지 못하고 있었다. 전략 수립이라는 시급한 과제를 해결해야 할 사람은 레이 레인이었다. 레이는 2년 전 오라클에 합류해 미국 사업의 매출을 5억 7,100만 달러에서 12억 달러로 높인 리더였다.

O 혁명의 시작 레이는 세계 각지의 오라클 고위 임원 250명을 불러 모아 일련의 포럼을 열기로 했다. 기업 전략에 관한 교육을 실시해 그 방향에 맞춰 조직을 이끌도록 재정비하려는 생각이었다. 레이와 CEO 래리 엘리슨Larry Ellison, CFO 제프 헨리Jeff Henley를 비롯한 최고 경영진은 전략 프레젠테이션을 준비한 뒤 첫 번째 포럼에 임원 30명을 참석시켰다. 최고 경영진은 프레젠테이션을 하고 토론 시간도 가졌지만 날짜가 흐를수록 임원들은 더 혼란스러워했다. 한 참석자의 말은 전체 임원의 생각을 대변하고 있었다. "파워포인트 슬라이드만 잔뜩 봤을 뿐 전략이 정확히 뭔지 잘 모르겠다."

레이와 경영진은 처음부터 다시 시작한다는 기분으로 프레젠테이션을 대폭 정비했다. 그리고 다른 임원 30명을 불렀다. 이번에는 다른 피드백이 돌아왔다. 반발과 저항이 엄청났던 것이다. 한 임원은 용감하게도 "전략이 분명하게 세워지기 전까지는 우리를 불러 모으지 마시오!"라고까지 했다. 그들은 경영진이 납득시키려고 하는 내용을 전혀 받아들이지 못하고 있었다.

○**독립 기념일** 경영진은 가능한 한 가장 빠른 날짜에 레이의 집에 모였다. 마침 독립 기념일이었다. 그들은 글로벌 비즈니스가 생각보다 훨씬 더 복잡하고 다양해졌다는 것을, 단순히 오라클이라는 기업만의 관점에서 전략을 짜서는 안 된다는 것을 깨달았다. 그래서 근본적으로 다른 접근법을 취하기로 했다. 지금껏 레이와 경영진은 사람들에게 답을 말해주려고 애쓰고 있었다. 그러나 이제 그들이 고려하는 가장 중요한 질문과 트렌드, 가정을 임원들과 공유하는 방식으로 방향을 틀었다.

경영진은 임원들을 소집해 기업 세계에서 일어나고 있는 일과 세계가 나아가고 있는 방향에 대한 자신들의 의견을 들려주었다. 레이는 이런 트렌드 속에서 오라클이 발견할 수 있는 기회가 무엇인지 생각해보도록 임원들을 자극했고, 전략의 기본 틀이 될 4가지 핵심 변화를 제시했다. 이처럼 대략적인 밑그림만 그려준 상태에서, 답을 알려주는 대신 이런 질문을 던졌다. "이 4가지 변화가 꼭 필요하다고 생각합니까?" "미래 전망에 관한 우리의 생각에 혹시 잘못된 점이 있습니까?"

레이는 임원들 스스로 답을 찾게 했다. 그들은 2일 동안 각각의 변화를 검토하고 중간 목표들을 정하고 그것이 사업에서 갖는 의미를 분석한 뒤, 그렇게 논의한 내용을 다음 임원 그룹에 전달했다. 그러면 다음 그룹이 내용을 더 깊게 파고들며 토론한 뒤 결과물을 또 다음 그룹에 전달했다. 임원들은 이런 협업 과정에 기꺼이 임했으며, 포럼을 떠날 때는 의미 있는 프로세스에 동참하고 있다는 뿌듯함을 느꼈다. 이 과정은 오라클의 모든 고위 임원이 포럼에 참여할 때까지 계속됐다. 매번

각 그룹은 앞의 그룹에게서 전달받은 토론 결과물을 냉정한 시각으로 검토했다. 다들 진지한 자세로 상하좌우 여러 관점에서 전략을 검토하면서 미처 생각하지 못한 맹점이나 오류, 취약점을 찾아냈다. 그들은 집단 지성을 통해 시간이 흐를수록 결과물이 개선되는 것을 목격했다. 그리고 추진력도 계속 강해졌다.

○ **전략 발표** 레이와 경영진은 이 같은 과정이 마무리된 뒤 전체 임원을 소집했다. 그리고 오라클의 전략 목표와 앞으로 추구할 변화들을 발표했다. 이에 임원들은 열정적이고 긍정적인 반응을 보였다. 새롭게 정해진 오라클의 전략에 모두가 공감을 느꼈다. 누가 정해준 것이 아니라 그들이 함께 만든 것이고 모두의 기여가 녹아들어간 전략이었으니까 말이다.

사업 지역별 토론이 진행되는 풍경도 여느 때와 달랐다. EMEA(유럽, 중동, 아프리카) 토론실에서는 "왜 이것은 EMEA에서 효과가 없는가?" 같은 문제를 침울하게 논의하는 대신에 "첫 번째로 해야 할 일은 무엇인가?" "독일에서 이 전략을 실행하려면 무엇부터 해야 하는가?" 같은 질문들이 활기차게 오고 갔다. 일본 사업 토론실은 특히 그랬다. 임원들은 해당 전략을 일본에서 추진하는 과정에 대해 이야기를 나눈 뒤 마치 전투를 앞둔 병사들처럼 조용하면서도 열정적으로 체계적인 계획을 짰다.

오라클의 전체 임원 회의와 지역별 회의는 조직의 집단 지성이 지닌 힘을 보여주는 장이었다. 이후 4년 동안 오라클은 레이 레인과 래리 엘리슨의 리더십 아래서 기업 소프트웨어 시장의 리더로 올라섰으며, 매출은 42억 달러에서 101억 달러로 2배 이상 뛰었다.

처음에 레이 레인은 전략을 세운 뒤 그것을 구성원들에게 납득시키려고 시도했다. 그러나 구성원들 스스로 기회를 찾을 수 있는 분위기를 조성하고 만만치 않은 과제를 던져주면서 더 효과적인 리더로 거듭났다. 그는 방향을 정해주는 대신에 사람들 스스로 방향을 정하도록 이끌었다.

도전 장려자의 3가지 특징

도전 장려자가 구성원들의 지적 능력을 남김없이 끌어내는 비결은 무엇일까? 그들의 공통된 특징은 다음과 같다. 1) 기회의 단서를 제공한다. 2) 도전 과제를 보여준다. 3) 믿음을 심어준다.

1. 기회의 단서를 제공한다

멀티플라이어는 도전이 성장의 밑거름이라는 것을 안다. 능력을 시험받는 상황을 거치면서 지적 능력이 한층 도약한다는 사실을 잘 안다. 따라서 자신이 방향에 대한 명확한 비전을 갖고 있어도 그냥 사람들에게 알려주지 않는다. 멀티플라이어는 답을 주지 않고 대신 발견의 과정을 거치게 한다. 즉 적당량의 정보만 제공해 생각을 자극하고 사람들 스스로 기회를 발견하게 이끈다.

멀티플라이어가 기회의 단서를 제공하고 발견의 과정을 촉발하는 방식을 살펴보자.

필요성을 보여준다

기회의 단서를 제공하는 가장 좋은 방법은 사람들로 하여금 스스로 기회를 목격하게 하는 것이다. 무언가의 필요성을 직접 목격하면 문제를 더 깊이 이해하게 된다. 그리고 리더는 한 걸음 비켜서서 사람들 스스로 문제를 해결하게 놔두는 것이 좋다.

유타대학교의 베니언센터Bennion Center는 학생들의 지역사회 봉사 활동을 장려하기 위해 만들어졌다. 14년째 센터 소장으로 재직 중이던 아이린 피셔Irene Fisher는 학생들이 지역사회의 가장 어려운 문제들을 돕는 봉사 활동에 적극 참여해주길 바랐다.

아이린은 학생들을 모아놓고 연설을 하거나 빈곤층 지원에 대한 자신의 비전을 납득시키려고 애쓰는 대신 다른 접근법을 택했다. 그녀는 학생들에게 팀을 구성해 지역사회와 함께 일해보라고 권유했다. 학생들을 도심 빈민 지역으로 데리고 가서 문제를 직접 눈으로 보게 했다. 그들은 거리를 걸으며 노숙자들의 고통을 목격했다. 또 미혼모 보호소를 방문해 미혼모들과 이야기를 나눴다. 학생들은 도움이 절실한 현실을 목격하고 나자, 그들을 돕고 변화를 만들어낼 방법을 적극적으로 궁리했고 그 과정에서 빠르게 배워나갔다. 봉사 활동이 활발해질수록 팀의 리더 학생들의 역할과 책임감도 막중해졌다. 아이린은 말했다. "대학생들은 매우 똑똑하다. 무언가를 발견하면 질문을 하기 시작한다. 우리 학생들은 수많은 질문을 생각해보고 나서 봉사에 참여했다." 아이린은 기회가 있는 곳으로 이끌고 나서 학생들 스스로 도전에 부딪히게 했다. 그녀는 이렇게 덧붙였다. "나 자신은 도전을 즐기지 않는 것 같다. 나는 사람들에게 도전을 발견하고 거기에 뛰어들 기회를 만들어주는 역할을 한다."

베니언센터는 지금도 활발하게 운영되고 있다. 이 센터는 해야 할 일을 가르쳐주면 결코 사람들의 최대 능력을 얻어낼 수 없다고 믿는다. 스스로 기회를 발견하고 도전하게 이끌어야 최선의 노력을 끌어낼 수 있다.

기본 가정에 의문을 제기한다

멀티플라이어는 기본적인 가정을 의심하고 모두가 당연하다고 믿는 관점을 뒤흔드는 질문을 던진다. 경영전략 분야의 세계적인 석학 C. K. 프라할라드는 조직의 기본 가정에 의문을 제기하는 접근법으로 유명했다. 그는 전략 수립이란 결국 근본 가정을 이해하고 거기에 질문을 던지는 과정이라고 믿었다. 그는 유수 기업들의 경영진과 일할 때면 그들이 갖고 있는 기본 관점을 뒤흔드는 불편한 질문을 던지곤 했다. 시장의 기회와 위협을 완전히 다른 각도에서 바라보게 만들기 위해서였다.

프라할라드가 다국적 전자 제품 생산 기업 필립스Philips와 일할 때였다. 그는 조직에 퍼져 있는 핵심 가정과 긴장 요소가 무엇인지 알아보기 위해 경영진 모두와 세심한 면담을 했다. 얘기를 나눠보니, 다들 필립스가 아무도 꺾을 수 없는 무적의 기업이라고 생각하고 있었다. 얼마 뒤 프라할라드는 회사 외부에서 열린 임원급 전략 워크숍에서 자신이 써 온 가짜 신문 기사를 보여주었다. 필립스의 파산을 예측하는 〈뉴욕 타임스〉 기사였다. 그리고 나서 임원들을 향해 질문을 던졌다. "현재의 시장 지형에 어떤 변화가 일어나면 필립스의 매출이 치명적 타격을 입을까요?" "만일 A기업과 B기업이 합병되면 어떨까요?" "어떤 시장 변화가 필립스의 파산을 초래할 수 있을까요?" "만일 그런 일이 발생할 경우 여러분의 전략은 무엇입니까?" 우울한 침묵이 사무실 안을 채웠다. 프라할라드는 그들의 사업 전략을 지탱하는 기본 가정을 송두리째 흔든 것이었다. 임원들은 그의 질문에 큰 흥미를 느꼈고 그의 지도하에 토론을 진행하며 답을 찾기 시작했다.

문제를 보는 관점을 재구성한다

멀티플라이어는 기회의 힘을 안다. 컨설턴트 겸 저술가 피터 블록[Peter Block]이 말했듯이 "문제가 아니라 기회에 반응할 때 최고의 성과가 나오는" 법이다. 멀티플라이어는 문제를 분석한 뒤 그것을 보는 관점을 재구성해 기회를 발견한다.

앨런 래플리는 프록터앤드갬블[P&G] CEO 재직 당시 회사에 다시 활력을 불어넣기 위한 노력의 일환으로, 신제품 개발을 통한 매출 증대라는 문제를 바라보는 관점을 재구성했다.

래리 휴스턴[Larry Huston]과 나빌 사캅[Nabil Sakkab]이 〈하버드 비즈니스 리뷰 Harvard Business Review〉에 실은 글 '연결&개발[Connect and Develop]'에서 설명했듯이, 기존의 '연구&개발[R&D]', 즉 '자체 개발' 모델은 이제 P&G가 높은 수준의 성장을 지속할 수 있는 길이 아니었다. 매출 규모 250억 달러 수준에서는 기존 방식이 통했지만 500억 달러가 넘어가면서는 그렇지 않았다. P&G는 시가총액이 절반으로 줄었고 주가도 주당 118달러에서 52달러로 추락했다.

래플리는 구태의연한 모델을 반복하는 함정에 빠지지 않고 대신 혁신 방법을 외부에서 찾는다는 새로운 전략을 세웠다. 외부의 아이디어를 '배격하는' 태도를 버리고 '기꺼이 환영하는' 관점을 취한 것이다. 래플리는 사내 R&D를 통해 혁신을 이뤄야 한다는 생각을 버렸다. 그리고 보다 빠른 혁신을 위해 공급망에 속한 관계자들과 협력할 방법을 모색했다.

대표적인 사례가 프링글스 프린트$^{Pringles\ Prints}$의 출시 과정이다. 감자칩에 재미있는 그림과 글자가 적힌 프링글스를 만들자는 아이디어가 나왔을 때, P&G는 백지 상태에서 연구를 시작해 기술을 개발할지, 아니면 파트너 네트워크를 통해 방법을 찾을지 결정해야 했다. 과거 경험에 비춰 보면 신제품을 개발해 시장에 내놓기까지는 통상 2년의 시간이 필요했다. 그러나 래플리는 새로운 관점으로 다른 길을 찾았다.

P&G는 해결하고자 하는 문제를 정의한 기술 요약서를 작성해, 개인 및 조직으로 이뤄진 그들의 글로벌 네트워크에 배포했다. 세계 어딘가에 해당 기술을 이미 보유한 누군가가 있는지 파악하기 위해서였다. 그리고 이탈리아 볼로냐에서 작은 제과점을 운영하며 제빵 도구도 제작해서 쓰는 한 대학교수가 그 기술을 이용하고 있다는 정보가 유럽 네트워크를 통해 들어왔다.[1] P&G는 해당 교수에게서 기술을 확보해 내부 R&D로 해법을 찾을 때보다 제품 출시 기간을 절반으로 줄였고 비용도 크게 낮출 수 있었다. 이렇게 출시된 프링글스 프린트는 대박을 터뜨렸고, P&G의 프링글스 부문은 이후 2년간 두 자릿수 성장을 기록했다.

출발점을 제공한다

멀티플라이어는 최종 답을 알려주지 않고 출발점을 제공한다. 답을 말해주기보다 질문을 던진다. 그리고 질문은 사람들을 자극해 기회를 발견하고 정의하게 이끈다. 이 과정에서 그들은 단단한 기초 위에 무언가를 세우고 있다는 확신을 갖는다.

오라클의 레이 레인과 경영진이 전략의 뼈대만 세워놓은 뒤 임원들이 체계적으로 협력해 전체 전략을 완성하도록 이끈 것을 떠올려보라.

도전 장려자가 단서를 제공해 기회가 있는 곳으로 제대로 이끌어주기만 하면 사람들은 스스로 기회를 찾을 수 있다. 그리고 기회라는 나무의 씨앗이 심어졌을 뿐 아직 완전히 자란 것은 아니기 때문에 사람들은 발견의 과정을 거치게 된다. 이러한 탐구와 발견 과정은 지적 호기심에 불을 댕겨 도전 에너지를 만들어낸다. 아직 명확한 답이 보이지 않으므로 사람들은 '내가 할 수 있는 무언가가 아직 남아 있다'고 생각하며 적극적으로 뛰어들어 움직인다.

2. 도전 과제를 보여준다

멀티플라이어는 기회의 씨앗을 뿌리고 지적 에너지에 불을 붙인 뒤에는 커다란 노력을 요하는 도전 과제를 제시한다. 디미니셔는 자신의 지식과 사람들의 지식 사이에 격차를 벌리려고 애쓰지만, 멀티플라이어는 어려운 질문을 던져 사람들이 현재 아는 것과 앞으로 알아야 할 것 사이에 공백을 만들고 그들을 도전으로 이끈다. 멀티플라이어가 제시하는 도전은 건설적인 긴장감을 만들어낸다. 사람들은 자신이 쏟아야 할 노력의 크기와 긴장감 앞에서 호기심을, 때로는 얼떨떨한 기분을 느낀다.

멀티플라이어는 조직을 혼란스럽게 하지 않고도 어떻게 이런 수준의 노력을 얻어낼까? 어떻게 불안이 아니라 호기심을 유발할까? 우리는 연구에서 멀티플라이어가 3가지 방식으로 이를 이뤄내는 것을 발견했다. 먼저 그들은 명확하고 구체적인 도전을 제시한다. 그리고 그것을 해내기 위해 답해야만 하는 어려운 질문을 던지며, 답을 알려주지 않고 사람들 스스로 답을 찾게 한다.

구체적인 도전 과제를 제시한다

션 멘디Sean Mendy는 페닌슐라 청소년 클럽Boys and Girls Clubs of the Peninsula의 개발 담당 국장이다. 국장이 되기 전에는 캘리포니아 이스트팰로앨토에 거주하는 학생들을 위한 방과 후 프로그램을 감독했다. 이스트팰로앨토는 1992년 미국에서 1인당 살인율이 가장 높았고, 고등학교 중퇴가 흔한 도시였다. 션 자신도 청소년기에 많은 역경에 부딪혔지만 다행히 코넬대학교에 진학했고 졸업 후에는 스탠퍼드대학교와 서던캘리포니아대학교에서 대학원까지 마쳤다. 션은 자신이 쉽지 않은 시간을 이겨낸 경험이 있기에 10대 아이들에게 힘든 환경을 극복하는 방법을 설명해줄 수도 있는 사람이다. 하지만 그는 설명하고 가르치는 대신 도전을 하게 한다.

션이 타지아나 로빈슨(타지)을 처음 만났을 때 타지는 수줍음 많은 열두 살 소녀였다. 타지가 쭈뼛거리며 손을 내밀어 악수를 하자 션은 다정하게 웃으면서 말했다. "누군가를 처음 만났을 때는 3가지를 해야 한단다. 첫째 상대와 눈을 맞추고, 둘째 악수하는 손을 힘껏 잡고, 셋째 맞잡은 손을 위아래로 세 번 흔드는 거야." 타지는 놀라면서도 호기심 어린 표정을 지었다.

션은 타지에게 작고 구체적인 도전 과제를 제안하기 시작했다. 먼저 타지에게 신문 토론반에 들어보라고 권유했고, 타지는 신문 토론반에 들어갔다. 얼마 뒤 션은 타지에게 학교신문에 실을 기사를 써보라고 제안하며 글쓰기 선생님과 정기적으로 만나 좋은 글을 쓰는 법을 배우라고 했다. 이번에도 타지는 션의 제안을 받아들였다. 이후 션은 좀 더 목표를 높여 타지가 다니는 학교의 '올해의 우수 학생' 대회에 나가보라고 했다. 타지는 이 대회에 참가해 당당히 우승을 했다!

션은 어려운 질문을 던진 다음 아이들 스스로 생각하고 행동할 기회를 주었다. 타지는 "그는 내가 스스로 생각하도록 가르쳤어요"라고 말한다. 션의 이런 접근법은 아이들에게 생각하는 힘을 길러주고 어려운 과제 해결에 필요한 자신감을 키워주었다.

타지를 만난 지 얼마 안 됐을 때 션은 그녀의 눈을 똑바로 쳐다보며 물었다. "네가 지금과 같은 환경에서 벗어나려면 무엇을 해야 할까?" 타지는 오랫동안 말이 없다가 이렇게 대답했다. "대학에 가야겠어요." 그러자 션이 다시 물었다. "대학에 가려면 어떻게 해야 하지?" 타지는 잠시 생각하더니 반짝이는 눈으로 대답했다. "먼저 고등학교에 들어가야죠!" 둘은 인근 지역의 일류 사립 고등학교에 장학금을 받고 들어간다는 목표를 세웠다. 그리고 션이 물었다. "자, 무엇부터 시작할까?"

타지와 션은 어느 학교가 가장 좋을지 함께 의논하고, 여러 학교의 입학 지원서를 작성하고, 입학 면접을 준비했다. 그러던 중 예상치 못한 일이 일어났다. 중요한 면접을 앞둔 전날 밤, 타지는 숙제 때문에 집에 남고 다른 가족들만 자동차를 타고 외출을 했다. 자동차가 정지 표지판 앞에 멈춰 섰을 때, 갑자기 총을 든 남자가 다가와 차를 향해 총을

난사했다. 차에 탄 아이들 세 명 중 타지의 사촌은 등에, 타지의 여섯 살짜리 여동생은 다리에 총을 맞았다. 다행히 사망자는 없었지만 가족 모두가 엄청난 충격으로 거의 정신이 나갔다.

이튿날 션은 타지에게 면접시험 스케줄을 바꾸고 싶으면 그렇게 해도 된다고 말했다. 그러나 타지는 심정이 말이 아니었을 텐데도 이렇게 말했다. "그건 제가 지금의 삶에서 벗어날 수 있는 방법이잖아요! 제가 원하는 삶을 살기 위해 꼭 해야 해요. 그게 가족을 돕는 길이고, 이런 일이 다시는 일어나지 않게 하는 길이에요!" 타지는 눈물을 닦고 면접장에 들어가 모든 면접관이 깜짝 놀랄 만한 훌륭한 대답을 했다. 타지는 고등학교 4곳에서 입학 허가를 받았다. 4곳 모두 전액 장학금을 받을 수 있는 조건이었다. 타지는 캘리포니아주 애서턴에 있는 세이크리드 하트 사립 고등학교Sacred Heart Schools에 입학했다. 밝고 긍정적이며 의욕 넘치는 소녀로 자란 타지는 지금 대학에 다니고 있다.

션이 맡은 8학년 프로그램에 참가한 학생 17명 중 12명은 명망 높은 고등학교에 장학금을 받고 입학했고 나머지 5명은 엄격한 대학 진학 준비 프로그램에 등록했다. 도전 장려자인 션은 이들 청소년이 더 큰 꿈을 가질 뿐만 아니라 어려움을 극복하고 그 꿈을 이루는 데 필요한 정신력을 키울 수 있도록 도왔다.

주당순이익 2달러라는 도전 과제를 던진 짐보리의 맷 매컬리와 빈곤층 청소년에게 대학 진학이라는 목표를 제시한 션 멘디가 보여주듯, 멀티플라이어는 구체적인 도전을 제시한다. 사람들은 실제적이고 구체적인 도전에 뛰어들어 자신의 성과를 평가해볼 수 있다. 목표가 구체적이면 성취 결과를 시각적으로 상상할 수 있고 해낼 수 있다는 자신감을 갖게 된다. 이런 자신감은 매우 중요하다. 도전 과제를 완수해내려면 조직 전체가 가진 능력을 한계까지 밀어붙여야 하기 때문이다.

어려운 질문을 던진다

디미니셔는 답을 알려주고, 좋은 리더는 질문을 던진다. 멀티플라이어는 정말로 어려운 질문을 던진다. 멀티플라이어는 생각하고 또 생각하게 만드는 질문을 한다. 사람들이 현재 아는 것을 바탕으로, 또는 현재 상태에서 대답하기 힘든 질문을 던진다. 답을 찾으려면 탐구하고 배워야만 한다. 어려운 질문이 던져지는 순간, 사람들이 현재 아는 것과 앞으로 알아야 할 것 사이에, 그들의 현재 능력과 앞으로 필요한 능력 사이에 공백이 생겨난다. 즉 그 차이가 분명히 인식되는 것이다. 이는 조직에 강한 긴장감을 조성하고, 또 그 긴장감을 줄여야 할 필요성을 야기한다. 최대한 길게 잡아당겨 팽팽해진 고무줄을 생각해보라. 팽팽한 긴장을 줄이려면 한쪽 끝이 다른 쪽 끝을 향해 움직여야 한다.

짐보리의 맷 매컬리는 구성원 각자에게 "당신의 미션 임파서블은 무엇인가?"라는 질문을 던져 이런 긴장감을 조성했다. 이런 분위기에서는 사람들이 같은 자리에 머물며 나태해질 수가 없다.

스스로 답을 찾게 한다

멀티플라이어가 도전으로 이끄는 방법은 무엇일까? '생각하기'라는 짐을 사람들에게 넘겨주는 것이다. 리더가 구체적인 도전 과제를 보여주는 단계에서는 그 짐이 리더 본인의 어깨에 있다. 그러나 어려운 질문을 던지고 그들 스스로 답을 찾게 함으로써 생각하기라는 짐을 그들에게 넘겨주게 된다. 이제 사람들에겐 도전을 제대로 이해하고 해결책을 찾을 책임이 있는 것이다. 이로써 멀티플라이어는 지적 능력과 에너지를 생성시킨다.

한국의 한 대규모 가전제품회사의 CEO는 새로운 사업 부문을 이끌기 시작하면서 경영진을 모아놓고 자신이 생각하는 목표를 밝혔다. 그의 목표는 시장 1위 기업이 되는 것, 일류 대학 졸업생들이 일하고 싶어 하는 회사로 만드는 것이었다. 그는 서서히 높은 궤도에 오르는 방식을 택하지 않을 것이며 원대한 비전을 추구한다고 공표했다. 그리고 시장 1위 기업이 될 방법을 궁리하는 과정에 다양한 이해관계자들을 참여시켰다. 여기에는 핵심 간부들, 창립 가족 구성원들, 외부 컨설턴트들이 포함됐다. CEO는 그들에게 기회를 발견할 단서들을 제공한 뒤 이런 어려운 질문을 던졌다. "우리는 왜 이 사업을 하는가?" "우리는 이 업계에 종사할 자격이 있는가?" "경쟁사를 앞서려면 무엇이 필요한가?"

핵심을 곧장 찌르는 질문들 앞에서 사람들은 당황했다. 하지만 답을 요구하는 리더의 태도는 약해지지 않았다. 긴장감 속에서 사람들은 답을 생각해야 했다. 리더는 어려운 질문을 던져놓고 답을 찾게 하되 시간을 빠듯하게 제시했다. "나는 100퍼센트 완벽한 답을 원하는 게 아닙니다. 2일 뒤까지 30퍼센트의 답을 가져오십시오. 그러면 그걸로 함께 이야기를 나눠보고 50퍼센트 답도 가능할지 한번 생각해봅시다. 그리고 50퍼센트의 답을 찾고 나면 2달 동안 100퍼센트짜리 답을 찾아봅시다."

결국에는 명확한 답을 찾아냈다. 이 과정에는 수개월이 걸렸고 다소 혼란도 있었지만, 도전에 필요한 지적 근육과 에너지를 키울 수 있었다.

도전 과제를 보여준다는 것은 할 일을 지시하는 것 이상을 의미한다.

리더가 아직 아무도 답을 모르는 어려운 질문을 던지는 것, 그리고 한 발 물러나 사람들이 주인 의식을 갖고 적극적으로 생각해 답을 찾을 시간을 주는 것이다.

멀티플라이어가 도전 과제를 적절한 방식으로 제시하면 사람들은 거기에 필요한 노력의 크기를 가늠하고 호기심을 느끼며 지적 에너지를 가동한다. 생각하기의 짐이 조직 구성원들에게 지워진다. 이런 과정은 지적 근육을 튼튼하게 키워 계속 에너지를 만들어낸다.

3. 믿음을 심어준다

기회의 단서를 보여주고 도전을 제시하면 사람들은 해낼 수 있는 목표에 흥미를 갖는다. 그러나 진정한 움직임을 만들어내려면 그것으로는 부족하다. 멀티플라이어는 믿음, 즉 불가능해 보이지만 실제로 가능하다는 믿음을 만들어낸다. 사람들이 필요한 노력의 크기를 이해하는 데 그쳐서는 안 된다. 실제로 그만큼의 노력을 쏟아야만 의미가 있다.

멀티플라이어는 다음과 같은 방식으로 믿음을 만들어낸다.

현실적인 수준으로 낮춘다

믿음을 만들어내는 한 가지 방법은 도전의 수위를 현실적인 수준으로 낮추는 것이다. 블룸에너지 CEO인 K. R. 스리다르는 전통적인 시스템보다 탄소 배출량을 절반으로 줄인 가정용 및 기업용 연료전지 발전 설비를 만든다는 비전을 추구한다. 그는 이렇게 말한다. "이루기 힘들어 보이지만 불가능하지는 않은 목표를 잡아야 한다. 3만 피트(약 9,100미터) 상공이 아니라 1,000피트(약 300미터) 수준에 있어야 한다. 리더가 3만 피트에만 시선을 고정한 채 팀원들에게 해내라고 요구하는 것은 무책임한 일이다. 도전의 수위를 아래로 끌어내려 충분히 달성 가능하다고 느끼게 해야 한다. 길을 보여주고 왜 그것이 가능한지도 보여줘야 한다. 이렇게 한 번만 하면 믿음을 심어줄 수 있다." 멀티플라이어는 목표를 현실적인 수준으로 낮춤으로써 대담한 도전이 성공할 수 있다는 의미 있는 근거를 제시한다.

계획을 함께 수립한다

실행에 옮길 계획을 함께 세우면 성공에 대한 믿음이 한층 견고해진다. 1996년 레이 레인의 리더십 아래서 오라클은 명확한 전략을 수립했을 뿐만 아니라 인터넷 시대를 주도하는 기업이 될 수 있다는 깊은 믿음도 만들어냈다. 250명의 임원은 전략 수립 과정에 동참하면서 그들 앞에 놓인 도전 과제와 그것을 해내는 데 필요한 것을 이해했다. 또한 목표 달성에 필요한 집단 의지와 에너지를 만들어냈다. 그렇게 오라클은 도전에 뛰어들 준비를 갖췄다.

초반의 작은 성공을 만든다

때로 리더는 많은 문제를 한꺼번에 해결하고 싶은 유혹을 느낀다. 우리의 관찰 결과, 멀티플라이어는 초반의 작은 성공들을 출발점으로 삼고 이를 이용해 더 큰 목표도 해낼 수 있다는 믿음을 만들어낸다.

2011년 세상을 떠난 케냐의 환경 운동가이자 노벨 평화상 수상자인 왕가리 마타이Wangari Maathai는 이렇게 말했다. "나이로비의 수많은 여성들이 장작이 부족하다고, 마실 물이 부족하다고 불평하는 소리가 들려왔다. 나는 그들에게 '그럼 나무를 심으면 되잖아요?' 라고 말했다. 그래서 그들은 나무 한 그루를 심기 시작했다. 아주 작은 것부터 시작한 것이다. 얼마 지나지 않아 그들은 서로에게 나무 심기를 권하기 시작했다. 여러 마을이 그들 자신의 필요로 나무를 심기 시작했다."[2]

1977년 6월 5일 세계 환경의 날에 왕가리가 심은 7그루의 나무에서 출발한 그린벨트 운동Green Belt Movement은 아프리카에 4,000만 그루가 넘는 나무를 심는 엄청난 성과를 거두었다. 그리고 이 운동의 여파는 단순히 나무 심기에 국한되지 않았다. 왕가리는 이렇게 썼다. "많은 사람들이 나무는 그저 출발점이라는 사실을 잘 모른다. 나무 심기는 쉽다. 누구나 이해할 수 있고 누구나 할 수 있는 일이다. 돈도 많이 들지 않는다. 복잡한 기술도 필요 없다. 그러나 우리는 나무 심기를 출발점으로 지역사회에 진입하고 나면 다른 많은 문제를 다룬다. 정치나 인권, 분쟁과 평화, 장기적인 자원 관리 등등의 문제를 다룬다는 얘기다."

기업 리더들도 작은 성공들을 기획함으로써 이후 다가올 큰 도전 과제의 성공에 대한 믿음을 심어줄 수 있다. 해낼 수 있다는 믿음과 확신이 생기면 무게중심이 이동한다. 즉 조직 구성원들이 익숙한 영역을 떠나 미지의 영역으로 과감하게 뛰어들기 시작한다.

아카데미상을 수상한 다큐멘터리 영화 〈맨 온 와이어Man on Wire〉는 줄타기 곡예사 필리프 프티Philippe Petit의 도전을 다루고 있다. 그는 1974년에 417미터 높이의 뉴욕 세계무역센터 쌍둥이 빌딩 양쪽 꼭대기를 잇는 외줄을 설치하고 42.6미터를 걸어 건너는 데 성공했다. 이 다큐멘터리에서 프티는 당시에 출발 직전 한 발은 건물 꼭대기에, 다른 발은 외줄에 올려놓고 서 있던 순간을 회상하며 이렇게 말한다. "나는 건물을 딛고 있는 발에서 외줄 위의 발로 무게중심을 옮기기로 결심해야 했다. 줄 위에 올라타는 순간 내 인생은 끝장날 수도 있었다. 그러나 저항할 수 없는 어떤 목소리가 나를 줄 위로 이끌었다."

나는 조직 안에서도 이런 무게중심의 이동이 일어나는 것을 많이 목격했다. 그럴 때면 모든 구성원의 에너지가 새로운 방향으로 쏠리기 시작하는 것을 느낄 수 있다. 이런 무게중심 변화는 개인 또는 조직이 힘든 도전을 기꺼이 받아들이고 해낼 수 있다고 믿을 때 일어난다. 그런 믿음은 멀티플라이어가 억지로 강요해 만드는 것이 아니다. 그가 제시한 도전이 구성원들의 몰입과 헌신을 만들어낸다. 도전의 과정은 지적 근육과 정서적 에너지, 그리고 앞으로 나아가겠다는 집단적 의지를 높인다. 멀티플라이어는 조직의 무게중심 변화에 필요한 이 과정을 신중하게 기획해 실행한다.

디미니셔의 방식

디미니셔는 사람들에게 방향을 제공하는 접근법이 멀티플라이어와 근본적으로 다르다. 사람들이 미래 기회를 향해 도전하게 만드는 대신, 자신의 우월한 지식을 보여주기 위해 지시를 내린다. 기회가 있는 곳으로 이끌고 도전을 보여주는 대신, 명령을 내리고 사람들을 시험한다. 디미니셔는 자기가 아는 것을 말하는 데 집중하고, 일하는 방법을 지시하고, 사람들이 알고 있는 것을 시험한다.

○ **자기 생각, 자기가 아는 것을 말하느라 바쁘다.** 디미니셔는 스스로를 생각의 리더라고 여기며 아는 것을 기꺼이 나눈다. 하지만 사람들의 기여를 끌어내지는 못한다. 남에게 배우려는 태도는 없고 자기 생각을 어떻게든 납득시키려 애쓰는 경향이 있다. 유럽의 한 관리자는 쉴 새 없이 '자기 생각'만 얘기하느라 "회의실의 공기를 다 빨아들였다"고 한다. 그의 동료는 이렇게 말했다. "그 사람이 자기 의견을 말하느라 너무 바빠서 다른 사람은 말할 기회조차 없다." 부하 직원은 이렇게 말했다. "그와 10년 동안 같은 부서에서 일했는데 그는 나에게 뭔가를 물어본 적이 한 번도 없다. 단 한 번도 말이다. 그가 가끔 허공을 향해 '우리가 왜 ○○○를 하고 있을까?' 하고 묻는 것은 들었다. 하지만 그러고서도 곧 자기가 그 질문에 대답해버리곤 했다."

○ **사람들이 아는 것을 시험한다.** 디미니셔는 자기 생각을 사람들이 제대로 이해하는지 확인하려고 한다. 더 나은 통찰력을 끌어내거나 모두의 배움을 촉진하는 질문이 아니라 자신의 주장이 옳음을 확인하기 위한 질문을 한다. 앞서 소개한 리처드 파머처럼 상대의 흠을 잡는 데 선수다. 디미니셔는 사람들을 스트레스에 빠뜨릴 뿐 능력의 최대치를 끌어내지 못한다.

○ **일하는 방식을 지시한다.** 디미니셔는 사람들에게 책임감을 부여하지 않고 자신이 모든 걸 통제하면서 사소한 부분까지 지시하려고 한다. 자신이 모든 걸 안다고 믿기에 질문도 답도 혼자서 한다.

영화 제작자 칩 맥스웰이 그런 경우다. 감독이 세계 최고 수준의 인재들로 영화 팀을 꾸렸음에도, 칩은 그들의 일에 끊임없이 간섭했을 뿐 아니라 감독을 아예 무시한 채 스태프들에게 일 처리 방식을 지시했다. 한번은 촬영감독이 자신보다 칩이 카메라 촬영 기술을 더 잘 아는 것 같으니 직접 촬영감독을 해도 되겠다며 갑자기 그만두겠다고 했다. 수상 경력도 있는 이 촬영감독은 어떤 장면에 조명이 얼마나 필요한지, 조명을 어떻게 설치해야 하는지 뛰어난 감각을 지니고 있었다. 그는 자신의 재능을 다른 영화에 쏟는 게 낫겠다고 판단한 것이다.

디미니셔는 본의 아니게 사람들의 능력을 질식시키기도 한다. 디미니셔는 자신의 전문성을 토대로 경력을 쌓으면서 뛰어난 지적 능력에 대한 보상을 받아온 경우가 많다. 그들 대부분은 경력의 정체기나 위기를 맞고 나서야(또는 촬영감독이 돌연 그만두는 것 같은 일을 경험하고 나서야) 자신의 잘못된 기본 관점이 자신과 사람들의 능력을 제한한다는 사실을 깨닫기 시작한다.

내 동료 한 명은 최근에 IQ 검사 결과가 144로 나왔다. 그는 기분이 한껏 들떠서는 공식적인 천재 수준에서 1점 모자란다고 아쉬워했다. 분명히 그는 멘사에 가입하는 상상까지 하고 있었을 것이다. 그는 우리의 연구 내용을 듣더니 조금 풀이 죽어서 이렇게 말했다. "난 이제껏 내가 천재라는 걸 입증하려고 노력했어. 그런데 이제 천재라고 말할 수 있게 됐는데, 알고 보니 그게 하나도 중요하지 않은 거네!"

물론 그의 말은 절반만 옳다. 타고난 지능도 당연히 의미가 있다. 그러나 훌륭한 리더는 지능만 높은 것이 아니라 그것을 이용해 다른 이들의 능력을 최대한 끌어내는 사람이다. 자신의 IQ가 1점 더 높아져 공식적인 천재 수준인 145가 되기를 바라는 리더와 조직 구성원 모두의 IQ

를 1점 높이는 리더, 이 둘의 차이를 생각해보라. 구성원 모두가 1점씩 더 똑똑해진다면 조직 전체의 역량이 얼마나 달라지겠는가.

리더가 아는 것이 많고 출중하게 똑똑하면 자기가 아는 것을 토대로 지시를 내리고 싶은 유혹을 느낄 수 있다. 그러나 결국 전지전능자는 조직의 역량을 자신이 아는 방식의 테두리 안에 제한하게 된다. 이런 리더가 이끄는 조직은 결코 능력을 충분히 발휘할 수 없다. 사람들은 자신이 가진 능력을 무의미하게 방치하거나 상사의 생각을 알아내고 비위를 맞추는 데 허비하게 된다.

○ **게으른 사이클을 만든다.** 글로벌 기술회사의 어느 유능한 임원은 이런저런 다양한 책무를 빠르게 처리하는 데 능숙했다. 또 늘 도전하고 부하들에게도 도전을 장려하는 타입이었다. 그러나 전형적인 전지전능자가 이끄는 사업부로 옮겨 간 뒤에는 대부분의 시간을 한가하게 보내기 시작했다. 그는 말했다. "늘 상사의 결정 사항이 내려오기만 기다린다. 지시가 떨어지기 전까지는 딱히 할 일이 없다. 아르바이트생이 된 기분이다. 일은 따분하지만 시간이 남아돌아서 요트를 배우고 있다." 치열한 전투도 거뜬히 치를 수 있는 인재가 요트나 배우고 있는 것이다.

반면 멀티플라이어는 빠른 사이클을 만든다. 멀티플라이어는 인재들을 끌어와 두뇌를 빠르게 움직이며 일하게 만들고 자발적인 노력을 끌어낸다. 잠재 기회와 도전을 감지한 멀티플라이어에게는 인적 자원을 낭비할 시간이 없다. 도전 장려자의 리더십 밑에서 사람들은 성과를 내는 속도를 높일 수 있다. 리더의 지시를 기다리느라 시간을 허비하지 않기 때문에, 어려운 문제도 빠른 시간 내에 해결한다. 전체 그림을 이해한 상태에서, 지시나 승인이 떨어지기를 기다리지 않고 스스로 판단해 행동한다. '리더보다 똑똑해도 된다'는 분위기 속에서 일하므로 자기 의견을 상사한테 승인받으려고 경쟁할 필요도 없고 도전 과제에 마음껏 에너지를 쏟는다. 이런 조직은 구성원 개개인 차원에서도, 조직 전체 차원에서도 지적 능력이 높아진다. 똑똑한 리더 혼자서는 결코 해낼 수 없는 어려운 목표를 구성원들이 다 함께 이뤄낼 수 있다.

짐보리의 맷 매컬리나 오라클의 레이 레인 같은 리더가 되려면 어떻게 해야 할까? 전지전능자에서 벗어나 도전 장려자가 되는 비결은 무엇일까?

도전 장려자가 돼라

도전 장려자가 되는 출발점은 풍부한 상상력과 호기심을 갖는 것이다. 우리는 멀티플라이어들과 디미니셔들을 48가지 리더십 행동 특성별로 평가해 분석했다. 그 결과, 멀티플라이어가 가장 높은 점수를 받은 항목은 '지적 호기심'이었다. 멀티플라이어가 뛰어난 능력을 끌어낼 수 있는 것은 기본적으로 호기심이 강하고 사람들의 학습을 자극하기 때문이다. 그의 머릿속에는 늘 '왜?'라는 질문이 존재하고, 이는 사람들을 더 깊이 이해하고 싶은 끝없는 욕구로 나타난다. 도전 장려자는 항상 가능성에 대해 생각하는 멀티플라이어다. 또 사람들에게 기꺼이 배우려는 자세를 갖는다. 어떤 도전을 할 때든 '불가능해 보이는 것을 해낼 수 있을까?'라는 지적 호기심을 품는다. 늘 호기심을 품는 습관이 있다면 도전 장려자가 될 준비를 갖춘 셈이다. 출발점 몇 가지를 소개하겠다.

도전 장려자가 되기 위한 출발점

○ **질문만 하는 사람이 돼라.** 대개 조직 윗자리에 앉은 리더에게는 늘 사람들이 의견을 구하고 뭔가 묻는다. 높은 자리의 특성상 상관으로서 대답해주는 일에 익숙하기 마련이다. 나쁜 리더는 사람들에게 할 일을 지시한다. 좋은 리더는 질문을 던지고 사람들 스스로 답을 찾게 한다. 훌륭한 리더는 사람들이 적절한 문제에 에너지를 쏟게 만드는 질문을 던진다. 훌륭한 리더가 되는 첫 단계는 질문에 답하는 것을 멈추고 질문을 던지기 시작하는 것이다.

언젠가 나는 동료 브라이언과 함께 아이들 키우는 일의 어려움에 서로 공감하며 이야기를 나눴다. 브라이언도 아이들이 아직 어려서 나와 얘기가 무척 잘 통했다. 나는 아이들한테 이거 해라 저거 해라 잔소리를 입에 달고 사는 권위적인 엄마가 된 것 같다고 푸념했다. 우리 집 저녁 풍경은 늘 이런 말로 채워졌다. "잘 준비해라. 그거 하지 마. 동생 좀 가만 놔둬. 장난감 정리해. 잠옷 입어라. 이 닦아. 치약을 묻혀야지. 이야기책 시간이다. 침대에 들어가. 아니, 엄마 침대 말고 '네' 침대로 가. 이제 자야지……."

나는 브라이언에게 딱히 조언을 구하고 있던 게 아니었다. 그저 답답한 속내나 풀자는 넋두리 정도였으니까. 그런데 브라이언이 흥미로운 제안을 했다. "리즈, 오늘 저녁엔 집에 가서 이렇게 해봐. 아이들한테 말할 때 무조건 '질문'만 하는 거지. 의견 표현도 하지 말고, 지시나 명령도 안 돼. 오로지 질문만 하는 거야." 나는 고개를 절레절레 저었다. "그건 불가능해. 퇴근하고 집에 가면 6시야. 애들이 잠자리에 드는 시간은 9시 30분이고. 3시간 반 동안이나 그렇게 하는 게 가능할까?" 브라이언은 힘든 건 알겠지만 그래도 해보라고 거듭 권했다. "의견 표현도, 명령도 하지 말고 질문만 하는 거야." 집으로 가면서 곰곰 생각해보니 흥미가 일었고, 나는 그의 말대로 해보기로 했다. 오늘 저녁엔 아이들에게 합당한 질문만 하기로.

나는 마음을 굳게 먹고 현관문을 연 뒤 도전을 시작했다. 저녁 식사 시간과 놀이 시간을 질문만 던지며 보내니 꽤 흥미로웠다. 아이들 잘 시간이 다가오자 나는 시계를 보고 아이들에게 물었다. "지금 몇 시지?" 아이가 "잠잘 시간이에요"라고 대답했다. 나는 또 물었다. "잠자리에 들기 전에 뭘 해야 할까?" 아이들이 입을 모아 대답했다. "잠옷으로 갈아입어요." "그렇지, 엄마 도움이 필요한 사람?" 나는 두 살배기 아이만 도와주었고, 그동안 딸들은 스스로 잠옷으로 갈아입었다. "다음 할 일은 뭘까?" 아이들이 대답하는 걸 보니 놀랍게도 다들 잠자기 전에 할 일을 정확히 이해하고 있었다. 조금 뒤 아이들이 양치질을 마치자 내가 물었다. "오늘 밤엔 어떤 이야기를 읽을까? 책을 고를 차례가 누구지? 누가 소리 내서 읽어볼래?" 이야기책 시간이 끝난 다음 내가 물었다. "자, 이제 잠잘 준비가 끝난 사람?" 아이들은 부지런히 기도를 마치고 침대로 들어갔다. 그리고 곧 꿈나라로 향했다.

나는 혼자 생각했다. '이거 기적 아니야? 우리 아이들이 어떻게 된 거지? 아이들은 자신이 어떻게 해야 하는지를 그동안도 내내 잘 알고 있었던 거잖아?

아이들이 보여준 뜻밖의 변화에 고무된 나는 2일을 더 그런 식으로 했다. 물론 나중에는 질문과 대답을 적절히 섞어서 말하는 방식으로 돌아왔다. 하지만 이 경험은 내 양육 방식을 완전히 바꿔놓았다. 명령하는 태도를 버리고 질문을 하기 시작하면서, 나는 그동안 내가 대신 해줬던 많은 일들을 사실은 아이들도 할 줄 안다는 사실을 깨달았다. 나는 직장에서도 이 방법을 써보기로 마음먹고 "어떤 부분에 문제가 생길 수 있다고 생각합니까?" "이 문제를 해결할 방법이 뭘까요?" 같은 질문들을 던지기 시작했다. 지시를 줄이고 질문을 늘리자 팀원들은 내가 전에 봤던 것보다 훨씬 더 똑똑한 모습을 보여주었다. 대개의 경우 그들에겐 지시가 필요 없었다. 그들에게 필요한 것은 제대로 된 질문이었다.

나는 최고의 리더는 질문을 던지고 사람들 스스로 답을 발견하게 한다는 사실을 깨달았다.

전지전능자에서 벗어나 도전 장려자가 되려면 질문을 하라. 처음에는 의견을 말하지 말고 '오로지 질문만' 던져보라. 집에서 해보면 당신의 자녀(또는 한집에 사는 누구라도)가 매우 좋은 실험 대상이자 훌륭한 교사라는 사실을 깨닫게 된다. 일터에서는 일단 질문만으로 회의를 진행해보라. 팀원들이 지닌 뜻밖의 지식에 놀라게 될 것이다. 질문만 하는 이런 극단적 방식에 사람들이 당황할 것 같다면, 당신이 새로운 방식을 시도 중이라고 미리 알려라. 질문만 던지는 방식은 기존 행동 패턴을 깨고 새로운 것을 발견하는 데 유용하지만, 언제까지고 이 방식을 고수하라는 얘기는 아니다. 질문을 통해 이끄는 요령을 익히고 나면, 질문과 의견 표현을 섞어가며 적절한 균형을 맞출 필요가 있다.

○ **전력투구가 필요한 과제를 던져라.** 팀원들에게 '미션 임파서블'을 제시하라. 즉 전력투구가 필요하고 새로운 역량을 키울 수 있는, 어렵고 구체적인 과제를 주는 것이다. "X만큼의 자원만 가지고 Y날짜까지 Z를 달성할 방법이 무엇인가?"와 같이 제약 사항을 구체적으로 명시해 호기심과 도전 의식을 자극하라. 그리고 리더인 당신은 한 걸음 물러나 팀원들 스스로 해결하게 하라. 리더가 과제를 제시하고 해낼 수 있다는 믿음을 심어주면 사람들은 적극적으로 움직인다. 자신들이 생각한 것 이상의 역량을 쏟아낸다. 아마도 나중에 그들은 "고단했지만 너무나 짜릿했던 경험"이라고 회상할 것이며, 또 다른 도전에도 흔쾌히 뛰어들 것이다.

○ **현장을 목격하게 하라.** 미시간대학교 교수 노엘 티시(Noel Tichy)는 사람들이 시장의 필요를 파악하고 기회를 발견하게 이끈 한 창의적인 GE 임원의 사례를 소개했다.[3] 톰 틸러(Tom Tiller)가 GE의 가전제품 부문을 책임지는 리더가 됐을 당시, 이 부문은 계속 적자 상태라 인력도 대폭 줄였고 몇 년간 신제품도 내놓지 못하고 있는 상태였다. 톰은 경영진 40명을 버스한 대에 태워 '애틀랜타 주방 및 욕실 용품 박람회'에 데려갔다. 거기서 시장 트렌드와 니즈를 읽고 새로운 제품 아이디어를 떠올리게 하려는 의도였다. 현장에서 생생한 정보와 트렌드를 접하고 돌아온 그들은 새로운 제품 라인을 개발해 가전제품 부문을 회생시켰다. 엄청난 적자에 시달리던 부문을 1,000만 달러 수익을 내는 부문으로 변화시킨 것이다.

현장을 목격하게 하는 방법은 여러 가지다. 베니언센터의 아이린 피셔는 학생들을 빈민 지역으로 데려가 가난한 사람들의 실상을 눈으로 보게 했다. 기업의 관리자라면 고객사의 공장을 직접 방문해 자사 제품을 그들이 실제로 어떻게 활용하는지 볼 필요가 있다. 또는 당신의 팀원들과 함께 지역 마트에 가서 사람들이 쇼핑하는 모습을 관찰하라. 리더와 팀원들이 반드시 함께 가야 한다. 그들로 하여금 아직 충족되지 못하고 있는 니즈를 목격하게 하라. 그런 학습 경험은 니즈를 깨닫고, 에너지를 생성하고, 창의성에 불을 붙이는 계기가 된다.

○ **작은 첫걸음을 다 함께 떼라.** 기업 세계에는 "초반의 성공을 만들어라." "상징적인 승리를 이뤄내라." "가장 낮게 달린 열매부터 따라." 같은 첫 성공의 중요성을 나타내는 표현이 많다. 문제는 대부분의 리더가 그것을 고립된 채 진행한다는 점이다. 그들은 소규모 팀을 꾸려 시험 시스템을 진행한다. 이는 경영진만 알고 대다수 조직 구성원은 그 존재조차 알지 못한다. 대신, 모두가 알게 하라. 새로운 기술을 개발할 때는 실제 상황과 유사한 소규모 시스템을 구축해 테스트하고 그것을 모두가 볼 수 있게 하라. 각 부서 대표로 구성된 태스크 포스를 통해 중요한 고객을 다시 되찾아라. 작은 첫걸음을 구성원 모두가 함께 떼야 한다. 그리고 결과를 모두가 직접 보면서 큰 목표도 충분히 이뤄낼 수 있다는 믿음을 갖는 것이 중요하다. 이런 믿음이 생겨날 때 조직의 무게중심이 이동해 공중의 외줄로 과감히 발을 내디딜 수 있다.

전력을 쏟게 이끄는 리더

지미 카터Jimmy Carter는 말했다. "완수해야 할 일에 강렬한 호기심과 흥분, 도전 의식을 느끼면 에너지의 최대치를 쏟게 된다. 피로감이 사라져 목표가 불러일으키는 에너지가 심신의 피곤함을 압도하기 마련이다." 우리 연구에 따르면, 멀티플라이어는 호기심을 자극하면서도 달성 가능해 보이는 도전 과제를 제시해 사람들을 참여시키고 지적·정서적으로 전력을 다하게 만든다. 멀티플라이어의 방식은 가장 중요한 도전에 뛰어드는 데 필요한 집단 의지와 에너지를 생성시킨다.

디미니셔 밑에서 일하는 사람들은 능력의 절반밖에 쓰지 않으면서도 늘 "에너지가 고갈된 기분"을 토로한다. 반면 멀티플라이어 밑에서 일하는 사람들은 가진 능력을 전부 쏟으며 "힘은 들지만 짜릿한 성취감을 느낀다"라고 말한다. 능력을 절반만 쓰는데도 지치고, 온 힘을 쏟는데도 짜릿하다니, 흥미롭지 않은가? 흔히 사람들은 너무 과로해서 번아웃 증후군을 겪는다고 생각한다. 하지만 사실은 자극이나 변화 없이 똑같은 방식으로 일할 때, 또는 열심히 노력한 보람이 느껴지지 않을 때 번아웃에 빠지는 경우가 많다. 훌륭한 리더는 단순히 일을 더 많이 시키는 것이 아니라 더 어려운 일을 준다. 배움과 성장을 촉진하는 어려운 도전 과제를 던져준다.

리더가 지시를 줄이고 질문을 늘리면 훨씬 더 많은 기여를 끌어낼 수 있다. 사람들은 그 과정에서 짜릿한 성취감을 느끼므로 계속해서 더 시도한다. 어려운 도전 과제를 해내는 만큼 자신에게 뭔가 돌아오는 것을 느끼는 것이다. 리더인 당신이 요구하는 만큼 사람들은 더 큰 능력을 보여준다. 그리고 그들도 더 많은 것을 얻게 된다.

전지전능자 vs. 도전 장려자

- **전지전능자:** 자신의 지식을 보여주기 위해 지시하고 명령한다. 따라서 조직의 역량은 그가 아는 방식의 테두리 안으로 제한된다. 사람들은 상사의 생각을 추측하는 데 에너지를 소모한다.
- **도전 장려자:** 기회를 보여줌으로써 사람들이 능력을 넘어 도전하도록 이끈다. 따라서 도전을 제대로 이해하고 뛰어들 집중력과 에너지를 가진 조직이 만들어진다.

도전 장려자의 3가지 특징

1. 기회의 단서를 제공한다.
   - 필요성을 보여준다.
   - 기본 가정에 의문을 제기한다.
   - 문제를 보는 관점을 재구성한다.
   - 출발점을 제공한다.
2. 도전 과제를 보여준다.
   - 구체적인 도전 과제를 제시한다.
   - 어려운 질문을 던진다.
   - 스스로 답을 찾게 한다.
3. 믿음을 심어준다.
   - 현실적인 수준으로 낮춘다.
   - 계획을 함께 수립한다.
   - 초반의 작은 성공을 만든다.

도전 장려자가 되기 위한 실천 사항

1. 질문만 하는 사람이 돼라.

2. 전력투구가 필요한 과제를 던져라.

3. 현장을 목격하게 하라.

4. 작은 첫걸음을 다 함께 떼라.

두 리더의 차이점

	전지전능자	도전 장려자
접근법	자신의 지식을 보여주려고 지시한다.	기회를 보여주고 사람들이 능력을 넘어서 도전하도록 이끈다.
결과	사람들이 상사의 관심을 얻으려고 경쟁하므로 일에 쏟을 에너지가 분산된다.	중요한 기회를 향해 다 함께 집중해서 노력한다.
	사람들이 지시만 기다리거나 상사가 또 방향을 바꾸지 않을까 눈치를 보므로 게으른 사이클이 형성된다.	상사의 지휘가 없어도 알아서 문제를 해결하는 빠른 사이클이 형성된다.
	상사를 뛰어넘어 발전하지 못하는 조직이 된다.	사람들이 자발적인 노력과 에너지를 쏟아 가장 어려운 도전에 뛰어든다.

뜻밖의 발견

1. 리더에게 명확한 미래 비전이 있더라도 사람들에게 기회의 단서만 제공하는 방식은 꽤 건설적인 효과가 있다.

2. 도전 장려자는 폭넓은 능력의 소유자다. 큰 기회를 발견하고 명확히 제시하며 큰 질문을 던질 뿐만 아니라, 그것을 의미 깊은 변화를 만들어내는 데 필요한 구체적인 단계들과 연결한다.

3. 불가능해 보이는 목표라도 현명한 방식으로 제시하면, 쉬운 목표를 제시할 때보다도 심리적으로 더욱 편안한 분위기를 조성할 수 있다.

스스로 결론을 내리지 않는다

토론 없이 결정하는 것보다 토론하고 결정을 못 내리는 편이 더 낫다.

조제프 주베르 Joseph Joubert

리더가 결정을 내리는 방식은 그가 인적 자원을 활용하는 방식과 밀접하게 연관돼 있다. 디미니셔는 혼자서 또는 소수의 측근과 결정을 내리는 경향이 있다. 따라서 주변 인재들을 충분히 활용하지 못할 뿐만 아니라 실행력이 결여된 채 제자리만 맴도는 조직을 만든다. 반면 멀티플라이어는 사람들을 토론에 참여시켜 결정을 내린다. 이로써 현명한 결론을 도출하고 집단 지성을 키워 실행력을 갖춘 조직이 되게 한다. 두 접근법의 차이를 알아보기 위해, 먼저 조너선 에이커스가 다국적 소프트웨어 기업에서 중대한 결정을 내린 과정을 살펴보자.

경영전략 담당 상무 자리에 오른 지 얼마 안 된 조너선 에이커스는 뛰어난 성과로 두각을 드러내고 싶은 의욕이 가득했다. 당시 업계에서는 중간 규모 고객사들을 놓고 치열한 경쟁이 벌어지고 있었다. 최대 경쟁사는 소기업 시장을, 조너선의 회사는 대기업 시장을 장악하고 있는 상황이었다. 시장점유율과 매출의 증대를 위해 조너선의 회사는 기존보다 작은 규모의 고객들로, 경쟁사는 기존보다 큰 규모의 고객들로 눈을 돌리기 시작했다. 중간 시장 선점은 상징적으로도 중요한 의미가 있었다. 그러나 이를 위해서는 완전히 새로운 사업 모델이 필요했다. 조너선에게는 성공적인 시장 진입을 위한 새로운 가격 모델 개발이라는 막중한 임무가 부여됐다. 눈에 보이는 확실한 성과를 낼 기회였다.

전략적 중요성이 큰 사안이니만큼 반드시 성공시켜야 했다. 조너선은 제품 개발, 마케팅, 서비스, 운영 등 각 부서의 리더들을 모아 태스크 포스를 구성했다. 중간 시장에 대한 풍부한 지식을 갖춘 인재들이었다. 이들은 실리콘밸리에 있는 화려한 본사 회의실에 모였고, 조너선이 긴 회의 테이블의 가장 상석에 앉았다.

조너선은 해결할 과제가 무엇인지 설명하면서 태스크 포스 멤버들에게 열정을 쏟아달라고 각별히 당부했다. CEO와 최고 경영진이 중간 시장에 거는 기대가 매우 크다는 말도 덧붙였다. 사운을 좌우할 수도 있는 프로젝트인 만큼, 멤버들은 이후 몇 주 동안 열심히 자료를 조사하고 분석해 조너선에게 제출했다. 조너선이 볼 때 태스크 포스의 출발은 만족스러웠다. 다들 의욕적으로 움직이고 있는 게 보였다.

그런데 태스크 포스는 가동된 지 얼마 안 돼 혼란스럽게 제자리걸음만 했다. 각 멤버의 역할이 명확하지 않았을 뿐만 아니라 결정 및 권고 사항을 정하는 방식도 불투명했기 때문이다. 조너선은 이 인재 집단의 재능을 활용하지 않고 그들의 질문에 자신이 모든 대답을 했다. 그는 회의 때 자신이 꼭 필요한 점을 명쾌하게 설명하고 있다고 생각했지만, 팀원들은 그의 아이디어를 들어주는 청중이 된 기분이었다. 그는 자신의 편향된 의견을 지나치게 세세히 설명하거나 이런저런 유명인의 이름을 들먹이면서 회의 시간 대부분을 보냈다. 사람들을 다그쳐서 모두에게서 자료를 제출받았지만 정작 회의에서는 하나도 활용되지 않았다. 자료만 잔뜩 쌓아놓고 토론 한번 제대로 해본 적이 없었다. 회의는 거의 조너선의 의견만 개진하는 자리로 변해갔다. 한 멤버는 불만을 이렇게 토로했다. "나는 뛰어난 두뇌들의 의견을 듣길 바라며 회의실에 들어갔다. 하지만 늘 조너선의 의견만 듣고 나왔다."

태스크 포스 멤버들은 자신들이 의사 결정에서 중요한 역할을 하리라고 기대했지만, 실제로는 별다른 기여를 못 할 것이라는 직감이 들었다. 회의에서도 개인의 아이디어나 집단 지성을 적극적으로 발휘할 토론은 없을 게 분명했다. 그들의 추측은 현실로 드러났다. 중요한 결정은 소수 임원들이 모인 사무실 안에서 내려졌다. 태스크 포스 멤버들이 해놓은 일은 거의 활용되지 않았다. 그러던 어느 날 갑자기 멤버 모두가 조너선에게서 '새로운 가격 모델 발표'라는 제목의 이메일을 받았다. 팀원들을 배제한 채 최종 모델이 결정된 것이었다.

팀원들은 시장을 제대로 이해하고 그 기회에 낙관적 기대를 품는 대신, 중간 시장을 선점하겠다는 회사의 전망에 환멸을 느끼게 됐다. 그리고 조너선은 시간만 낭비하게 만드는 리더라는 평판이 생겼다. 사람들의 에너지를 끌어내지 못하고 오히려 의욕을 저하시키는 리더였다. 그 영향은 조너선이 다음번 태스크 포스 회의를 소집했을 때 곧바로 나타났다. 커다란 회의실 테이블의 자리가 절반밖에 안 찬 것이다. 그러나 더 중요한 결과는 따로 있었다. 그의 회사가 지지부진한 성과를 내는 동안 경쟁사들이 치고 들어와 중간 시장을 점유해버린 것이다.

이와 비슷한 사례는 수많은 기업 회의실에서 얼마든지 목격할 수 있다. 이런 패턴이 반복되는 것은 많은 리더들이 참여와 토론의 방식을 도입하려고 시도는 하지만 여전히 엘리트주의적 관점에 머물러 있기 때문이다. 즉 조직을 이끌어가는 지적 능력을 소수의 몇 명만 갖고 있다고 여긴다는 얘기다. 그들에게는 폭넓은 관점이 부족하다. 다시 말해, 그들은 조직 내에 아직 발휘되지 못한 숨은 재능이 많으며 지적 역량이란 참여와 도전을 통해 한층 커진다는 점을 모른다.

리더가 조직의 역량을 충분히 끌어내느냐 여부는 사람들을 바라보는 기본 관점에 좌우된다.

결정자 vs. 토론 조성자

조너선 에이커스 같은 디미니셔는 '귀 기울일 가치가 있는 사람은 몇 명 안 된다'라는 관점을 갖고 있다. 어떤 리더는 그런 생각을 공공연히 밝힌다. 전체 직원 4,000명 중에 자신이 귀를 기울이는 사람은 1~2명뿐이라고 대놓고 인정하는 리더도 있었다. 그러나 대개는 더 미묘한 방식으로 그런 관점을 드러낸다. 예컨대 아랫사람에게 입사 지원자 인터뷰를 진행하게 해놓고 정작 나중에는 자신이 '총애하는 직원'이 추천한 지원자를 채용한다. 또 말로는 '열린 조직'임을 강조하면서 거의 항상 사무실 문을 닫고서 영향력 있는 한두 명하고만 회의를 한다. 사람들에게 의견을 구하는 모습을 보이지만 정작 중요한 사안에서는 은밀하게 결정을 내리고 사람들에게 통보한다.

멀티플라이어의 관점은 다르다. 그는 자기가 아는 것이 아니라 사람들의 지식을 활용할 방법에 집중한다. 멀티플라이어는 '다수가 함께 머리를 모으면 해낼 수 있다'라는 관점을 갖고 있다. 사람들 각자가 내놓는 의견이 값진 역할을 할 수 있다고 생각한다. 어떤 리더는 밤늦게까지 이어진 12시간의 토론 끝에 마지막으로 말단 직원 한 명의 의견만 더 들어보자고 했다. 해당 직원의 의견은 문제 해결에 결정적 역할을 했다. 멀티플라이어는 사람들의 생각에 관심을 가질 뿐만 아니라 집단 토론을 통해 서로의 사고를 자극하게 이끈다.

이런 관점의 차이 때문에 디미니셔와 멀티플라이어는 결정을 내리는 방식이 다르다. 디미니셔는 소수의 의견만 가치가 있다고 생각한다. 중대한 사안일수록 자기 혼자서 또는 가까운 몇 명하고만 상의해 결정을 내린다.

멀티플라이어는 조직 구성원 모두의 지적 능력을 활용하려고 노력한다. 토론 조성자의 역할을 하는 것이다. 모든 문제를 집단 지성과 토론으로 해결해야 한다고 생각하지는 않지만, 중요한 결정에 대해서는 철저한 토론을 통해 확실한 정보를 근거로 문제를 바라보고 객관적 시각을 확보한다. 사람들의 지적 능력을 확장해 더 똑똑한 조직, 정해진 결정 사항을 실행할 힘을 가진 조직을 만든다.

혼자 결정하는 리더 vs. 토론을 장려하는 리더

아래 소개하는 공직자 2명(나라를 이끄는 리더와 경찰 조직을 이끄는 리더)은 중대한 결정을 내리는 접근법이 매우 다름을 알 수 있다.

첫 번째 사례는 조지 W. 부시George W. Bush 미국 전 대통령이다. 그는 스스로를 "결정권자"라고 표현했다.[1] 그리고 〈타임Time〉지에서는 부시를 두고 "블링크 대통령Blink Presidency"이라고 불렀다.[2] 순간적인 결정에 대해 고찰한 말콤 글래드웰Malcolm Gladwell의 《블링크Blink》라는 책에서 따온 표현이었다.

〈워싱턴포스트Washington Post〉기자 밥 우드워드Bob Woodward와의 인터뷰에서 부시 대통령은 이렇게 말했다. "나는 직감과 본능으로 판단한다. 규칙에 따라 움직이는 사람이 아니다." 부시 행정부에 관한 책을 4권 저술했으며 이를 위해 부시와 직접 만나 11시간 인터뷰를 한 우드워드는 이렇게 말했다. "부시는 조급한 사람이다. 그는 '숙제'를 싫어한다. 즉 자료를 읽거나 보고를 받거나 토론하는 과정 말이다. 한 나라를 이끄는 대통령의 직무에 반드시 포함돼야 할 것은 바로 그런 숙제다."

우리는 순간적이고 중앙 집권적인 의사 결정이 가져온 결과를 분명히 목격했다. 2003년 이라크전쟁이라는 결과 말이다. 2007년 이라크 주둔 미군 병력 증강과 관련해 부시 대통령은 "다른 시대에는 다른 종류의 질문이 필요하다"면서 국가 안보 참모진에게 2003년 침공 때보다 더 어려운 질문들을 던졌다.[3] 그러나 기록에 따르면 그는 병력 증강과 관련된 중요한 결정을 논의하는 몇몇 회의에 참석조차 하지 않았다. 그는 우드워드와의 인터뷰에서 "나는 다른 중요한 일이 있어서 그 회의에 들어가지 못했다"고 말했다.

또 다른 공직자를 살펴보자. 이번에는 중요한 결정을 내리는 과정에서 조직 구성원들과 긴밀히 협력한 사례다. 네덜란드 동부 니우블리우센 지역의 경찰서장 아르얀 멩에링크Arjan Mengerink는 20세 때부터 사람들을 도우며 의미 있는 인생을 살고 싶다는 꿈을 가졌다. 그는 큰 결심을 하고 3년 과정의 경찰학교에 들어갔다. 이후 차근차근 단계를 밟아 계급이 올라갔고 53세에 경찰서장이 됐다.

경찰 조직에서 보낸 오랜 세월 동안 아르얀은 언제나 다른 경찰관들과의 협력을 중요하게 여겼다. 그는 회의실에서 세워진 계획을 실행할 이들이 일선 현장에서 주민들과 직접 부딪치는 경찰들이라는 사실을 누구보다 잘 알았다.

아르얀은 경찰 조직 재편성 과정에서 실패를 겪은 적이 있다. 그는 회상한다. "계획 자체는 훌륭했다. 하지만 현장에서 일하는 경찰들과 의논한 결과물이 아니라 회의실 테이블에서 나온 계획이었다. 그렇다 보니 저항이 많이 생겼고 우리는 실패한 계획을 폐기해야 했다. 뼈아픈 경험이었지만 값진 교훈을 얻었다."

아르얀은 다음번 재편성 때는 다른 접근법을 취했다. 조직 구성원들의 역량에 의지하기로 한 것이다. 구성원들이 직접 재편성 프로세스에 참여해 중심 역할을 하는 방식을 택했다. 경찰 조직을 대표하는 100명의 구성원들(법률 전문가, 행정 담당관, 수사관 등)을 소집해 각자의 전문 지식을 발휘하게 했다. 참석자들이 각자 아이디어를 내고 서로의 의견을 지지하거나 반박하거나 토론하면서 다양한 관점이 회의 테이블에 올라왔다.

아르얀은 이런 토론 과정을 통해 훨씬 나은 계획이 도출된다는 사실

을 깨달았다. 또한 모두가 주인 의식을 갖는 분위기가 형성됐다. 그들
은 정해진 결과를 통보받는 대신 다 함께 계획을 만들고 개선했으며 결
과물에 대한 믿음을 갖게 됐다. 또 그 믿음을 다른 구성원들에게도 전
파했다.

이 두 리더는 결정자와 토론 조성자의 차이를 극명하게 보여준다. 결
정자는 구성원들을 소외시킨 채 빠른 결정을 내린다. 사람들은 그런 결
정이 내려진 이유와 근거를 제대로 알 수 없다. 반면 토론 조성자는 최
종 결정에 앞서 토론을 촉진하며, 그 과정에서 현명한 실행력을 갖춘
팀이 만들어진다.

토론 조성자

앞에서 소개한 마이크로소프트의 루츠 지옵은 토론 조성자의 본보기가
될 만한 리더다. 그가 2003년 마이크로소프트의 교육 사업 부문을 맡았
을 당시, 이 부문은 기업 교육 파트너들과 손잡고 강사 주도형 수업을
주 5일 진행하는 전통적 방식을 기반으로 하고 있었다. 그러나 수익과
시장 범위는 목표에 못 미치는 저조한 수준이었다.

루츠는 2가지 난제에 직면했다. 첫째 단기간 내에 이 사업부를 수익
을 내는 구조로 만드는 것, 둘째 고객 범위를 크게 확장해 마이크로소
프트 제품을 자유자재로 다루는 고객 숫자를 최대한 늘리는 것이었다.
이를 위해 루츠는 기존의 기업 파트너들을 기반으로 이 목표를 달성할
지, 아니면 학교들로 눈을 돌려 더 과감한(어쩌면 위험할 수도 있는) 접근

법을 택할지 결정해야 했다.

말투에 독일식 억양이 섞인 루츠는 보기 드물게 열정과 과묵함을 겸비한 리더다. 기술 교육 사업의 전문가인 그는 큰 그림을 보는 전략 수립과 꼼꼼한 사업 운영 모두에 능하다. 또한 다양한 능력과 출신 배경을 가진 인재들로 팀을 꾸린다. 그의 팀에는 마이크로소프트에 오래 근무한 직원, 다른 글로벌 기술회사에서 교육 관련 경험을 풍부하게 쌓은 사람, 평소 직무에서 벗어나 도전적인 업무를 배정받고 최근에 합류한 사람 등이 섞여 있었다.

루츠와 15분만 얘기를 나눠보면 그가 풍부한 경험과 지식을 바탕으로 혼자서 충분히 결정을 내릴 능력이 된다는 것을 누구라도 알 수 있다. 또 사안의 중요성을 감안할 때 많은 리더들이 그렇게 하고 싶은 충동을 느낄 것이다. 그러나 루츠는 토론의 힘을 신뢰했으며, 사안의 중요성이 클수록 의사 결정 과정에 더 많은 이들을 참여시켜 철저한 논의를 거쳐야 한다고 확신했다. 그래서 당면한 문제 해결에 팀원들을 참여시키기로 했다.

그는 팀원들을 모아놓고 큰 질문들을 던졌다. 기업 교육 파트너들 대신 학교들을 통해 교육 사업을 진행하는 쪽으로 초점을 옮겨야 하는가? 사업 범위 확장을 위해 현재의 비즈니스 모델을 위험에 빠뜨리는 것이 타당한가? 팀원들에게 숙제를 던져준 것이다. 그들은 2주 뒤 워싱턴주 레드먼드에 있는 마이크로소프트 본사에서 가까운 오카스섬에서 모이기로 했다. 최대한 자료 조사를 하고 교육시장에 대한 각자의 관점을 정리해 오기로 했다.

오카스섬에 모인 날의 분위기는 대기업의 사외 워크숍에서 으레 볼 수 있는 풍경이었다. 멋진 전망, 펜과 플립 차트, 널찍하고 밝은 회의실 등등. 하지만 가장 중요한 것은 참석자 모두가 자유롭게 생각하고 의견을 내는 분위기였다는 점이다. 다들 준비가 돼 있었기에 루츠는 곧장 본론으로 들어갔다. "우리의 3억 달러 규모의 교육 사업을 뒷받침하고 있는 모델은 시대에 뒤처진 것일지도 모릅니다. 이 모델을 고수할지, 아니면 기업시장을 벗어나 학교로 진출하는 완전히 새로운 모델을 도입할지 결정해야 할 때입니다."

루츠는 토론 범위를 넓게 제시하며 말했다. "최선을 다해 생각해주십시오. 여러분에게는 의견을 낼 자유만 있는 게 아니라 의무도 있습니다. 치열하게 토론해봅시다. 당연하다고 믿던 가정에 의문을 제기하고 어려운 질문을 던지십시오."

그는 이런 일련의 대담한 질문들로 토론에 불을 붙였다. "우리가 꼭 학교시장에 진출해야 하는가?" "성공하려면 무엇이 필요한가?" 각 질문 뒤에는 팀원들이 자유롭게 토론을 이어나갔다.

토론이 웬만큼 진행돼 결론이 나오려고 할 때쯤, 루츠는 사람들에게 서로 입장을 바꿔 자기가 옹호했던 주장을 반박해보라고 했다. "크리스, 라자의 입장에서 생각해봐요. 라자, 당신이 주장했던 아이디어에 반론을 펴보세요. 크리스는 라자의 아이디어를 옹호해보고요." 사람들은 처음엔 어색해했지만 곧 다른 각도에서 문제를 바라보기 시작했다. 또 루츠는 그들의 관점을 넓히기 위해 본래 소속이 아닌 다른 부서에 속한다고 가정해보게 했다. "테레사, 당신은 지금까지 해외시장 관점에서 바라보고 있었죠. 이제 국내시장 관점에서 한번 생각해보세요." "리, 당신은 기술적 문제에 주로 초점을 맞췄으니 이번엔 마케팅 관점에서 토론해봐요." 팀원들이 자기 영역에서 한 발짝 물러나 바라보자 다시 토론 분위기가 달궈졌다. 루츠는 논쟁을 적극적으로 유도했으며 토론 분위기가 시들해지면 눈에 띄게 실망했다.

팀원들은 다양한 관점과 의견에 적극적으로 귀를 기울였다. 다른 사람의 의견에 의문을 제기하고 때로는 자기 자신의 견해에도 의문을 품었다. 기업 회의실에서 으레 목격되는 엄숙하고 예의 바른 태도를 벗어버리고 열정적으로 의견을 주고받았다. 전에 없던 모험적인 방식으로 해답을 찾는 과정에 뛰어들었다.

결국 그들은 교육 사업 범위를 학교로 확대하기로 결정하고, 이후 2년에 걸쳐 학생들과 교육기관들을 중심으로 사업 구조를 재편성했다. 1,500곳의 기업 파트너와 일하던 사업이 4,700곳의 교육기관 파트너를 기반으로 하는 사업으로 성장했다. 2년 만에 규모가 3배나 커진 것이다. 현재 학교와 교육기관은 이 사업 부문의 성장을 이끄는 가장 중요한 동력이다.

루츠는 토론 분위기가 저절로 유지되게 놔두지 않았다. 그는 토론을 촉발하는 것 자체는 어렵지 않지만 치열한 토론 분위기를 만들려면 의도적인 노력이 필요하다는 것을 아는 리더였다.

토론 조성자의 3가지 특징

멀티플라이어가 결정을 내리는 방식은 디미니셔와 3가지 측면에서 크게 다르다. 디미니셔는 문제를 제기하고 토론을 장악하며 결정 사항을 강요하지만, 멀티플라이어는 1) 문제의 틀을 잡고 2) 토론에 불을 붙이고 3) 타당한 결정을 내린다.

1. 문제의 틀을 잡는다

토론 시작 전에 리더가 무엇을 하느냐가 훌륭한 결정을 좌우한다. 좋은 리더는 토론 프로세스에 앞서 적절한 질문을 정하고 적절한 사람들로 팀을 꾸린다. 그리고 문제의 틀을 잡아준다. 이 틀은 다음 4가지 요소로 구성된다.

▶ **질문:** 결정할 사항이 무엇인가? 고를 수 있는 선택지들에 어떤 것이 있는가?

▶ **왜:** 이 질문이 왜 중요한가? 왜 이 결정에 구성원들의 의견과 토론이 필요한가? 이 문제를 제대로 다루지 못하면 어떤 일이 발생하는가?

▶ **누가:** 의사 결정 과정에 누가 참여하는가? 누가 의견을 낼 것인가?

▶ **어떻게:** 최종 결정은 어떻게 내려지는가? 다수결 원칙에 따를 것인가? 전원 합의가 필요한가? 아니면 사람들이 의견과 제안을 낸 뒤 리더가 (또는 다른 누군가가) 최종 결정을 내리는가?

훌륭한 토론의 출발점은 생각을 자극하는 질문이다. 아무 질문이나 하는 것은 의미가 없다. 적절하고 올바른 질문이어야 한다. 혁신으로 유명한 세계적인 디자인 컨설팅회사 아이데오^{IDEO}의 대표 팀 브라운^{Tim} ^{Brown}은 이렇게 말했다.

리더의 가장 중요한 역할은 올바른 질문을 던지고 올바른 문제에 집중하는 것이다. 사업을 하다 보면 당장 눈앞에 보이는 문제에만 반응하기가 매우 쉽다. 당신이 얼마나 창의적인 리더인가, 얼마나 좋은 답을 찾는가는 별로 중요하지 않다. 리더가 엉뚱한 문제에 집중하면 제대로 된 리더십을 발휘할 수 없다.[4]

팀 브라운은 또 이렇게 말했다. "올바른 질문은 그냥 땅에 떨어져 있는 것을 줍듯이 생겨나는 것이 아니다."[5] 멀티플라이어의 역할은 올바른 질문을 적극적으로 찾아내고 사람들이 답을 찾게 이끄는 것이다.

흔히 저지르는 실수는 구체적인 질문이 아니라 막연한 주제를 놓고 토론을 벌이는 것이다. 가장 생산적인 토론은 명확히 정의된 질문(종종 상호 배타적인 선택지들을 포함하는 질문)의 답을 찾는 과정에서 이뤄진다. 예를 들어 "어느 부분에서 비용을 줄여야 하는가?"보다는 "A프로젝트와 B프로젝트 중 어느 쪽의 비용을 줄여야 하는가?"가 더 효과적인 질문이다.

문제의 틀을 잡고 나면 멀티플라이어는 곧장 뛰어들어 토론을 시작하고 싶은 유혹에 저항한다. 대신 사람들에게 생각을 정리하고 준비할 충분한 시간을 준다. 시간적 여유를 주는 것이 곧 생각을 더 단단하게 하고 토론에서 감정을 배제하게 만드는 길임을 알기 때문이다. 또한 멀티플라이어는 토론에 앞서 팀원들이 해야 할 일을 알려준다. 깊은 숙고를 통해 자기 견해를 명확히 정리하고 그것을 뒷받침할 근거를 준비해 오라고 한다. 우리의 관찰 결과, 흥미롭게도 사람들은 중립적인 입장에서 출발할 때보다 각자의 명확한 입장을 정립한 뒤 토론에 참여할 때 가장 합리적이고 올바른 결론에 도달했다.

루츠 지옵이 팀원들을 중요한 의사 결정에 참여시킨 과정을 떠올려 보라. 그는 "기업 교육 파트너들이 아닌 학교들을 통해 교육 사업을 전개하는 방향으로 사업의 초점을 옮겨야 하는가?"라는 질문을 던지며 문제의 틀을 명확하게 잡아주었다. 시장 범위를 넓혀 최대한 많은 잠재적 사용자를 교육의 타깃으로 삼기 위해 이 결정이 왜 중요한지 설명했다. 의사 결정 프로세스를 알려주고 팀원들에게 2주의 준비 시간을 주면서 각자 견해와 자료를 준비해 오라고 했다.

리더가 문제의 틀을 명확히 잡아주면 팀원들은 어디에 초점을 맞춰야 할지 알 수 있다. 생각을 집중해야 할 곳과 아닌 곳을 구분할 수 있다는 얘기다. 비유하자면 이는 외과 수술에서 수술포를 사용하는 것과 비슷하다. 당신이 무릎 수술을 받기 전에 병원 침대에 앉아 있다고 상상해보라. 간호사가 이런저런 필요 사항들을 체크하고 당신은 여러 서류에 사인을 한다. 그런 다음 간호사가 당신에게 사인펜을 건네면서 멀쩡한 무릎에는 'NO', 수술 받을 무릎 바로 아래에는 'YES'라고 쓰라고 한다. 당신은 처음엔 당황스러울지 몰라도 곧 몸을 마취할 것이란 생각에 간호사의 지시대로 한다. 수술실에 들어가면 다른 간호사가 'YES'라고 적힌 무릎에 파란색 수술포를 덮는다. 그러면 수술포 가운데의 네모난 구멍으로 수술할 무릎 부위의 살갗만 드러난다. 의사는 시야에 불필요한 방해를 받지 않고 오로지 십자 인대 재건이 필요한 해당 부위에만 집중하게 된다. 집중력 분산과 감염을 막아주는 수술포 덕분에 의사는 안전하게 수술을 집도한다. 리더가 문제의 틀을 잡는 것(결정이 중요한 이유, 질문, 프로세스를 명확히 하는 것)은 수술포와 같은 효과를 낸다. 리더는 토론에 앞서 틀을 잡아주고 사람들에게 준비할 시간을 줘야 한다.

중요도가 큰 결정일수록 구성원 모두가 최선을 다해 생각해야 한다. 토론 조성자는 문제의 틀이 분명하게 규정되고 토론 테이블에서 다뤄야 할 질문들이 명확하면 사람들이 최고의 사고력을 발휘할 수 있다는 것을 안다. 주관적 견해가 아니라 정확한 자료에 근거할 때 풍부하고 건설적인 토론이 가능해지며, 올바른 정보를 모으려면 현명한 통찰력이 필요하다.

멀티플라이어는 충분한 시간을 두고 준비하며 문제의 틀을 잡아주기 때문에, 디미니셔보다 사람들 능력을 훨씬 더 효과적으로 활용할 수 있다. 사람들은 핵심과 관계없는 지엽적인 문제 주위만 맴돌며 지적 능력과 열정을 낭비하지 않는다. 핵심 질문 위주로 토론하게 방향을 잡아주어 의욕을 자극하고 능력을 100퍼센트 발휘시킨다. 멀티플라이어는 분명한 목적의식을 갖고 토론을 조성한다. 토론으로 무엇을 얻어내야 하는지 명확히 인식한다는 얘기다. 멀티플라이어는 단순히 토론을 즐기는 사람이 아니라 '토론을 만들어내는' 사람이다.

2. 토론에 불을 붙인다

틀을 잡아준 뒤에는 토론에 불을 붙인다. 나는 연구와 임원 코칭 과정에서 훌륭한 토론의 4가지 요소를 발견했다. 그것은 다음과 같다.

▶ **참여를 끌어낸다**: 모든 참석자가 주목하지 않을 수 없는 중요한 질문을

던진다.

▶ **포괄적이다:** 적절한 정보를 공유해 당면 문제에 대한 전체적인 이해를 유도한다.

▶ **사실에 근거한다:** 견해가 아니라 사실을 근거로 토론한다.

▶ **배움의 기회가 된다:** 토론이 끝난 뒤 논쟁의 승패 여부가 아니라 무엇을 배웠는지를 더 중요시한다.

어떻게 하면 이런 토론을 만들 수 있을까? 훌륭한 토론에는 2가지 핵심 요소, 즉 음의 측면과 양의 측면이 있다. 전자는 심리적 편안함을 조성하는 것이고, 후자는 철저함을 요구하는 것이다. 멀티플라이어는 이 2가지를 모두 한다.

음의 측면: 편안함을 조성한다

멀티플라이어가 최고의 생각을 끌어내기 위해 편안한 분위기를 조성하는 방법은 무엇일까?

두려움을 없애는 것이 핵심이다. 멀티플라이어는 사람들의 자신감을 위축시키는 요인, 두려움에 움츠러드는 분위기를 없앤다. 우리가 인터뷰한 한 관리자는 자신의 상사에 대해 이렇게 말했다. "아미트는 확고한 의견을 갖고 있어도 먼저 토론을 진행시킨 '뒤에' 자기 의견을 표현한다. 직원들은 아미트가 그들에게 뭘 기대하는지 잘 안다. 그는 사람들 의견을 존중하지만 이치에 맞지 않는 점은 잔인할 만큼 솔직하게 지적한다. 나는 그에게 내 생각을 자유롭게 말했다고 해서 곤란에 빠진 적이 한 번도 없다."

어떤 임원은 자신이 직원들 사이에 똑똑하고 고집 센 상사로 소문났을 뿐만 아니라 그것이 두려움을 조성할 수 있다는 사실을 알게 됐다. 그녀의 부하 직원은 최근에 그녀가 변했다면서 이렇게 말했다. "팀원들이 어떤 문제를 토론할 때 제니퍼는 토론이 끝날 때까지 자기 생각을 밝히지 않는다. 모두에게 의견 발표 기회를 주고 나서 자기 의견을 말한다."

멀티플라이어는 심리적 편안함을 조성하지만 그와 동시에 사실에 입각한 철저한 토론을 요구한다. 모두 안전벨트를 매게 한 뒤에 가속페달을 힘껏 밟고 달려 나가는 것이다.

양의 측면: 철저함을 요구한다

멀티플라이어는 어떤 식으로 철저함을 요구할까?

그들은 기존 생각에 의문을 제기하는 질문을 던진다. 조직이 전진하지 못하게 발목을 붙잡고 있는 가정을 드러내는 질문, 치열하고 깊게 생각해야 하는 질문을 던진다. 또한 근거를 요구한다. 넷스케이프Netscape 의 전 CEO 짐 박스데일Jim Barksdale 은 이렇게 말한 것으로 유명했다. "만일 당신이 사실에 근거한 데이터를 제시하지 못하면 회사에서는 내 의견을 쓸 것이다." 토론 조성자는 주관적 의견과 감정적 주장에 휘둘리지 않으며 언제나 근거 자료를 요구한다. 참신하거나 대안적인 관점을 보여주는 근거도 중요시한다.

유럽의 어느 온라인 유통회사의 경영진이 자사 온라인 스토어에 새로운 기능을 추가하는 문제를 논의하려고 모였다. 대부분이 해당 기능 추가를 지지하는 분위기였다. 하지만 CEO는 좀 더 철저한 논의가 필요하다고 판단했다. 그는 새 기능이 정말로 매출 증가로 이어지겠느냐고 경영진에게 물었다. 경영진은 이런저런 의견을 제시했지만 CEO는 데이터와 근거를 요구했다. 경영진은 자료를 상세히 분석한 보고서를 내놓았다. 하지만 CEO는 더 나아갔다. 그는 각 나라별로 데이터를 검토해 의문점들에 대한 답을 찾으라고 했다.

한 임원은 당시를 이렇게 회상했다. "그저 의견만 내놓고 넘어가는 것은 누구에게도 용납되지 않았다." 임원들은 이 문제와 씨름한 끝에 아직 올바른 결정에 필요한 정보가 충분치 않다는 결론을 내렸다. 그리고 추가로 필요한 데이터를 찾아냈다. 이 회사의 CEO는 타당한 결정을 위해 철저함을 요구하면서 계속 토론을 진행시켰다.

수 시겔은 아피메트릭스 대표였던 2001년에 회사의 운명을 좌우할 중요한 결정 앞에 놓였다. 이때 그녀는 데이터와 개방적 태도를 바탕으로 구성원들의 능력을 남김없이 끌어내 이용했다.

아피메트릭스는 복잡한 유전적 정보의 분석에 활용되는 마이크로어레이microarray 기술 제품을 생산하는 회사였다. 상장한 지 3년 된 이 회사는 꾸준히 성장해 직원이 800명으로 늘어난 상태였다. 그 무렵 수는 고객들로부터 나쁜 소식을 전해 들었다. 아피메트릭스에서 만든 진칩GeneChip에 문제가 있어 유전자 분석 결과에 오류가 생길 가능성이 있다는 얘기였다. 다만 전체는 아니고 일부 경우에 이런 문제점이 발견됐다. 대표인 수는 '제품을 리콜해야 하는가?'라는 힘든 결정에 직면했다.

수는 생명공학업계에서 베테랑 리더였고 이 분야의 기술에 대한 지식도 해박했다. 하지만 혼자만의 판단에 의지하는 대신, 직급 체계에 구애받지 않고 데이터와 통찰력을 얻기 위해 모든 직원에게 눈을 돌렸다. 해당 사안에 풍부한 지식을 갖춘 직원들을 직접 찾아가 의견과 조언을 구했다.

그리고 얼마 뒤 여러 직급의 관리자들이 참여하는 토론 회의를 소집했다. 그녀는 해당 사안의 중요성과 그것이 회사에 끼칠 잠재적 영향을 설명했다. 생명공학회사에서는 제품 개발 주기가 길기 때문에 하루아침에 해결책을 찾기는 불가능하다. 신생 기업의 경우 이런 결정은 엄청난 결과를 몰고 올 수 있다. 그 여파가 향후 몇 년간 이어지기도 한다. 수는 몇 가지 시나리오를 제시하고 사람들에게 질문을 던지기 시작했다. 다양한 각도에서 문제를 생각해보는 질문이었다. "고객들에게 끼칠 영향은 무엇인가?" "우리의 법적 의무는 무엇인가?" "재정적으로 어떤 영향이 발생할 것인가?" 등등. 수는 데이터와 권고 사항을 제시해달라고 요청했다. 이후 사람들은 2일에 걸쳐 치열하게 토론했고, 수는 경영진의 의견도 들어보았다. 그리고 제품을 리콜하기로 최종 결정했다. 이튿날 수는 캘리포니아주 라구나니구엘에서 열린 골드만삭스 금융 컨퍼런스에 참석해 1,000명이 넘는 애널리스트와 주주, 업계 전문가들 앞에서 자사 제품의 문제점과 리콜 결정을 발표했다.

리콜 결정은 아피메트릭스에 적지 않은 타격을 주었다. 2개 분기 동안 시가총액이 떨어졌고 아피메트릭스는 하루아침에 인기 종목에서 기피 종목으로 변했다. 그러나 구성원들이 함께 머리를 맞대고 내렸기에 옳은 결정이라는 확신에는 변함이 없었으며, 고객과 주주들에게도 이유를 설명할 수 있었다. 이후 회사는 빠르게 회복해 시장 포지션을 되찾고 시가총액도 늘어났다. 제품 리콜 사건은 고객과의 관계를 더 단단히 다지고 직원 의견에 대한 존중의 중요성을 확인하는 의미 깊은 계기가 됐다. 리콜 사건 이후 수가 회사를 이끈 4년 동안 아피메트릭스는 계속 성장하면서 매출과 수익 모두 목표치를 넘게 달성했다.

수 시겔이 위기를 훌륭하게 극복할 수 있었던 것은 자신의 생각에만 갇히지 않고 직원들의 목소리에 귀를 기울여 조직의 역량을 충분히 활용했기 때문이다. 그 결과, 사실과 데이터에 근거를 두고 고객을 위하는 결정을 내릴 수 있었다.

토론 조성자는 문제를 여러 각도에서 본다. 팀원들이 너무 빨리 합의에 도달하려고 하면 다른 관점에서 논지를 펴보라고 요청한다. 또는 토론 조성자 자신이 나서 다른 주장을 제시하기도 한다. 최선의 결과를 위해 할 수 있는 데까지 노력한다. 루츠 지옵이 토론에서 치열한 사고를 자극했던 것을 떠올려보라. 초반에 결론이 나오려는 분위기가 엿보이면 그는 재빨리 뛰어들어 토론이 필요한 부분을 새롭게 제시했다. 그리고 '입장 바꿔보기'를 제안했다. 각자 준비해 온 견해를 접어놓고 그것과 정반대 입장을 옹호해보라고 했다. 자신과 반대되거나 다른 견해를 옹호해봄으로써 팀원들은 1) 문제를 다른 관점에서 바라보며 공감 능력과 이해력을 키우고 2) 자기 의견을 반박해야 하므로 그것의 문제점이나 맹점을 발견할 수 있고 3) 여러 다양한 선택지 중에 새로운 대안을 발견하고 4) 객관적 시각을 키울 수 있다. 그리고 최종 결정이 내려질 때 그것은 특정 개인의 생각이 아니므로 팀원 모두가 주인 의식을 느끼게 된다.

다음 표는 토론 조성자의 방식을 요약해 보여준다.

심리적 편안함을 조성한다. (음의 측면)	철저함을 요구한다. (양의 측면)
• 사람들의 의견을 들은 뒤 자신은 마지막에 의견을 제시한다. • 반대 입장에서 생각해보게 한다. • 어떤 견해라도 말할 수 있게 한다. • 사실과 자료에 초점을 맞춘다. • 감정을 배제한 채 문제를 객관적으로 본다. • 조직의 서열과 직급 체계에 구애받지 않는다.	• 어려운 질문을 던진다. • 당연하게 믿던 가정에 의문을 제기한다. • 데이터에서 근거를 찾는다. • 다양한 관점에서 문제를 바라본다. • 사람이 아니라 문제를 공격한다. • 문제의 상반된 두 측면을 동등하게 토론한다.

3. 타당한 결정을 내린다

멀티플라이어가 추구하는 훌륭한 토론에는 분명한 목적이 있다. 바로 타당한 결정을 내리는 것이다. 이를 위해 멀티플라이어는 다음 3가지를 실행한다.

의사 결정 프로세스를 분명하게 알린다

토론이 끝나면 그다음 단계를 사람들에게 알린다. 토론에서 나온 핵심 아이디어와 결과를 요약하고 이후 과정이 어떻게 진행될지 알린다. 이때 이런 질문을 생각해본다.

▶ 지금 결정을 내릴 것인가, 아니면 정보가 더 필요한가?
▶ 팀이 결정을 내릴 것인가, 아니면 리더가 최종적으로 결정할 것인가?
▶ 팀이 결정을 내린다면, 팀원들끼리 견해 차이가 있는 부분은 어떻게

해결할 것인가?

▶ 토론에서 논의된 내용 때문에 의사 결정 프로세스에 변화가 생겼는가?

우리가 연구한 한 리더는 마무리 단계에 매우 능숙했다. 그의 부하 직원은 말했다. "앨리슨은 누가, 언제 결정을 내릴 것인지 직원들에게 분명히 알린다. 직원들이 그 과정을 몰라서 답답해하는 일이 없다."

멀티플라이어는 사람들이 내놓은 아이디어와 노력이 어떤 식으로 활용될지 분명하게 알린다. 때문에 그들은 자신의 노력이 헛되지 않다고 확신하므로 다음번에도 최선을 다한다. 이로써 멀티플라이어는 단 한 번이 아니라 거듭 반복해서 최고의 능력 발휘를 이끌어낸다.

결정을 내린다

멀티플라이어는 집단 지성을 유도하고 활용하지만 언제나 합의를 추구하는 것은 아니다. 때로는 구성원 전체의 합의를 지향하지만 필요할 때는 자신이 최종 결정을 내린다.

글로벌 기술회사에서 이머징 마켓을 담당하는 한 관리자는 자신의 상관에 대해 이렇게 말했다. "크리스는 집단 결정과 합의를 선호한다. 하지만 실용적인 타입이라 빠른 결정이 필요할 때는 자신이 최종 결정을 내리거나, 아니면 해당 사안의 전문가에게 결정을 맡긴다."

결정 사항과 이유를 알린다

뚜렷한 목적의식을 가진 철저한 토론이 가져오는 중요한 이점은 결정 사항의 실행에 필요한 추진력을 형성시킨다는 것이다. 특정한 문제를 치열하게 토론하다 보면 그와 관련된 문제점과 기회, 변화의 필요성 등을 깊이 이해하게 된다. 구성원들 전체의 이해가 깊어지면 무언가를 실행하는 능력도 커진다.

루츠는 종종 '시어터Theater'라고 부르는 회의실에 직원들을 모아놓고 토론을 한다. 이곳에는 여느 기업 회의실과 비슷하게 중앙에 대형 테이블이 놓여 있다. 다른 점이 있다면 보통 회의실보다 2배나 많은 의자가 벽을 죽 따라 배치돼 있다는 점이다. 이 토론장은 누구에게나 열려 있다. 토론 주제에 관심이 있는 직원은 누구라도 들어와서 참관할 수 있다. 이곳을 '시어터'라고 부르는 것은 병원에서 첨단 기술을 활용해 수술 집도 모습을 참관하는 '서지컬 시어터surgical theater'와 역할이 비슷하기 때문이다. 직원들은 토론 모습을 직접 보면서 문제를 더 깊이 이해하게 된다. 이로써 모든 직급의 구성원이 결정 내용을 실행하는 추진력이 커진다. 이런 투명한 의사 결정 모델에서는 사람들에게 결정 사항과 그 이유를 전달하기가 훨씬 용이하다.

이 회사의 '시어터'는 직원들이 중요 결정 내용을 이해하고 실행할 준비를 갖추게 해준다. 뿐만 아니라 의대생들이 수술 방법을 배우듯 그들은 '시어터'를 통해 자신이 뒷날 토론 테이블에 앉을 때 어떻게 해야 하는지를 배울 수 있다.

디미니셔의 방식

디미니셔는 시야를 넓혀 조직 곳곳으로 시선을 돌리는 대신, 자기 혼자서 또는 가까운 측근 몇몇의 의견을 듣고 결정하는 경향이 있다. 이런 리더 밑에서 사람들은 결정이 내려진 근거를 알지 못해 이런저런 추측만 하고 결정 사항의 실행에도 집중하지 못한다.

내가 목격한 어느 디미니셔는 자기 방에 원 2개를 만들어놓고 회의를 했다. 작은 원형 탁자에는 핵심 멤버들이 앉아서 문제를 논의하고 결정을 내렸다. 그리고 일단의 사람들이 탁자 주변에 둥그렇게 서서 말없이 메모를 했다. 나는 이 이상한 회의에 참석하고 나서, 말없이 메모하던 사람들 중 하나에게 그렇게 서 있는 사람들의 역할이 무엇이냐고 물어보았다. 그러자 이런 대답이 돌아왔다. "우리는 결정 과정에 참여하지 않습니다. 탁자에는 우리 자리가 없습니다. 나중에 전무님이 일일이 다시 지시할 필요가 없게끔 회의 내용을 잘 적어놓는 게 우리 일입니다." 그곳은 토론을 배우는 자리가 아니라 강의실과 비슷했다.

디미니셔는 토론을 위해 문제의 틀을 잡아주는 게 아니라, 갑자기 문제를 제기하고 토론을 장악하며 결정 사항을 강요한다.

○ **문제를 제기한다.** 디미니셔는 어떤 문제나 결정이 필요한 사항에 사람들이 주목하게 만들지만, 그들이 참여할 수 있는 분위기는 만들지 않는다. 문제를 제기하고 나서 '어떻게'나 '왜'가 아니라 '무엇'에만 집중한다. 한 CIO(최고 정보 책임자)는 주간 회의 때면 이런저런 문제를 잔뜩 꺼내놓곤 했다. 그의 팀원은 말했다. "한번은 그가 회의에서 인체공학적 키보드라는 문제를 꺼내놓더니 한 시간 동안 계속 그 얘기만 했다. 그는 똑똑하고 열정도 있지만 두서없이 산만하다. 그는 100만 가지 방향으로 1밀리미터씩 앞으로 나아간다."

○ **토론을 장악한다.** 어떤 사안의 논의가 필요할 때 디미니셔는 자기 생각을 강조하며 토론을 장악하곤 한다. 그는 '토론을 조성하는' 사람이 아니다. 앞에 소개한 조너선 에이커스를 생각해보라. 그는 각 분야 인재들을 소집하고 필요한 자료를 모아놓고도 토론 분위기를 만들지 않았다. 대신 혼자 회의를 장악하고 자기 의견만 설명하면서 팀원들의 생각과 의욕을 억눌렀다.

○ **결정 사항을 강요한다.** 디미니셔는 자신의 의견만 주장하거나 철저한 토론을 생략하고는 결정 사항을 받아들이게 강요한다. 한 디미니셔 리더는 태스크 포스 회의 내내 자기 생각만 말하고 나서 회의를 마무리하며 이렇게 말했다. "자, 이제 이 사업 부문을 글로벌화해야 한다는 데 우리 모두 동의한 것 같군요." 팀원들 얼굴에 당황한 표정이 역력했다. 자신들은 동의한 적이 없었기 때문이다. 그때 한 명이 용감하게 침묵을 깨고 말했다. "아뇨, 우리는 지금까지 당신 의견만 들었지 동의를 표현한 적이 없는데요."

이런 디미니셔는 조직에 어떤 영향을 끼칠까? 얼핏 보기에는 디미니셔가 효과적으로 결정을 내리는 것처럼 보인다. 그러나 몇몇 사람의 의견만 참고할 뿐 토론의 중요성을 무시하기 때문에, 나머지 대다수 구성원은 결정이 내려진 이유와 근거를 제대로 이해하지 못한다. 명확한 이해가 부족하기에 결정 내용이 타당한지를 놓고 논쟁을 벌이고, 그것의 실행에 집중하기보다는 같은 자리를 맴돌며 정체된다.

디미니셔가 인적 자원을 활용하지 못하고 자원 유출을 초래하는 것은 바로 이 때문이다. 결정자 유형의 리더는 인재와 정보를 갖고도 충분히 활용하지 못한다. 수많은 능력이 그저 조직 안에서 잠자게 된다. 이런 상황에서 디미니셔는 생산성이 제대로 나오지 않는다면서 더 많은 인력 충원을 요청한다.

이에 반해 멀티플라이어는 최고의 사고력을 끌어내고 토론을 이용해 지적 능력을 한층 확장한다. 치열한 토론을 하는 동안 사실과 데이터가 등장하면 사람들이 귀를 기울이고 배우게 된다. 결과적으로 멀티플라이어는 현재 가진 자원에서 최대치를 끌어내고 조직이 다음 단계로 나아갈 힘을 키운다.

토론 조성자가 돼라

토론 조성자가 되려면 무엇이 필요할까? 마이크로소프트 러닝의 루츠 지옵이나 아피메트릭스의 수 시겔처럼 토론을 장려하는 리더가 되려면? 결정자에서 토론 조성자로 변하려면 어떻게 해야 할까?

우리의 연구 및 임원 코칭 경험에 따르면, 조직의 리더가 디미니셔에서 멀티플라이어로 변하는 것은 충분히 가능하다. 하지만 단순히 새로운 실천 사항 몇 가지를 추가하는 것으로는 안 된다. 리더로서의 기본 관점을 근본적으로 변화시켜야 한다. 자신의 역할을 지금까지와는 다른 시각으로 바라봐야 한다. 리더의 가장 중요한 역할은 치열한 사고를 자극하는 질문을 던지는 것임을 깨달아야 한다.

몇 년 전 나는 한 초등학교에서 '주니어 그레이트 북스Junior Great Books'라는 독서 교육 프로그램의 토론 지도자로 봉사 활동을 했다. 내 역할은 비교적 쉬워 보였다. 초등학교 3학년생들이 아동문학 작품을 읽고 토론하는 과정을 지도하는 것이었다. 아이들은 이야기를 꼼꼼히 읽고 의미를 찾아낸 다음 친구들과 토론해야 했다. 나는 토론 지도하는 법을 잘 안다고 학교 측에 얘기했지만, 1일 교육 워크숍에 참석해 '공동 탐구shared inquiry'라는 기법을 배워야 했다.[6] 그것은 토론을 지도하는 간단하면서도 강력한 기법이었다.

공동 탐구에서는 다음 3가지 원칙이 중요하다.

1. **토론 지도자는 질문만 한다.** 즉 자신이 한 질문의 답을 말해주거나 이야기의 의미를 설명해주면 안 된다. 이는 학생들이 토론 지도자의 설명에 의존하는 것을 막기 위함이다.
2. **학생들은 자신의 주장을 뒷받침하는 근거를 제시해야 한다.** 만일 학생이 잭이 아무도 자기 능력을 꺾을 수 없음을 증명하기 위해 콩나무 위에 세 번째로 올라갔다고 생각한다면, 그 생각의 근거가 되는 단락을 책에서 찾아 제시해야 한다.
3. **모두가 참여해야 한다.** 토론 지도자의 역할은 아이들 모두가 발언하게 하는 것이다. 때에 따라 주장이 강한 학생은 자제시키고 소극적인 학생은 발표를 유도한다.

아이들의 토론을 지도하면서 질문만 던지고 답을 주지 않는 방식은 내게 매우 인상적인 경험이었다. 그것은 의외로 놀라운 힘을 발휘했다. 아이들이 자기 나름대로 이야기를 해석한 것과 의견을 발표할 때, 나는 그들의 눈을 보며 물었다. "그렇게 생각하는 근거가 뭔지 말해보겠니?"

처음에 아이들은 조금 위축됐지만 의견에는 근거가 반드시 따라야 한다는 것을 곧 배워나갔다. 몇 번 해보고 나서는 대답하는 속도도 빨라졌다. 아이들이 자기 생각을 주장하면, 내가 "근거를 제시하라"고 요청했다. 아이들은 근거가 되는 부분을 재빨리 책에서 찾아 보여주었다. 한 명도 빠짐없이 모두에게 발표를 시켰기 때문에 학생들 모두가 의견을 말하고 근거를 내놓는 방법을 익혔다.

이 경험을 통해 훌륭한 토론을 위한 프로세스와 방법이 존재한다는 나의 믿음은 더욱 굳어졌다.

토론 조성자가 되기 위한 출발점

토론을 장려하는 리더가 되려면 이렇게 하라. 철저한 사고와 집단 지성을 통해 결정하는 것이 바람직한 문제가 무엇인지 정하라. 문제의 틀을 잡아주고, 팀원들로 하여금 토론에 준비하게 한 뒤, 토론을 개시하라. 리더의 의견을 강요해선 안 된다. 사람들의 참여를 통해 합의에 이르는 합리적인 프로세스를 택하라.

앞서 소개한 학생들의 독서 토론을 떠올리며 아래와 같이 실천하라.

○ **어려운 질문을 던져라.** 문제의 핵심과 연결된 질문을 하라. 기존 관점과 가정에 배치되는 질문을 하라. 팀원들에게 질문한 뒤에는 곧장 리더인 당신의 의견을 덧붙이지 말고 그들의 의견을 들어라.

○ **근거를 요구하라.** 누군가 의견을 말하면 그것을 개인적 진술에 머물게 하지 마라. 의견을 뒷받침할 근거를 요구하라. 단편적인 데이터로는 안 된다. 충분한 양의 데이터 또는 트렌드를 제시해야 한다. 이것을 원칙으로 삼아서 토론에 참석할 때는 항상 자료를 준비해 오게 하라. 필요하다면 한 박스 분량이라도 말이다.

○ **모두에게 물어라.** 목소리가 큰 몇몇에게만 집중하지 말고 많은 사람의 관점에 귀를 기울여라. 데이터를 가장 잘 알고 객관적이며 분석에 뛰어난 사람이 목소리가 작은 경우가 많다. 한 명도 빠짐없이 모두에게 질문해야 하는 것은 아니지만 다양한 관점을 얻을 만큼 충분한 숫자에게 질문해야 한다.

○ **입장을 바꿔보게 하라.** 다른 사람의 관점에서 문제를 생각해보게 하라. 자기 의견만 고집하는 태도를 줄이고 모두가 함께 생각하는 태도를 키울 수 있다.

훌륭한 리더를 좌우하는 것은 올바른 답을 제시하는 능력이 아니라 올바른 질문을 던지는 능력이다. 개인의 마음속에서든 커다란 공동체에서든, 모든 훌륭한 생각의 출발점은 도발적인 질문과 풍부한 토론이다.

토론과 이의 제기, 논쟁

미국 린든 존슨Lyndon B. Johnson 대통령 밑에서 부통령을 지낸 휴버트 험프리Hubert H. Humphrey가 한 다음 말은 멀티플라이어가 결정하는 방식의 핵심 원칙을 보여준다. "자유란 토론과 이의 제기, 논쟁이라는 모루 위에서 두드려 완성되는 것이다." 우리의 연구 결과는 타당한 결정을 만들어내는 것 역시 토론과 이의 제기, 논쟁임을 보여주었다.

중요한 문제를 결정해야 하는 리더는 올바른 결정을 내려야 한다는 부담감뿐만 아니라 그 내용을 성공적으로 이행해야 한다는 부담감도 느낀다. 조직 내에 해당 사안을 제대로 이해하는 사람이 몇 명밖에 안 되는 경우, 그 부담감은 상당히 무거운 짐이 될 수 있다. 그러나 중요한 의사 결정 과정에 다수의 팀원을 참여시키면 짐을 나눠 질 수 있다. 다수의 지성이 밑받침되면 더 나은 결정을 내릴 수 있다. 해당 문제를 파헤쳐 치열하게 생각하고 토론하는 시간을 거치면 사람들은 사고력이 더 단단해지고 결정 사항의 실행에도 최선을 다한다. 토론하고 반대 의견을 내고 논쟁하는 과정을 통해 집단의 의지력과 열정이 생겨 끝까지 노력해 답을 찾고 효과적으로 당면 문제를 해결할 수 있다. 저명한 인류학자 마거릿 미드Margaret Mead는 이렇게 말한 바 있다. "사려 깊고 헌신적인 시민들로 구성된 작은 집단이 세상을 바꿀 수 있다는 사실을 의심하지 말라. 사실 지금까지 세상은 그들에 의해 변화해왔다."

수많은 이해관계자의 동의를 얻으려고 애쓰느라 에너지를 소모하는 리더가 너무 많다. 하지만 지지가 형성되기는커녕 마지못해 리더의 의견에 따르는 사람들 사이에 불만만 늘어난다. 먼저 사람들을 참여시키는 데 에너지를 쏟아 이런 패턴을 바꿔라. 목소리를 내고 의사 결정 과정에 참여하게 만들면 동의와 지지는 자연스럽게 따라온다.

결정자 vs. 토론 조성자

- **결정자:** 소수의 측근과 효율적으로 결정을 내린다. 하지만 나머지 구성원 대부분은 결정 과정 및 근거를 잘 모르기 때문에 실행에 집중하지 못한 채 결정의 타당성을 놓고 논쟁을 벌인다.
- **토론 조성자:** 먼저 사람들을 토론에 참여시킨다. 이를 통해 타당한 결정에 도달하고, 사람들은 내용을 충분히 이해한 상태에서 효과적으로 실행할 수 있다.

토론 조성자의 3가지 특징

1. 문제의 틀을 잡는다.
    - 질문을 정한다.
    - 팀을 꾸린다.
    - 자료를 모은다.
    - 결정 방식을 정한다.
2. 토론에 불을 붙인다.
    - 편안함을 조성한다.
    - 철저함을 요구한다.
3. 타당한 결정을 내린다.
    - 의사 결정 프로세스를 분명하게 알린다.
    - 결정을 내린다.
    - 결정 사항과 이유를 알린다.

토론 조성자가 되기 위한 실천 사항

1. 어려운 질문을 던져라.

2. 근거를 요구하라.

3. 모두에게 물어라.

4. 입장을 바꿔보게 하라.

두 리더의 차이점

	결정자	토론 조성자
접근법	의사 결정 과정에 몇몇 측근만 참여시킨다.	결정에 앞서 철저한 토론을 통해 폭넓은 관점을 얻는다.
결과	소수의 사람들만 일을 지나치게 하고, 인적 자원 대부분을 제대로 활용하지 못한다.	인적 자원 대부분을 효과적으로 활용한다.
	실무에 가장 가까운 사람들에게서 정보를 충분히 얻지 못하므로 잘못된 결정으로 이어진다.	타당한 결정을 내리는 데 필요한 충분한 정보를 얻는다.
	결정 사항의 효과적 실행에 필요한 충분한 이해를 갖추지 못한 사람들에게 너무 많은 자원이 투입된다.	사람들이 해당 사안을 깊이 이해하고 있어서 실행력이 높아지므로 적은 자원으로도 효과적으로 실행한다.

뜻밖의 발견

1. 리더는 자신이 강한 의견을 갖고 있어도 다양한 견해가 등장하는 토론을 촉진하는 역할을 할 수 있다. 이때 무엇보다 중요한 것은 사실과 자료다.

2. 토론 조성자는 자신이 최종적으로 결정하는 것에도 거부감을 갖지 않는다. 그는 반드시 합의만 추구하는 리더는 아니다.

3. 치열한 토론은 팀을 분열시키지 않는다. 오히려 팀의 결속력을 높인다.

/ 6장 /
능력을 소유하지 않는다

배를 만들고 싶다면 사람들을 모아 목재를 가져오게 하고
일을 나누고 지시를 내리지 마라.
대신 끝없이 펼쳐진 바다에 대한 동경을 심어줘라.

앙투안 드 생텍쥐페리 Antoine de Saint-Exupéry

자정이 넘은 시각, 맥킨지McKinsey 서울사무소 건물은 온통 어두웠지만 회의실 한 곳만 불이 환했다. 이곳에 모인 프로젝트 팀은 2일 뒤면 아시아 최대 고객사들 중 한 곳을 대상으로 중요한 프레젠테이션을 해야 했다. 팀을 이끄는 사람은 똑똑하고 존경받는 프로젝트 리더인 현지였다. 이 자리에는 파트너(맥킨지에서 고위 임원에 해당하는 직급)인 최재도 있었다. 최재는 중요한 첫 프레젠테이션을 코앞에 둔 팀을 지도하고 조언을 제공하기 위해 회의에 참석했다.

프로젝트 리더 현지가 화이트보드 앞에 섰다. 그녀와 팀원들은 지난 주에 확보한 새로운 정보를 추가해 스토리라인을 재점검했다. 새로 알

게 된 정보를 고객사의 사업 구조 변화에 관한 전체적 메시지와 통합하려고 애썼다. 최재는 시종일관 주의 깊게 들으면서 팀원들에게 여러 질문을 던졌다.

하지만 회의는 속 시원한 진전 없이 정체됐다. 프로젝트 리더는 힘든 문제를 체계적으로 풀어보려 노력했지만, 최재를 바라보는 그녀의 얼굴에는 '조금만 도와주시면 참 좋을 텐데요!' 라고 쓰여 있었다. 최재는 이런 종류의 프로젝트를 수도 없이 진행해봤기에 프로젝트 리더의 입장을 누구보다 잘 알았다. 그의 머릿속에는 세부 사항들에 파묻힌 팀원들이 미처 생각하지 못한 스토리라인이 그려졌다.

최재는 몇 가지 힌트를 주려고 화이트보드 앞에 섰다. 그는 화이트보드에 몇 가지 아이디어를 적고는 팀원들에게 지금까지와는 다른 각도로 보라고 권유했다. 팀원들이 새로운 관점으로 보기 시작하면서, 그들은 다시 에너지 넘치는 목소리로 여러 아이디어를 시험하고 밀어붙이며 토론에 속도를 냈다. 회의가 다시 활기를 띠며 새로운 의견이 쏟아져 나오는 자리에서, 최재는 새로운 프레젠테이션을 머릿속에 뚜렷하게 구성할 수 있었다. 화이트보드 앞에 서 있으니 익숙한 편안함이 느껴졌다. 회의를 끝내고 싶은 유혹이 밀려왔다. 이제 다들 집에 돌아가실 수 있도록, 머릿속에 그려진 프레젠테이션을 당장 알려주고 싶었다. 최재 안의 '컨설턴트' 는 그렇게 하라고, 얼른 나서서 스토리라인을 완성하라고 유혹했다. 하지만 그의 내면에 있는 '리더' 는 자제하라고 말했다. 그는 자신이 제시한 내용에 프로젝트 리더가 거부감을 느끼지는 않는지 확인하려고 그녀 쪽을 돌아보았다. 다행히 그녀는 미소를 짓고 있었다. 최재는 말했다. "좋아요. 프레젠테이션의 새로운 방향이 잡힌 것 같군요. 자, 이제부턴 당신의 능력을 발휘해보세요." 그러고는 화이트보드 펜을 다시 프로젝트 리더인 현지에게 돌려주었다. 그녀는 다시 지휘권을 잡고 팀원들의 프레젠테이션 완성 과정을 이끌었다.

분명 최재는 자신이 뛰어들어 고군분투 중인 팀을 구출하고 직접 프레젠테이션을 완성하고 싶은 마음도 있었을 것이다. 그랬다면 영웅이 된 기분을(그리고 몇 살 더 젊어진 기분도) 느꼈을 것이다. 또 밤늦은 시간임을 감안할 때 팀원들 역시 그것을 바랐을지도 모른다. 하지만 사람들에게 투자하고 그들의 발전을 도우려는 최재의 성향이 승리했다. 그는 리더의 역할에 대해 이렇게 말했다. "리더는 사람들을 가르치고 코칭할 수 있다. 하지만 그다음엔 펜을 돌려줘야 한다. 그러면 사람들은 자신에게 아직 책임이 있다는 것을 알게 된다."

무언가가 정상 궤도를 벗어났을 때 당신은 주도권을 얼른 가져와 해결해버리는 리더인가, 아니면 사람들에게 투자하는 리더인가? 펜을 들어 당신의 의견을 추가하고 나서 펜을 다시 돌려주는가, 아니면 당신의 호주머니에 집어넣는가?

멀티플라이어는 사람들의 성공에 투자한다. 잠시 끼어들어 방향을 가르쳐주고 의견을 들려주기도 하지만 언제나 책임감을 다시 사람들에게 돌려준다.

리더가 구성원들에게 주인 의식을 돌려주지 않으면 그 조직은 의존성이 강해진다. 이것은 디미니셔의 방식이다. 디미니셔는 자신이 뛰어들어 조직을 곤경에서 구해내고 직접 개입해 성과를 낸다. 그러나 리더가 펜을 돌려주면 구성원들의 책임감이 강해진다. 리더가 나서서 구해주기만을 바라지 않고 스스로 해내는 조직이 되는 것이다.

멀티플라이어는 결과에 대한 주인 의식을 심어주고 사람들의 성공에 투자함으로써 자주적으로 일하게 만든다. 리더가 위급한 상황에서 항상 구해줄 수는 없다. 따라서 팀원들은 리더가 직접 개입하지 않아도 스스로 해결할 줄 알아야 한다.

지금까지는 멀티플라이어가 사람들을 더 똑똑하고 유능하게 변화시키는 이유를 살펴보았다. 이제 조금 다른 질문을 던질 차례다. 멀티플라이어가 없을 때는 어떤 일이 벌어지는가? 멀티플라이어의 빛나는 리더십이 없을 때 사람들은 어떻게 할 것인가?

이번 장에서는 이런 흥미로운 질문을 생각해본다. 멀티플라이어는 리더의 직접 개입 없이도 똑똑하게 일하며 성과를 내는 조직을 어떻게 만드는가?

간섭형 관리자 vs. 투자자

멀티플라이어는 투자자가 되어 조직을 운영한다. 리더 없이 자주적으로 성과를 내기 위해 필요한 자원과 주인 의식을 사람들에게 주는 것이 그가 투자하는 방식이다. 그것은 자선 행위가 아니다. 멀티플라이어는 투자하고 나서 결과를 기대한다.

주인 의식을 심어주는 리더

래리 겔웍스 감독은 럭비 경기장 한쪽에서 자신의 고교 럭비팀이 연습하는 것을 지켜보았다. 그 모습을 보고 있자니 예전에 자신이 맡아서 전국 대회까지 출전시켰던 첫 팀이 자연스럽게 떠올랐다. 당시 선수들은 새벽부터 일어나 함께 훈련하곤 했었다. 래리는 "그땐 그랬었지" 하고 중얼거렸다.

지금 래리 앞에 있는 선수들도 물론 훌륭했다. 그들은 열심히 기술을 익히고 있었다. 하지만 체력이 약했다. 래리는 답답하기만 했다. 이제껏 아무 노력도 하지 않은 건 아니었다. 연습 때마다 늘 체력을 키워야 한다고 강조했다. 하지만 선수들은 고개만 끄덕일 뿐 실천을 하지 않았다.

래리는 연습을 중지시키고 체력 훈련을 시킬 수도 있었지만 그러면 기술 측면이 약해질 수 있었다. 고함을 칠 수도 있었지만 그런 방식은 하루 이틀밖에 효과가 없었다. 래리는 코치에게 "이 문제는 주장들한테 맡겨야겠어!"라고 말했다.

다음 날 래리는 선수들을 모아놓고 칠판의 이쪽에서 저쪽 끝까지 선을 그리고 말했다. "결승까지 6주 남았다. 기량이 뛰어난 선수라도 경기에 필요한 체력과 지구력을 키우려면 6~7주는 걸린다." 코치들과 주장들은 그의 말 하나하나에 귀를 기울였다. "만일 이 문제를 해결한다면 우리는 전국 대회에서 우승할 수 있다. 해결하지 못하면 우승하지 못한다."

그는 단도직입적으로 말했다. "2개의 선택지가 있다. 하나는 코치들이 나서서 해결하려 노력하는 것이고, 다른 하나는 주장인 너희들이 주인 의식을 갖고 해결책을 찾는 것이다. 어떻게 해야 할까?"

잠시 침묵이 흐른 뒤 후방 포지션의 주장이 말했다. "저희가 책임지고 해보겠습니다."

래리는 말했다. "지금은 내가 이 도전의 주인이다. 하지만 너희가 일단 맡고 나면 전적으로 너희가 주인이 된다. 지금부터 2주 뒤까지 변화된 모습을 보여주길 바란다. 나와 코치들은 너희에게 전혀 간섭하지 않을 것이다."

주장들은 서로 얼굴을 쳐다보며 말없이 동의했다. 그때 전방 포지션의 주장이 일어나더니 래리에게 말했다. "알겠습니다. 그런데 체력 훈련에 관해 몇 가지 질문이 있습니다." 주장은 어떤 종류의 훈련이 속도와 민첩성, 지구력을 키우는 데 적합한지 물었고 래리와 코치들은 대답해주었다. 이후 코치들은 자리를 떴고 주장 4명만 칠판 앞에 모여 머리를 맞대고 방법을 연구했다.

그들은 선수들을 4~6명씩으로 이뤄진 소그룹 몇 개로 나누고 각 그룹의 리더를 정하기로 했다. 주장들은 각 그룹의 리더들이 책임감 있게 훈련하도록 이끌고, 각 리더들은 선수들이 책임감을 갖도록 이끌었다. 소그룹들은 학교 수업 전이나 후에 모여서 몇 주 동안 체력 훈련을 했다. 그 결과 그들은 래리가 감독 경력 34년 동안 만난 선수들 중 몇 손가락 안에 들 만큼 체력이 뛰어난 팀이 됐다. 이 팀은 시즌 내내 무패 행진을 이어갔으며 전국 대회에서도 우승을 거머쥐었다.

래리가 간섭하는 스타일의 리더였다면 똑같이 했을까? 다른 유형의 리더를 살펴보자.

모든 행동을 지시하는 리더

마커스 돌런은 운동장 저쪽에 있는 존 킴벌을 향해 소리쳤다. "당장 이

리 와!" 마커스는 선수들의 행동 하나하나를 간섭하는 감독이었다. 그는 주장인 존을 호되게 꾸짖었다. "나 없이는 연습하지 마. 그랬다간 당장 팀에서 쫓겨날 줄 알아. 너는 벌써 모두를 망쳐놨어."

당연히 존은 다시는 감독의 허락 없이 연습 경기를 하지 않았다. 그와 선수들은 주도적으로 행동하는 것을 점점 그만두었다. 마커스 감독이 지시하는 것은 절대 토를 달지 말고 그대로 따라야 했다. 트랙 달리기를 아무리 오래 시켜도 군말 없이 해야 했다. 그는 경기 때도 모든 선수에게 플레이를 지시했다. 선수들은 마커스에게만 의존했기 때문에 스스로 생각할 줄 몰랐고 경기 도중 돌발적 상황에 민첩하게 대응하지 못했다. 팀은 경기마다 패배했다. 마커스는 주인 의식을 가진 뛰어난 선수들을 맡고도 그들의 행동에 일일이 간섭했다. 나중에 〈스포츠 일러스트레이티드Sports Illustrated〉지는 마커스 돌런을 고교 스포츠 역사상 최다패 감독으로 선정했다.

흥미롭게도, 마커스 밑에 있던 선수들 중 8명은 나중에 래리 겔윅스의 팀으로 옮겼다. 이들은 앞에 언급한 새벽부터 일어나 훈련했다는 팀에서, 그리고 하이랜드고교에 첫 번째 전국 대회 우승을 안겨준 팀에서 뛰었다.

경기장에 뛰어들다

사안의 중요도가 높으면 왜 많은 관리자들이 직접 뛰어들어 해결하려고 할까? 지금까지 나는 청소년 축구 경기를 수없이 봤는데 그때마다 선수들보다는 감독을 더 유심히 관찰했다(아마 리더를 연구하는 직업 탓일 것이다). 선수들의 플레이가 시원찮으면 감독은 눈에 띄게 실망감을 드러내며 답답해한다. 경기장 바깥에서 미친 듯이 팔을 휘두르고 엄청나게 소리를 지르며 때로는 잔뜩 찡그린 얼굴로 짜증을 낸다. 하지만 경기장으로 뛰어들어 선수에게서 공을 빼앗아 골대로 몰고 가 슛을 날리는 감독은 한 번도 본 적이 없다. 골을 넣어 득점할 만큼 충분히 뛰어난 기술을 가졌음에도 말이다. 아마도 그러고 싶은 유혹을 느낀 감독도 있었을 것이다.

그렇다면 그들은 왜 그렇게 하지 않는 걸까? 물론 경기 규칙에 위배되기 때문이기도 하지만, 무엇보다 그것은 감독의 역할이 아니기 때문이다. 감독의 역할은 팀을 이끄는 것이고, 선수들의 역할은 경기를 하는 것이다. 그런데 왜 많은 조직의 관리자들은 중요한 문제 앞에서 주저 없이 경기장으로 뛰어 들어가 공을 가로채 골대로 차 넣을까? 경기 규칙에 위배되지 않을 뿐만 아니라 관리자가 그 유혹을 뿌리치지 못하기 때문이다. 그런 관리자의 예는 다음과 같다.

▶ 중요한 잠재 고객과의 거래 체결이 지지부진하자 세일즈 팀장이 곧장 뛰어들어 직접 거래를 성사시킨다.

▶ 직원이 CEO 앞에서 신제품의 시장 진입 전략을 발표하다가 더듬거리며 실수를 한다. CEO가 그를 향해 어려운 질문을 퍼붓자, 그의 상관인 마케팅 상무가 나서서 대신 대답하고 프레젠테이션도 마무리한다.

이런 질문을 생각해보라. 경기장에 뛰어들 수 없다면 당신은 어떤 식으로 사람들을 이끌 것인가? 직접 개입해 해결할 수 없다면 어떻게 할 것인가? 멀티플라이어라면 성과 격차의 문제에 어떻게 대응할까?

멀티플라이어는 사람들에게 투자하고 가르치고 이끄는 것이 자신의 역할이라고 생각하며, 사람들이 일에 대한 책임감을 갖도록 만든다. 이로써 리더인 자신이 없어도 성공적으로 해낼 수 있는 조직을 만든다.

경기장에 리더가 없을 때뿐만 아니라 리더의 직접적인 영향력이 없어진 뒤에도 계속 훌륭한 성과를 내는 조직을 멀티플라이어가 어떻게 만드는지 살펴보자.

투자자

엘라 바트^{Ela Bhatt}는 연약해 보일 만큼 부드러운 말투와 작은 체구를 가진 86세(2019년 기준)의 인도 여성이다. 엘라벤^{Elaben}이라고도 불리는 그녀는 방 2개짜리 소박한 단층집에 살면서 침대를 책상 의자로 겸해서 사용한다. 그녀는 어린 시절 학교 선생님들에게서 영국 식민지인 인도의 독립 투쟁에 대해 들으며 자랐다. 부모님은 그녀의 할아버지가 '소금 행진'에 참여했던 이야기를 들려주었다. 소금 행진은 영국 정부가 인도인의 소금 생산을 금지하고 과도한 소금세를 부과한 것에 저항하는 의미로 간디^{Mohandas K. Gandhi}가 사람들을 이끌고 인도 아마다바드에서 출발해 아라비아해까지 24일 동안 걸어간 비폭력 투쟁 운동이다.

성인이 된 엘라벤은 농촌의 빈곤을 직접 경험하기 위해 인도 시골 마을에서 살았다. 그리고 영국의 지배에서 벗어난 정치적 독립만으로는 충분하지 않다는 것을 깨달았다. 사람들에게는 경제적 자립이 무엇보다 필요했다. 엘라벤은 재봉사와 노점 상인, 건설 노동자들의 힘겨운 생활을 목격했고, 이후 1972년 자영업여성연합Self-Employed Women's Association, SEWA을 설립했다. SEWA는 빈곤층 여성의 소득 증가와 권익 보호에 크게 기여하는 노동자 조합 단체로 성장했다.

엘라벤은 마음만 먹으면 규정에 따라 3년마다 뽑는 SEWA의 사무총장에 언제까지고 선출될 수도 있었다. 이 단체를 영원히 소유하고 다른 사람들에게 지시를 내릴 수도 있었다. SEWA를 오랜 시간 구상하고 설립한 것은 바로 그녀였으니 말이다. 그녀가 영원히 공식적인 리더로 남는다 해도 아무도 뭐라고 하지 않았을 것이다.

그러나 엘라벤은 SEWA를 이끄는 책임을 새로운 젊은 리더에게 넘겨주어야 한다고 주장했다. 그녀는 직접 시간과 에너지를 투자해 사람들에게 민주적 절차를 교육했고, 단체 운영에 필요한 정치적 능력을 갖추게끔 독려했다.

이 단체의 미션과 경영 철학을 뚜렷하게 보여주는 일이 있었다. 가난한 담배 말이 노동자 회원이었던 죠티 매크완Jyoti Macwan이 SEWA 사무총장으로 선출된 일이다. 죠티의 리더십 아래에서 SEWA는 훌륭히 운영됐고, 나중에는 회원이 120만 명으로 늘어났다. 그녀는 그저 하루하루 입에 풀칠할 방법을 궁리하는 노동자로 살 수도 있었다. 그러나 엘라벤의 리더십 덕분에, 그녀는 국경을 넘어 100만 명이 넘는 여성의 삶에 영향을 끼치는 복잡한 문제들을 해결하는 데 지적 능력을 발휘할 수 있었다. 죠티는 기자회견장에서 엘라벤, 그리고 미 국무 장관 힐러리 클린턴Hillary Clinton과 나란히 연단에 서기도 했다.

죠티의 사례는 일부에 불과하다. SEWA 산하 조직들의 2세대 리더들은 모두 처음에 엘라벤에게 교육과 지도를 받은 이들이다. 그들은 시간이 지날수록 차츰 더 큰 책임과 주인 의식을 부여받으면서 믿음직한 관리자로 성장했다. 엘라벤은 SEWA 관련 조직을 만들 때마다 미래의 리더들에게 투자했고 자신은 경영 일선에서 물러나 지켜보았다. 리더직의 승계는 매우 순조롭게 이루어졌고, 엘라벤이 다른 조직을 만드는 데 에너지를 쏟느라 곁에 없어도 그녀의 존재감은 여전히 뚜렷했다. SEWA가 설립된 직후 이 단체 산하의 은행이 만들어졌고(4,000명의 여성이 각각 10루피씩 예치해 설립됐다[1]), 이후 구자라트 마힐라 하우징 SEWA 트러스트, 구자라트 마힐라 SEWA 협동조합, SEWA 보험, SEWA 아카데미, 홈넷 사우스아시아 등도 만들어졌다.

엘라벤은 지금도 그녀 없이 자립적으로 움직일 수 있는 리더와 조직을 키우는 데 투자한다. 그녀는 사람들이 요청할 때 가르침을 주고 지원하는 부모 같은 존재다. 이런 접근법은 "리더란 사람들이 좋은 리더가 되도록 돕는 존재다"라고 믿는 그녀의 신조가 낳은 결과다. 현재 엘라벤은 2007년 넬슨 만델라Nelson Mandela가 원로 정치인과 평화 운동가, 인권 운동가 등을 모아 설립한 국제적 비정부기구 디 엘더스The Elders의 회원으로 활동하고 있다.

엘라벤 같은 리더는 주인 의식을 갖고 조직의 미션을 적극적으로 수행하는 리더들을 어떻게 만들어내는 것일까? 투자자의 3가지 특징을 살펴보면 그 답을 얻을 수 있다.

투자자의 3가지 특징

나는 멀티플라이어가 성과를 내는 방식이 내가 아는 또 다른 세계와 상당히 흡사하다는 것을 발견했다. 그것은 지적 자산과 투자를 중심축으로 돌아가는 세계, 기술 및 비즈니스 리더들이 성장과 수익, 부의 창출을 목표로 움직이면서 또 다른 리더들을 키우는 세계다.

내가 사는 곳에서 멀지 않은 곳에 이 세계의 심장부가 있다. 실리콘밸리의 벤처 캐피털회사들이 밀집해 있는 캘리포니아주 멘로파크의 샌드힐로드. 이 일대 지역에서 날마다 수백만 달러 규모의 투자 결정이 수시로 내려진다. 벤처 캐피털회사들은 성공 가능성이 높은 신생 기술을 가진 젊은 스타트업을 발굴해 투자한다. 벤처 캐피털회사는 투자 대상 기업이 정해지면 계약의 주요 조건들을 정리한 '텀시트term sheet'를 작성한다. 이때 양측 모두에게 가장 중요한 사항은 소유권 비율이다. 이는 투자 후 기업의 소유권을 어느 쪽이 얼마만큼 보유하느냐를 나타내며, 리더십과 책임에 관한 기대치도 이에 따라 달라진다. 한마디로 텀시트는 누구에게 어떤 책임이 있는지 규정하는 것이다.

소유권 부분이 확정되면 벤처 캐피털회사의 투자가 시작돼 사업에 필요한 금융자본, 지적 재산, 인적 자원 등이 유입된다. 그런데 중요한 것은 재정적 지원뿐만이 아니다. 벤처 캐피털회사의 시니어 파트너들이 스타트업에 제공하는 조언과 코칭이 매우 중요한 역할을 할 때가 많다. 이들은 사업과 기술 개발 경험이 풍부하거나 대기업을 경영해본 전문가인 경우가 많다. 이들은 스타트업에 단순히 자본만 투자하는 것이 아니라 자신의 전문성과 노하우도 투자한다. CEO에게 조언을 하고,

사업 개발과 세일즈에 활용할 인맥을 알려주며, 재정적 목표를 달성할 수 있도록 경영진과 긴밀히 협력한다.

벤처 캐피털회사는 자본과 노하우를 제공한 다음에는 스타트업이 수익을 내기를 기대한다. 시장에서 가시적인 수익을 올리기까지는 몇 년이 걸리기도 하지만(또는 수익 실현에 실패할 수도 있다), 핵심 중간 목표들을 계속 주시하며 수익을 기다린다. 만일 스타트업이 기대한 성과를 달성하면 두 번째, 세 번째 투자도 이어질 가능성이 높다. 그렇지 않으면 해당 기업은 더 이상 투자를 받지 못한 채 자력으로 사업을 이어가거나 시장에서 도태된다.

이와 유사하게 멀티플라이어도 투자자로서 소유권을 명백히 하고 사람들에게 그들의 책임이 무엇인지, 어떤 성과를 내야 하는지 알린다. 또한 벤처 캐피털리스트처럼 사람들의 재능에 투자한다. 가르치고 코칭하며 성공에 필요한 자원을 제공함으로써 그들을 지원한다.

그리고 벤처 캐피털리스트가 스타트업에 책임감을 요구하듯, 멀티플라이어도 사람들에게 책임감을 요구한다. 이러한 요구는 가혹한 것이 아니다. 오히려 책임감은 그들의 능력을 크게 성장시키는 동력이 된다. 이에 대해 더 자세히 살펴보자.

1. 소유권을 명백히 한다

투자자는 먼저 소유권을 명백히 한다. 사람들의 능력을 관찰한 다음 그에 맞는 책임을 부여한다.

결정권의 크기를 정한다

존 챔버스John Chambers는 시스코시스템스Cisco Systems의 최고 경영자 시절 더그 알레드Doug Allred를 고객 지원 담당 상무로 임명하면서 두 사람 각자의 역할을 분명히 했다. "더그, 고객 지원 영역에 관한 한 자네한테 51퍼센트의 결정권이 있네(그리고 결과에 대해선 100퍼센트 책임을 지게). 상황이 어떻게 돌아가는지 나에게 보고하고 필요할 때는 나한테 상의하게." 몇 주 뒤 더그의 업무 보고를 듣는 자리에서 존은 "자네가 좋은 소식으로 나를 놀라게 할 줄 알았어"라고 말했다. 그리고 그런 결정권을 부여받은 사람은 더그뿐만이 아니었다. 존은 임원들 모두에게 각자 맡은 책임 분야에서 '51퍼센트의 결정권'을 주었다.

만일 상사가 당신에게 결정권의 51퍼센트를 준다면 어떻게 하겠는가? 혼자서 추측만 하고 있다가 상사가 있는 자리에서 모든 결정을 내릴 것인가? 아니면 정반대로 상사에게 전혀 상의하지 않고 혼자 모든 결정을 내릴 것인가? 아마 둘 다 아닐 것이다. 십중팔구 당신은 중요한 문제인 경우 상사와 상의하며 의견을 묻고, 비교적 사소한 문제는 당신이 알아서 처리할 것이다.

51퍼센트의 결정권을 주고 충분히 책임지게 하면 일하는 사람의 자신감이 높아진다. 또 혼자만의 생각에 빠지는 대신 타인에게 의견을 구하기 시작한다. 리더가 자신의 역할을 명확히 설명하면 사람들의 주인의식이 약해지는 것이 아니라 오히려 강해진다. 사람들은 리더의 역할을 이해하고 리더가 자신들의 성공에 언제 어떻게 투자할지 이해하게 된다. 무엇보다도 일에 대한 소유권의 절반 이상이 자신에게 있으므로 그 성패가 자신의 노력에 달렸다는 사실을 인지하게 된다.

최종 목표에 대한 소유권을 준다

기업 임원진이 중요한 인수 계획을 수립하기 위해 모였다고 상상해보자. 이들은 본격적인 계획 수립에 앞서 먼저 간단하면서도 효과적인 조직 시뮬레이션 활동인 '빅 픽처Big Picture'를 실시한다.[2] 그들은 2인 1조로 된 9개 팀으로 나누고 각 팀은 유명한 미술 작품의 일부를 오려낸 작은 조각을 받는다. 그리고 새로운 흰 종이에 해당 조각을 똑같이 그리되 크게 확대해서 그린다. 즉 각 팀이 큰 그림의 서로 다른 일부분을 담당하는 것이다. 목표는 각 팀이 확대해 그린 것들을 한데 합쳐 원본과 똑같은 그림을 완성하는 것이다. 각 부분들이 매끄럽게 이어져 정확한 그림이 나와야 한다. 그런데 문제는 원본에 해당하는 '큰 그림'을 아무도 본 적이 없다는 것이다.

참가자들은 자신이 받은 그림 조각을 면밀히 관찰하면서 빈 종이에 똑같이 그리기 시작한다. 열심히 밑그림을 그리고 여기저기 색칠을 한다. 이 첫 단계에 배정된 시간이 끝나면 다른 팀들의 작업물에 눈을 돌린다. 그들은 서로 그림 조각들을 맞춰보지만 전체 그림을 완성하기가 쉽지 않음을 깨닫는다. 여기저기 선도 잘 맞지 않고 색깔도 조화를 이루지 못한다. 그림이라고 보기 힘든 형편없는 결과물이다.

시뮬레이션 활동을 진행하는 리더가 개별 조각들이 아니라 전체적인 그림을 최대한 보기 좋게 완성하는 것이 목표임을 다시 상기시킨다. 참가자들은 큰 그림을 어떻게 완성할지 궁리하면서 조각들을 이리저리 다시 배치한다. 하지만 완벽한 결과물을 만들어내기엔 너무 늦었다. 사람들은 나름대로 완성한 큰 그림을 제출하지만 그것은 여전히 원본과 절반밖에 닮지 않은 조합물에 불과하다.

전체의 작은 일부분에 대한 소유권만 주어지면 사람들은 거기에만 집중하는 경향이 있다. 당장 눈앞의 영역에만 생각을 쏟는다. 그러나 전체에 대한 소유권과 주인 의식을 가지면 사고력을 최대한 확장해 발휘하고 자신의 범위를 뛰어넘어 도전한다.

역할을 확대한다

우리는 멀티플라이어가 사람들의 능력을 디미니셔보다 2배 많이 끌어 낸다는 것을 거듭 확인했다. 그리고 많은 이들이 멀티플라이어가 자신들의 능력을 100퍼센트가 아니라 120퍼센트, 또는 그 이상 발휘시켰다고 말했다. 이는 그들이 멀티플라이어의 리더십 아래에서 성장하고 발전하기 때문이다. 멀티플라이어가 그들을 성장시키는 방법 중 하나는 전에 해본 적이 없는 일을 맡기는 것이다.

3명의 사례를 살펴보자.

엘리노어 샤프너 모시Eleanor Schaffner Mosh는 더 커다란 대의가 필요한 인재였다. 그녀는 1988년 컨설팅회사 부즈앨런해밀턴Booz Allen Hamilton에서 소규모 IT 업무 부서의 마케팅 디렉터로 일하면서 기본적인 수요 창출 프로그램을 운영했다. 그런데 회사에서 IT 부서를 이끄는 리더를 교체하면서 엘리노어는 갑자기 커다란 역할을 맡게 됐다. 이 새로운 리더는 부서를 혁신적으로 변화시키겠다는 의지가 강했다. 몇 달 지나지 않아 엘리노어는 IT 업무의 비전을 공표하는 전 직원 대상의 행사를 기획했다. 얼마 뒤에는 전 세계 일류 CIO들이 참석하는 포럼을 열었다. 또한 그녀는 회의에서 부즈앨런해밀턴의 최고 경영자 옆에 앉아 그에게 IT 산업의 중요성과 부즈앨런해밀턴의 IT 업무가 세상을 바꿀 수 있는 이유를 자신 있게 설명했다. 나중에 그녀는 말했다. "나는 두렵지 않았다. 우리는 우리가 하고 있는 일을 잘 알았고 뭐든 해낼 수 있다고 믿었다."

마이크 헤이건Mike Hagan은 세계로 나갈 준비가 된 인재였지만 처음엔 여권조차 없었다. 그는 다국적기업에서 10억 달러 규모의 미국 세일즈 부문에 속한 세일즈 운영 팀장이었다. 그의 업무는 세일즈 직원들이 회사 정책을 잘 준수하도록 관리하는 것이었다. 그런데 세일즈 부문 리더가 사업을 글로벌 수준으로 성장시키는 작업에 돌입하면서 마이크에게 그 방법을 구상하라고 했다. 회사 정책 위반 사례를 감독하는 관리자였던 마이크가 갑자기 글로벌 사업 활동을 위한 운영 및 정책을 설계하는 책임자가 된 것이다. 처음에 마이크는 자기는 글로벌 운영에 경험이 부족하다면서 그 제안을 고사했다. 또 당장 사용할 여권조차 없다고 말했다. 하지만 리더는 그의 말을 일축하면서, 그의 뛰어난 능력으로 충분히 해낼 수 있을 거라고 말했다. 그리고 마이크는 실제로 해냈다. 새로 맡은 임무는 적잖이 힘들었지만 흥분되는 경험이었다. 마이크는 그때를 이렇게 회상했다. "내가 맡은 일은 전에 해본 적이 없는 업무였다. 사실 사내에는 아무도 그 일을 해본 사람이 없었다." 그것은 커다란 임무였지만 마이크는 그 크기에 맞는 사람으로 성장했다.

폴리 섬너Polly Sumner는 큰 잠재력이 숨겨진 인재였다. 오라클에 새로 부임한 사장은 채널 세일즈 매니저인 폴리가 전략 감각과 추진력이 뛰어남을 알아채고, 그녀에게 제휴 및 전략적 파트너십 담당 상무 자리를 맡겼다. 얼마 뒤 폴리는 중요한 사안을 두고 벌어진 매우 골치 아픈 갈

등을 마주하게 됐다. 오라클이 애플리케이션 파트너인 SAP 측에 제공할 새로운 버전의 데이터베이스 코드를 얼마나 빨리 완성해야 할지를 놓고 경영진의 의견이 분분해 합의점을 찾을 수 없었던 것이다. 폴리가 이 문제를 사장에게 들고 가자 그는 말했다. "이건 꽤 복잡해서 아마 자네의 능력을 뛰어넘는 일일지도 모르네. 하지만 해결책을 찾아야 할 사람은 바로 자네야." 폴리는 이 문제를 해결할 수 있는 사람들을 곧장 찾아갔다. 그녀가 대화의 중개자가 되어 SAP 설립자 하소 플래트너^{Hasso Plattner}와 오라클 CEO 래리 엘리슨이 래리의 단골 일본식 찻집에서 만나도록 자리를 마련한 것이다. 결국 양측 모두 만족하는 선에서 문제가 해결됐고, 폴리는 사내에서 스타가 됐다.

이 3명은 각자 상황은 달랐지만 모두 비슷한 상사 밑에서 일했다. 이들 상사와 공통분모를 가진 인물은 누구일까? 바로 팀원들을 도전하도록 이끌고 역량을 남김없이 끌어냈던 레이 레인이다. 우리가 레이와 일했던 사람들에게 그의 밑에서 큰 능력을 발휘할 수 있는 이유를 물었을 때 돌아오는 대답은 한결같았다. 사람들에게 안전지대 바깥으로 나오라고 독려한다는 것이었다. 레이는 사람들의 재능을 발견하면 현재 능력치를 훨씬 뛰어넘어 도전할 기회를 주었다. 현재의 능력에 맞는 일이 아니라 항상 그보다 한 단계(때로는 두 단계) 더 높은 수준의 일을 맡겼다.

투자자가 역할을 확대하면 그 역할을 맡는 사람도 그만큼 커진다. 커진 역할은 공백을 만들어내고 사람들은 그 공백을 채워야 하는 것이다.

2. 자원을 투자한다

투자자는 소유권을 명백히 하고 나면 이제 투자를 시작한다. 사람들이 책임 있게 임무를 완수하는 데 필요한 지식과 조언, 자원을 제공하는 것이다.

가르치고 코칭한다

맥킨지의 최재가 프로젝트 팀의 회의 도중에 나선 것은 자기가 아는 것을 자랑하기 위해서가 아니었다. 그가 펜을 집어 든 것은 가르치고 코칭하기 위해서였다. 디미니셔와 멀티플라이어의 결정적 차이는 이것이다. 디미니셔는 자신이 아는 것을 말해주지만, 멀티플라이어는 사람들이 무엇을 알아야 하는지 깨닫도록 이끈다. 최재는 비즈니스 리더이기도 하지만, 팀이 방향을 못 찾거나 난관에 봉착했을 때 가르침을 줄 지점을 찾는 열정적인 교사이기도 하다. 그럴 때 사람들은 조언에 목말라하며 가장 열린 자세가 되기 마련이다. 그는 팀원들의 전진을 위해 적절한 조언을 하거나 올바른 질문을 던지는 법을 아는 리더다.

앞에서 여러 번 소개한 블룸에너지의 K. R. 스리다르 역시 훌륭한 교사다. 그가 가르치는 곳은 학교 교실도, 기업의 교육 센터도 아니다. 그는 어려운 문제와 마주한 현장 한가운데서 사람들을 가르친다. 팀원들이 기술적 문제와 씨름하고 있으면 그는 해결책을 주는 대신에 생각을 자극하는 질문을 던진다. "문제의 원인에 관해 우리는 얼마나 알고 있는가?" "어떤 가정에서 출발해 이런 결과에 이르렀는가?" "현재 어떤 부분의 리스크를 줄여야 하는가?" 팀원들은 답을 찾으려 애쓰면서 각자의 지식을 활용하고 집단 지성을 키워나간다.

스리다르는 말한다. "리더는 팀원들이 문제를 해결하도록 이끌어야 한다. 해답을 알더라도 그냥 가르쳐주지 마라. 그러면 그들을 가르칠 값진 기회를 잃게 된다. 소크라테스식 문답법을 떠올려보라. 질문을 던지고 답을 유도해야 한다."

스리다르가 이처럼 가르치는 데 투자하는 것은 단순히 당면 문제의 해결책에서 그치지 않고 그 이상의 결실을 가져다준다. 리더가 가르침을 주는 것은 곧 사람들이 앞으로 문제를 해결하고 예방할 수 있는 능력을 키우도록 투자하는 것이다. 이는 멀티플라이어가 사람들의 지적 능력을 키우는 확실한 방법 중 하나다.

지원군을 보낸다

부하 직원에게 지적 자본을 투자할 때 흔히 리더 자신이 직접 제공해야 한다고 생각하기 쉽다. 하지만 그러면 투자할 수 있는 것이 리더가 아는 것이나 리더의 시간과 에너지로 제한된다. 또 리더 혼자서만 그 역할을 하면 리더의 존재감이 과도하게 강해져서 도움이 되기는커녕 오히려 역효과를 낼 수도 있다. 특히 중요도가 높은 사안일 때는 더 그렇다.

자신의 능력 수준을 넘는 일에 도전하면 실수를 하기 마련이다. 이것은 디미니셔가 등장하기 딱 좋은 상황이다. 좋은 의도를 갖고 당장 뛰어들어 힘겹게 버둥거리는 직원을 구해내려는 리더 말이다. 리더가 개입은 하되 직원에게서 주도권을 빼앗아 오지 않는 방법은 무엇일까? 지혜로운 리더는 안전망을 설치해둔다. 즉 지원군을 미리 마련해놓는 것이다. 해당 직원이 실수를 극복하거나 문제를 해결하기 위해 찾아가 조언을 얻을 수 있는 상대 말이다. 가장 바람직한 안전망은 리더가 아니다. 뒤로 벌렁 자빠졌는데 자신의 상사가 붙잡아 구해주는 상황을 좋아할 사람은 거의 없다. 보통 그런 상황에서 안전망이 돼줄 최선의 존재는, 비난하거나 실망하지 않고 조언과 도움을 제공할 수 있는 동료다. 투자자는 곧장 뛰어드는 대신 지원군을 보낸다.

리더는 소유권을 명백히 하고 사람들에게 투자하고 나면 이제 성공의 씨앗을 뿌린 셈이며 사람들에게 책임을 물을 권리가 생긴다.

3. 책임지게 한다

내가 수많은 비즈니스 리더와 일하면서 그중에서도 가장 훌륭한 리더들에게서 발견한 점이 하나 있다. 그들의 사무실 테이블이 비스듬히 기울어져 있다는 것이다. 물론 컴퓨터와 전화기가 놓인 책상은 완벽하게 똑바르다. 하지만 회의용 테이블은 분명히 기울어져 있다. 아마 당신은 그것을 알아채지 못했을 것이다. 그러나 행동에 대한 책임이 테이블의 리더 쪽에서 다른 사람들 쪽으로 굴러 내려가는 것은 분명히 봤을 것이다. 아무 생각 없이 보면 테이블은 평평해 보인다. 하지만 한쪽 끝에 구슬을 올려놓으면 틀림없이 반대쪽으로 굴러갈 것이다! 이들 리더는 사람들에게 끝까지 책임지도록 하는 경향을 갖고 있다. 사람들이 문제를 테이블에서 리더 쪽으로 밀어놓아도, 회의가 끝날 즈음이면 그 문제는 미끄러져서 본래 있던 위치로 돌아간다. 리더는 도움과 조언을 주고 적절한 질문을 던지고 중요한 문제를 강조하기도 하지만, 책임은 사람들에게 되돌아가 거기에 머문다. 테이블이 사람들 쪽으로 기울어져 있기 때문이다.

예전에 나의 상사는 회의 때마다 항상 작은 가죽 수첩을 들고 왔다. 그런데 이상하게도 거기에 회의 내용을 필기하지는 않았다. 하지만 언제나 회의에 100퍼센트 집중하면서 사람들의 말을 주의 깊게 들었고 자기 의견을 신중하게 제시했다. 회의 때면 나는 논의되는 내용과 내가 할 일 등을 정신없이 노트에 적었고 다른 직원들도 마찬가지였다. 그 상사는 어쩌다 한 번씩 수첩에 뭔가 적었다. 전적으로 그 혼자서만 책임져야 하는 문제를 적는 것이었다. 그의 회의 테이블 역시 기울어져 있었던 것이다. 그는 사람들에게 책임을 부여하는 법을 아는 리더였다. 그는 회의에 적극 참여했지만 자신이 책임을 떠맡지는 않았다. 그리고 그는 신중하게 자제하며 꼭 필요한 책임만 맡았으므로, 그런 그가 가죽 수첩에 뭔가를 적었다면 그것이 신속하고도 확실하게 이행될 것임을 누구나 믿을 수 있었다.

책임을 되돌려준다

투자자는 사람들의 일에 개입은 하지만 늘 주도권과 책임감을 그들에게 다시 돌려준다.

세일즈포스의 기업용 애플리케이션 개발 총괄 전무인 존 우키[John Wookey]는 소프트웨어 사업 전문가이자 조직 운영 노하우가 뛰어난 멀티플라이어다. 그는 품질 좋은 소프트웨어를 일정에 맞춰 개발하려면 간섭이 필요하다는 것을 잘 안다. 그러나 관리자가 아랫사람의 일에 지나치게 간섭하는 것과 적절히 개입하는 것이 어떻게 다른지 분명히 알고 있다.

소프트웨어 개발 사업에서 관리자의 지나친 간섭 성향이 드러나기 쉬운 때는 바로 사용자 인터페이스를 점검하는 회의다. 일반적으로 소프트웨어 애플리케이션 하나에는 약 250개의 스크린이 들어가는데 이 스크린들의 사용성이 시장에서 제품의 성공 여부를 좌우할 수 있다. 따라서 대부분의 임원들은 이 부분에 각별한 관심을 가진다. 세세한 곳까지 간섭하는 유형의 임원은 회의 때 화이트보드 앞으로 달려 나가 직원들 앞에서 자신의 지식을 드러내며 스크린을 이렇게 또는 저렇게 바꾸라고 설명하곤 한다.

존은 이런 임원을 수없이 목격했다. 그러나 그 자신은 그렇게 하지 않는다. 스크린 관련 문제가 발견되면 존은 의견을 제안하고 고려 가능한 선택지들을 언급한 뒤 직원들에게 각자의 '연구실'로 돌아가 해결책을 찾으라고 한다. 존은 이렇게 말한다. "나는 지시를 내리는 대신 방향을 잡는 피드백을 준다. 어떤 일을 오랜 기간 날마다 하루 종일 한 사람에게는 내가 몇 분 들여다봐서는 절대 가질 수 없는 통찰력이 있기 때문이다." 존은 기업용 애플리케이션 분야에서 오랫동안 쌓은 경험에서 나온 조언을 해주면서, 실제 사용자들이 소프트웨어에서 무엇을 원할지 그들 입장에서 생각해보라고 당부한다. 완성했을 때 자부심을 느낄 수 있는 제품을 만들려면 어떻게 해야 하는지 생각해보게 하는 것이다.

존은 개입은 하지만 맥킨지의 최재처럼 펜을 다시 돌려준다. 이로써 자신이 리더로서 관심을 갖고 참여는 하지만 책임지는 사람은 아니라는 것을 보여준다. 그는 책임감을 되돌려준다. 뛰어난 제품을 설계해 완성하는 책임은 사람들에게 있다.

전자 제품 제조 기업 플렉스트로닉스Flextronics의 인프라 담당 사장 마이클 클라크Michael Clarke 는 직원들에게 책임을 돌려줄 때 2단계 프로세스를 즐겨 이용한다. 그는 프레젠테이션이나 아이디어 제안을 관심 있게 경청하고서 살짝 쓴웃음을 지으며 강한 요크셔 억양으로 "그거 좋은 생각이군" 하고 말한다. 먼저 칭찬부터 하는 것이다. 그런 다음 "우리가 X와 Y 중 어느 쪽에 투자해야 할지 알고 싶네. 자네는 똑똑하니까 답을 찾을 수 있을 거야."라고 말하면서 당면 문제에 대한 책임이 그들에게 있음을 확실히 인식시킨다. 직원들은 "자네는 똑똑하니까 할 수 있을 거야"라는 말을 그에게서 수시로 듣는다. 그들의 아이디어는 인정을 받고, 문제를 해결할 책임도 그들에게 남는다.

완벽한 일 처리를 기대한다

1987년 여름 나는 꿈에 그리던 인턴직을 얻었다. 케리 패터슨Kerry Patterson 밑에서 일하는 자리였다. 그는 내가 다닌 경영대학원에서 조직행동학을 가르치는 교수였는데, 이제 남부 캘리포니아에서 경영 교육 전문 기업을 운영하고 있었다.

케리는 탁월한 지성을 지닌 사람이었지만 가끔은 살짝 제정신이 아닌 듯 보일 때도 있었다. 아인슈타인의 두뇌를 영화배우 대니 드비토Danny DeVito 의 몸에 집어넣었다고 하면 그를 표현하기 딱 알맞은 것 같다. 케리의 회사에서 일하고 싶어 하는 이들은 한둘이 아니었는데, 나는 교수님들의 추천과 나만의 신통한 마법 주문을 외운 덕분에 그 자리를 얻을 수 있었다. 나는 케리 밑에서 일을 배울 수 있다는 사실에 한껏 들떠 남부 캘리포니아로 달려갔다.

인턴이 으레 그렇듯 나도 온갖 잡다한 일을 했다. 교육 자료를 만들고, 컴퓨터 업무를 하고, 몇몇 법률 문제도 처리했다. 하지만 내가 가장 좋아한 일은 케리가 써놓은 글을 교정하는 작업이었다. 교육 매뉴얼이든 연설문이든, 그가 쓴 글을 교정하고 오류를 수정했다. 하루는 케리가 만든 마케팅 브로슈어를 교정 중이었다. 여느 때처럼 오타와 문법 오류를 찾아 바로잡고 어색한 문장도 수정했다. 그런데 조금 뒤 단어들이 얽혀서 아무리 읽어도 요령부득인 문장과 마주쳤다. 매끄럽게 다듬으려고 몇 번이나 시도했지만 본래 문장보다 나은 결과물이 나오지 않았다. 내가 수정하기엔 너무 벅찬 문장이었다. 나는 명석한 케리라면 당연히 수정할 방법을 알겠지 싶어서, 옆의 여백에 '어색함'이라고만 표시해두었다.

자료를 케리의 책상에 올려놓고 내 자리로 돌아와 한 시간쯤 지났을 때, 회의에서 돌아온 케리가 그 자료를 발견했다. 그가 내가 있는 사무실로 걸어오는 소리가 복도에서 들려왔다. '고맙다'고 말하러 오는 발걸음 소리는 분명히 아니었다. 그는 문을 벌컥 열고 곧장 내 책상으로 다가왔다. 나는 잔뜩 긴장해서 허리를 똑바로 세워 앉았다. 그의 입에서 무슨 말이 쏟아질지 조마조마했다. 그는 자료를 내 앞에 '탁' 소리가 나게 내려놓고는 내 눈을 똑바로 쳐다보며 말했다. "'해결했음'이 아니라 '어색함'이라고 써놓는 일을 다시는 하지 말게!" 이 완벽한 교사는 그리고 나서 사무실을 나갔다. 무슨 말인지 바로 이해가 됐다. 나는 머리를 쥐어짜 간신히 그 어색한 문장을 수정해 해결했다. 그리고 케리의 사무실에 살짝 들어가 책상에 놓고 나왔다.

케리는 가르치고 저술하는 활동을 활발히 계속했으며, 《결정적 순간의 대화Crucial Conversations》, 《결정적 순간의 대면Crucial Confrontations》, 《인플루

엔서^{Influencer}》, 《어떻게 바꿀 것인가^{Change Anything}》 등 베스트셀러도 여러 권 출간했다. 나는 인턴 기간을 끝내고 대학원 졸업 후 사회에 나와 나름대로 자리를 잡았다. 나는 케리에게 배운 중요한 교훈을 기업 세계에서 일할 때도 절대 잊지 않았다. '해결했음' 대신 '어색함'이라고 써놓지 말라는 것이다. 문제를 발견하는 데서 그치지 말고 해결책을 찾아야 한다.

나는 기업 세계에서 일하는 동안 이 이야기를 많은 사람에게 들려주었다. 해결책은 제시하지 않고 내 책상에 문제만 던져놓는 팀원이 있으면 반드시 들려주었다. "'해결했음' 대신 '어색함'이라고 써놓지 말라"는 교훈을 전해주었다.

사람들에게 해결책을 요구하면 생각과 임무를 완성할 기회를 주게 된다. 다른 똑똑하고 유능한 사람들 앞에서 위축될 수도 있는 그들의 지적 근육을 최대한 사용하라고 독려하는 것이다. 멀티플라이어는 사람들이 스스로 할 수 있는 일을 절대 그들 대신 해주지 않는다.

자연스러운 결과를 경험하게 한다

몇 년 전 우리 가족은 하와이 마우이섬으로 휴가를 떠났다. 우리는 카아나팔리 해변의 블랙록^{Black Rock} 근처에 자리를 잡았다. 이곳은 무척 아름답지만 해변에서 바다 쪽으로 튀어나온 거대한 암석인 블랙록 때문에 파도가 때때로 거세게 친다. 당시 세 살이던 크리스천은 바다를 보고 너무나 신나서 물이 발목에 찰랑대는 안전한 곳을 벗어나 자꾸만 파도가 세게 밀려오는 곳으로 갔다. 아이를 키우다 보면 누구나 한 번쯤은 경험하는 상황이다. 아이가 너무 멀리 나가면 내가 뛰어가 데려와야 했다. 그러고는 쭈그리고 앉아 아이와 눈높이를 맞추고는 바다가 얼마나 힘이 센지, 물이 깊은 곳으로 들어가면 왜 위험한지 설명해주었다. 하지만 아이는 다시 신나게 놀다가 내 말은 까맣게 잊어버린 채 또 물속으로 들어갔다. 그러기를 몇 번이나 했는지 모른다.

아무래도 안 되겠다 싶었던 나는 아이가 자연으로부터 직접 뭔가 깨닫게 해야겠다고 마음먹었다. 나는 중간 정도 세기의 파도가 해변으로 밀려올 때를 기다렸다. 아이가 넘어지기는 하겠지만 휩쓸려 가지는 않을 정도의 파도 말이다. 파도가 다가올 때 나는 아이를 끌어당기지 않고 바다 쪽으로 걸어가게 그냥 놔두었다. 얼른 팔을 잡아채 안아 올리지 않고 그냥 옆에 서서 지켜보았다. 근처에 있던 몇몇 부모들이 깜짝 놀란 표정으로 쳐다봤다. 어떤 사람은 '정말 이상한 엄마네!' 하는 표정이었다. 나는 아이를 위한 인명 구조 요원이 아니라 교사의 역할을 하려는 중이라고 설명해주며 그에게 걱정 말라고 했다. 밀려온 파도에 부딪힌 크리스천은 중심을 잃고 주저앉으며 바닷물을 뒤집어썼고 몇 번이나 모래밭에 나뒹굴었다. 나는 세게 넘어져 모래밭에 뒹군 아이를 잡아 일으켜주었다. 아이가 "어푸어푸" 하면서 숨을 고르고 입에 들어간 모래를 뱉어낸 뒤, 우리는 바다가 얼마나 힘이 센가에 대해 함께 이야기를 나누었다. 이번에는 아이도 내 말을 제대로 이해했는지 바다에서 좀 떨어진 안전한 모래밭에서 놀았다. 크리스천은 지금도 바다와 파도타기를 몹시 좋아하지만 자연의 힘에 경외심을 갖고 있다.

자연은 최고의 스승이다. 이런 관점은 사람들을 이끌 때도 유용하다. 사람들로 하여금 자기 행동의 자연스러운 결과를 직접 경험하게 할 때 그들은 가장 빨리, 가장 의미 깊게 배운다. 그런 결과와 여파로부터 사람들을 보호하려고 들면 그들이 배우고 발전할 수가 없다. 진정한 성장은 시도와 시행착오를 통해서만이 가능하다.

행동에 따르는 결과를 고스란히 경험하게 놔두면 자연적 힘이 그들에게 현명한 행동이 무엇인지 알려준다. 또 관리자가 사람들이 똑똑하므로 충분히 해낼 수 있다고 믿는다는 메시지가 전달된다. 사람들은 자기 행동과 그 행동이 가져오는 결과의 주인이라고 느껴서 자주적으로 행동한다. 투자자는 자신의 투자가 성과를 내기를 기대하지만, 자신이 개입해 자연적인 시장의 힘을 바꿀 수 없다는 사실을 잘 안다. 멀티플라이어는 실패할 가능성을 배제하지 않음으로써 사람들에게 발전하고 성공할 자유와 동기를 준다. 엘라 바트의 다음 말은 이런 관점을 잘 보여준다. "모든 행동에는 리스크가 따른다. 모든 성공은 실패라는 씨앗을 품고 있다."

멀티플라이어는 '사람들은 똑똑하므로 해낼 수 있다' 라고 믿는다. 때문에 투자자가 되어 늘 책임감이 사람들 쪽으로 굴러가게 하는 것이다. 멀티플라이어는 성공에 필요한 자원을 투자하고 과정에 참여해 조언을 해주고 방향을 제시한다. 그러나 자신의 역할이 끝나면 '펜을 다시 돌려주어' 사람들이 책임감을 갖고 기대한 성과를 내도록 한다.

멀티플라이어는 사람들에게 투자함으로써 자립심을 형성시킨다. 자신이 직접 개입하지 않아도 꾸준히 성과를 내는 조직을 만든다. 조직의 자립성이 충분히 강해지면 멀티플라이어는 한 걸음 물러나도 된다. 그리고 그런 리더는 조직을 떠날 때 진정한 유산을 남기게 된다.

디미니셔의 방식

디미니셔는 '사람들은 내가 없으면 절대 해내지 못한다'라는 관점을 갖고 일한다. 자신이 세세한 부분까지 계속 감독하지 않으면 성과가 안 나올 것이라고 생각하는 것이다. 이런 리더는 사람들에게 주도권을 주지 않으므로 의존성을 키운다. 디미니셔는 그때그때 단편적인 임무를 맡기고, 자기가 없으면 사람들이 제대로 해내지 못한다는 생각에 곧장 개입한다.

불행하게도 결국에는 그런 생각이 맞는 것으로 드러난다. 사람들이 무능력해져서 답을 찾거나 승인을 얻기 위해, 여러 정보를 통합하기 위해 리더에게 의존하기 때문이다. 그러면 디미니셔는 원인을 찾으러 자기 자신이 아니라 바깥으로 눈을 돌리면서 "어째서 팀원들은 항상 기대에 못 미쳐 나를 실망시킬까?" 하고 의아해한다. 이런 디미니셔가 조직을 떠나면 모든 것이 무너진다. 그가 세세한 것까지 일일이 관리하면서 조직을 유지시켜왔기 때문에 그가 떠나면 조직도 제대로 돌아가기 힘든 것이다.

사소한 부분까지 간섭하는 방식으로 조직 전체의 능력을 질식시킨 브라질의 한 사모 투자자의 사례를 보자. 셀소는 두뇌가 대단히 명석해 동료들 사이에서도 금융 천재로 통한다. 그는 뛰어난 분석가였고 투자 분야의 스타였다. 하지만 통제에 광적으로 매달리는 관리 스타일은 훌륭한 회사를 만드는 데 걸림돌이었다. 안타깝게도 사모 펀드회사의 수장인 그의 임무는 바로 그것, 훌륭한 회사를 만드는 일이었다.

회의 때면 직원들이 잠재 투자처나 포트폴리오 기업에 대한 보고를

다 끝내기도 전에 셀소가 끼어들어 자신의 분석 결과를 내놓는 일이 다 반사였다. 물론 그는 중요한 점을 예리하게 지적했지만, 그 때문에 다른 사람들이 의견을 내기 힘들었다. 그는 "자네가 이것도 몰랐다니 믿을 수가 없군"이라는 말을 입에 달고 살았다.

셀소는 포트폴리오 기업들의 실적을 시시각각 확인했고 모든 기업의 매출 보고서 자료를 휴대전화로 받아 확인했다. 매출 실적이 목표에 미치지 못하면 밤늦은 시간도 아랑곳 않고 해당 기업의 CEO에게 전화를 걸어 소리를 질렀다. 그는 어떤 상황에서건 망설이지 않고 가장 빨리 반응하는 사람이었다. 마치 파블로프의 개처럼 자극과 반응 사이에 시간차가 없었다. 그는 문제를 발견하면 즉각 뛰어들어 직접 해결하려고 나섰다.

사사건건 간섭하는 그의 스타일은 시간이 흐르면서 조직 내에 분열을 야기했다. 대부분의 사람들이 결국엔 그가 다 알아서 할 것이라고 생각하고 그저 몸을 사리며 조용히 지내는 쪽을 택했다. 많은 인재들이 빠져나가자 셀소는 의욕 넘치는 일류대 졸업생들을 채용해 그 자리를 메웠다. 다른 유형의 리더십은 아직 경험해본 적 없는 사회 초년생들이었다. 시간이 흐르면서 조직 구성원들 모두가 그를 닮기 시작했고, 그의 조직은 수컷 우두머리들의 연례 회의 같은 분위기를 풍겼다. 많은 디미니셔들과 마찬가지로 셀소의 관리 스타일은 똑똑한 인재들의 재능 발휘를 억눌렀다.

디미니셔가 어떤 식으로 역량을 고갈시키고 의존적인 조직을 만드는지 살펴보자.

○ **주인이 되려고 한다.** 한 저명한 교수 밑에서 일하는 연구원의 말은 간섭형 관리자의 방식을 잘 보여준다. "나는 어떤 결정도 내릴 수 없다. 양 박사님의 허락이 떨어지기 전까진 내 샤프펜슬에 심도 못 넣는다." 디미니셔는 사람들에게 믿고 맡기지 못하기 때문에 늘 자신이 주인이 되려고 한다. 권한을 위임하더라도 단편적인 임무를 조금씩 나눠 줄 뿐 뭔가를 전적으로 책임지고 수행할 권한은 주지 않는다. 사람들에게 퍼즐의 조각만 주는 셈이다. 당연히 사람들은 리더가 없으면 퍼즐을 제대로 맞추지 못하고 애를 먹는다.

에바 위젤은 명석하고 열정적인 여성이다. 하지만 그녀가 철저한 아침형 인간인 점은 직원들에겐 결코 반갑지 않았다. 제조 공장의 운영 관리자인 그녀는 날마다 새로운 아이디어를 잔뜩 들고 출근했다. 출근하는 차 안에서 하루를 계획하고, 공장에 도착하자마자 직원들의 사무실에 들러 그날 해야 할 일을 알려주기 시작했다. 어떤 날은 평상시와 크게 다르지 않은 내용이지만, 어떤 날은 완전히 새로운 방향의 업무를 지시했다. 직원들은 그녀의 패턴을 알아챈 이후부터는 거기에 대응하는 간단한 방법을 쓰기 시작했다. 그들은 매일 아침 8시쯤 로비에서 사무실로 이어지는 복도를 따라 일렬로 길게 늘어섰다. 그렇게 메모지를 들고 서서, 출근한 에바가 로비 현관으로 들어와 그날의 '출격 명령'을 내려주기를 기다렸다. 그렇게 모두가 지시 내용을 기다리는 것이 더 편했다.

물론 에바는 스스로를 직원들에게 권한을 위임하고 할 일을 분명히 알려주는 훌륭한 리더라고 여겼다. 하지만 실제로 그녀는 혼자 모든 판단을 내리고 일의 주도권을 독점하는 간섭형 관리자였다.

○ **간섭과 무관심을 오간다.** 간섭형 관리자는 사람들에게 일을 넘겨주기는 하지만 문제가 발생하는 순간 다시 그 일을 가져온다. 그들은 마치 낚싯줄의 미끼에 걸리는 물고기처럼 반응한다. 갑자기 나타난 긴급한 문제나 중요한 장애물은 디미니셔에게 저항하기 힘든 유혹이다. 그는 시선을 잡아끄는 문제 쪽으로 향한다. 문제를 해결해서 주목과 찬사를 받는 주인공이 되고 싶은 것이다. 또한 자신의 능력에 의존하는 사람들을 보면서 자신이 중요한 인물이 된 기분을 즐긴다. 이런 리더는 당연히 사람들에게 부정적인 영향을 끼친다.

문제는 그렇게 개입했다가 나오기를 반복한다는 점이다. 해결이 필요한 문제에 고위 경영진이 주목하기 시작하면, 간섭형 관리자가 갑자기 "나한테 맡겨" 하는 태도로 뛰어든다. 그리고 문제를 해결해 능력을 인정받고 나면 곧장 다시 뛰어나온다.

가츠 야마모토는 소비재회사의 최고 마케팅 책임자CMO다. 그는 사내에서 극단적으로 대조적인 2가지 모습을 보이곤 한다. '내가 알아서 할 테니 나한테 맡겨라' 하는 모습과 '완전히 무관심한' 모습이다. 팀원들이 어떤 문제를 붙들고 있는데 거기에 CEO가 주목하고 있는 상황이면, 가츠는 주저 없이 뛰어들어 문제를 해결하고 결과를 곧장 CEO에게 보고한다. 하지만 CEO의 관심이 쏠리지 않은 사안이면 가츠는 코빼기도 내밀지 않는다. 그는 회사 차원에서 볼 때 똑같이 중요하더라도 사내의 이목이 쏠리지 않은 프로젝트에는 관심을 기울이지 않는다.

이처럼 리더가 간섭과 무관심을 극단적으로 오가면 구성원들은 의존성이 높아지고 업무 의욕이 떨어진다. 리더가 마음 내키는 대로 행동하는 조직에는 파괴적인 혼란이 생긴다.

○ **일을 다시 자기 손으로 가져온다.** 내가 처음으로 관리자 직책을 맡고 6개월쯤 지난 어느 날, 스물다섯 살의 나는 저녁 7시 30분에 오라클 본사 건물의 사무실에 앉아 있었다. 다들 퇴근하고 나만 텅 빈 사무실에 남은 상태였다. 아직 끝내지 못한 일들을 마무리하느라 정신없이 바빴다. 그 대부분은 낮에 업무상 차질이 생겼던 일들이 하나둘 내 책상에 쌓인 것이었다. 고개를 처박고 몰두하고 있다가 문득 이런 생각이 들었다. '내가 왜 이 많은 일을 이 시간까지 하고 있는 거야? 분명히 팀원들한테 업무를 위임했는데. 어째서 전부 나한테 되돌아온 거지?' 나는 팀원들이 문제를 들고 오면 그들에게 주었던 업무를 내가 다시 맡았던 것이다.

나는 자기 책임을 다하지 않고 일을 나한테 떠넘긴 팀원들한테 짜증이 났다. 그러다 불현듯 이런 깨달음이 왔다. 나는 '내 일'을 하고 있는 게 아니었다. 관리자인 내가 할 일은 업무를 관리하는 것이지 일을 혼자 다 하는 것이 아니었다. 그때까지 나는 어리석게도 열정이 과다한 영웅처럼 문제를 해결하고 있었다. 사실은 팀원들이 문제를 해결하게 돕는 역할을 해야 하는데 말이다. 내가 할 일은 팀원들에게 일을 맡기고 책임지게 하는 것이었다. 너무나도 당연하고 간단한 생각이지만 신참 관리자였던 내게는 놀라운 깨달음이었다.

임원 코칭을 해보면 이 간단한 사실을 모르는 리더와 임원이 의외로 많다. 관리자가 일을 다시 자기 손으로 가져오면, 결국 모든 일을 직접 해야 할 뿐만 아니라 사람들에게서 능력 발휘의 기회도 빼앗게 된다. 사람들의 성장을 가로막게 된다는 것이다. 그런 관리자는 서서히 뜻하지 않은 디미니셔로 변하기 시작한다.

자신이 의도했든 그렇지 않든 디미니셔는 조직에 고비용을 발생시킨다. 그들 자신은 능력이 뛰어날지 몰라도 조직의 발전을 가로막는 방해물이 된다. 간섭형 관리자 밑에서는 사람들이 리더를 뛰어넘어 성장할 수 없고 조직 내의 다른 부분에 있는 인재를 활용하기 힘들다.

간섭형 관리자는 주변에 있는 인재의 지성과 재능을 충분히 활용하지 않는다. 따라서 인재들이 능력을 갖고도 발휘하지 못한다. 이런 상황에서 인재가 부족하다고 느끼는 관리자는 회사 측에 인력을 충원해달라고 요청한다. 왜 팀원들이 성과가 저조하고 늘 기대에 못 미치는지 의아해하면서 말이다.

이에 반해 투자자는 사람들에게 분명하게 일과 책임을 위임하고, 최고의 사고력과 역량을 발휘해야 하는 임무를 준다. 이런 리더가 활용할 수 있는 자산은 풍부해진다. 현재의 인적 자원을 남김없이 활용하고, 조직의 역량을 끌어올려 다음 단계의 도전과 책임을 맡을 수 있게 준비시킨다.

연쇄 멀티플라이어

인도 뭄바이 빈민가 근처의 한 원룸형 아파트. 나라야나 무르티^{Narayana} ^{Murthy}와 동료 6명은 이곳에서 7시간 동안 토론을 한 뒤 벵갈루루에 창업할 소프트웨어회사의 비전을 결정했다. 그들은 2가지를 반드시 이뤄내기로 했다. 첫째는 아내들을 설득해 250달러씩 걷어 창업을 위한 종잣돈을 만드는 것, 둘째는 세상 사람들에게 존경받는 회사를 만드는 것이었다. 그들은 결국 둘 다 이뤘다.

이들 공동 창업자의 지적 에너지와 자본 투자는 결과적으로 그만한 가치가 있었다. 보잘것없는 규모로 시작한 인포시스 테크놀로지스^{Infosys Technologies}는 인도 최초로 나스닥 상장 기업이 됐다. 당시 시가총액은 100억 달러였다. 이 과정의 핵심 리더인 나라야나 무르티는 공동 창업자들이 꿈꾸던 목표 그 이상을 이루도록 도왔고, 인도의 많은 창업가들이 자신의 능력에 믿음을 갖도록 이끌었으며, IT 강국이라는 인도의 새로운 이미지를 만들었다.

나라야나 무르티는 회사 안팎에서 두루 존경받는 인물이다(2005년 〈이코노미스트^{The Economist}〉지 선정 '가장 존경받는 글로벌 비즈니스 리더 10인'에 포함됐다[3]). 그는 마음만 먹으면 계속 최고 리더 자리에 머물면서 명예와 권력을 누릴 수도 있었다.

하지만 그는 60번째 생일에 CEO 자리에서 물러났다. 그럴 수밖에 없는 위기 상황이 있었던 것도, 사내 권력 다툼에서 밀려난 것도 아니었다. 그것은 그가 계획한 의도적인 일이었다. 그동안 다른 공동 창립자들의 성장에 충분히 투자해왔기에 회사는 그가 없어도 운영될 수 있었다. 그는 CEO 자리를 공동 창립자 난단 닐레카니^{Nandan Nilekani}에게 넘겨주고 자신은 비상임 회장 겸 최고 멘토로 남았다. 인포시스는 성장을 거듭해 2016년 11월 기준으로 320억 달러의 가치를 지닌 기업이 됐다.

그는 스위스 다보스 세계경제포럼에 참석했을 때 왜 그런 선택을 했느냐는 질문을 받자 "리더로서 나의 중요한 역할은 계속해서 리더를 양성하는 것"이라고 말했다. 그렇게 사람에게 투자할 수 있는 원동력이 무엇이냐는 질문에는 주저 없이 "핀볼 게임에서 이겼을 때 돌아오는 보상은 다음 플레이를 할 기회를 얻는 것이다"라고 답했다. 다시 말해 그는 CEO로서 주목받는 것 대신 다른 곳에 다시 투자하는 편을 택한 것이다. 어떤 CEO들은 명예와 칭송에 중독되지만 이런 리더는 사람들을 성장시키는 일에 중독된다. 뼛속까지 멀티플라이어인 무르티는 자신의 지적 능력을 뽐내는 것이 아니라 그 능력을 사람들에게 투자하는 것이 최고의 가치를 얻는 길임을 알았다.

이후 인생 제2막에 들어선 무르티는 영향력 범위를 훨씬 더 넓히면서 계속 사람들의 성장과 발전에 투자해왔다. 인포시스의 운영 책임에서 자유로워진 그는 타이 정부, 유엔UN, 코넬대학교, 와튼 경영대학원, 싱가포르 경영대학교 등 세계 여러 정부 기관과 조직들에 관여하며 자신의 재능을 쏟았다. 또한 인도 총리에게도 조언을 제공하며 인도의 다음 세대에게 투자해야 한다고 주장했다. 그는 이렇게 말했다. "우리는 거대한 교육의 주도권을 젊은이들에게 맡겨야 한다." 그리고 투자자로서 이끄는 그의 리더십은 하나의 본보기가 되는 패턴을 인포시스 내에 확립했다.

무르티 같은 리더는 다른 리더들의 양성과 발전에 투자한 뒤 조직의 성과를 위태롭게 하지 않으면서 한 발 물러설 수 있는 권리가 생긴다. 그리고 그는 이제 다른 곳에 가서 이런 투자 사이클을 또 만들어내기 시작한다.

한 번의 성공에 그치지 않고 계속 창업에 도전하는 연쇄 창업가처럼, 이런 리더는 연쇄 멀티플라이어가 될 수 있다. 그러기 위해서는 많은 기업 간부들과 달리 명예와 칭송에 대한 중독에서 벗어나 성장과 발전에 중독돼야 한다. 사업을, 그리고 사람들을 성장시키는 일 말이다. 연쇄 멀티플라이어는 사람들의 지적 능력을 키운다. 그 능력은 멀티플라이어가 곁에서 없어지면 사라지는 일시적인 것이 아니다. 그것은 지속 가능한 진정한 능력이며, 이로써 또다시 멀티플라이어가 탄생하면 계속 그 효과가 복제된다.

투자자가 돼라

연쇄 멀티플라이어가 되기 위해서는 출발점이, 긍정적인 중독 사이클의 토대가 될 초반의 성공이 필요하다. 다음 4가지를 기억하라.

투자자가 되기 위한 출발점

○ **결정권의 51퍼센트를 줘라.** 리더는 아랫사람에게 업무를 위임하면서 그들에게 무엇을 기대하는지 알려준다. 거기서 그치지 말고 (당신이 아니라) 그들에게 책임이 있다는 사실도 알린다. 당신은 그들의 일에 관여하고 필요한 지원도 하겠지만 책임은 그들에게 있음을 인지시켜야 한다. 숫자를 사용해 구체적으로 알려주는 것도 좋다. 예컨대 그들에게 결정권의 51퍼센트가, 당신에겐 49퍼센트가 있다고 말해라. 또는 좀 더 과감하게 75 대 25로 하는 것도 좋다.

그들에게 현재의 능력치 이상을 발휘해야 하는 일을 맡겨라. 먼저 현재의 업무 범위에 대한 확실한 소유권과 주인 의식을 주고, 그다음엔 한 단계 높은 책임을 맡겨라. 그들의 책임감을 더 높일 방법을 찾아서, 그들의 역량으로는 조금 벅찰 수도 있는 일을 맡겨라.

○ **결과를 경험하도록 자연스럽게 놔둬라.** 자연은 최고의 스승이다. 결과가 인위적으로 주어지면 그 사실을 잊기 쉽다. 하지만 자기 행동의 자연스러운 결과를 직접 경험하면 더 잘 기억하고 중요한 것을 배우게 된다. 결과를 경험하도록 자연스럽게 놔두기는 쉽지 않다. 개입하고 싶은 관리자 본능이 자꾸 고개를 들기 때문이다. 훌륭한 성과를 내는 팀으로 만들고 싶은 의욕이 앞서기 때문이다. 치명적 재앙을 동반하지 않고도 자연스럽게 배우는 기회가 될 '작은 파도'를 찾아라. 다음 3단계를 따르라.

1. **내버려둔다.** 실패를 막으려고 곧장 뛰어들어 해결하지 마라. 회의에서 직원이 서툴러 보인다고 해서 리더가 회의를 장악해서는 안 된다. 해당 직원이 어느 정도의 실수를 경험하게 내버려두어라.
2. **대화한다.** 실패에서 배우도록 옆에서 도움을 제공하라. 회의가 엉망으로 끝나거나 세일즈 계약 성사에 실패했을 때, 당신이 곁에서 그들을 일으켜주고 몸에 묻은 모래를 털어준 뒤 그 경험에 대해 함께 이야기를 나눠라. 적절한 질문을 던져라. "거봐, 내가 뭐랬어"라고 말하는 디미니셔가 되지 마라.
3. **앞을 바라본다.** 다음번에는 잘 해낼 수 있는 방법을 찾게 도와라. 실패에서 빠져나와 뒤가 아니라 앞을 보며 걸어가게 하라. 만일 직원이 중요한 세일즈 계약을 망쳤다면, 다음에 다른 고객과 비슷한 상황이 생길 때 어떻게 대처할지 생각해보게 하라.

실수와 실패에만 그에 따르는 자연스러운 결과가 있는 것이 아니다. 훌룽한 결정에도 그에 상응하는 결과가 따른다. 성공 경험에 대해서도 결과를 충분히 느끼고 경험하게 하라. 리더인 당신은 한 발 물러서서 그들의 노고에 공을 돌리고 그들이 성공의 만족감을 충분히 느끼게 하라.

ㅇ 해결책을 요구하라. 많은 이들이 뛰어난 문제 해결 능력 덕분에 관리자 위치에 오른다. 때문에 직원이 문제를 들고 오면 리더 자신이 해결해주고 싶은 충동을 느끼는 것도 당연하다. 그리고 대개 사람들은 이번에도 리더가 해결해주겠거니 하고 기대한다. 당신이 나서고 싶은 충동이 들 때, 인턴에게 달려가 어색한 문장을 지적하는 것 이상을 하라고 요구했던 케리 패터슨을 떠올리기 바란다. 사람들에게 할 수 있는 한 끝까지 치열하게 생각해 해결책을 제안하라고 요구하라. 예컨대 이렇게 물어라.

> ▶ 당신 생각에 이 문제의 해결책이 무엇인가?
> ▶ 이 상황을 타개할 방법을 제안해보겠는가?
> ▶ 이걸 해결하기 위해 어떤 방법을 써보고 싶은가?

무엇보다도 문제 해결의 책임을 리더인 당신이 맡지 마라. 문제를 다시 사람들 책상 위에 갖다놓고 더 치열하게 생각하라고 독려하라. '어색함'이라는 메모 대신 '해결했음'이라는 메모를 가져오라고 요구하라.

ㅇ 펜을 돌려줘라. 혼자 끙끙대다가 도와달라고 찾아온 부하 직원을 보면 그 일을 맡아 해결해버리고 싶은 마음이 들기 쉽다. 어떤 리더는 자신이

일을 가져오려는 성향이 강하다는 것을 스스로 알기에, 해당 직원을 무시하고 일방적으로 일을 빼앗아 오는 상황이 될까 봐 아예 수수방관하는 쪽을 택하기도 한다. 팀원이 어려움을 겪으면 도움은 주되 거기서 손을 뗄 생각을 하고 있어라. 회의실, 일대일 면담, 복도 등 어디서 대화를 하는 중이든 그들에게 펜을 돌려준다는 의사를 표현할 시점을 염두에 둬라. 화이트보드 앞에서 팀원들에게 몇 가지 의견을 제시하고 조언을 끝냈다 싶으면 펜을 다시 돌려주는 리더가 돼라. 이는 주도권이 여전히 그들에게 있으며 일을 책임지고 완수해야 한다는 점을 인지시킨다.

펜을 돌려준다는 의미로 예컨대 이렇게 말할 수 있다.

▶ 이 문제를 철저하게 생각해보도록 도울 수 있어서 기쁘다. 하지만 여기서 더 진전시키는 것은 당신 몫이다.
▶ 이 사안의 주도권은 여전히 당신에게 있다.
▶ 나는 지원하는 역할을 할 것이다. 당신이 책임지고 진행하는 과정에서 어떤 부분에 내 도움이 필요한가?

이것들은 간단한 출발점에 해당한다. 하지만 반복적으로 실천하면 조직에 멀티플라이어 효과를 일으키는 촉매가 될 수 있을 것이다.

멀티플라이어 효과

멀티플라이어가 사람들에게 자원을 투자하고 자신감과 성공에 대한 책임감을 심어주면 조직에 잠자고 있던 엄청난 지성과 역량을 끌어낼 수 있다. 2006년 노벨 평화상 수상자이자 소액 대출 운동의 선구자인 무함마드 유누스Muhammad Yunus는 이렇게 말했다. "모든 사람에게는 거대한 잠재력이 있다. 한 개인이 당대에, 그리고 시대를 뛰어넘어서 지역사회나 국가 안에 있는 다른 사람들의 삶에 영향을 끼칠 수 있다."

멀티플라이어는 사람들에게 투자해 자립심을 키움으로써 그들이 당면 과제에 능력을 남김없이 쏟게, 그리고 자신의 활동 범위와 영향력을 확대하게 한다. 그렇게 사람들 스스로 해낼 수 있는 힘이 생기면, 리더는 계속해서 또 다른 곳에 투자하는 연쇄 멀티플라이어가 될 수 있다. 단순하지만 강력한 방정식이 여기서 목격된다. 멀티플라이어 효과는 평균적으로 사람들의 능력을 2배로 끌어내는 것을 말한다. 평균적인 규모의 조직 구성원이 대략 50명이라고 한다면, 50명을 더 추가해 총 100명의 역량이 생기는 셈이다. 만일 이런 리더가 10곳의 조직을 거쳐 간다면 500명에 해당하는 역량이 추가로 창출되는 것이다.

멀티플라이어는 비용을 들이지 않고도 조직의 인력을 2배로 만드는 것과 같다. 이 같은 2배 효과는 벤처 캐피털업계의 가장 노련한 투자자가 보기에도 무척 매력적인 비즈니스 강점일 것이다.

간섭형 관리자 vs. 투자자

- **간섭형 관리자:** 세세한 부분까지 간섭해 리더에게 의존하는 조직을 만든다.
- **투자자:** 사람들이 리더 없이도 성과를 낼 수 있도록 그들에게 투자하고 책임감을 심어준다.

투자자의 3가지 특징

1. 소유권을 명백히 한다.
   - 결정권의 크기를 정한다.
   - 최종 목표에 대한 소유권을 준다.
   - 역할을 확대한다.
2. 자원을 투자한다.
   - 가르치고 코칭한다.
   - 지원군을 보낸다.
3. 책임지게 한다.
   - 책임을 되돌려준다.
   - 완벽한 일 처리를 기대한다.
   - 자연스러운 결과를 경험하게 한다.

투자자가 되기 위한 실천 사항

1. 결정권의 51퍼센트를 줘라.

2. 결과를 경험하도록 자연스럽게 놔둬라.

3. 해결책을 요구하라.

4. 펜을 돌려줘라.

두 리더의 차이점

	간섭형 관리자	투자자
접근법	세세한 부분까지 관리해서 자기 방식대로 일을 완료시킨다.	사람들에게 결과에 대한 주인 의식을 심어주고 그들의 성공에 투자한다.
결과	사람들이 리더의 지시만 기다린다.	사람들이 주도적으로 움직이고 도전을 예상한다.
	중간에 리더가 개입해 명령할 것이라 예상하므로 사람들이 소극적으로 일한다.	사람들이 목표 달성에 에너지를 충분히 쏟는다.
	사람들이 리더가 뛰어들어 구해주기만 기다리는 무임승차자가 된다.	사람들이 리더보다 먼저 나서서 문제를 해결한다.
	상사 눈치를 살피는 것이 일이 되고 이런저런 변명을 한다.	사람들이 결과를 자연스럽게 경험하며 성장한다.

뜻밖의 발견

1. 멀티플라이어도 운영 측면의 세부 사항에 개입하지만 책임은 계속 사람들 쪽에 둔다.

2. 멀티플라이어는 디미니셔에 비해 세계적 수준의 성과를 42퍼센트 더 많이 달성한다.[4]

/ 7장 /
뜻하지 않은 디미니셔

우리는 타인은 행동으로 판단하면서 자기 자신은 의도로 판단한다.
에드워드 위글스워스 Edward Wigglesworth

지금까지 설명한 내용을 보면 디미니셔가 무조건 강압적이고 독재적인 것 같지만, 사실 알고 보면 그들 모두가 악당인 것은 아니며 어떤 리더들은 정말로 좋은 품성을 갖고 있다. 자아도취에 빠진 고약한 리더는 비교적 소수이고, 사실 조직 내의 디미니셔들은 대부분 뜻하지 않게 디미니셔가 된 경우다. 이들은 좋은 의도를 갖고 있으며 스스로 리더 역할을 잘하고 있다고 믿는다.

분명 좋은 의도를 갖고 행동하는데 어째서 부정적인 영향을 끼치는 것일까? 가르쳐주거나 도와주거나 모범을 보이려는 행동이 사람들에게 방해물이 되는 이유가 무엇일까?

한 고등학교의 사례를 보자. 이 학교는 전국 우수 학교 선정 제도인 '블루리본 스쿨blue ribbon school'을 위한 지원서 제출 마감일을 앞두고 있었다. 이 과정을 책임지고 진행할 사람은 교장 샐리였다. 샐리는 데이터와 스프레드시트를 잘 다루고 자료 종합과 분석 업무를 즐기는 타입이었다. 그녀는 관련 자료를 읽고 분석할 내용을 꼼꼼히 파악했다. 중요한 프로젝트인 만큼 검토할 내용이 생각보다 많았기에, 그녀는 교감인 마커스를 이 일에 참여시키기로 했다.

마커스는 비교적 최근에 부임했지만 똑똑하고 꼼꼼하며 통찰력이 풍부한 사람이었다. 샐리는 자료 분석을 그에게 전적으로 맡기기로 했다. 중요한 작업이므로 일을 넘겨주는 과정도 신중하게 계획했다. 최종 완성할 보고서의 구성과 세부 사항을 마커스와 함께 검토한 뒤, 자료 분석을 맡기면서 그가 할 일을 명확하게 설명해주었다.

그리고 샐리는 보고서의 다른 부분을 작업하면서 마커스에게서 결과물이 오기를 기다렸다. 2일이 지나도 소식이 없자 샐리는 그가 뭔가 어려움을 겪고 있다고 추측하고 도와주기로 했다. 지침 사항을 더 보내고 자료 분석에 활용할 몇 가지 카테고리도 알려주었다. 이후에도 결과물은 오지 않았다. 그녀는 마커스 사무실로 찾아가 일을 끝냈는지 확인해보았다. 작업은 아직 끝나지 않은 상태였다.

샐리는 마커스가 얼마나 성실한지 잘 알기에 그가 게으른 것이 아니라 도움이 더 필요한 상황이라고 생각했다. 그래서 도와주겠다고 제안하며 물었다. "내가 어느 부분을 도와주면 될까요?" 마커스가 특별한 대답을 하지 않자 그녀는 자기가 먼저 이런저런 제안을 했다. "엑셀 프로그램의 통계 관련 기능에 대한 사용 설명서를 갖다줄까요? 아니면 나와 함께 자료를 좀 더 자세히 검토해볼까요?" 이상하게도 마커스는 그녀의 제안을 하나도 수락하지 않았다.

샐리는 점점 더 답답해졌다. 분명 도움이 필요해 보이는데 도울 방법을 알 수가 없었다. 그녀는 1차 자료 분석을 자기랑 함께 하자고 말해야겠다고 마음먹었다. 그런데 마커스가 먼저 입을 열었다. 샐리는 하려던 말을 삼키고 그의 말을 들을 준비를 했다. 어떤 도움이 필요한지 이제야 마커스가 구체적으로 얘기하는구나 싶어 반가웠다. 마커스는 머뭇거리며 입을 뗐다. 끊임없이 도와주겠다는 그녀 때문에 짜증이 났던 것을 최대한 티내지 않으려고 애썼다. 그는 드디어 용기를 내서 말했다. "교장 선생님, 저…… 지금보다 조금 덜 도와주셨으면 좋겠어요."

샐리는 멋쩍은 표정으로 알았다고 했다. 그리고 그때부턴 한 걸음 물러서서 그에게 스스로 해볼 기회를 주었다. 마커스는 혼자서도 잘 해냈고, 이 명석하고 똑똑한 교감의 자료 분석은 보고서에서 핵심 역할을 했다. 그리고 이 학교는 블루리본 우수 학교로 선정됐다.

샐리는 좋은 의도를 갖고 있었음에도 뜻하지 않게 디미니셔가 됐다. 도와주려고 한 것이 오히려 방해물이 된 것이다. 관리자가 너무 성급하게 아이디어를 내놓거나 행동하면 어떤 일이 벌어질까? 또는 지나치게 도움을 주려고 한다면? 열정이 과하거나 너무 낙관적이라면? 물론 이것들은 적정한 수준에선 미덕과 장점이 될 수 있다. 경영대학원이나 주일학교에서도 이런 자질을 가르친다. 그러나 실제로 관리자들이 선호하는 많은 행동 특성이 미묘하지만 확실하게 그들을 뜻하지 않은 디미니셔의 길로 인도할 수 있다.

뜻하지 않은 디미니셔 유형

누구나 본의 아니게 디미니셔가 될 수 있는 순간이 있다. 멀티플라이어가 되는 열쇠는 자신의 취약점을 인지하고 있다가 그것이 튀어나오려 할 때 알아채고 재빨리 멀티플라이어 방식으로 전환하는 것이다. 좋은 의도를 가진 리더가 결과적으로 디미니셔 효과를 내는 몇 가지 유형을 소개하겠다. 잘 읽어보면서 당신 자신에 대해 생각해보라. 당신의 취약점은 무엇인가? 좋은 의도를 갖고 한 행동이 사람들의 능력과 좋은 아이디어를 어떻게 막을 수 있는가?

아이디어맨

이 유형의 리더는 혁신적이고 창의적이다. 아이디어가 풍부한 환경을 좋아한다. 이들은 한마디로 아이디어의 샘이다. 끊임없이 아이디어가 솟아오르기 때문에 이런저런 새로운 생각을 잔뜩 들고 와서 빨리 사람들에게 말해주고 싶어 한다. 이런 리더는 꼭 자신의 아이디어가 남들보다 우월하다고 믿는 것은 아니다. 자기 생각을 더 자주 들려주며 의견을 주고받을수록 다른 사람들의 아이디어도 더 끌어낼 수 있다고 생각할 뿐이다.

하지만 이런 아이디어맨 주변에서는 실제로 어떤 일이 벌어질까? 그가 제시하는 아이디어가 매력적으로 보이면 팀원들은 그것을 적극 추진하기 시작한다. 그러나 프로젝트가 진전을 보일라치면 리더가 이내 또 다른 새로운 아이디어를 제안한다. 팀원들은 여러 프로젝트에 찔끔 찔끔 손을 대게 된다. 그들은 결국엔 항상 처음으로 돌아가 새롭게 시작해야 한다는 것을 깨닫는다. 힘이 빠진 그들은 점점 리더의 아이디어를 추진하는 것에 소극적이 될 뿐만 아니라 그들 자신의 아이디어를 내놓는 일도 줄어든다. 새로운 아이디어가 필요해지면 어차피 리더에게서 샘솟아 나올 테니까 말이다.

아이디어가 넘치는 사람의 주변에서는 다른 아이디어가 잠자게 되기 십상이다.

늘 'ON' 상태인 리더

정력적이고 카리스마 있는 이 유형은 항상 에너지가 넘친다. 늘 적극적이고 존재감을 드러내며 의견도 많이 낸다. 그의 강력한 존재감이 사무실 전체를 채운다. 이들은 자신의 에너지가 사람들에게도 전염될 것이라고 믿는다. 옆 사람에게 금세 옮는 감기 바이러스처럼 말이다.

그러나 감기와 마찬가지로 이런 리더는 에너지를 불어넣기보다는 오히려 빼앗을 수 있다. 사무실 안의 산소를 다 잡아먹는 가스처럼 이런 리더는 사람들을 질식시키고 지치게 한다. 사람들은 그와 시선이 마주치거나 만나는 것을 피한다. 그를 상대하다 보면 진이 빠진다고 느끼기 때문이다. 그리고 대개 이런 리더가 있는 조직에서는 생각이 깊고 내성적인 사람들은 기를 못 펴고 행동이 앞서는 외향적인 사람들이 주도권을 잡는 경우가 많다.

이처럼 늘 'ON' 상태인 리더의 행동 방식을 우리는 너무나도 잘 안다. 그렇다면 'OFF' 스위치가 없는 이런 리더 앞에서 사람들은 어떤 행동 방식을 보일까? 밝기 조절 스위치가 먹히지 않으므로 자기 머릿속에서 그냥 그 리더를 꺼버린다. 배경에 있는 존재, 백색소음 같은 존재로 만들어버리는 것이다. 리더의 입에서 쉴 새 없이 쏟아지는 말들 앞에서 머릿속 리모컨의 '조용히' 버튼을 눌러버리거나 한 귀로 듣고 다른 귀로 흘려버린다. 리더는 자신의 존재감이 강하다고 생각하지만 실제로는 존재감이 미미해진다. 그리고 주변 사람들 역시 존재감이 작아진다. 에너지는 전염되지 않고 소극적인 태도가 그들 사이에 전염된다.

리더가 늘 'ON' 상태이면 나머지 사람들은 늘 'OFF' 상태가 된다.

구조자

착하고 좋은 마음씨를 가진 이 리더는 사람들이 고생하거나 피할 수 있는 실수를 저지르거나 실패하는 것을 그냥 두고 보지 못한다. 그래서 어려움에 빠진 것 같거나 조금만 불안한 낌새가 보여도 곧장 뛰어들어 도와준다. 가끔은 온몸을 내던져 정말 심각한 위기에 빠진 직원을 구해낸다. 도움을 제공해 문제를 해결하고 사람들이 결승선을 통과하게 돕는다. 이는 뜻하지 않은 디미니셔의 가장 흔한 유형이다.

구조자의 의도는 물론 훌륭하다. 그는 사람들이 임무를 성공적으로 해내길 바라고 그들의 평판을 지켜주고 싶어 한다. 하지만 일하고 성과를 내는 자연스러운 사이클에 개입하기 때문에 사람들에게서 중요한 배움의 기회를 빼앗게 된다. 관리자가 너무 빨리, 너무 빈번하게 나서서 도와주면 사람들은 의존적이 되고 무력해진다. 임무를 완수하더라도 성취감을 경험하는 대신에 자신감이 고갈된 기분을 느끼기 쉽다.

물론 사람들이 리더의 도움에 고마워하는 경우도 많지만, 그렇다 해도 리더의 행동은 디미니셔 효과를 낸다. 그들은 일단 위기를 벗어나 안도는 하겠지만 자신의 능력을 한 단계 높이 발전시키지도, 충분히 활용하지도 못한다. 또 실수에 따르는 결과를 자연스럽게 경험하며 교훈을 깨달을 기회가 사라진다. 구조자의 눈에는 자신이 뛰어들어 해결해야 할 실수와 틈이 보이지만 직원들 눈에는 성공이 보이곤 한다. 직원들의 그런 착각을 탓할 수는 없다. 결국은 구조자의 도움 덕분에 그들은 항상 제시간에 결승점을 무사히 통과하니까 말이다.

때로는 리더가 돕지 않는 것이 가장 크게 도와주는 길이다.

선두 주자

모범을 보이며 이끌고 싶어 하는 성취 지향적인 리더다. 성공을 향한 가속도를 높이기 위해 이들은 성과에 대한 기준이나 조직이 중시하는 가치(제품의 품질, 고객 서비스, 혁신 등)의 기준을 직접 세운다. 그리고 그 기준에 도달하기 위해 맨 앞에서 달리면서, 나머지 구성원들이 그런 자신의 의도를 알아채고 뒤따라 달려와 자신을 따라잡기를 기대한다. 예를 들어 고객 서비스가 최우선이라는 강력한 메시지를 직원들에게 전달하고 싶은 관리자가 있다고 치자. 그는 고객사를 방문하고, 핵심 고객을 직접 만나고, 고객 방문 보고서를 작성해 사내에 배포하는 등 현장 관리에 많은 시간을 할애하기 시작한다. 고객의 목소리에 적극적으로 귀를 기울여야 한다는 메시지를 보내기 위해서다.

리더가 속도를 높여 저만치 앞으로 달려 나가면 어떤 일이 벌어질까? 사람들은 리더를 따라잡을까, 아니면 뒤처질까? 리더의 예상은 절반만 들어맞는다. 즉 사람들은 리더의 그런 모습을 알아채기는 한다. 하지만 리더를 따라잡는 경우는 드물다. 속도를 높이기보다는 대개의 경우 리더를 지켜보는 구경꾼이 된다. 리더는 그들이 최대한 속력을 내 달려주기를 기대하지만, 실제로 그들은 속도를 늦추거나 아예 자리에 주저앉는다. 주도적으로 나서서 고객을 만나지 않는다. 그것은 리더가 할 일이라고 생각해서 그냥 고객 방문 보고서를 읽는 데 그치고 만다. 또는 리더와 자기들 사이에 점점 벌어지는 간격을 보고 따라잡기를 그냥 포기해버리기도 한다.

나는 일터에서 이런 상황을 수없이 목격했다. 하지만 이 교훈을 가장 뼈저리게 느낀 것은 여덟 살짜리 아이와의 달리기경주에서였다. 내 아들 조슈아는 2학년 때 툭하면 버스 정류장까지 달리기경주를 하자고 졸랐다. 나는 아들 녀석의 마음에 싹트고 있는 스포츠와 시합에 대한 관심을 길러주면 좋겠다 싶어 되도록 져주거나 또는 막상막하로 달리다가 아들이 이기게 했다.

하지만 이따금 그 다짐을 깜빡 잊어버렸다. 나 역시 달리기를 좋아하고 멋지게 먼저 결승점에 도착할 때의 쾌감도 좋아한다. 막내인 조슈아는 우리 집 아이들 중에 당시 내가 달리기로 이길 수 있는 유일한 녀석이었다. 나는 갑자기 쓸데없이 승부욕이 발동해서(갱년기 장애의 부작용이 있을지도 모른다) 전속력으로 달려 가뿐하게 조슈아를 제치고 먼저 정류장에 도착했다. 헐떡이는 숨을 고르며 뒤를 돌아보니 조슈아가 달리기를 멈추고 걸어오고 있었다. 달리기를 그렇게도 좋아하는 아이인데, 이상했다! 내게 점점 다가오는 아이의 표정에는 실망감과 못마땅함이 섞여 있었다. 정류장에 도착한 조슈아는 어깨를 으쓱하고는 태연하게 "이건 경주라고 할 수 없어"라고 말했다. 내가 흥분해서 미친 듯이 달려 나가 조슈아가 따라잡기 힘들 만큼 벌어질 때마다 늘 이런 풍경이 연출됐다. 조슈아는 따라잡을 수 없으면 아예 포기하고 엄마가 이기게 놔두는 게 낫다고 생각했다.

때로는 리더가 빨리 달릴수록 나머지 사람들의 걸음은 느려진다. 리더가 저 멀리 선두에서 달리면 그들은 따라가기보다는 구경하는 편을 택할 확률이 높다.

빛의 속도로 대응하는 리더

대단히 신속하게 조치를 취하는 리더는 어떨까? 이 유형은 민첩함과 빠른 일 처리를 몹시 중요시하는 리더다. 어떤 책무를 맡으면 '즉시' 행동을 개시한다. 신속하게 상황에 대응해 문제를 처리하고 자잘한 사안들도 빠르게 결정한다. 사실 이런 사람은 주변에서 흔히 볼 수 있다. 문제를 목격하면 즉시 해결한다. 곰을 발견하면 주저 없이 방아쇠를 당기는 사냥꾼 같다. 이메일 수신함에 '읽지 않은 편지'가 쌓이는 일이 좀처럼 없다. 곧바로 메일을 열어 읽은 뒤 처리한다. 물론 이런 리더의 의도는 훌륭하다. 문제 해결에 즉시 뛰어들고 이해관계자들에게 신속하게 반응하는 민첩한 조직을 만들고 싶은 것이다.

그러나 이런 리더는 민첩함이 아니라 직원들의 무관심과 소극성을 키우기 쉽다. 아무리 일 잘하는 직원이라도 다른 누군가가 이미 책임을 도맡은 일에 대해서는 느리게 대응하기 마련이다. 이런 상황을 가정해보자. 직원의 메일함에 긴급한 이메일이 한 통 도착한다. 내용을 읽어보니 꽤 중요한 사안이다. 화면을 보니 그의 상사에게도 참조로 함께 전송됐다. 하지만 그의 업무 범위에 속하는 내용이므로 처리해야겠다고 마음먹는다. 그는 메일을 세심하게 다시 읽어보고 문제의 해결 방법을 여러 가지로 고민해본다. 좀 더 정보가 필요하다는 판단에 따라 동료에게도 조언을 구한다. 그리고 해당 이메일에 답장을 쓰려고 자리에 돌아와 보니 새로운 메일이 도착해 있다. 순간, 그사이에 상사가 벌써 답장을 했을지 모른다는 생각에 힘이 쭉 빠진다. 아니나 다를까, 확인해보니 실제로 답장을 이미 했다. 그는 괜한 잡음을 만들고 싶지 않은 생각에 그냥 내버려둔다. 이런 일이 빈번하게 발생하면 직원들은 상사에게 그냥 일 처리를 맡기기 시작한다. 해당 사안이 분명히 자신의 업무에 속할 때도 말이다. 이런 조직에서는 리더가 상황에 가장 먼저, 그리고 유일하게 대응할 뿐만 아니라 혼자만 성장하게 된다.

이 유형의 리더는 조직 내에 일종의 교통 체증을 만들어낼 수 있다. 리더가 이런저런 문제와 상황에 지체 없이 대응하면 그만큼 많은 결정 사항을 내려보내게 된다. 그 각각의 결정 사항에 따르는 온갖 조치와 움직임 때문에 사람들은 교통 체증에 갇힌 차처럼 기어가듯 움직이게 되고 이내 꽉 막힌 정체 상태가 야기된다.

빛의 속도로 대응하는 리더 밑에 있는 사람들은 느리게 반응하기 십상이다.

낙관주의자

긍정적이고 '뭐든 할 수 있다'고 믿는 이 유형은 언제나 가능성을 발견하고, 올바른 마음가짐으로 열심히 노력하면 아무리 어려운 문제도 해결할 수 있다고 생각한다. 긍정적 사고와 낙관주의가 정신과 신체에 끼치는 놀라운 이로움을 믿는다. 한마디로 '유리잔이 절반 비었다'가 아니라 '유리잔이 절반 찼다'고 보는 유형이다.

낙관주의자라고 해서 꼭 요란한 치어리더 유형인 것은 아니다. 이들은 무엇이 가능한지에 집중하고 자신과 사람들이 충분히 해낼 능력이 된다고 굳게 믿을 뿐이다. 어떻게 이런 리더가 디미니셔가 될 수 있을까?

예전에 나는 동료와 함께 중요한 연구 프로젝트를 진행했는데, 저명한 학술지에 실릴 기회를 얻으려면 굉장히 짧은 기간에 논문을 완성해야 했다. 우리는 복잡한 분석을 하고 추가 자료 조사를 진행한 다음 본격적으로 논문 쓰는 작업에 들어가야 했다. 또 그 와중에 다른 몇 개의 프로젝트도 동시에 관리해야 했으며, 이 모든 걸 빠듯한 연구 자금으로 진행해야 했다.

기업 세계에서 일해본 나로서는 충분히 해낼 수 있는 흥미로운 도전으로 보였다. 대기업에서는 1주일 동안 칼 3개를 한꺼번에 저글링하고, 모자에서 토끼들을 만들어 꺼내고, 동전 2개를 비벼 필요한 운영자금을 만들어내는 마술을 부리는 게 일상이었으니까. 나는 팔을 걷어붙이고 프로젝트에 매달리면서, 나보다 경력이 짧은 그 동료를 이끌어주는 역할을 했다.

그런데 어느 날 그가 내게 말했다. "리즈, 난 당신이 그 말 좀 안 했으면 좋겠어!"

"무슨 말?" 내가 물었다.

"'어려워봐야 얼마나 어렵겠어?'라는 말."

내가 어리둥절한 표정을 짓자 그가 다시 말했다. "당신은 툭하면 이렇게 말하잖아. '어려워봐야 얼마나 어렵겠어? 우린 할 수 있어. 까짓것 별거 아냐.'"

그 순간 자연스럽게 옛날 생각이 났다. 과거에 나는 빠르게 성장하고 있던 오라클에서 겨우 스물넷의 나이에 관리자가 되어, 미처 준비도 훈련도 돼 있지 않은 상태에서 내게 쏟아지는 온갖 어려운 업무와 도전 과제를 끊임없이 헤쳐 나가야 했다. 그런 시간을 거치면서 나는 똑똑하고 의욕적인 팀원들이 뭉치면 못 해낼 일이 없다는 것을 배웠다. 나는 '할 수 있어. 까짓것 어려우면 얼마나 어렵겠어?' 하고 생각하게 됐다. 이런 태도(캐럴 드웩의 '성장 마인드셋'과 일맥상통한다)[1]는 그동안 나와 동료들에게 무척 긍정적인 영향을 끼쳤었다.

동료의 목소리가 다시 나를 현재로 끌어왔다. "그렇게 말하는 것 좀 안 했으면 좋겠다고."

"어째서?" 내가 물었다. 그는 잠시 멈췄다가 나를 똑바로 보며 말했다. "왜냐하면 우리가 진행하는 이 프로젝트는 '정말로' 어려우니까." 그리고 다시 멈췄다가 말했다. "난 당신이 그 사실을 인정했으면 해."

그는 우리가 해낼 수 있다는 생각에 반대하려는 게 아니었다. 단지 그 일이 어렵다는 사실과 그가 힘겹게 고군분투하고 있다는 사실을 인정해 주길 바랐던 것이다. 프로젝트의 어려움이 나의 낙관주의에 어물쩍 덮여버리는 게 싫었던 것이다. 진지한 그의 말을 듣고서 나는 그를 똑바로 보며 이렇게 말했다. "그래, 이건 어려운 일이야. 정말로 쉽지 않은 일이지. 나는 우리가 충분히 해낼 능력이 된다는 걸 말하고 싶었을 뿐이야. 해낼 수 있을 거라 확신해." 그러자 그의 마음도 좀 풀린 듯했다. 나는 앞으로는 '그 말'을 되도록 안 하겠다고 약속했다. 나는 속으로 다짐했다. '그래. 앞으로는 그렇게 말하지 말자. 그 말 안 하는 게 까짓것 뭐 어렵다고.'

할 수 있다는 낙관적 태도가 좋은 리더가 되는 데 걸림돌로 작용할 수 있을까? 낙관주의로 일관하는 리더는 팀원들의 노고와 분투를 과소평가할 가능성이 있다. 그들은 리더를 보며 현실감각이 부족하다고 생각할 수 있다. 또 그런 리더는 본의 아니게 실수와 실패는 용납되지 않는다는 메시지를 보낼 수 있다. 그렇게 어렵지도 않은 일인데 실패한다면 말이 안 되지 않는가?

리더가 너무 낙관적이면 사람들은 오히려 부정적인 관점에 사로잡힐 수 있다.

보호자

좋은 의도를 가진 관리자가 '어미 곰'이 되는 일은 흔하다. 포식자로부터 새끼들을 안전하게 보호하려는 어미 곰처럼 비즈니스 세계의 위험으로부터 팀원들을 지켜주는 보호자가 되는 것이다. 구조자 유형의 리더는 문제가 생겼을 때 팀원들을 곤경에서 구해낸다면, 보호자 유형의 목표는 그들이 다치지 않도록 안전하게 지키는 것이다. 특별한 문제나 위기가 발생하지 않았을 때도 말이다. 이들은 팀원들이 추악한 사내 정치에 휘말려 산 채로 잡아먹힐까 봐 걱정한다. 그래서 사내의 악당을 물리쳐 팀원들이 고약한 사내 정치의 그물에 얽히지 않게 보호하고 싶어 한다.

　관리자 직급에 있는 사람은 조직 내의 어두운 무리를 더 잘 아는 경우가 많고, 종종 그들을 상대하는 짐을 자신이 져야 한다고 생각한다. 보호자 유형은 자기 팀원들이 조직의 냉혹한 현실에 노출되면 때가 묻고 타락하거나 환멸을 느껴 다른 푸른 초원으로 떠나버릴까 봐 걱정한다. 그래서 그들을 고위 경영진이 참석하고 논쟁이 많이 벌어지는 회의에 참석시키지 않으려고 한다. 그런 자리에서 경영진과 부딪히면 앞으로 회사 생활이 힘들어질 수 있음을 알기 때문이다. 보호자 유형은 잔인한 현실과 위험을 피하도록 사람들을 보호해 안전하게 지켜주려 한다. 물론 때로는 지혜로운 리더가 나서서 팀을 보호해야 하는 상황도 분명히 있지만, 그런 태도는 그 자체로 위험할 수 있다.

　안타깝게도 '어미 곰' 리더는 팀원들이 역경을 통해 배울 기회를 빼앗으며 온전하게 책임지는 경험도 하지 못하게 막는다. 그의 행동은 억지로 안전함을 만들어내려는 잘못된 시도다. 멀티플라이어는 지적으로 안전한(즉 자기 의견을 두려움 없이 자유롭게 표현할 수 있는) 분위기를 만들지만, 사람들을 냉혹한 현실로부터 보호하려 들지 않는다. 또 그들을 위해 언제나 장애물을 제거해주는 것도 아니다. 사실 '사람들은 똑똑하므로 해낼 수 있다'라고 믿는 멀티플라이어는 그들을 냉혹한 현실과 어려운 도전에 기꺼이 노출시킨다. 그들이 저항력과 강인함을 키우길 바라기 때문이다.

　리더가 사람들을 위험에서 보호해주려고만 하면 그들은 스스로 해내는 능력을 키울 수 없다.

전략가

미래에 대한 강력한 비전을 제시하고 '크게 생각하는 사람'이다. 팀원들에게 도달할 가치가 있는 목적지를 보여주고 거기에 닿아야 할 당위성을 열정적으로 납득시킨다. 전략가 유형은 팀원들이 현재 상태에 만족하려는 유혹에서 빠져나오는 데 필요한 에너지와 추진력을 자신이 만들어낸다고 생각한다. 물론 현명한 리더라면 큰 그림과 맥락을 제공하고 '일을 하는 이유'를 알게 해야 한다.

그러나 때로 이 유형은 전략과 비전을 너무 강하게 제시해 지나치게 권위적인 리더가 될 수 있다. 문제를 스스로 치열하게 생각할 기회, 비전을 현실로 만드는 데 필요한 지적 근육을 키울 기회를 충분히 주지 못한다. 사람들은 스스로 답을 찾기보다는 상사가 원하는 것을 추측하느라 시간을 보내곤 한다. 알아서 주도적으로 진행하기보다는 리더가 안내해주기를 바란다. 이 유형의 리더는 사람들의 적극적인 움직임을 만들어내고 싶다면 원대한 비전을 납득시키려 애쓰는 대신 도전의 씨앗을 뿌려주는 것이 더 효과적이다.

리더가 '크게 생각하는 사람'이라는 평판을 갖고 있으면, 사람들은 스스로 크게 생각하지 않고 그 일을 리더에게 맡겨버린다.

완벽주의자

완벽주의 성향의 상사는 비교적 흔한 유형이다. 이 리더는 탁월한 수준의 성과와 뭔가를 완벽하게 해내는 기분을 좋아한다. 사람들에게 높은 기준을 제시하는 것에서 그치지 않고, 완벽하게 해내는 데서 오는 만족감을 모두가 맛보기를 원한다. 때문에 그들에게 도움이 될 거라는 믿음으로 비판적 의견을 건네고 작은 실수와 결점까지 세세하게 지적한다. 이는 주택 리모델링 공사를 하면서 조금이라도 미흡하거나 맘에 들지 않는 부분(페인트 흐른 자국, 살짝 튀어나온 못대가리 등)이 있으면 파란색 테이프로 표시해놓는 집주인과 비슷하다. 공사 책임자가 실수를 바로잡고 미완성 부분을 다시 손보도록 말이다.

이런 리더는 이런저런 개선 사항을 지적하는 것을 완벽한 작품의 탄생을 위한 과정으로 여긴다. A+ 수준의 결과물을 만들기 위한 과정인 것이다. 그는 완벽함이란 한 번에 도달할 수 있는 것이 아니라 끊임없는 피드백을 통해 이룰 수 있다고 믿는다. 하지만 리더 자신은 A+ 결과물을 마음속으로 그리고 있을지 몰라도, 팀원들 눈에 보이는 것은 온통 빨간 체크 표시와 파란 테이프로 뒤덮인 자신의 업무 결과물이다. 그러니 일할 맛이 떨어지고 의기소침하기 쉽다.

때로는 100퍼센트 완벽한 해결책을 주인 의식 없는 소극적인 팀원들이 실행하는 것보다 90퍼센트만 완성된 해결책을 팀원들이 100퍼센트의 주인 의식과 책임감을 갖고 실행하는 편이 더 낫다.

지금까지 좋은 의도를 가진 리더가 디미니셔 효과를 낼 수 있는 몇 가지 유형을 살펴봤다. 당신도 아마 어떤 부분에서는 자신의 모습을 보는 기분을 느꼈을 것이다. 뭔가를 강렬하게 깨달았거나, 어쩌면 죄책감을 느꼈을지도 모른다. 중요한 것은 당신이 이 중 어떤 유형에 가까운가 하는 점이 아니라, "디미니셔가 될 수 있는 나의 취약점을 어떻게 깨달을 것인가?" 하는 점이다. 애매한 느낌이나 막연한 추측에서 벗어나 좀 더 정확하게 스스로를 알고 싶다면 www.multipliersbooks.com에서 'Are You an Accidental Diminisher?(당신은 뜻하지 않은 디미니셔인가?)' 라는 진단 자료를 활용하기 바란다. 이 3분 퀴즈는 잠재적인 디미니셔 습관을 자가 평가하고 분석하는 도구를 제공한다.

당신은 뜻하지 않은 디미니셔인가?

이 점은 분명히 해둬야겠다. 위에 설명한 성향 중 어느 하나를 가졌다고 해서 꼭 디미니셔인 것은 아니다. 단지 디미니셔 같은 부정적 영향을 끼칠 가능성이 높아질 뿐이다. 여기까지는 좋은 소식이다. 이번엔 나쁜 소식이다. 만일 당신이 일터에서 디미니셔 효과를 일으키고 있다면 당신은 그 사실을 전혀 모르고 있을 가능성이 크며, 설령 안다고 해도 맨 마지막에 알게 될 거라는 점이다. 리더인 당신이 좋은 의도를 갖고도 디미니셔 효과를 일으키고 있는지 아닌지 어떻게 알 수 있을까? 자가 평가를 통해 행동을 되돌아보는 것도 좋은 방법이지만, 주변 사람들에게 '그들의' 의견을 말해달라고 요청하면 더 효과적이다.

몇 년 전 나는 아랍에미리트의 아부다비에서 멀티플라이어 워크숍을 진행했다. 강의실 안은 흰색 원피스 형태의 중동 전통 복장을 입은 남성들로 가득했다. 나는 꽤 긴장한 상태로 워크숍을 진행했다. 멀티플라이어라는 개념과 내가 교육하는 방식이 그들 문화에 매우 낯설 것이라는 생각 때문이었다. 하지만 다행히 참가자들은 몹시 즐겁게 임했다.

나는 그들에게 자신이 본의 아니게 디미니셔 효과를 내는 행동을 하고 있지 않은지 생각해보고 하나씩 적어보라고 했다. 그런 다음 그 내용을 같은 테이블에 앉은 동료들과 이야기 나누라고 했다. 그들은 처음엔 잠시 주저했지만 곧 내가 하라는 대로 했다. 각자 동료들과 이야기를 나누는 동안 나는 자리에 앉아 생각을 정리하고 있었다. 그런데 몇 분 뒤 고개를 들어 강의실 안을 보니 내 예상과 전혀 다른 풍경이 펼쳐지고 있었다. 흰색 전통 복장이 여기저기서 펄럭이며 움직이고 있었던 것이다. 사람들이 자리에서 일어나 테이블 사이를 돌아다녔다. 참가자들이 흥미를 잃고서 그만하기로 마음먹고 자기 볼일을 보러 가는 모양이었다. 걱정이 된 나는 자상하고 예리한 현지인 칼리드에게 대체 이게 무슨 상황이냐고 물어보았다. 그러자 그가 말했다. "아까는 각자 스스로 생각하는 디미니셔 성향을 사람들에게 이야기하고 있었죠. 그런데 우리의 그런 성향이 얼마나 보이는지 동료들 의견을 들어봐야겠다는 생각이 들었습니다. 그래서 다른 테이블에 앉은 동료들 쪽으로 이동하는 겁니다. 가장 긴밀하게 일하는 사람들에게서 피드백을 얻으려고요." 가만히 지켜보니 그들은 부지런히 테이블을 옮겨 다니면서 자신에게 솔직한 피드백을 줄 만한 팀이나 동료를 찾고 있었다.

이들은 리더의 자기 인식을 위해서는 자신이 이끄는 사람들, 즉 리더십의 '고객'에 해당하는 사람들의 관점을 파악하는 것이 중요함을 알고 있었다. 리더의 배움은 자신에 대한 성찰에서 출발하지만 거기서 끝나서는 안 된다.

사람들의 의견을 알고자 할 때 360도 평가 도구를 사용해도 되지만 (www.multipliersbooks.com 참조), 전통적인 방식인 직접 면담을 통해 솔직한 질문을 던져도 상관없다. 예컨대 이렇게 묻는다.

▶ 평소 나의 행동 방식 중에 좋은 의도에서 나왔음에도 사람들의 아이디어나 행동을 억누르는 것이 있는가?
▶ 내가 무심코 한 행동이 디미니셔 효과를 일으킬 때가 있는가?
▶ 사람들에게 내 행동이 본래 의도와 다르게 해석되는 경우가 있는가? 그럴 때 내 행동은 실제로 어떤 메시지를 전달하는가?
▶ 나의 어떤 점을 변화시킬 필요가 있는가?

두바이에 있는 한 컨설팅회사의 공동 창립자 겸 CEO 헤이즐 잭슨Hazel Jackson은 직원들과 성과 평가 면담을 할 때마다 "혹시 내가 디미니셔 리더처럼 행동하고 있지는 않은가?"라고 묻는다. 그리고 직원들의 의견을 듣고는 개선할 점이 있으면 개선한다. 체계적인 도구를 활용하든, 일상 대화에서든, 정기적인 성과 평가 면담에서든, 리더가 직원들의 피드백을 얻는 방법은 여러 가지다. 어떤 방식을 택하든 가장 중요한 것은, 그들의 의견에서 새롭게 알게 된 사실을 토대로 자기 인식을 높이고 행동을 조정하는 것이다. 멀티플라이어가 되기 위해서는 리더의 좋은 의도가 사람들에게 다르게 해석되고 받아들여질 수 있다는 점을 분명히 인식해야 한다.

자각할 줄 아는 리더가 돼라

자각할 줄 아는 리더가 되는 출발점은 자신의 타고난 성향이나 자연스러운 습관으로 인해 잘못된 길로 향할 수 있음을 이해하는 것이다. 좋은 습관과 얼핏 바람직해 보이는 리더십 방식이 우리의 취약점이 되어 뜻밖의 부정적 결과를 낳을 수도 있다.

베스트셀러 저자이자 코치, 강연가인 존 맥스웰John C. Maxwell은 세계적으로 인정받는 리더십 전문가다. 베스트셀러 13권을 포함해 105권에 이르는 그의 책들은 지금까지 2,600만 부 이상 팔렸다. 그는 리더십을 교육할 뿐만 아니라 훌륭한 리더십을 실천하는 사람이기도 하다. 회사를 5개나 세워 성공시켰고, 전 세계 수많은 리더에게 멘토 역할을 했다.

존은 멀티플라이어라는 개념을 처음 접했을 때 왠지 낯설지 않다고 했다. 멀티플라이어가 추구하는 관점과 행동 방식은 그가 리더로서 실천해온 내용을 떠올리게 했다. 그러나 '뜻하지 않은 디미니셔'라는 개념 앞에서는 멈칫하며 진지하게 생각해보기 시작했다. 언제나 배우는 자세가 몸에 밴 그는 디미니셔의 특징을 듣고는 자신에게도 그런 특징들이 있다고 인정했다. 그리고 자신의 타고난 장점이 팀원들에게 부정적 영향을 끼치고 있을 수도 있다며 고개를 끄덕였다. 스스로 깨닫지 못하고 있었지만 그가 특히 강하게 지닌 것은 선두 주자, 낙관주의자, 구조자 성향이었다.

존은 1년 동안 자신의 디미니셔 성향을 개선하겠다는 목표를 세웠다. 그는 먼저 자신의 좋은 의도가 본의 아니게 팀원들에게 부정적 영향을 끼칠 수 있다는 점을 명확히 인식하고, 가까운 측근에게 피드백을 구했다. 특히 그의 5개 회사를 운영하는 CEO 마크 콜^{Mark Cole}이 중요한 역할을 했다. 두 사람은 오랜 세월 함께 일하며 성장해왔기에 단단한 신뢰가 쌓인 사이였다. 마크와 팀원들은, 물론 존이 팀을 위해 홈런을 날려줘야 할 때도 있지만, 앞으로는 팀원들 대신 타석에 나가 방망이를 휘두르는 횟수를 줄일 필요가 있다는 사실을 존에게 일깨워주었다. 스포츠광인 존은 그 말을 듣고 자신의 취약점을 대번에 알아들었다. 조직의 모든 것이 리더십에 달렸다고 믿는 그로서는 타석에 오른 팀원이 삼진을 당하는 것을 그냥 뒷짐 지고 서서 지켜보기가 쉽지 않았다. 하지만 그는 잭슨 스팰딩^{Jackson-Spalding}의 공동 창립자 글렌 잭슨^{Glen Jackson}에게서 얻은 아이디어를 활용하기 시작했다. 야구에서 '풀카운트'는 투 스트라이크 스리 볼의 상황을 뜻한다. 즉 스트라이크가 한 번만 더 나오면 타자는 삼진으로 타석에서 물러나야 한다. 존은 말했다. "만일 투 스트라이크 스리 볼 상황이면 나는 직접 경기장에 들어가 방망이를 들고 마지막 스윙을 하는 타입이다."

존과 동료들은 그들 나름의 암호를 정했다. 프로젝트가 위태로워 보이면 마크나 다른 믿을 만한 동료가 "아직 원 스트라이크 스리 볼이다"라고 말했다. 팀원들이 고군분투 중이긴 하지만 아직 삼진을 당할 위험이 임박하지는 않았다는 의미였다. 즉 존이 조금 더 지켜봐도 되는 상황이었다.

한번은 존의 회사를 이끄는 리더 한 명이 새로운 사업 라인을 구축하려고 움직이기 시작했다. 이는 그다지 특별한 일은 아니었다. 존도, 그의 회사를 이끄는 리더들도 기업가 정신이 강한 스타일이었으니 말이다. 하지만 존은 그 사업 라인이 탐탁지 않았다. 그가 추구하는 비전과도 맞지 않는 듯했다. 평소 같았으면 곧장 뛰어들어 이 문제를 해결했을 것이다. 하지만 이번에는 이 사안의 처리를 마크 콜에게 전적으로 맡겼다. 존은 뒤로 물러선 채 마크에게 주도권을 주었고, 마크는 효과적으로 일을 해결했다.

존은 자신이 한 걸음 물러남으로써 팀원들에게 무관심이 아니라 그들에 대한 믿음을 표현할 수 있다는 사실을 깨달았다. 마크는 말했다. "존은 내 생각대로, 내 스케줄에 맞춰 일을 처리할 수 있게 해줬다. 실제로 결과도 매우 좋았고, 리더에 대한 신뢰감도 더 커졌다. 우리는 리더의 역할을 다시 제 궤도에 올려놓을 수 있었다."

나중에 존은 이렇게 말했다. "디미니셔에 대해 알게 된 것, 그리고 내 자신의 디미니셔 성향을 없애려고 노력한 것은 지난 한 해 동안 나의 성장에 도움이 된 가장 중요한 일 중 하나였다." 수많은 리더를 교육하고 코칭해온 이 리더가 그렇게 할 수 있는 것은 그가 스스로를 계발하고 채찍질하기를 절대 멈추지 않는 사람이기 때문이다.

자각할 줄 아는 리더가 되려면, 자신도 모르게 디미니셔 효과를 일으킬 수 있다는 점을 이해해야 한다. 우리는 어쩌다가 뜻하지 않게 디미니셔가 되는 것일까? 당신 스스로는 알아채지 못하는 행동 패턴이나 맹점을 어떻게 하면 알 수 있을까?

아무리 훌륭한 리더라도 그런 사각지대가 있기 마련이다. 당신의 디미니셔 성향을 파악했다면, 팀원들과 함께 일련의 신호와 개선책을 만들어보라. 공통의 신호를 만들어 당신이 디미니셔 리더로 향하는 미끼를 덥석 물지 않고 피하게 한 다음, 개선책을 실행해 멀티플라이어의 길로 방향을 트는 것이다.

　다음 페이지의 표는 이를 위한 전략을 보여준다. 부록 E의 '멀티플라이어 실험'을 읽고 실천해보는 것도 좋다. 또는 특정 상황에서 활용할 수 있는 간단한 개선책(예: '내용상 관련 업무를 맡은 직원이 있다면 24시간 기다렸다가 이메일에 답장한다')을 만들어보라. 아니면 '이 아이디어와 관련해 다른 누군가가 행동을 취하길 원치 않는다면, 해당 아이디어를 너무 빨리 팀원들에게 알리지 않는다' 하는 식으로 나름의 필터를 만들어놓아도 좋다. 멀티플라이어가 되길 꿈꾸는 한 리더는 이렇게 말했다. "나는 머릿속에 떠오르는 아이디어는 통제할 수 없지만 내 입 밖으로 나가는 아이디어는 통제할 수 있다."

덜 행동하고, 더 도전하라

멀티플라이어가 되는 출발점은 디미니셔가 되는 방향의 반대쪽으로 움직이는 것이다. 이는 곧 '덜' 하는 것을 의미한다. 즉 말을 덜 하고, 반응을 덜 하고, 설득하려는 태도를 줄이고, 힘겨워 보이는 사람들을 덜 구조해 스스로 깨우치게 놔두는 것이다. 덜 행동함으로써 멀티플라이어에 더 가까워질 수 있다.

　덜 행동함으로써 더 많이 얻는다는 것은, 직관에 어긋나는 시각이 직관적인 시각보다 더 유익할 수 있음을 보여주는 대표적인 예다. 아무도 나서서 말하는 이가 없으면 당장 뛰어들어 침묵을 채우고 싶은 충동이 일기 마련이다. 그러나 스스로를 자제하고 침묵으로 하여금 사람들을 끌어들이게 만들면 우리는 멀티플라이어가 된다. 중요하고 커다란 존재가 되고 싶다는 생각이 들면, 그것을 당신이 작아질 필요가 있으며 당신 견해를 조금씩, 그러나 밀도 높게 나눠 줘야 한다는 신호로 받아들여라. 그리고 더 도와주고 싶은 충동이 들 때는 덜 도와주는 것이 옳은 일인지도 모른다.

멀티플라이어가 되려면 리더의 의도가 아무리 훌륭해도 디미니셔 효과를 낼 수 있음을 반드시 인식해야 한다. 미국 신학자 라인홀드 니부어Reinhold Niebuhr는 이렇게 말했다. "인간의 모든 죄악은 그것을 행한 자의 의도에 비해 훨씬 더 나쁜 결과를 가져오는 듯하다." 마찬가지로, 리더는 자신의 긍정적 의도라는 렌즈를 통해 자기 행동을 바라보지만 다른 사람들은 그의 행동을 부정적인 결과하고만 결부시켜 바라본다. 덜 행동하고 더 도전하는 법을 깨달아야 '뜻하지 않은 디미니셔'에서 '의식적인 멀티플라이어'로 변화할 수 있다.

성향	의도와 결과	개선책	멀티플라이어 실험
낙관 주의자	**의도:** 해낼 수 있다는 믿음을 심어주고 싶어 한다. **결과:** 사람들이 리더가 그들의 노고와 실패 가능성을 인정하지 않는다고 여긴다.	일의 어려움을 인정한다. 무턱대고 열정과 낙관을 보이기 전에, 해당 프로젝트가 얼마나 어려운지 인정한다. "당신들이 해야 할 일은 결코 쉽지 않다. 성공이 보장된 것도 아니다."라고 말한다.	실패의 범위 정하기 실수 공개하기
보호자	**의도:** 사람들을 조직 내의 정치로부터 안전하게 지키고 싶어 한다. **결과:** 사람들이 스스로 해내는 자립심을 키우지 못한다.	현실에 노출해 예방주사를 놓는다. 실수를 통해 배우고 강인함을 키우도록 사람들에게 조금씩 냉혹한 현실을 경험할 기회를 준다.	실패의 범위 정하기
전략가	**의도:** 현재 상태를 넘어서 나아가야 하는 강력한 이유와 비전을 주고 싶어 한다. **결과:** 사람들이 리더에게 판단을 맡기고, 스스로 답을 찾는 대신 상사의 생각을 추측한다.	퍼즐을 혼자 완성하지 않는다. 미래에 관한 그림을 그릴 때 사람들이 완성할 부분을 남겨놓는다. '왜'와 '무엇'은 리더가 결정해 퍼즐의 틀을 잡아주되, '어떻게'는 팀원들이 채우게 한다.	구체적인 도전 과제 주기 질문 던지기
완벽 주의자	**의도:** 사람들이 스스로도 자랑스러워할 탁월한 성과를 내게 돕고 싶어 한다. **결과:** 사람들은 부족한 점을 계속 지적당한다고 느껴 의기소침하고 일할 의욕을 잃는다.	기준을 정한다. 탁월한 성과의 기준을 제시한다. '탁월함'이 무엇을 뜻하는지 알려주고 완성의 기준을 정의한다. 자신이 해놓은 일을 그 기준에 따라 스스로 평가하게 한다.	실패의 범위 정하기 결정권의 51퍼센트 주기

*멀티플라이어 실험에 관해서는 부록 E를 참고.

뜻하지 않은 디미니셔

- **뜻하지 않은 디미니셔:** 훌륭한 의도를 갖고 있음에도 디미니셔 효과를 일으키는 관리자다.

뜻하지 않은 디미니셔 유형

- **아이디어맨:** 창의적이고 혁신적이며, 자신이 사람들의 아이디어를 자극한다고 믿는다.
- **늘 'ON' 상태인 리더:** 정력적이고 카리스마 넘치며, 자신의 에너지가 주변에 전염된다고 믿는다.
- **구조자:** 공감 능력이 높아서 문제와 힘들게 씨름하는 사람을 보면 곧바로 뛰어들어 도와준다.
- **선두 주자:** 성취 지향적 리더로서 스스로 모범을 보이고 싶어 하며, 사람들이 자신을 따라와 주길 기대한다.
- **빛의 속도로 대응하는 리더:** 민첩하고 행동 지향적인 조직을 만들기 위해 신속하게 행동한다.
- **낙관주의자:** 뭐든 할 수 있다는 긍정적 관점을 지니며, 사람들에 대한 자신의 믿음이 그들을 한층 높이 성장시킨다고 믿는다.
- **보호자:** 경계심을 늦추지 않고 사람들을 위험에서 안전하게 지켜주려고 한다.
- **전략가:** '크게 생각하는 사람'으로서 강력한 비전을 제시하며, 자신이 사람들에게 더 나은 목표 지점과 큰 그림을 제시하고 있다고 믿는다.
- **완벽주의자:** 탁월한 성과를 지향하는 리더로서 훌륭한 성과를 내도록 돕고 싶어서 세세한 부분까지 관리한다.

뜻하지 않은 디미니셔 성향을 줄이는 방법

- 사람들에게 의견을 물어라.

- 자각할 줄 아는 리더가 돼라.

- 개선책을 활용하고 부록 E의 '멀티플라이어 실험'을 실천하라.

- 덜 행동하고, 더 도전하라.

8장

디미니셔에 대응하기

어둠이 아무리 짙어도 우리는 우리 자신의 빛을 밝혀야 한다.
스탠리 큐브릭 Stanley Kubrick

선 헤리티지Sean Heritage는 미 해군 암호 장교다. 그는 해군사관학교 졸업 후 존스홉킨스대학교와 미국 해군대학교에서 대학원 학위를 땄다. 또 탁월한 지휘 능력뿐만 아니라 혁신적인 사고와 배움에 대한 열정, 협력 능력까지 갖춘 수많은 군 리더를 대표할 만한 인물이다.

헤리티지는 해외에서 함장으로 근무한 이후 미 공군 대령이 이끄는 합동 사령부에 배정됐다. 헤리티지 중령의 직속상관인 이 대령은 그와 군 소속만 다른 것이 아니라 리더십 스타일도 판이하게 달랐다. 대령은 리더의 책무는 구체적인 '방법'을 명령하는 것이 아니라 '목표'를 성취하도록 사람들에게 동기와 의욕을 불어넣는 것이란 사실을 전혀 모르는 사람 같았다. 그는 부하들에게 할 일을 조목조목 지시했고, 그들이 자기가 시킨 대로 하지 않으면 대놓고 실망감을 표현했다. 심지어 좋은 성과가 나왔어도 말이다. 헤리티지와 팀원들은 온 힘을 다해 임무를 수행했지만 대령은 언제나 결과에 대해 흠을 잡고 비판하기 일쑤였다. 헤리티지는 대령의 입에서 쏟아지는 날카로운 말들을 견디면서 어떻게든 잘해보려고 노력했지만 번번이 좌절했다. 그렇게 몇 달을 견디다가 마침내 폭발하고 말았다. 대령의 방에서 얘기를 나누다 감정이 격해져 주먹으로 벽을 친 것이다. 그는 흥분을 가라앉히고서 대령에게 미안하다고 사과했다. 주먹이 계속 얼얼했지만, 이곳에서 앞으로 2년이나 더 근무해야 한다는 생각이 주는 무지근한 두통에 비하면 아무것도 아니었다. 숨이 막힐 듯 답답하고 무력감이 느껴져 해군을 떠날까 하는 생각까지 해보았다.

헤리티지는 동료들에게 답답함을 호소하며 조언을 구했다. 그들의 반응은 이랬다. "자네가 우리를 저버리고 떠나면 어떡하나. 자네는 우리의 희망이자 빛이야." 이후 헤리티지는 '개인 이사회Personal Board of Directors, PBOD'에 조언을 구했다. 필요할 때마다 그가 종종 고민을 상의하고 의견을 나누는 멘토 집단이었다. 멘토들은 답답함을 토로하는 그의 이야기를 들어주고 자신들의 지혜를 나눠 주었다. 헤리티지는 앞으로 어떻게 할지 새로운 방향을 잡았다. 그는 마음에 안 드는 상관에 대해 불평만 하고 있을 게 아니라, 그 자신이 훌륭한 부하들에게 어울리는 리더가 되기로 했다. 그런 모습을 보임으로써 대령도 그런 리더가 되고 싶다는 생각이 들게 자극하려는 것이었다. 또 헤리티지는 대령이 멀티플라이어라고 '가정'하고 행동하기 시작했다. 부하들과 어떤 일을 진행할 때 대령을 소외시키지 않고 되도록 동참시켰다. 그는 대령이 팀원들의 에너지를 직접 목격하기를 바랐다. 시간이 흐르자 대령은 자기가 없을 때 일어난 일에 대해 부하들을 힐난하는 대신, 자신이 보는 데서 만들어진 움직임에 함께 참여하기 시작했다. 헤리티지는 그때를 이렇게 회상했다. "우리는 같은 배를 타고 같은 방향으로 가고 있었다. 하지만 이제 더 빨리 나아가게 됐다."

헤리티지는 즐겁게 근무할 수 있는 조직을 만드는 것을 우선 과제로 삼기 시작했고, 동료들과 부하들의 리더십 기술을 키우는 데 시간을 투자했다. 그리고 멀티플라이어 개념과 이 책의 내용을 그들에게 알려주고 함께 토론했으며, 보다 협력적인 조직 문화 조성에 기여하고 싶은 사람들을 위해 '컬처 클럽'도 만들었다. 그는 동료 및 부하들과 함께 멀티플라이어가 되기 위한 행동 방식을 적극적으로 실천했다. 또 부하들에게 완벽한 성과를 요구하지 않았다. 불안해 보이는 시도라도 올바른 방향으로 가고 있기만 하다면 충분히 칭찬하고 인정해주었다. 그는 말했다. "조직의 문화를 바꾸고 싶다면, '퍽이 있었던 곳이 아니라 퍽이 갈 곳을 향해 스케이트를 탄다'고 했던 아이스하키의 전설 웨인 그레츠키Wayne Gretzky의 말을 기억하라." 그는 근무 공간을 꾸미는 일에도 노력을 쏟았다. 매주 새로운 미술 작품을 들여와 벽을 장식했다. 또 자신의 성격과 스타일을 부하들에게 알리고 사기를 북돋우기 위해 유쾌하고 긍정적인 작품을 벽 곳곳에 걸었다. "아이디어를 현실로!" "언제나 감탄을 주는 사람이 되자!" 같은 문구가 새겨진 그래픽 일러스트레이션이었다. 이 공간은 사람들 사이에서 '낙관주의의 벽'이라고 불렸다.

두 달 뒤 대령은 그의 부사령관을 해임하고 그 자리를 헤리티지에게 맡겼다. 헤리티지의 리더십과 그가 사람들과 함께 일궈낸 조직 문화가 모두의 앞에서 공개적으로 인정받은 셈이었다. 그로부터 1년 뒤 대령은 전역식에서 그동안 헤리티지가 리더인 자신에게 끼친 영향에 대해 길게 언급했다. 얼마 뒤 미 국가 안보국의 사이버사령부를 이끄는 4성 제독이 헤리티지에게 사이버사령부 본부로 와서 자신의 보좌관으로 일해달라고 요청했다. 헤리티지의 일은 이제 디미니셔 상관에게 맞서는 것이 아니라 훌륭한 조직을 일구는 것이었고, 리더로서 더 큰 목적의식을 갖게 됐다. 그는 이제 잘못된 리더십의 희생자가 아니라 미래를 만들어가는 존경받는 리더였다.

때로 디미니셔 리더십 밑에서 벗어나는 가장 효과적인 길은 스스로 멀티플라이어 방식을 강화하는 것이다. 디미니셔 리더 밑에 묶여 있을 때 당신이 택할 최선의 전략은 무엇인가? 강경한 태도로 맞서고 싶은 마음이 들기 쉽다. 또는 그저 포기하고 그의 지시에 따르는 편을 택하기도 한다. 그러나 더 생산적인 세 번째 대안이 있다. 바로 당신 자신이 멀티플라이어가 되는 것으로 그 상황을 타개하는 것이다.

좋은 의도를 가진 관리자가 디미니셔 리더 밑에 갇혀 옴짝달싹 못하는 경우가 너무도 많다. 그들은 주변 사람들의 잠재력을 최대한 끌어내고 싶어 하지만, 디미니셔 리더가 만들어내는 소용돌이에 휩쓸려버리고 만다. 나는 "내 상사는 전형적인 디미니셔다. 그래서 내가 멀티플라이어가 되고 싶어도 그럴 수가 없다."라며 낙담하는 목소리를 많이 들었다. 또 남아프리카공화국의 어느 조직에 속한 관리자들은 이렇게 말했다. "우리도 멀티플라이어가 얼마나 훌륭한 개념인지 잘 안다. 하지만 이곳의 디미니셔들은 대체 어떻게 해야 한단 말인가?"

당신은 에너지를 고갈시키는 상사 밑에서 어떤 식으로 일하는가? 상사가 당신의 역량을 최악의 상태로 만드는데 어떻게 당신이 팀원들의 역량을 최대한 끌어낼 수 있을까? 나와 연구 팀이 수많은 사람을 대상으로 인터뷰와 설문 조사를 실시한 결과, 디미니셔에 대응하는 가장 흔한 방식 5가지는 다음과 같았다. 1) 정면으로 맞선다. 2) 피한다. 3) 조직에서 나온다. 4) 순응하고 조용히 일한다. 5) 디미니셔의 행동을 무시한다. 또 디미니셔에 대처하는 가장 비효과적인 전략 5가지는 다음과 같았다. 1) 정면으로 맞선다. 2) 피한다. 3) 순응하고 조용히 일한다. 4) 내가 옳다는 것을 디미니셔에게 납득시킨다. 5) 인사부에 알린다. 다시 말해, 디미니셔에 대처하는 가장 흔한 전략이 가장 비효과적인 전략이기도 하다.[1]

그러나 사람들의 디미니셔 대응 전략이 불완전해 별 효과를 내지 못하는 것이 그리 놀랄 일은 아니다. 어쨌거나 우리는 디미니셔 옆에서는 능력을 제대로 발휘하지 못하게 돼 있으니까 말이다. 디미니셔가 야기하는 불안감은 우리 뇌의 편도체(감정 담당 부위)를 활성화하고, 편도체가 재빨리 신피질(이성 담당 부위)을 압도해버림으로써 비이성적이고 파괴적인 행동을 초래한다.[2] 이성적 사고력이 상대적으로 약해지면 자연히 디미니셔에 대응하는 판단력과 전략도 취약해질 수밖에 없다. 디미니셔에 대응하는 것은 최고의 사고력을 요하는 어려운 일이기 때문이다.

이번 장은 디미니셔 리더 밑에서 일하는 사람들을 위한 것이다. 디미니셔에 최대한 효과적으로 대응하는 검증된 전략을 알려주는 것이 목적이다. 운 좋게도 멀티플라이어에 둘러싸여 일하는 사람이라면 이 장은 읽지 않고 건너뛰어도 좋다.

여기서 말하려는 핵심 메시지는 이것이다. 디미니셔와 함께 일하는 사람도 얼마든지 멀티플라이어가 될 수 있다. 제대로 된 관점과 일련의 전술만 갖추면 디미니셔 효과를 최소화할 수 있다. 신중하고 요령 있게 실행해야 할 몇 가지 아이디어를 알려줄 것이다. 멀티플라이어 리더가 되는 것이 경영 과학이라면, 디미니셔에 대처하는 것은 예술 행위와 비슷한 면이 있다. 그러나 제대로 꾸준히 실천하기만 한다면 디미니셔의 부정적 자기장에 말려들지 않는 당신을 발견하게 될 것이다. 결국 당신도 '천하무적', 즉 디미니셔가 내뿜는 부정적 기운에 상관없이 계속해서 자신의 최대 역량을 발휘하는 사람이 될 수 있을 것이다.

악화 사이클 vs. 성장 사이클

일상적으로 디미니셔의 영향을 받으면 스트레스를 받고 심신의 에너지도 고갈된다. 그런 상황에 대한 대응 방식은 매우 다양하지만 흔하게 나타나는 몇 가지 자동 반응이 있다. 유럽 기업의 중간 관리자인 디터는 이렇게 말했다. "디미니셔 상사에게 맞서 싸우다 잡아먹히는 것보다 그에게 협조하고 다른 동료들의 불행을 고소해하며 방관하는 편이 더 쉽다." 또 디미니셔 상사에게 자기 자신도 디미니셔 행동으로 맞대응하는 이들도 많다. 하지만 이런 전략은 문제 해결에 전혀 도움이 안 된다.

　이런 상황을 생각해보라. 당신의 상사는 간섭형 관리자다. 늘 통제하고 명령하고 업무에 사사건건 간섭한다. 당신은 겉으로는 상사 대우를 해주면서 그의 지시와 요청에 묵묵히 따르지만, 속으로는 무시당하고 신뢰받지 못하고 제대로 인정받지 못한다는 기분, 자기 결정권을 전혀 누리지 못한다는 기분을 느낀다.

누군가에게 부당한 취급을 받거나 제대로 이해받지 못한다고 느끼면 우리는 본능적으로 그 사람을 비난하고 욕한다. 상대의 말에 귀를 닫아버리고 그의 의견을 무시한다. 우리는 디미니셔 상사의 부정적 영향력이 싫어서 그와 적당히 거리를 두거나 되도록 피하기 시작한다. 또는 뭘 해도 상사에게서 잘했다는 소리를 못 들으면 새로운 시도를 아예 하지 않거나 그의 말에 귀를 닫게 된다.

그런데 이 끔찍한 사이클은 여기서 끝이 아니다. 이런 관계에서는 디미니셔 행동이 더 강해지는 경향이 있기 때문이다. 자신의 권위가 위태로워지고 의견이 무시당한다고 느끼는 상사는 훨씬 더 큰 힘을 행사하기 시작한다. 기존 방식을 더 강하게 밀어붙이는 것이다. 간섭형 관리자는 일의 세세한 부분에 관여하지 못하면 불안해하고 직원을 의심의 눈으로 바라본다. 뭔가 잘못됐다고 생각해 전보다 더 간섭하고, 회의나 의사 결정에서 자기 의견을 받아들이길 더 강요한다. 이런 상황에 이르면 디미니셔와 그의 희생자가 아니라 2명의 디미니셔가 팽팽하게 대치하는 구도가 형성된다. 그 2명이란 간섭형 관리자인 상사, 그리고 상사에게서 최악의 리더십을 끌어내는 새로운 디미니셔인 당신이다.

이런 악화 사이클은 아래 그림과 같다. 상사는 지시하고 당신은 소극적으로 변한다. 상사는 더 명령하고 당신은 포기한다. 그러면 상사는 당신을 완전히 통제하고 세세하게 관리하는 것이 유일한 최선책이라고 판단한다. 내 연구 결과에 따르면, 이 같은 사이클은 평균 22개월 동안 지속되는 것으로 나타났으며, 22개월은 설문 조사 답변자들이 디미니셔와 함께 일한 평균 기간의 85퍼센트에 해당했다.

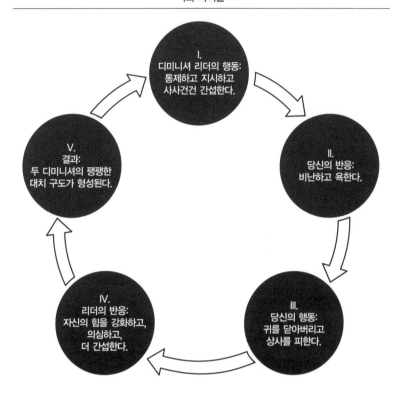

안타깝게도 이런 상황이 너무 빈번하게 일어난다. 디미니셔 행동으로 디미니셔에서 벗어나기는 불가능하다. 이 같은 악화 사이클에서 벗어나는 최선의 길은 곱셈의 논리를 활용해 당신 자신이 멀티플라이어가 되는 것이다.

이번에는 당신의 행동 반응을 바꿔 어떻게 이런 사이클을 깨뜨릴 수 있는지 살펴보자. 당신에게 간섭하기 좋아하는 폭군형 상사가 있다고 치자. 만일 당신이 비난하고 피하는 대신 멀티플라이어의 특징인 지적 호기심을 갖고 행동한다면 어떨까? 지적 호기심은 무언가를 알거나 이해하고 싶은 강한 열망이다. 살다 보면 호기심이 지나쳐 위험한 경우도 있지만, 호기심은 갈등을 없애는 역할을 할 수도 있다. 당신이 상사 입장에서 바라보면서 이런 질문을 던진다고 생각해보라. 그가 불안해하는 이유가 무엇일까? 그가 자신감을 느끼고 자신의 일을 잘 통제한다고 느끼려면 내가 어떻게 하면 될까? 또는 이런 질문을 던져보라. 다른 상황에서라면 괜찮은 사람일 수도 있는 그가 디미니셔가 된 이유는 무엇일까?

이런 점을 생각해보며 상사의 관심사나 걱정, 상황에 공감하려고 애쓰면, 그의 말에 귀를 기울이며 갈등과 긴장의 원인을 이해할 수 있을 것이다. 당신의 자아를 잠시 접어둔 상태에서 그의 장점이 눈에 들어오고, 당신 마음에 불만과 화도 줄어들지 모른다. 그러면 보다 협력적인 마인드로 임하면서 관계의 구겨진 주름을 펴고 관련 당사자 모두가 덜 방어적인 태도로 일할 수 있다.

당신이 다르게 반응하면 디미니셔 상사도 다르게 반응할 가능성이 높다. 그는 상사로서 존중받는 기분을 느끼므로 자신도 부하 직원들을 더 존중할 것이다. 이런 상호 반응은 신뢰 구축에서도 마찬가지로 나타난다.[3] 당신이 상사의 기대치와 목표를 충분히 이해하고 있음을 보여주면, 상사가 한 발 물러나서 당신에게 스스로 숨 쉬고 움직일 공간을 줄 확률이 크다. 어쩌면 당신의 노고와 성과를 인정해주는 모습까지 보일 것이다. 다음 그림에서 보듯이, 악화 사이클이 깨지고 상사와의 대치나 의욕 없이 지시만 따르는 태도 대신에 협력적 관계가 자리 잡는다. 디미니셔와 부하 직원의 협력이 아니라, 변화의 조짐을 보이는 디미니셔와 멀티플라이어(골칫거리 상사를 포함해 모두에게서 최고의 모습을 끌어내는)

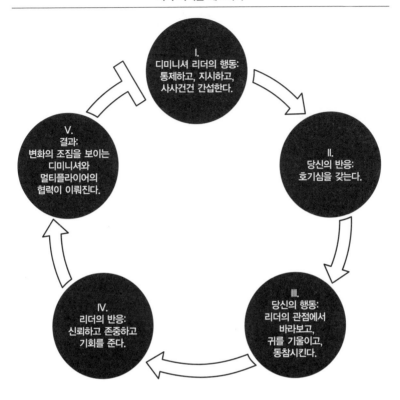

의 협력 말이다.

　"당신이 내 상사를 모르니까 하는 말입니다. 얼마나 완고한 전형적인 디미니셔인데요. 그는 절대 안 바뀔 겁니다." 이렇게 말할 사람들을 위해 한마디만 덧붙이겠다. 물론 당신의 행동 반응을 바꾼다고 해서 디미니셔 상사가 반드시 바뀌리란 완벽한 보장은 없다. 하지만 완벽주의자나 구조자, 선두 주자 같은 디미니셔 성향이 분명히 완화되기는 할 것이다.

악화 사이클 깨뜨리기

디미니셔와 함께 일하는 상황에서 우리는 그가 멀티플라이어가 되기를 바랄 수 있다. 또 실제로 어쩌면 그 소망은 이뤄질지도 모른다. 아니면 우리 자신이 멀티플라이어가 되는 쪽을 택할 수도 있다. 훌륭한 일을 이뤄내려면 훌륭한 리더가 필요한 법이지만, 그 리더가 꼭 우리의 상사일 이유는 없다. 물론 무능한 부모 밑에서 '성숙한 자녀'가 되어야 하는 것이 반가울 사람은 없겠지만, 우리는 누구나 자신이 될 수 있는 최고의 모습이 되기를 원하지 않는가.

디미니셔 효과의 사이클을 깨뜨리고 골칫거리 상사와 유해한 동료의 악영향을 완화할 전략을 소개한다. 이들 전략은 나의 연구와 일터에서의 실제 경험에서 나온 것이다. 또한 인간 본성에 관한 근본적 원칙도 여기에 작용하고 있다.

1. **꼭 당신 때문만은 아니다.** 당신의 고통이 꼭 당신의 행동 때문인 것은 아니다. 그리고 디미니셔의 행동은 상부에서 오는 어떤 압박 때문에, 또는 과거에 형편없는 사람을 롤 모델로 삼았던 경험 때문에 생겨난 결과물일 가능성도 있다. 그래도 당신이 디미니셔에게 반응하는 방식이 얼마든지 상황을 악화시킬 수 있다는 점은 기억해야 한다.

2. **디미니셔 효과는 불가피한 것이 아니다.** 통제 욕구가 강한 상사 밑에 있다 해도 우리는 생각보다 많은 걸 통제하고 선택할 수 있다. 우리는 그의 의견에 얼마나 많은 정당성을 부여할지, 우리에 대한 그의 낮은 기대치를 받아들일지 말지, 그 앞에서 어떤 감정을 느낄지를 선택한

다. 이것들은 말 그대로 선택이다. 따라서 우리는 스스로에 대해 높은 기대치를 갖도록 선택할 수 있다. 우리 자신에 대한 분석과 평가를 통해 건강하고 효과적인 방식으로 디미니셔에 대응할 수 있다. 디미니셔 효과는 계속 존재할지 몰라도 우리가 그 파괴적인 영향력을 완화하는 것은 충분히 가능하다.

3. **당신이 리더를 이끌 수 있다.** 당신 자신만큼 당신을 잘 아는 상사는 거의 없다. 따라서 상사로 하여금 당신의 능력을 최대한 활용하게 하고 싶다면, 당신이 그를 이끌어줄 필요가 있다. 당신 스스로 당신의 능력에 대한 대리인이자 변호인이 되어 의도는 좋지만 파괴적 영향을 끼치는 관리자에게서 스스로를 지켜내라.

나는 연구 초반에 디미니셔가 사람들의 능력을 충분히 끌어내지 못한다는 사실을 파악했다. 그러나 연구를 더 진행하면서 수많은 사람들의 경험담을 듣고 나서야 그런 리더가 사람들의 삶에 남기는 깊은 구멍을 진정으로 이해하게 됐다. 일터에서 제대로 능력 발휘를 못 하고 디미니셔 때문에 스트레스를 받는 사람들은 그 영향이 삶의 모든 측면에 스며들었다. 그들은 스트레스가 높아지고, 자신감이 떨어지고, 의욕이 없고, 우울하며, 건강이 나빠지고, 전반적인 삶의 만족도가 떨어진다고 일관되게 토로했다. 그리고 부수적인 피해는 거기서 그치지 않는다. 제대로 대응하지 않으면 대개 디미니셔의 행동은 더욱 심해지는 경향이 있다. 또한 대다수 사람들은 일터의 스트레스를 집에까지 가져가 가족에게 짜증을 내게 될 뿐만 아니라 불평이 늘고 인간관계의 폭도 좁아진다고 대답했다.

인터뷰한 수많은 사람들 중에 특히 인상적이었던 사람이 2명 있다. 한 사람은 이렇게 말했다. "내가 과연 뭐 하나라도 제대로 할 줄 아는 인간인가 싶었다. 이미 해놓은 일도 잘했다는 확신이 들지 않았다. 가족과 친구, 동료를 실망시키기만 하는 인간이 된 기분이었다. 나는 SNS에 있던 대부분의 사람들하고 친구를 끊었다. 우울증 증상도 자주 겪었고, 심지어 죽고 싶다는 생각까지 했다." 또 다른 사람은 스트레스와 자존감 저하가 너무 심해진 나머지 "내 반려견도 제대로 돌볼 수가 없다"라고 말했다.

다음에 소개하는 전략들은 디미니셔에게 보다 효과적으로 대응하고, 스트레스를 줄이고, 즉각적인 문제를 가라앉히고, 악순환을 중지시키기 위한 것이다. 일종의 기본적인 생존 전략으로서, 전형적인 디미니셔의 해로운 영향을 최소화하는 데 유용한 자기방어술이다. 이 전략을 사용한다고 해서 당신 앞의 디미니셔를 하루아침에 멀티플라이어로 변화시킬 수는 없다(또 근본적인 심리 문제를 해결할 수도 없다). 하지만 제대로 활용하면 디미니셔 효과를 크게 줄이고, 디미니셔 리더 밑에서도 당신의 목소리를 내며 보다 중요한 역할을 하는 구성원이 될 수 있을 것이다.

이 전략들은 앞에서 언급한 핵심 명제들(꼭 당신 때문만은 아니다, 디미니셔 효과는 불가피한 것이 아니다, 당신이 리더를 이끌 수 있다)을 기본 토대로 한다. 1단계는 디미니셔의 영향력을 피하기 위한 방어 전략이다. 2단계는 한층 적극적인 전략이자 당신의 전진을 돕는 공격술에 해당한다. 3단계는 당신이 뜻하지 않은 디미니셔를 멀티플라이어의 길로 향하도록 돕는 코칭 전략이다.

1단계와 2단계 전략들을 실천한 다음에 3단계로 넘어가는 것이 좋다. 비유하자면 기업의 연구 개발R&D 프로세스에서 충분한 사전 준비 및 조사도 수행하지 않고 성급히 신제품을 시장에 내놓아서는 안 되는 것과 비슷하다. 3단계부터 실천하고 싶은 사람도 많겠지만, 자기 자신의 기술을 충분히 키우기도 전에 남을 코칭하는 일부터 먼저 할 수는 없는 법이다.

1단계: 디미니셔에 대응하는 방어 전략

○ **볼륨을 줄여라.** 내 동료는 한때 '밤낮 짖어대는 개'라고 불렸다. 조금만 불안해도 과도하게 반응하고, 진짜 위험한 공격과 별일 아닌 문제를 구분하지 못했기 때문이다. 나의 연구에 따르면, 디미니셔에게 가장 지혜롭게 대응하는 사람들은 짜증나는 상황에 일일이 반응하지 않는다. 그들은 적당히 무시할 줄 안다. 디미니셔를 애써 피하지도 않고, 문제를 인정하지 않는 것도 아니다. 그저 짜증나는 상황에 대해 귀와 눈을 닫아버리는 것이다. 머릿속에 침투해 오는 디미니셔 목소리의 볼륨을 줄여버린다. 디미니셔가 자신의 정신적 에너지를 빨아먹는 것을 막는 것이다.

우리는 타인에게 사사건건 간섭당하거나 트집 잡히거나 자신감을 훼손당하면 시선을 안쪽으로 돌려 자기 자신에게서 원인을 찾는 경향이 있다. 디미니셔가 우리의 능력과 기여를 무가치하게 여긴다고 생각하기 쉽다. 그러나 사실 디미니셔는 팀원들의 기여보다 자신의 능력과 기여를 더 중요하게 여기는 것이다. 그가 초래하는 상황에 너무 많은 의미를 부여하지 말고 그저 멀찍이 떨어져서 좀 더 넓은 시각으로 바라볼 필요가 있다.

인적 자원 관리 전문가인 재키[4]는 한 유망한 신생 기업의 경영진에 합류하면서 앞으로 어려운 도전과 흥미로운 모험을 하게 되리라 예상했다. 그녀가 예상하지 못한 것은 CEO라는 가장 커다란 장애물이었다. 이 회사의 CEO는 조변석개형 리더로, 중요한 결정 사항도 걸핏하면 번복했고, 어떤 일에든 간섭해 좌지우지하려 들었다. 재키는 CEO 때문에 하도 스트레스를 받아서 회사를 그만둘 생각까지 해봤다. 그렇게 괴로운 몇 달을 보낸 뒤, 그녀는 상사의 행동을 기분 나쁘게 받아들이지 않기로, 상황에 감정이 끌려다니지 않기로 다짐했다. 그녀는 한 발 물러나서 상황을 바라보며 자기 인생에서 중요한 것이 뭔지 곰곰이 따져본 뒤 이렇게 생각했다. '최악의 상황은 회사에서 잘리는 거야. 하지만 내 인생 전체를 본다면 그게 내게 일어날 수 있는 최악의 일은 아니지.' 그녀는 넓은 관점으로 디미니셔 상사를 바라보면서 자신의 위치에서 긍정적인 업무 분위기를 만들려고 노력했다. 상사와의 기 싸움에서 패배하고 나가떨어져 죽어지내지도 않았고, 상사 때문에 일하는 즐거움을 잃어버리지도 않았다.

부정적인 상황을 무시하려면 적극적인 선택이 필요하다. 조지아주의 교육계 종사자 글렌 페델Glenn Pethel은 그런 방식으로 비협조적인 동료들과의 잦은 갈등에 대처했다. 언쟁이 벌어질 듯한 상황을 옆에서 지켜본 사람들이 페델에게 왜 화를 내지 않느냐고 물으면 페델은 부드러운 목소리로 대답했다. "그러고 싶지 않으니까요. 그 사람이 그렇게 행동하게 된 데는 어떤 이유가 있을 텐데, 그게 꼭 나 때문은 아니잖아요. 그의 그런 태도가 좋냐고요? 당연히 아닙니다. 하지만 그게 내 기분을 망가뜨릴 순 없어요."

지혜로운 부모는 툭하면 반항하는 10대 자녀의 부정적 태도를 적당히 무시할 줄 안다. 당신도 '이건 나 때문에 일어난 일도 아니고, 영원히 계속될 상황도 아니야'라고 속으로 되뇔 필요가 있다. 계속해서 귀에 들이닥치는 메시지를 무시하기가 물론 쉽지만은 않다. 그러나 부정적인 목소리에 대해선 볼륨을 줄이고 다른 목소리들(당신의 목소리, 당신을 지원해주는 상사와 동료의 목소리)에 대해 볼륨을 높이면, 메시지를 걸러내기가 한결 쉬워진다.

○ **다른 사람들과의 관계를 강화하라.** 디미니셔가 아닌 다른 사람들과의 관계를 강화함으로써 디미니셔의 영향력을 줄일 수 있다. 당신이 디미니셔의 신뢰를 받는 소수 집단에 들어갈 수 없다면, 다른 이들과 관계를 강화해 영향력 집단을 만들어라.

현재 대형 회계 법인의 디렉터인 척은 과거 프로젝트 매니저였을 때 그보다 몇 단계 위 직급에 있는 파트너 때문에 도무지 회사 다닐 맛이 안 났다. 독재적인 그 파트너는 사내에 팽팽한 긴장감을 만들기 일쑤였고, 기분 내키는 대로 아무 때나 피드백을 주었으며, 개미 쳇바퀴 돌리듯 부하들에게 일을 시켰다. 척이 어떻게 일해도 파트너는 만족하는 법이 없었다. 척은 파트너가 시도 때도 없이 주는 피드백을 토대로 자료를 편집하고 수정하느라 업무 시간 대부분을 보냈다. 몇 달간 무력감과 우울함에 빠져 지내던 그는 완전히 다른 분야로 이직하는 것까지 고려해봤다. 동료들에게 답답함을 넋두리하며 지내던 중 그의 직속 상사가 이런 조언을 던졌다. "그만 좀 징징대. 그러고만 있을 게 아니라 해결책을 찾든가, 아니면 그만두든가 해."

척은 파트너를 변화시킬 수는 없지만 자기 자신의 관점은 바꿀 수 있다는 것을 깨달았다. 그는 전체 업무 시간을 나름대로 여러 부분으로 나눴다. 파트너에게서 쏟아지는 피드백과 잔소리에 반응하는 데 쓰는 시간을 최소화하기 위해서였다. 그는 일을 완벽하게 하려고 하지 않고 큰 방향에 어긋나지 않는 선에서 완성해 파트너에게 제출했다. 어차피 고칠 부분을 지적당해 다시 수정하는 과정이 반복될 게 뻔했기 때문이다. 그는 파트너를 일부러 피하지는 않았지만, 그의 부정적인 피드백을 막아내는 데 소비하는 시간을 훨씬 줄였다. 그렇게 해서 생긴 여유 시간은 고객이나 동료들과 보냈다. 이들과 함께 있을 때는 성취감이 느껴졌다. 그는 서서히 자신감을 되찾았고, 나중에는 용기를 내서 업무 프로세스의 비효율성에 대한 의견을 담은 이메일을 파트너에게 보내기도 했다. 파트너에게서는 시늉뿐인 사과만 돌아왔지만, 척으로서는 나름대로 뭔가 행동을 했다는 것만으로도 자신감이 높아졌다. 그가 깨달은 교훈은 이것이었다. "지배하려 드는 상사가 나의 하루를 지배하게 내버려둬선 안 된다."

척과 마찬가지로 디미니셔에 효과적으로 대응할 줄 아는 사람은 자신의 지지 기반을 넓히고 다른 이들과의 관계를 강화한다. 인대가 손상되면 대신 몸 중심부에 가까운 근육들이 더 강해져야 하는 것처럼 말이다. 어느 미 해군 하사관은 이렇게 말했다. "나는 상관이 형편없어도 지시는 따른다. 하지만 내가 신뢰할 수 있는 다른 상관과 가깝게 지낸다. 내게 다른 관점을 제시해줄 수 있는, 특히 나 자신을 다른 관점으로 볼 수 있게 해주는 리더 말이다."

고압적이거나 부정적인 사람 때문에 당신의 에너지가 약해지는 것 같으면 당신의 힘을 키울 수 있는 다른 곳으로 눈을 돌려 거기에 시간을 투자하라. 회사 내부나 외부에 개인적인 고문단을 만들어놓아라. 힘든 인간관계에 관해 조언을 얻을 수 있는 믿을 만한 동료나 멘토로 이뤄진 그룹 말이다. 당신의 업무 결과가 괜찮은지 재점검해주거나 당신의 아이디어를 테스트해 그 반응을 확인해볼 수 있는 동료 그룹을 마련해두어라. (하지만 단순히 모여서 상사 욕이나 하며 답답함을 풀거나 그들에게서 당신과 똑같은 생각을 확인하는 데서 그쳐서는 안 된다.) 또 당신에게는 일종의 응원단이 필요하다. 당신의 진짜 역량을 알아주는 사람, 당신의 생각과 다른 유용한 견해를 주고 당신 자신을 새로운 관점으로 보게 해주는 사람들 말이다. 그들을 통해 당신은 자신이 충분히 유능한 사람이라는 점을 환기할 수 있다. 그리고 일과 관련된 인맥을 만들어놓아라. 상사가 당신 편이 되어주지 않을 때 당신을 지지하고 발전하게 이끌어줄 사람들이 필요하다.

○ **잠시 후퇴해 전열을 가다듬어라.** 고집불통인 사람과 정면 대결하는 것은 어리석다. 특히 그가 상사라면 더욱 그렇다. 내 연구에 따르면, 정면 대결(예를 들어 그 앞에서 당신의 생각이 옳음을 입증하려 애쓰는 것)은 디미니셔 효과의 악순환을 가속화할 뿐이다(정면으로 맞서는 것이 가장 흔하지만 가장 비효과적인 전략이라고 했던 것을 떠올려보라). 설령 당신이 승리한다 해도 그 대가로 잃는 것이 너무 많다.

교착상태에 직면했을 때는 잠시 후퇴해 전열을 가다듬어라. 성급하게 이기려 애쓰지 말고 일단 상황을 관망하라. 애플의 어느 전前 임원은 자신의 아이디어를 스티브 잡스에게 납득시킬 때 사용한 전략을 들려주었다. 그녀는 스티브가 흥분하거나 자기 의견을 고집하기 시작하면 그녀의 생각을 관철시킬 가능성이 거의 없음을 잘 알았다. 그래서 그녀는 자기 생각을 주장하는 대신 일단 스티브의 말을 정성껏 경청하면서 고개를 끄덕였다. 그러고는 그의 의견에 대해 깊이 생각해보고 다시 찾아올 테니 시간을 달라고 했다. 그녀가 한 발 물러서 있는 동안 스티브는 완고함이 조금 수그러든 상태가 됐다. 며칠 뒤 그녀가 두 사람의 아이디어에서 각각 장점만 취해 통합한 계획을 들고 다시 찾아왔을 때 스티브는 그녀의 제안을 선뜻 받아들였다. 유독 자기주장을 펴기 좋아하는 사람들이 있는 것은 사실이지만, 상대편이 자신의 의견을 진지하게 경청하고 고려해주는 것을 싫어할 사람은 아무도 없다. 당신이 잠시 후퇴해 전열을 가다듬으면 디미니셔에게도 성숙한 자세로 문제를 재고해보고 체면을 지킬 수 있는 기회를 주게 된다.

○ **적절한 신호를 보내라.** 관리자가 사사건건 간섭하는(디미니셔의 가장 흔한 유형이다) 가장 큰 이유는 일이 제대로 되지 않으면 어쩌나 하는 불안감이다. 한 디미니셔는 이렇게 말했다. "프로젝트가 성공적으로 완료되지 않을까 봐 내가 세세한 부분까지 개입하는 것이다." 이런 디미니셔의 영향력을 피하려면 일을 제대로 끝낼 것이라는 확신을 주면 된다. 당신이 약속한 대로 일을 완료하면 디미니셔의 신뢰를 얻게 된다. 스티븐 코비Stephen M. R. Covey는 "신뢰는 한번 무너져도 충분히 복구할 수 있다"라고 했다.[5] 신뢰란 벽돌을 하나씩 쌓듯 차곡차곡 쌓인다. 디미니셔로 하

여금 '이 사람이라면 내 평판 유지에 도움이 되겠구나' 하고 생각하게 만드는 작은 긍정적 성과가 벽돌 하나에 해당한다. 그런 벽돌이 하나둘 쌓이면 긍정적 선순환이 이어진다. 당신이 약속을 지키는 모습을 보여줄 때마다 최선의 성과를 내기 위해 필요한 재량과 지원을 요청할 기회를 얻게 된다.

우리의 최근 연구에 따르면, 두 사람의 성격 유형이나 일 처리 스타일이 다른 경우에 디미니셔 효과가 발생할 위험이 더 크다. 예컨대 마이어스-브릭스 성격 유형 지표Myers-Briggs Type Indicator, MBTI에서 '판단형(Judging style: 체계적이고 결과 지향적임)' 관리자는 부하 직원이 자기와 똑같이 판단형인 경우보다 '인식형(Perceiving style: 융통성이 있고 멀티태스킹에 능함)'인 경우에 디미니셔 상사가 될 가능성이 높다.

이런 경우 디미니셔 효과를 방지하려면 직원이 상사 내면의 디미니셔 성향이 분출되지 않게 만드는 신호를 보낼 수 있다. 판단형에 속하는 마케팅 임원 하이디는 이렇게 말했다. "내 팀원들 중에 인식형 사람들은 내가 뭔가 확실하게 알 수 있는 신호를 주지 않는다. 그저 '일이 잘 돼가고 있습니다'라고 할 뿐이다. 내가 묻기 전에 먼저 그들이 구체적인 진행 상황을 보고했으면 좋겠다. '현재 이런이런 중간 목표를 달성했습니다.' '내일 오전 8시에는 시작할 준비가 돼 있을 겁니다.' 하는 식으로 말해줬으면 한다." 반대로, 판단형 직원들은 인식형 상사에게 자신의 융통성을 보여주고 새로운 대안에 가능성을 열어둔다는 신호를 보낼 필요가 있다. 예컨대 "계획은 세워두었지만 마지막 순간에 바뀔 가능성도 있습니다"라고 말하는 것이다. 디미니셔 상사가 중요시하는 것을 간파하고 당신 역시 그것에 신경 쓴다는 신호를 보내라. 그러면 그의 간섭에서 보다 자유로워질 수 있다.

○ **당신 스스로 할 수 있다고 말하라.** 유능한 비즈니스 컨설턴트 메건 램버트^{Megan Lambert}는 명상 단체에서 자원봉사 활동을 했다. 그녀의 임무는 회원들을 위한 행사를 준비하고 조율하는 것이었는데, 업무상 급한 프로젝트들이 겹치는 바람에 명상 단체의 행사 준비가 늦어지고 말았다. 그러자 메건의 친구이기도 한 자원봉사단 리더는 갑자기 메건이 무능해지기라도 한 양 그녀의 일을 사사건건 챙기고 수시로 문자를 보내 진행 상황을 확인했다. 그렇게 며칠 지내니 메건은 일할 맛도 나지 않고 나태해졌다. 이대로 있어서는 안 되겠다 싶었다. 멀티플라이어 리더십의 열정적인 실천가인 메건은 친구를 찾아가 이렇게 말했다. "자, 이렇게 하자. 앞으로 3일 동안 내가 이 일을 끝내주게 잘하는 사람이라고 믿고 지켜봐줘. 누구보다 야무진 자원봉사자라고 말이야." 친구는 그러마고 동의하고 이후엔 간섭하지 않았다. 메건은 다시 의욕을 충전하고 온 마음을 다해 자원봉사 일을 해낼 수 있었다.

때로는 지나치게 도와주려고 하는 상사나 동료에게 '도와주지 않아도 된다'라고 말해야 한다. 세 살배기 아이가 혼자 할 수 있는 일(코트 입기, 접시 옮기기 등)을 당신이 도와주려고 할 때 아이가 어떻게 반응하는지 떠올려보라. 아이는 확신과 분노가 뒤섞인 표정을 지으며 "놔둬. 나 혼자 할 수 있단 말이야!"라고 한다. 그런 아이를 보며 우리는 아이가 성장하고 있다는 사실을, 어제보다 늘 오늘 더 자라 있음을 새삼 상기한다. 마찬가지로, 기업의 관리자도 부하 직원들이 성장했다는 사실을 못 느끼기 쉽다. 그런데 우리는 사회에 나가 일터에 들어갈 즈음이면 내면의 세 살배기 아이도 함께 훌쩍 자라 어디론가 없어진 상태가 된다. 우리는 피곤하게 간섭하는 상사를 밀어내지 못하고 스스로 할 수 있는 일임에도 상사의 간섭에 휘둘리는 경향이 있다.

당신이 혼자 할 수 있는 일임에도 디미니셔 상사나 동료가 나서서 해주려고 하면 충분히 혼자 할 수 있다는 사실을 그에게 상기시켜라. 기분 나빠하거나 짜증을 내라는 얘기가 아니다. 그저 당신이 할 수 있다고 분명하게 말하라. "도와주신다니 고맙지만 이건 내가 혼자 할 수 있을 것 같습니다." "일단 저 혼자 해보고 혹시 도움이 필요하면 그때 얘기할게요."라고 하라.

그런 메시지를 전달할 때 약간의 유머를 활용하면 꽤 도움이 된다. 특히 상대가 뜻하지 않은 디미니셔일 경우에 더욱 그렇다. 나와 오랜 시간을 함께한 동료 벤 퍼터맨Ben Putterman은 내가 피곤하게 간섭하는 태도를 보이려고 할 때 그 사실을 재치 있게 나한테 일깨워주었다. 내가 회의에서 작은 부분까지 지나치게 신경 쓰거나 지시하려고 들면, 그는 회의 때는 가만히 있다가 회의실 밖으로 나왔을 때 자기 목에 감긴 상상의 밧줄을 홱 잡아당기며 숨이 막혀 헐떡거리는 시늉을 하면서 내게 말했다. "아이고, 사장님, 이 밧줄 좀 풀어주세요!" 우리는 함께 웃음을 터뜨렸다. 물론 나는 그가 하고 싶은 말을 금세 눈치챘고, 이후엔 좀 더 자제하며 그가 주도적으로 일을 진행하게 놔두었다.

만일 당신의 상사가 유머가 먹히지 않는 타입이라면(공교롭게도 유머 감각은 디미니셔와 가장 연관성이 낮은 특징이다) 단도직입적으로 말하라. 때로는 '만일 ~하면' 화법도 효과가 있다. "만일 회의 주제를 미리 알려주실 수 있다면 생각을 정리해서 준비해 오겠습니다." "만일 회의 진행을 내게 맡겨주신다면 다 함께 문제를 해결할 수 있도록 최선을 다하겠습니다." 하는 식으로 말하는 것이다. 유머를 활용하든 진지하게 표현하든, '내가 충분히 할 수 있다' 라는 메시지를 전달할 때는 겸손함과 예의를 갖춰야 효과적이다. 특히 윗사람에 대한 정중한 태도를 중시하는 문화에서는 더 그렇다. 아울러 당신이 할 수 있다고 말한 뒤 상대편이 당신에게 기회를 주면 최선을 다한 결과물을 보여주도록 노력하라.

O 성과 달성에 필요한 정보를 요청하라. 결정적 정보가 없으면 뛰어난 성과를 내기 어렵다. 대개 최고의 성과를 내려면 2가지 종류의 정보가 반드시 필요하다. 첫 번째는 분명한 방향이다. 목표가 무엇이고 어째서 그것이 중요한가? 디미니셔는 사격 방법을 지시하는 것에만 몰두하느라 그보다 먼저 목표를 설정해야 함을 잊는 경우가 많다. 디미니셔 리더가 일의 진행 방식부터 지시한다면 그에게 앞뒤 맥락과 방향을 설명해달라고 요청할 필요가 있다.

의학계와 과학계에서 활동하는 조직 개발 전문가 케빈 그릭스비Kevin Grigsby는 지나치게 이것저것 지시하는 스타일의 의사 리더와 통화를 끝내고 나서 난감한 기분이 들었다. 그 의사는 케빈이 무엇을 해줬으면 하는지, 어떤 조직 개발 기법을 사용하는 게 좋을지 매우 분명하게 말했다. 하지만 케빈이 생각하기엔 단순히 의사의 지시를 그대로 따르기만 하면 상황 개선에 별 도움이 안 될 것 같았다. 그래서 케빈은 무작정 지시를 따르는 대신 그에게 연락해 다시 이렇게 물었다. "당신이 원하는 최종 결과를 더 구체적으로 말씀해주시겠습니까? 당신이 생각하는 목표가 무엇입니까?" 여기에 대한 의사의 답변을 듣고 나서는 또 이렇게 물었다. "그 목표 달성을 위해 제가 조금 다른 방식을 택해도 괜찮을까요?" 의사는 잠시 망설이다가 대답했다. "그럼요. 결과만 같다면요." 만일 누군가 당신에게 업무 기술서를 건네거든 그보다 먼저 문제 정의부터 시작하자고 요청하라.

최고의 성과를 내기 위해 필요한 두 번째 정보는 성과 피드백이다. 현재 나는 과녁을 제대로 명중시키고 있는가? 디미니셔는 과녁을 못 맞히는 직원을 보면 활 쏘는 기술이나 목표물을 조정하는 데 도움이 될 정보는 주지 않고 활 쏘는 방법만 되풀이해 설명한다. 만일 당신의 상사가 비판만 쏟아낸다면 그에게 비판이 아닌 피드백을 요청하라. '피드백'이란 말은 종종 '비판'이나 '평가'라는 의미를 함축하지만, 엄밀히 말해 피드백은 무언가를 재조정하기 위한 정보를 뜻한다. 예를 들어 건물의 온도 조절 장치는 실제 방 안 온도가 설정 온도보다 높은지 낮은지 판단하기 위해 주기적으로 온도를 측정한다. 그렇게 측정한 정보를 토대로 실내 온도를 높이거나 낮춘다. 만일 당신이 상사에게 늘 비판만 듣고 성과 달성에 필요한 정보는 충분히 얻지 못하고 있다면 적극적으로 요청하라. "내가 어떤 활동을 더 늘려야 하는가? 어떤 것을 줄여야 하는가?"라고 물어라. 더 자주 목표를 명중시키고 싶다면 그만큼 더 자주 피드백을 요청하라.

○ 새로운 상사를 찾아라. 디미니셔의 영향이 끊이지 않는 환경에서 일하고 있다면 정말 당신에게 맞는 일터인지 다시 생각해볼 필요가 있다. 당신이 더는 성장할 수 없는 작은 상자에 억지로 들어가 있다면, 커지는 몸집에 맞추어 새집을 찾는 소라게처럼 당신도 새 보금자리를 구해야 한

다. 일터를 박차고 나오는 것은 당연히 방어 전략 중에서도 디미니셔를 해결하는 가장 확실한 방법이다. (슬프게도 어떤 디미니셔의 경우엔 해결책이 이 방법밖에 없다.)

물론 많은 이들에게 회사를 그만두기란 쉽지 않은 일이다. 그러나 만일 단행한다면 이쪽 디미니셔를 떠나 또 다른 디미니셔 밑으로 가는 우를 범해서는 안 된다. 단순히 새로운 일자리를 구하는 것이 아니라 '새로운 상사'를 찾는다고 생각하라. 한번 결정을 내리면 적어도 몇 년은 그곳에서 일해야 한다. 그러니 집 안의 중요한 가구나 물건을 구입할 때처럼 먼저 조사를 하고 정보를 모아라. 새로운 상사를 미리 만나볼 수 있다면 그에게 적절한 질문을 던지고, 멀티플라이어 리더인지 아닌지 잘 관찰하라. 그가 상대와 대화할 때 말하기와 듣기 비율이 어느 정도인지 유심히 살펴라. 팀원들에 대해 이야기하는 방식을 관찰하라. 직원들의 유능함을 언급하는가, 아니면 그들의 책무만 나열하는가? 직원들은 일에 대한 권한을 얼마나 갖고 있는가? 의사 결정이 어떤 식으로 내려지는가? 주변의 평가와 과거 직원의 의견도 참고하라. 요즘은 기업의 내부 운영 방식과 조직 문화에 대한 투명한 정보를 제공하는 웹사이트들도 있다.[6] 또 제품 구매 전에 시험 사용을 해보는 것처럼, 처음엔 프리랜서나 컨설턴트로 그 회사와 함께 일을 해보는 것도 좋다. 그게 여의치 않다면 팀 회의나 화상회의를 참관하게 해달라고 부탁해보라. 이와 관련된 더 자세한 지침은 부록 E의 '새로운 상사 찾기' 항목을 참조하라.

끝으로 2가지 주의 사항을 덧붙이고 싶다. 첫째, 위에 소개한 전략들은 디미니셔의 악영향을 최소화하기 위한 방어술이다. 이들 전략을 활용하는 것은 거창한 사건이 아니다(사직서를 내는 것만 제외하고). 이것들은 일상의 행동 방식을 약간 조정해 스스로를 지키면서 최선의 기량을 발휘하며 일하기 위한 것이다. 디미니셔의 단점을 노출시키는 것이 아니라 당신의 강점을 보여주기 위한 전략이다. 이 전략들을 써도 디미니셔 리더 자체가 바뀌지는 않겠지만 당신과 그의 관계 양상은 분명히 바뀔 수 있다.

둘째, 당신 주변에 디미니셔가 끊이지 않는다고 느껴진다면 어느 시점엔 '혹시 내가 문제인가?' 라고 스스로에게 물어봐야 한다. 당신이 상황을 너무 감정적으로 받아들이거나, 좋은 의도가 담겼을지 모르는 비판을 적의를 갖고 나쁘게만 해석하거나, 심지어 칭찬하는 말인데도 모욕적으로 느끼고 있을지도 모른다. 당신의 상사는 좋은 의도를 가진 뜻하지 않은 디미니셔일 수도 있다. 아니면 당신 자신이 디미니셔 부하라는 점을 인정해야 할지도 모른다. 이 모든 경우의 해결책은 하나다. 즉 당신이 상사로서, 동료로서, 부하로서 멀티플라이어가 되는 것이다.

2단계: 멀티플라이어 영향력 강화하기

많은 관리자들이 '부하 직원'에게 멀티플라이어가 되지만, '동료'나 '상사'에게 멀티플라이어가 되는 경우는 상대적으로 훨씬 적다. 멀티플라이어 360도 평가를 분석한 결과에 따르면,[7] 평균적으로 관리자들은 부하 직원 역량의 약 76퍼센트를 활용하고 있으며, 이 수치가 동료에 대해서는 62퍼센트, 상사에 대해서는 66퍼센트에 불과하다. 하지만 우리 연구에 따르면, 사람들은 어떤 방향으로도 멀티플라이어가 될 수 있다. 디미니셔 상사에 대해 멀티플라이어 부하가 되는 것도 충분히 가능하다.

그 까닭은 이렇다. 디미니셔는 자신의 능력과 아이디어를 인정받기를 원한다. 실제로 많은 이들이 필사적으로 원한다. 반면 멀티플라이어는 다른 이들의 재능을 발견하고 이끌어내는 것을 즐긴다. 여러모로 볼 때 디미니셔에게는 멀티플라이어가 필요하다. 이 둘은 천생연분이라 할 만한 궁합은 아닐지 몰라도, 부하 직원인 당신이 멀티플라이어가 되면 지옥 같은 일터를 변화시킬 수 있다. 당신이 상사의 장점을 끌어내면 당신 자신이 최고의 기량을 발휘할 수 있는 근무 환경을 만드는 데 도움이 되기 때문이다. 디미니셔는 자신이 유능하다고 인정받고 자기 말이 경청되고 신뢰받는다고 느끼면 자신도 사람들을 신뢰하는 모습을 보여줄 가능성이 높다. 당신이 부하 직원으로서 멀티플라이어가 되면 단순히 생존하는 것이 아니라 번영할 수 있는 일터를 당신 스스로 만드는 셈이다.

당신의 상사나 동료에 대해 멀티플라이어가 되는 몇 가지 방법을 소개하겠다. 이것들은 고약한 디미니셔들에 대응하는 방어 전략이 아니라, 당신의 역할과 기여도를 강화하는 데 유용한 공격 전략이라고 할 수 있다. 특히 좋은 사람이긴 하지만 훌륭한 상사는 못 되는, 뜻하지 않은 디미니셔에게 활용하면 유용하다.

○ **상사의 강점을 활용하라.** 상사를 바꾸려고 애쓰지 말고 그의 전문 지식이나 기술을 당신이 하는 일에 더 효과적으로 활용할 방안을 궁리하

라. 주도권을 상사에게 내주라는 얘기가 아니다. 일을 진행하는 과정에서 그의 능력이 중요한 기여를 할 수 있는 시점에 활용하는 것이다. 만일 상사가 비판적인 시각이 탁월하다면 프로젝트에 숨겨진 문제점을 진단하는 데 그의 안목을 이용할 수 있다. 또는 큰 그림을 보는 능력이 뛰어난 상사라면 핵심 고객을 확보하는 과정에서 그에게 의견을 구할 수 있다.

창의성이 뛰어나기로 유명했던 론^{Ron}은 애플에서 중역으로 일할 당시 전략적으로 매우 중요한 새로운 사업 부문을 구축하는 일을 맡게 됐다. 그는 일일이 간섭하는 CEO로 악명 높은 스티브 잡스가 프로젝트의 세세한 부분까지 지시하게 놔둘 수도 있었다. 또는 잡스가 되도록 참견하지 못하게 만들려고 애쓸 수도 있었다. 하지만 대신에 그는 핵심적인 개발 포인트들에 대한 잡스의 특별한 안목을 활용했다. 그는 잡스에게 제품 디자인을 들고 가서 "이걸 훨씬 더 개선하려면 어떻게 하는 게 좋을까요?"라고 물었다. 타고난 디자인 천재성을 자극하는 질문을 받은 잡스는 비난하거나 트집을 잡는 대신 평범한 제품을 뛰어난 제품으로 탈바꿈시킬 아이디어를 줄줄 쏟아냈다. 론은 팀원들의 역량을 끌어내는 데서 그치지 않고 자기 상사의 장점을 활용해 프로젝트의 성과를 한 단계 끌어올렸다. 당신의 상사가 스티브 잡스 같은 천재가 아니어도 똑같은 방법으로 얼마든지 효과를 볼 수 있다.

○ 사용 설명서를 제공하라. 당신의 타고난 재능을 알아봐주는 상사 밑에서 일하고 있다면 몹시 운이 좋은 것이다. 하지만 당신이 능력을 충분히 발휘하지 못하며 일하는 다수에 속한다 해도 그저 손 놓고 앉아서 당신

의 재능을 누가 알아봐주길 마냥 기다려야 하는 것은 아니다. 당신의 능력을 적극적으로 알리고 동료들이 그것을 알아채도록 신호를 보낼 수 있다. 또는 당신이 무얼 잘하는지, 어떤 영역에서 요긴한 능력을 갖고 있는지 사람들에게 직접 말해도 된다.

말하자면, 당신에 대한 '사용 설명서'를 제공한다고 생각하라. 훌륭한 매뉴얼은 제품의 용도와 그것을 최대한 활용하는 법을 사용자에게 정확히 알려준다. 이를테면 당신이 무선 왕복 톱을 구매한다고 치자. 거기에 딸린 사용 설명서는 이 톱이 다양한 재질(목재, 플라스틱, 금속)을 절단할 수 있으므로 목재 기둥, 나뭇가지, PVC, 금속 파이프, 심지어 못에도 사용할 수 있다고 알려준다. 또한 철거 현장이나 접근이 힘든 지점에서 작업할 때 유용하다는 설명도 덧붙어 있다.

마찬가지로, 당신에 대한 사용 설명서를 사람들에게 제공할 수 있다. 당신은 무엇을 잘하는가? 큰 힘을 들이지 않고도 수월하고 자연스럽게 해내는 일, 누가 억지로 시키거나 독려하지 않아도 기꺼이 하는 일이 무엇인가? 예를 들어 당신은 망가진 프로세스를 고치는 능력이 뛰어날 수도 있다. 탈선의 원인을 찾아내 일을 다시 정상 궤도로 올려놓는 능력 말이다. 그런 당신의 재능에 '문제점 수리하기' 하는 식으로 이름을 붙여라(또는 슈퍼히어로를 연상시키는 '닥터 프로세스' 같은 이름도 좋다). 그리고 그 재능을 일에서 활용할 수 있는 다양한 방식을 정리해보라. 예컨대 일정에 뒤처진 팀 프로젝트를 제시간에 완료할 수 있도록 돕거나, 관계가 틀어진 고객을 다시 데려오거나, 태스크 포스의 번잡한 절차를 줄이는 데 기여할 수 있을 것이다. 이렇게 당신의 '사용 설명서'가 완성되면, 상사 또는 당신에게 관련 역할을 배정할 수 있는 사람에게 그 내용을 알려주어라.

역량을 최대한 발휘해 조직에 기여하고 싶다면 사람들에게 당신의 장점과 가치를 알릴 필요가 있다. 일터에서 타고난 재능을 발전시킬 수 있다면 그것은 몹시 감사해야 할 일이다. 따라서 혼자만 잘난 줄 알고 으스대지는 마라. 당신이 타고난 재능을 스스로 잘 안다고 해서 낯선 일이나 평범한 일상 업무를 안 해도 되는 면제권이 생기는 것은 아니다.

○ 배우려는 자세로 경청하라. 디미니셔 상사에게 무엇을 배울 수 있는지, 그가 당신의 성공에 어떤 측면에서 도움이 될지 생각해보라. 디미니셔 상사 밑에서 일하는 사람들이 흔히 저지르는 실수는 그의 비판이 쓸모없다고 너무 성급하게 판단해버리는 것이다. 나는 오라클 임원으로 일할 때 똑똑하고 진취적인 CEO 래리 엘리슨과 사람들이 함께 있는 다양한 모습을 목격했다. 어떤 사람은 그와 대화를 나누다가 금세 교착상태에 빠졌다. 그런가 하면 어떤 이들은 자신감을 갖고 자기 의견을 얘기하면서 그 근거가 되는 데이터를 제시한 다음, 입을 다물고 래리의 반응에 주의 깊게 귀를 기울였다. 그들은 그저 래리의 기분을 맞추거나 래리를 설득하기 위한 더 나은 지점을 찾고 있는 게 아니었다. 그들은 진심으로 배우려는 자세로 경청했다. 한 오라클 임원은 이렇게 말했다. "래리에게서 배울 수 있는 것을 이용하지 못하는 사람들이 너무 많다."

디미니셔와 싸움에 돌입하지 말고 대신 공통점을 찾아보라. 앞에서 언급했던 교육계 종사자 글렌 페델은 상대편과의 차이를 극복하고 다리를 만드는 능력이 뛰어나다. 어쩌면 전쟁터에서의 경험이 그런 능력을 키우는 데 도움이 됐을지도 모른다. 그는 1960년대 후반에 베트남 전쟁에 참전했을 때 귀중한 리더십 교훈을 배웠다. 그는 한밤중 칠흑 같은 어둠 속에서 불안과 두려움에 휩싸여 있을 때는 세상을 다르게 보게 된다는 사실을 깨달았다. 겉모습이나 서로의 차이(인종, 종교, 환경, 지위 등)를 뛰어넘어 상대를 있는 그대로 바라보고 그들의 진짜 모습을 알게 되는 것이다. 어둠의 장막 속에서도 타인을 믿고 공통의 목표를 찾을 수 있었다. 이 경험은 그가 디미니셔 행동을 뛰어넘어 바라보면서, 심지어 몹시 까다로운 사람들과도 함께 협력할 방법을 찾는 데 도움이 됐다.

페델은 이렇게 조언했다. "디미니셔는 상대가 자기 얘기를 들어주길 원한다. 자신이 제안한 아이디어가 훌륭하다고 인정받고 싶어 한다. 당신이 먼저 그의 가치를 인정해주고 그의 의견이 훌륭하다고 인정해주는 것이 좋은 출발점이 될 수 있다." 하지만 페델은 그저 상대의 말을 경청하는 데서 그치지 않는다. 그가 '진심을 다해' 듣고 있다는 것을 상대편이 느끼게 한다. 그는 대화하면서 상대에게 이렇게 묻는다. "메모하면서 들어도 괜찮을까요? 당신이 한 얘기를 적어놨다가 좀 더 깊이 생각해보고 싶어요." 그리고 상대에게 들은 내용을 요약해 정리하면서 상호 합의 지점을 찾아본다. 이렇게 대화가 진행되는 동안 상대편은 디미니셔의 모습이 약해지고 파트너에 한층 가까워진다.

다음번에 당신 상사에게서 디미니셔 성향이 튀어나오려고 하면, 반감을 품고 맞서는 대신에 그가 자기 의견의 타당한 점과 미흡한 점을 함께 고려해보도록 유도하는 질문을 던져라. 그의 근본적인 목표에 대해 물어라. '오로지' 질문만 해보는 것도 좋다. 상사의 생각을 제대로 이해할 때까지 진심 어린 질문을 계속 던지는 것이다. 그의 생각을 분명히 이해하고 나서 목표 달성에 도움이 될 방법에 관해 함께 충분히 논의한다.

기업의 고객 성공 관리 책임자인 쇼는 2주간 '디미니셔에 대응하기'를 해보면서, 배우려는 자세로 자신의 간섭형 상사의 말을 경청하는 것에 초점을 맞췄다. 평소 늘 의견이 부딪치는 상사였다. 쇼는 말했다. "계속 질문을 하다 보니 생각했던 것보다 그와 내가 의견이 같은 부분이 많다는 걸 알게 됐다. 지금까지 내가 아예 그의 말에 귀를 닫아버린 채 너무 성급하게 판단을 내렸던 것이다."

튀니지의 세일즈 매니저 와히바 역시 지나치게 말이 많은 상사에 대해 2주간 '디미니셔에 대응하기'를 해보고 이렇게 말했다. "내 상사는 내가 성의 있게 경청하면서 메모를 하는 것을 보더니 나를 도와주려는 태도를 보였고 신경질적인 모습도 한결 줄었다. 우리는 건설적인 대화를 나눌 수 있었다. 또 내가 중간에 말을 끊지 않고 끝까지 듣자 그는 우리 팀에 필요한 결정적인 정보를 알려주었다."

○ **실수를 인정하라.** 디미니셔는 '사람들은 나 없이는 못 한다'라는 관점으로 일한다. 잘못을 하고 뉘우치지 않는 태도만큼 그런 관점을 더욱 강화하는 것도 없다. 직원이 실수를 하고 숨긴 것을 알게 된 상사는 그의 능력과 판단력을 믿지 못하게 되고 그 실수가 반복될 것이라고 생각한다. 그러면 상사는 세세하게 참견하며 지시하거나 또는 일에 차질이 생길 듯한 기미만 엿보여도 곧장 개입하기 시작한다.

이런 사이클을 깨려면 당신의 실수를 솔직하게 말하고 배운 점을 이야기하라. 그러면 한쪽은 비난하고 한쪽은 은폐하려는 분위기에서 함께 회복하는 분위기로 바뀔 수 있다. 실수에서 배운 것을 상사에게 들려주면 당신은 다음번에는 제대로 해낼 기회를 얻을 가능성이 높아진다. 상사는 '간섭형 관리자'가 아니라 당신에게 권한과 책임을 부여하는 '투자자'가 되기 시작한다. 또 당신 한 명뿐만 아니라 다른 직원들도 (심지어 당신 상사도) 실수를 기꺼이 밝히는 분위기를 조성할 수 있다. 이는 새로운 시도를 하고 리스크를 감수하는 것이 자연스럽게 여겨지는 조직 문화로 가는 디딤돌이 된다.

상사가 '이번 주의 멍청한 짓'을 주제로 이야기를 나누자고 할 때까지 기다릴 필요가 없다. 회의 도중 각자의 실수를 고백하고 웃어넘기는 순서 말이다. 당신이 실수를 인정하고 거기서 배운 교훈을 들려줌으로써 먼저 분위기를 조성하라. 당신이 조금씩 더 발전하고 있음을 상사가 알게 하라. 그의 마음속에도 '사람들은 똑똑하므로 실수에서 배우고 스스로 해낼 수 있다'라는 멀티플라이어 관점이 자라나게 될 것이다.

○ **어려운 일에 자원하라.** 관리자는 사람들에게 자꾸 일을 주는 습관에 빠질 수 있다. 일을 더 많이 시킬수록 더 많은 성장 기회를 주는 것이라고 생각하는 탓이다. 하지만 같은 일을 반복하고 속도도 더 빨라진다고 해서 능력이 계발되는 것은 아니다(단검 저글링 곡예사가 아닌 한은 말이다). 대개 우리는 어려운 일, 전에 겪어보지 않은 일, 방법을 모르는 일을 해보는 과정에서 배우고 성장한다. 훌륭한 멀티플라이어는 팀원들에게 지적 근육을 최대한 늘려서 써야 하는 과제를 제공한다. 하지만 상사가 그런 과제를 맡기지 않았다고 해서 당신이 먼저 자원하면 안 될 이유는 없다.

당신이 커다란 도전 과제를 맡을 준비가 돼 있다는 신호를 보내라. 심리적으로 부담스러운 일이라도 기꺼이 해볼 마음이 있음을 상사에게 알려라. 하지만 주의할 점이 있다. 새로운 일을 맡고 싶다는 의사 표현은 승진이나 부서 이동을 요청하는 것으로 오해받기 쉽기 때문이다. 대개의 경우 부하 직원을 승진시킬 자리와 타이밍은 한정돼 있으므로 관리자는 직원이 찾아와 '더 큰 일을 달라'고 하면 일단 방어적인 자세가 튀어나온다. 상사에게 더 큰 일에 대한 통제권을 일방적으로 요구하라는 게 아니다. 현재 당신의 업무 범위를 벗어나는 일도 필요하다면 기꺼이 맡겠다는 의사를 표현하라는 얘기다. 새로운 영역에서 당신의 능력을 발휘하거나 현재의 직무 범위에 속하지 않는 문제의 해결에 참여하는 식으로 말이다. 또는 상사가 하고 있는 일의 일부를 당신이 분담해도 되는지 물어보라. 작은 일부터 시작해서 서서히 당신의 능력을 입증해 보여라. 하늘의 별 따기인 승진만 고대하며 앉아 있지 말고, 당신이 직접 새로운 도전 과제를 만들어 그것이 어떤 결과로 이어질 수 있는지 상사에게 보여주어라.

○ 디미니셔를 파티에 초대하라. 디미니셔를 피하거나 외면하지 말고 받아들여보라. 누군가 우리의 삶을 황폐화하고 있다는 생각이 들면, 우리는 본능적으로 그 사람을 멀리하기 시작한다. 디미니셔는 사람들에게 차단당하면 대개 훨씬 더 공격적으로 끼어들려고 애쓴다. 그리고 디미니셔를 문밖에 세워두고 사무실 안에 들이지 않는 방식은 모든 팀원들을 더 나약하게 만들 수 있다. 7장에서 설명했듯이, 사람들을 냉혹하고 힘든 현실로부터 보호하려고 애쓰면 그들은 현실감각을 잃고 스스로 해

내는 능력도 키우지 못하기 십상이다.

디미니셔 때문에 파티를 망치게 놔둘 게 아니라, 함께 즐기도록 그를 먼저 파티에 초대하면 어떨까? 어쩌면 이것은 멀티플라이어 영향력을 강화하는 가장 혁신적인 전략일지 모른다. 당신이 먼저 그와 더 많은 데이터를 공유하고, 그에게 회의에 참여해달라고 요청하고, 중요한 문제에 의견을 말해달라고 부탁하면 어떨까? 그는 평소 당신에게 고통을 안겨주는 사람일지 모른다. 그런 그를 억지로 참는 대신에 그에게 먼저 손을 내민다면? 당신의 사심 없고 열린 태도는 '괜찮다, 다 잘될 거다' '나는 숨기는 게 없다' 라는 메시지를 전달할 수 있다. 디미니셔는 당신의 제안에 반색하며 당신과 함께 일하는 것을 무척 즐거워할 수도 있다. 한 중간 관리자는 참견하기 좋아하는 디미니셔 임원을 중요한 프로젝트에 꼭 참여시키곤 했다. 그녀는 이 임원을 배제하고 자신이 회의를 처음부터 끝까지 진행할 수도 있었지만 그렇게 하지 않았다. 회의를 시작하고 의제와 전반적인 맥락을 설명하는 것은 임원에게 부탁하고, 그 이후는 그녀 자신이 바통을 이어받았다. 프로젝트가 끝날 무렵 임원은 그녀에게 "당신과 함께 일하면 우리가 뭐든 해낼 수 있다는 기분이 드는군요"라고 말했다.

당신의 공간을 디미니셔에게 허락한다는 것은 그에게 멋대로 할 자유를 준다는 의미가 아니다. 먼저 손을 내밀고 관계를 주도함으로써 당신은 그의 기여 방식에 대한 통제력을 유지할 수 있고, 따라서 그의 참견 본능이 발휘되는 것을 최소화할 수 있다. 예를 들어 디미니셔에게 회의 참여를 요청하면서 당신이 그가 어떤 역할을 해주기를 바라는지, 어느 지점에서 끼어들어 의견을 제시해주기를 바라는지 밝힌다. 또는 검토할 자료를 그에게 제출하면서 그가 다뤄줬으면 하는 구체적인 질문을 제시한다. 이로써 그들의 에너지를 필요한 곳에 집중시키고, 그들이 가장 값지게 기여하는 방향으로(또는 그들이 팀에 피해를 가장 적게 주는 방향으로) 이끌 수 있다.

'멀티플라이어 영향력 강화하기'는 디미니셔 사이클을 깨뜨리는 훌륭한 전략이지만, 단지 디미니셔에 대해서만 효과가 있는 것은 아니다. 당신 주변의 모든 사람에 대해 유익한 효과를 낸다. 그것은 '천하무적 기여자', 즉 디미니셔 상사나 동료의 부정적 기운에도 아랑곳없이 계속해서 자신의 최대 역량을 발휘하는 사람의 특징이다.

3단계: 멀티플라이어 리더십 불어넣기

멀티플라이어 리더십을 배우다 보면 다른 이들이 멀티플라이어가 되도록 돕고 싶은 마음이 자연스럽게 든다. 특히 그 다른 사람이 우리의 상사이고, 우리가 그의 부정적인 영향력을 날마다 느끼고 있다면 말이다. 우리는 그런 좋은 의도를 갖고 타인이 보다 좋은 리더가 되게 도우려 나선다. 하지만 때로는 가장 고귀한 의도를 갖고 행동해도 가장 해로운 영향을 불러일으킬 수 있다. 아무리 대의가 정당해도 디미니셔의 방식으로 멀티플라이어를 만들 수는 없다.

우리는 타인을 바꿀 수 없다. 그를 바꿀 수 있는 것은 그 자신뿐이다. 그리고 변화란 스스로 문제를 인식하고 변화하고 싶다는 강한 욕구(그리고 동기)를 느껴야만 일어날 수 있는 법이다. 자기도 모르게 끼치는 부정적 영향을 인식하고 더 나은 리더가 되는 방법을 발견하도록 당신이 리더를 이끌 방법은 무엇일까? 뜻하지 않은 디미니셔가 멀티플라이어로 향하도록 어떻게 도울 것인가? 리더가 자기 인식을 높이고 변화를 위한 동기를 느끼도록 도울 몇 가지 전략을 소개한다.

○ **긍정적 의도를 인정하라.** 디미니셔 효과를 내는 잘못된 행동을 대화 주제로 삼는 것을 좋아할 디미니셔는 거의 없다. 하지만 자신이 가진 좋은 의도를 인정받는 것은 누구나 좋아한다. 당신이 상사나 동료가 가진 긍정적 의도를 인정하면, 그의 행동을 좋은 관점에서 해석하게 될 뿐만 아니라 둘의 공통된 목표도 인식하게 된다. 두 사람의 목표가 결국 같음을 아는 상태에서 당신은 그가 원하는 것을 얻지 못하고 있는 이유를 일깨워줄 수 있다. 예컨대 당신의 동료가 빛의 속도로 반응하는 관리자라면 이렇게 말해준다. "민첩한 팀을 만들고 싶은 당신의 마음을 나도 잘 안다. 하지만 당신이 늘 그렇게 재빨리 반응해 처리해버리면 다른 팀원들이 능력을 발휘할 기회가 없다. 당신이 조금만 더 자제하면 팀원들이 더 빠르게 대응할 것이다."

○ **한 번에 하나씩 해결하라.** 지금까지 살펴보았듯, 디미니셔와 함께 일하는 사람들은 심리적 에너지 고갈이 크고 억눌린 기분을 느끼곤 한다. 하지만 만일 평소에 느낀 문제점과 불만을 한꺼번에 쏟아낸다면 디미니셔는 공격당하는 기분을 느껴 그들이 가장 잘하는 방식으로 되돌아가기 십상이다. 즉 자신과 생각이 다른 사람들의 의견을 막아버린다. 그러므로 문제점을 말하고 싶다면 한 번에 하나씩 꺼내놓아라.

○ **발전에 박수를 쳐주어라.** 돌고래 조련사는 돌고래가 수면 위로 6미터를 솟아올라 공중회전(훈련의 최종 목표)을 할 수 있을 때까지 기다렸다가 생선 한 양동이를 한꺼번에 주지 않는다. 최종 목표를 이루는 데 필요한 작은 훈련들에서 돌고래가 잘 해낼 때마다 생선이나 다른 긍정적인 강화물로 계속 상을 준다. 이와 비슷하게, 당신이 누군가의 변화를 돕고 싶다면 그가 바람직한 시도를 할 때마다 그것을 인정하고 박수를 쳐주어라. 아무리 사소한 행동이라도 말이다.

남의 디미니셔 행동은 알아보기 쉽지만, 사실 우리 자신의 디미니셔 성향을 깨닫는 것이 더 중요하다. 우리 대부분은 디미니셔가 될 잠재성을 갖고 있다. 그것은 스트레스나 위기 상황에서 확 튀어나올 수도 있다. 특정 질환에 대한 소인을 갖는 열성 유전자처럼, 디미니셔 유전자가 조용히 잠자고 있다가 환경적 조건에 의해 깨어나 증상이 발현될 수 있는 것이다. 멀티플라이어 리더십 불어넣기를 실천할 가장 좋은 기회는 먼저 당신 자신에게서 찾아야 할지도 모른다. 즉 당신 자신의 디미니셔 성향을 깨닫고 그것이 튀어나오려고 할 때마다 멀티플라이어 행동으로 전환하는 것이다.

어쩌면 당신은 상사보다 더 훌륭한 리더가 될 수 있다는 사실을 깨달을지도 모른다. 아랫사람이 상사를 이끄는 것은 이상하다는, 또는 그래서는 안 된다는 묵인된 가정이 많은 조직이 존재한다. 층층으로 이뤄진 직급 체계가 리더십 발휘의 한계를 정해놓는 일종의 유리 천장 역할을 하는 듯하다. 멀티플라이어가 이뤄낼 수 있는 놀라운 결과를 감안할 때, 나는 디미니셔 환경에 둘러싸인 사람도 얼마든지 멀티플라이어가 될 수 있다고 믿는다. 상사보다 더 훌륭한 리더가 돼도 괜찮다고 스스

로에게 허락하라. 멀티플라이어가 된 당신을 다른 구성원들도 곧 알아
채기 시작할 것이다.

당신 자신의 빛을 밝혀라

일터에서 웅크리고만 있으면서 능력을 제대로 펼치지 못하거나 고약한
디미니셔 밑에서 일하는 것은 참으로 힘든 일이다. 한마디로 경력의 암
흑기에 해당한다. 이런 상황이 야기한 우울함은 삶의 다른 영역들까지
오염시켜 당신은 어둠에 함몰될 수도 있다. 그냥 힘없는 구성원의 운명
을 체념하듯 받아들이고 어둠 속에서 살아가는 편을 택하기가 쉽다. 또
는 당신 자신도 디미니셔 진영에 합류해 비난하고 무시하고 방관하는
식으로 반응하거나, 조용히 지내면서 당신의 디미니셔 상사가 변화하
기만 기도할 수도 있다.

아니면 디미니셔 사이클을 중단시키는 장본인이 될 수도 있다. 당신
이 능력 있는 사람임을 분명히 보여줌으로써, 당신이 바라는 리더의 모
습을 당신 자신이 보여줌으로써, 디미니셔 리더가 만들어내는 악순환
을 깨뜨리는 것이다. 우리의 연구에 따르면, 사람들이 가장 크게 후회
하는 것은 조금 더 빨리 뭔가 행동을 취하지 않았다는 사실이었다.

마틴 루서 킹 주니어Martin Luther King Jr. 목사는 이렇게 말했다.

폭력의 결정적인 약점은 그것이 하향의 소용돌이를 일으켜, 없애고자 했
던 것을 오히려 더 낳는다는 점이다. 폭력은 악을 없애는 대신 오히려 더

증가시킨다. (중략) 폭력에 폭력으로 대응하는 것은 폭력을 키울 뿐이다. 이미 별이 없는 밤에 더 깊은 어둠을 더할 뿐이다. 어둠은 어둠을 몰아낼 수 없다. 오직 빛만이 그렇게 할 수 있다.

디미니셔를 상대하는 우리도 어둠을 물리치는 빛이 돼야 한다. 오늘날 조직에서 리더십은 반드시 상부에서 아래쪽으로만 내려오는 것이 아니다. 리더십은 중간 직급에서 발휘될 수도 있고, 아래쪽에서 발휘돼 위쪽으로 영향을 끼칠 수도 있다. 당신이 디미니셔 상사 밑에 갇혀 있다면 때로 거기서 빠져나오는 유일한 방법은 '위를 향해' 멀티플라이어가 되는 것이다. 당신이 멀티플라이어로 확실히 변화시킬 수 있는 유일한 디미니셔는 당신 자신뿐이기 때문이다.

디미니셔에 대응하기

• 디미니셔 밑에서 일하는 사람도 멀티플라이어가 될 수 있다.

디미니셔의 악화 사이클 깨뜨리기

1. 꼭 당신 때문만은 아니다.
2. 디미니셔 효과는 불가피한 것이 아니다.
3. 당신이 리더를 이끌 수 있다.

디미니셔 대응 전략

• 1단계: 디미니셔에 대응하는 방어 전략

디미니셔에게 더 효과적으로 대응하고, 스트레스를 줄이고, 즉각적인 문제를 가라앉히고, 악순환을 중지시키기 위한 기본 생존 전략이다.

1. 볼륨을 줄여라.
2. 다른 사람들과의 관계를 강화하라.
3. 잠시 후퇴해 전열을 가다듬어라.
4. 적절한 신호를 보내라.
5. 당신 스스로 할 수 있다고 말하라.
6. 성과 달성에 필요한 정보를 요청하라.
7. 새로운 상사를 찾아라.

- 2단계: 멀티플라이어 영향력 강화하기

디미니셔 상사나 동료(특히 뜻하지 않은 디미니셔)에 대해 멀티플라이어가 되기 위한 공격

전략이다.

1. 상사의 강점을 활용하라.

2. 사용 설명서를 제공하라.

3. 배우려는 자세로 경청하라.

4. 실수를 인정하라.

5. 어려운 일에 자원하라.

6. 디미니셔를 파티에 초대하라.

- 3단계: 멀티플라이어 리더십 불어넣기

리더의 자기 인식을 높이고 뜻하지 않은 디미니셔에서 멀티플라이어로 변화할 동기를

느끼도록 돕는 전략이다.

1. 긍정적 의도를 인정하라.

2. 한 번에 하나씩 해결하라.

3. 발전에 박수를 쳐주어라.

/ 9장 /

멀티플라이어 되기

나를 내려놓으면 결국 나를 얻는다.

-노자老子

인튜이트 전 CEO 빌 캠벨은 30여 년 전 컬럼비아대학교 풋볼팀 감독이었다. 그는 명민하고 지나치게 저돌적인 감독이었다. 이후 전자제품 회사에서 근무할 때도 그의 일하는 방식은 비슷했다. 코닥Kodak에서 젊은 나이에 마케팅 책임자가 됐을 때 그는 세일즈 리더들의 영업 계획서가 마음에 들지 않으면 자신이 새로 다시 작성했다. 세세한 부분까지 신경 쓰는 CEO인 애플컴퓨터의 존 스컬리John Scully 밑에서 일하는 동안 빌은 전형적인 간섭형 관리자가 됐다. 빌은 팀원들의 업무에 일일이 간섭했으며 모든 결정과 조치를 지시했다. 그는 회상했다. "다들 나 때문에 미칠 것 같다고 했다. 나는 전형적인 디미니셔였다. 혼자 모든 결정을 내렸고 사람들을 몰아붙였다. 정말이지 형편없는 리더였다."

어느 디미니셔의 고백

빌은 최악의 순간 하나를 이렇게 회상했다. 중요한 회의 도중에 어느 임원이 매우 간단한 질문을 했다. 빌은 어떻게 그것도 모르냐는 생각에 짜증이 확 치밀어 올랐고, 그를 향해 날카롭게 대꾸했다(입에 담지 못할 험한 말도 함께 했다). "그렇게 멍청한 질문은 살다 살다 처음 듣는군요." 사무실 안은 순식간에 조용해졌다. 빌은 회의를 다시 진행했고 그를 짜증나게 하는 질문은 다시 나오지 않았다. 이후 몇 주 동안 거의 모든 사람이 그에게 뭘 물어볼 엄두를 못 냈다. 그가 사람들의 지적 호기심을 틀어막아버린 셈이었다.

클라리스Claris의 최고 경영자로 일할 때도 그의 저돌적인 리더십은 계속됐다. 하루는 가까운 동료가 그에게 솔직하게 이렇게 말했다. "빌, 우리가 이 회사에 합류한 건 지난번 회사에서 당신과 함께 일한 게 좋았기 때문이야. 그런데 지금 당신은 사람들을 몰아붙이고 혼자 모든 결정을 내리고 있어."

듣고 보니 맞는 말이었다. 그리고 그런 비슷한 얘기를 듣는 일은 또 일어났다. 다른 회사를 창업하고 두 달쯤 됐을 때 임원 한 명이 찾아와 말했다. "전체 팀원들을 대표해서 내가 얘기하러 왔습니다. 당신이 우리의 업무에 계속 간섭한다면 다들 여기 온 걸 후회하게 될 겁니다. 우리는 떠나고 싶지 않습니다. 우리 일은 우리가 알아서 하게 내버려두십시오." 빌은 자신이 득점 기회를 코앞에 두고 선수들의 경기를 중지시키는 감독처럼 행동하고 있음을 깨달았다. 그는 뛰어난 역량을 가진 팀원들과 회사를 위태롭게 만들고 있었다. 그리고 그들을 잃고 싶지 않았다.

멀티플라이어로 변화하다

동료 2명의 용기 있는 발언은 빌에게 문제를 인식시키기에 충분했다. 그는 방향을 수정할 필요성을 느꼈고, 이를 실천에 옮겼다. 사람들 앞에서 입을 더 닫고 귀를 더 열기 시작했다. 동료들의 의견을 경청하고 존중하기 시작했다. 자신이 경영진에게 끼치던 디미니셔 영향력을 깨닫자 조직 내 다른 디미니셔들도 눈에 보이기 시작했다. 빌은 그들에게도 조언을 했다. 하루는 늘 자기가 가장 똑똑하다는 걸 보여주고 싶어 안달인 팀원을 불러다놓고 이렇게 말했다. "난 자네가 얼마나 똑똑한지엔 관심 없네. 자네가 계속 그런 태도로 일관하면 팀 전체에 피해가 되네. 자넨 유능한 사람이야. 하지만 여기선 그런 태도로 일하면 안 돼."

빌은 시간이 지날수록 좋은 리더로 변해갔다. 팀을 유지하고 자신이 모아놓은 유능한 인재들의 진가를 발휘시키고 싶은 마음에서 일어난 자연스럽고 점진적인 변화였다. 인튜이트의 CEO가 되어 2000년에 매출 10억 달러가 넘는 기업으로 성장시킨 그는 자기 내면의 멀티플라이어를 깨어나게 만든 대표적인 인물이다.

멀티플라이어들의 멀티플라이어

빌은 CEO에서 물러난 뒤 인튜이트의 이사회 의장직을 유지하면서 수

많은 스타트업에 조언을 제공했다. 회사를 경영하고 실수를 겪고 거기서 교훈을 얻는 시간을 먼저 경험해본 선임자로서 누구보다 훌륭한 멘토가 될 수 있었다. 그는 벤처 캐피털 파트너들과 긴밀하게 협력하면서 각자의 역할을 분명하게 했다. 즉 벤처 캐피털회사는 자금을 투자하고 빌은 리더 양성을 맡았다. 그는 스타트업의 CEO와 핵심 리더들이 회사를 성장시키는 데 필요한 기술과 리더십을 계발하도록 도왔다.

빌은 CEO 양성을 위해 어떤 방식을 썼을까? 대개의 경우 그는 멀티플라이어 리더십을 가르쳤다. 그는 "배울 수 있는 것이라면 가르칠 수도 있다"라는 신념으로 자신이 배우고 깨달았던 것을 사람들에게 가르쳤다. 명민한 (그리고 대개 젊은) CEO들이 조직의 인재들을 최대한 활용하는 법을 깨닫도록 이끌었다. 그가 코칭한 CEO들은 나중에 기술 분야의 유수 기업을 일궈냈다. 아마존, 넷스케이프, 페이팔, 구글 등 이름만대도 누구나 아는 기업들이다.

2010년 빌은 어느 기업의 CEO에게 코칭을 제공해, 그가 각 파트별 보고 위주였던 단조롭고 평범한 중역 회의를 핵심 비즈니스 이슈를 치열하게 토론하는 시간으로 변화시키도록 도왔다. 과거의 회의는 예상 가능한 뻔한 형식이었다. 테이블에 둘러앉은 참석자들이 각자 자기 부서의 업무 현황과 프로젝트 진척 상황 및 이슈를 보고했다. 빌은 회의를 참관한 뒤, 사람들의 역량이 턱없이 부족하게 활용되고 있다는 것을 간파했다. 그는 CEO에게 조언했다. "이런 회의로는 아무것도 얻을 게 없습니다. 사람들을 핵심 이슈들에 참여시켜야 합니다." 빌의 조언에 따라 CEO는 회사의 비즈니스에 가장 중요한 이슈 5가지를 준비했다. 그리고 그 목록을 미리 팀원들에게 이메일로 발송하면서, 각 이슈에 대해 철저히 생각하고 각자의 의견과 데이터를 준비해 오라고 요청했다.

CEO는 다음번 모였을 때 회의를 시작하면서 각자 업무의 관점에서 보지 말고 회사 전체의 관점에서 바라보라고 요청했다. 그리고 5가지 이슈 중 첫 번째를 꺼내놓았다. "우리는 서비스 분야를 계속 유지해야 하는가, 아니면 외부 파트너에게 넘겨야 하는가?" 한 임원이 유지해야 한다고 말하며 그 이유를 조목조목 짚어냈다. 또 다른 임원은 반대 의견을 냈다. 다른 임원들도 하나둘 끼어들어 의견을 표현했다. CEO는 주의 깊게 듣고 나서 최종 결정을 내리고, 거기에 담긴 의미와 관련 조치를 설명했다. 그러자 한 임원이 나서서 "충분히 이해됐습니다. 여기서부터는 제가 알아서 하겠습니다."라고 말했다. 이제 CEO는 두 번째 이슈로 넘어갔고, 또다시 토론이 시작됐다.

빌은 실리콘밸리의 유명 CEO들을 코칭하고 조언을 제공했던 경험에 대해 이렇게 말했다. "나는 그들이 다른 시각으로 보게 돕는다. 안전지대를 박차고 나오도록 이끈다. 나는 그들에게 어려운 질문들을 던진다."

처음에 빌은 강압적으로 지시하고 사사건건 간섭하는 디미니셔였다. 그러다 스스로 노력해서 어려운 질문을 던져 사람들의 사고를 자극하는 멀티플라이어로 변했다. 그러나 그의 리더십 여정은 거기서 끝이 아니었다. 빌은 단순히 멀티플라이어가 아니라 '멀티플라이어들의 멀티플라이어'가 됐다. 사람들의 역량을 배로 이끌어낼 줄 아는 뛰어난 리더들을 키워낸 것이다. 빌은 오랜 암 투병 끝에 지난 2016년 4월 세상을 떠났다. 그가 세상에 끼친 영향력은 엄청나다. 그가 실리콘밸리에 남긴 가장 큰 유산은 무대 뒤에서 수많은 뛰어난 리더들에게 조용히 멘토 역할을 했다는 점이다. 인튜이트의 공동 창립자 스콧 쿡Scott Cook은 빌 캠벨이 없었다면 지금의 인튜이트는 존재하지 못했을 것이라고 말했다. "오늘날 실리콘밸리 리더들과 이곳 문화에 빌 캠벨만큼 중요하고도 폭넓은 영향을 끼친 사람은 없다. 그는 우리 모두를 더 나은 존재로 만들었다."

디미니셔에서 멀티플라이어들의 멀티플라이어로 변화한 빌 캠벨의 삶을 보면서 우리 마음속에는 여러 질문이 떠오른다. 디미니셔 성향을 가진 사람도 멀티플라이어가 될 수 있을까? 그것이 진정성 있는 변화가 될 수 있을까? 세월이 흘러 성숙함과 지혜가 쌓이면서 저절로 그렇게 변화하는 것일까, 아니면 적극적인 노력으로 더 빨리 이룰 수 있는 것일까?

이번 장에서는 이 문제들을 다루면서 멀티플라이어가 되는 여정을 탐구한다. 디미니셔에서 멀티플라이어로 변화한 리더들의 사례를 소개하고, 멀티플라이어가 되는 동시에 당신의 조직에 멀티플라이어 문화를 구축하는 데 유용한 관점과 도구를 제공할 것이다.

공감과 깨달음, 결심

나의 관찰 결과, 멀티플라이어 개념을 알게 되거나 이 책을 읽은 사람들 대부분은 다음 세 단계의 반응을 보였다.

1. **공감:** 많은 이들이 디미니셔와 멀티플라이어의 구분에 깊이 공감이 된다고 말한다. "맞아요. 나도 그런 상사 밑에서 일해봤어요." 디미니셔(그리고/또는 멀티플라이어) 행동 방식을 바로 곁에서 목격한 그들은 실제 일터에서의 상황을 생생하게 묘사한다.

2. **디미니셔 성향에 대한 깨달음:** 거의 모든 독자들이 자신에게 어느 정도 디미니셔 성향이 있다고 인정했다. 어떤 이들은 아주 미약한 수준이고, 어떤 이들은 습관적으로 디미니셔 행동 패턴을 보인다. 그들은 좋은 의도로 한 행동이 함께 일하는 사람들에게 부정적 영향을 끼친다는 사실을 깨닫는다.

3. **멀티플라이어가 되겠다는 결심:** 자신의 디미니셔 성향을 깨달은 이들은 앞으로 멀티플라이어가 꼭 되고 싶다는 바람을 표현한다. 그들의 다짐은 굳건하지만, 멀티플라이어의 기준을 충족시키는 일이 너무 어렵게 느껴져 부담감을 느끼곤 한다.

깨달음과 결심은 좋은 출발점이다. 그러나 멀티플라이어 리더십이라는 목표점에 도달하려면 그것만으론 충분하지 않다. 먼저, 당신의 깨달음과 사람들에 대한 긍정적 영향력 사이를 잇는 길이 만들어져야 한다. 그 길을 만드는 재료는 행동과 실천, 연이은 성과다.

두 번째 도전 과제도 있다. 멀티플라이어가 되길 희망하는 사람이 조직을 이끄는 유일한 리더인 경우는 별로 없다. 대개는 조직 내에서 함께 일하는 다른 리더들도 있을 것이다. 그들은 리더십 방식을 새롭게 바꾸고 긍정적인 근무 환경을 구축하려는 당신에게 도움이 될 수도, 방해가 될 수도 있다. 그들을 당신이 가려는 방향에 동참시키거나 그들이 미처 자각하지 못하는 디미니셔 행동을 깨닫게 도우려면 어떻게 해야 할까?

여기서는 이 2가지 도전을 다룰 것이다. 1) 깨달음에서 긍정적 영향력으로 나아가는 방법은 무엇인가? 2) 구성원 모두의 자각과 실천을 끌어내 멀티플라이어 조직 문화를 만드는 방법은 무엇인가?

멀티플라이어 되기

나는 빌 캠벨을 비롯한 수많은 이들의 사례를 보면서 멀티플라이어 리더십이 얼마든지 배우고 계발할 수 있는 것임을 깨달았다. 그 여정에서 도중에 실수도 하겠지만 올바른 접근법만 취하면 배움의 속도를 높일 수 있다. 아래 소개하는 5가지 가속 전략은 멀티플라이어라는 목표에 보다 빠르게 도달하는 검증된 방법이다. 목표점에 더 빨리 도착해 그곳에 더 오래 머물 수 있는 방법이다.

가속 전략 1: 올바른 관점에서 시작한다

볼링에서 스트라이크를 내려면 선두에 있는 1번 핀을 노려야 한다. 1번 핀을 맞히면 뒤에 있는 다른 핀들도 쓰러질 가능성이 높아진다. 그리고 1번 핀과 그 옆(오른쪽 또는 왼쪽)에 있는 핀 사이를 맞히면 스트라이크 확률이 훨씬 높아진다. 멀티플라이어가 갖는 관점이 1번 핀에 해당한다. 행동은 머릿속의 관점에 좌우되기 때문에 멀티플라이어 관점을 채택하면 일련의 모든 행동이 뒤이어 일어나게 만들 수 있다.

다음과 같은 상황에서 디미니셔 또는 멀티플라이어 관점에 따라 어떻게 행동이 달라질지 생각해보자.

동료 임원이 여러 부서 대표로 구성하는 태스크 포스에 당신 부서의 대표로 참여할 직원을 정해달라고 요청한다. 태스크 포스는 회사의 경쟁 포지션을 평가하고 기존 마케팅 전략의 수정 방안을 논의할 예정이다. 당신은 지안티를 태스크 포스에 보내기로 결정하고 일대일 면담을 통해 그녀를 임무에 준비시킨다.

○ **디미니셔 관점:** '사람들은 내가 없으면 해내지 못한다' 라는 관점으로 보는 당신은 지안티를 당신의 대리인쯤으로 여기며 그녀가 당신의 눈과 귀가 되어 움직이길 원할 것이다. 지안티는 태스크 포스 회의에 참석해 정보를 얻은 뒤 당신에게 보고한다. 당신이 해당 사안에 대해 목소리를 낼 유리한 입지를 다지기 위해서다.

이런 접근법의 결과는 어떨까? 지안티는 회의 참석에 많은 시간을 보내지만 태스크 포스에 기여하는 정도는 미미하다. 그녀는 자신에게 정해진 역할을 넘지 않으려고 조심하기 때문에 회의에서 적극적으로 발언할 기회를 놓치고 논쟁의 소지가 있는 안건은 스스로 피한다. 결국 당신 귀에는 태스크 포스 팀장이 당신 부서의 참여도가 낮다고 평가했다는 소식이 들려온다.

○ **멀티플라이어 관점:** '사람들은 똑똑하므로 스스로 해낼 수 있다' 라고 보는 당신은 지안티에게 그녀를 뽑은 이유를 설명한다. 그녀가 시장에 대한 안목이 뛰어나고 태스크 포스에서 다루는 방대한 시장 데이터를 소화할 능력을 지녔기 때문에 뽑았다고 말이다. 당신은 그녀에게 중요한 임무를 맡겼음을 인정한다. 부서를 대표하는 일이고, 태스크 포스에서 나온 논의 결과를 실행할 책임도 있기 때문이다. 당신은 자료를 확실하

게 준비해 회의에 들어가라고 그녀에게 권고한다. 그래야 토론 때 스스로 생각해 의견을 낼 수 있기 때문이다. 당신은 이 태스크 포스가 그녀의 프로젝트라고 말해준다. 하지만 함께 생각해볼 문제가 있으면 언제든 찾아오라고 말한다.

이런 접근법의 결과는 어떨까? 지안티는 태스크 포스 활동에 적극적으로 참여하고, 시장 경쟁 상황에 대한 새로운 안목을 얻으며, 회사뿐만 아니라 당신의 부서에도 도움이 될 마케팅 전략을 옹호한다. 그녀는 태스크 포스 팀장에게 높이 평가받는다.

머릿속의 관점은 견해와 행동 방식을 결정한다. 그리고 결국엔 일의 결과에도 큰 영향을 끼친다(종종 자기실현적 예언의 효과를 낸다). 멀티플라이어의 기술과 행동 방식을 자연스럽게 실천하는 사람이 되고 싶다면 아래의 멀티플라이어 관점을 채택하라.

핵심 관점

멀티플라이어 원칙	디미니셔 관점	멀티플라이어 관점
재능 자석	사람들이 내게 보고해야 한다. 그래야 그들이 일을 한다.	내가 사람들의 재능을 발견한다면 그 재능을 발휘시킬 수 있다.
해방자	압박할수록 좋은 성과가 나온다.	최고의 지적 능력은 강요가 아니라 자발적 기여로 발휘돼야 한다.
도전 장려자	내가 모든 답을 알아야 한다.	사람들은 도전 앞에서 더 훌륭한 능력을 발휘한다.
토론 조성자	의견에 귀를 기울일 만한 인재는 몇 안 된다.	여럿이 머리를 맞대면 해낼 수 있다.
투자자	사람들은 내가 없으면 해내지 못한다.	사람들은 똑똑하므로 충분히 해낼 수 있다.

가속 전략 2: 양극단에 집중한다

2002년 존 젠거^{John Zenger}와 조지프 포크먼^{Joseph Folkman}은 그들의 인상적인 연구 결과를 담은 책 《탁월한 리더는 어떻게 만들어지는가^{The Extraordinary Leader}》를 출간했다.[1] 이들은 리더 8,000명에 대한 360도 평가 자료를 검토해 탁월한 리더와 평범한 리더를 구분 짓는 요인을 분석했다. 이들의 연구에 따르면, 뚜렷한 강점이 없는 리더의 경우 리더 역량 점수의 백분위 등급이 34였다. 하지만 뚜렷한 한 가지 강점을 가진 리더의 백분위 등급은 64로 올라갔다. 해당 리더가 특별한 약점이 없다고 가정할 때, 뚜렷한 강점이 하나 있으면 리더의 역량이 거의 2배가 되는 것이다. 그리고 강점이 2개, 3개, 4개인 경우에는 백분위 등급이 각각 72, 81, 89로 높아졌다(백분위는 전체 집단에서 특정 개인의 점수보다 낮은 점수를 받은 사람들이 전체의 몇 퍼센트인지 나타내는 표시 방법이다. 예컨대 어떤 시험에서 A의 백분위 등급이 30이라면 전체 응시자의 30퍼센트가 A보다 낮은 점수를 받았다는 의미다-옮긴이) 젠거와 포크먼의 연구는 리더가 모든 것을 뛰어나게 잘할 필요는 없다는 것을 보여준다. 리더는 소수의 몇 가지를 뛰어나게 잘하는 동시에 치명적 약점을 없앨 필요가 있다.

다시 말해, 멀티플라이어가 되고 싶다고 해서 반드시 이 책에서 설명한 멀티플라이어 원칙 5가지를 모두 뛰어나게 충족시켜야 하는 것은 아니다. 우리 연구에 따르면, 모든 멀티플라이어가 5가지 강점을 동시에 갖추고 있지는 않았다. 대다수는 3가지에서 뛰어났다. 4가지나 5가지 강점을 가진 이들도 있었지만 3가지만으로도 멀티플라이어가 되기에는 충분해 보였다. 또한 멀티플라이어 대다수가 5가지 원칙 모두에서 디미니셔 범위에 들어가지 않았다. 5가지 모두에서 뛰어나야 멀티플라이어가 되는 것은 아니다. 2~3가지에서 뛰어나고 나머지는 보통 수준이어도 괜찮다는 얘기다.

따라서 5가지 모두를 강점으로 개발하려고 애쓰는 대신 양극단에 집중하는 전략을 택하는 것이 좋다. 당신의 리더십을 평가해본 뒤 이 2가지를 위해 노력하라. 1) 약점을 완화한다. 2) 강점을 더 강화한다.

○ **약점을 완화한다.** 임원 코칭과 관련해 흔히 오해하는 것이 있다. 코칭이나 리더십 개발을 통해 약점을 강점으로 바꿀 수 있다고(또는 그래야 한다고) 믿는 것이다. 내가 코칭을 제공한 많은 임원들이 "내가 부족한 이 영역의 능력을 뛰어나게 바꾸고 싶다"라고 말했다. 나는 그들에게 가장 큰 약점을 가장 뛰어난 강점으로 변화시키는 것은 (아주 불가능하진 않지만) 힘들다고 말해준다. 모든 능력이 기막히게 뛰어날 필요는 없다. 다만 형편없는 수준만 아니면 된다. 당신의 약점을 완화하라. 즉 약점을 멀티플라이어와 디미니셔의 중간쯤 되는 용인할 만한 수준으로 만들어라. 현실적 목표를 세우면 에너지를 아껴 더 중요한 일에 쏟을 수 있다. 당신의 강점을 '탁월한' 강점으로 키우는 일 말이다.

○ **강점을 더 강화한다.** 젠거와 포크먼을 비롯한 여러 전문가가 밝혔듯, 많은 영역에 두루 능력이 있는 리더보다 2~3가지 핵심 강점이 있는 리더가 더 높이 평가받는다. 5가지 원칙 중 당신이 특히 뛰어난 영역을 찾아, 그 측면에서 더 탁월해질 수 있는 행동을 적극적으로 실천하라. 세계적 수준의 '도전 장려자'가 되거나 누구도 뒤따라올 수 없는 뛰어난

'재능 자석'이 돼라. 강점을 한층 더 강화해 좋은 리더에서 위대한 리더로 변화하라. 그것이 에너지를 현명하게 쓰는 방법이다. 아래는 이 전략을 그림으로 나타낸 것이다.

양극단에 집중하는 전략

멀티플라이어	재능 자석	해방자	도전 장려자	토론 조성자	투자자
탁월한 강점	↑2				
적당한 능력		○	↑1	○	○
취약점					
디미니셔	제국건설자	폭군	전지전능자	결정자	간섭형 관리자

우리가 개발한 멀티플라이어 평가 도구는 www.multipliersbooks.com에서 확인할 수 있다. 이 360도 평가 도구로 당신의 상대적 강점을 확인해보기 바란다. 그 결과를 토대로 당신의 강점과 약점을 위에 설명한 방식으로 공략하라. 당신은 어떤 영역에서 뛰어난가? 어떤 영역에서 디미니셔가 될 위험이 있는가?

가속 전략 3: 멀티플라이어 실험을 진행한다

효과적이고 지속적인 배움을 위해서는 새로운 접근법을 지속적으로 실험해야 한다. 새로운 행동을 실천하고, 피드백을 분석하고, 조정하고, 반복하는 일이 필요하다. 부록 E에는 멀티플라이어 원칙들을 위한 실험이 실려 있다. 당신이 강화하고 싶은 멀티플라이어 원칙과 연관된 것, 또는 개선하고 싶은 디미니셔 성향과 연관된 것을 선택하라. 먼저 한 가지만 골라 시도해보기 바란다.

처음에 선택한 실험의 성과가 좋으면 조금 더 어려운 것을 시도하는데 에너지가 된다. 시간이 흐르면 그런 성공 경험이 쌓여 새로운 행동 패턴이 된다. 30일이라는 기간을 정해놓고 실천해보라. 어째서 30일일까? 〈유럽 사회심리학 저널European Journal of Social Psychology〉에 실린 연구에 따르면, 새로운 습관을 형성하려면 약 60일 동안 집중해서 노력해야 한다.[2] 말하자면 30일은 새로운 습관 형성의 전반전이 끝나는 시점이며, 전반전 결과를 돌아보고 후반전 전략을 짤 수 있는 시점이기도 하다. 또한 30일 동안의 진행 상황을 기록하고 어떤 부분이 효과가 있고 어떤 부분이 그렇지 않은지 체크한다.

아래에 30일 도전에 임한 리더 4명의 사례를 소개한다.

○ **재능을 콕 집어 알려주다.** 잭 보시디[3]는 제조 공장의 팀장이었다. 그는 일부 팀원들이 회의 시간을 장악하고 나머지는 소극적으로 앉아 있는 것을 목격했다. 흥미롭게도 회의 때 가장 목소리를 높이는 사람은 평소 능력을 충분히 발휘하지 못한 채 과소평가된다고 느끼는 직원이었다.

잭은 30일 도전을 해보기로 마음먹고 사람들의 재능을 관찰하기 시작했다. 각 팀원의 타고난 재능이 무엇인지 주의 깊게 살폈다. 다음 회의 때 그는 모두가 있는 자리에서 각 팀원에 대해 언급하면서 왜 그들이 팀에 필요한지, 각자의 독특한 능력이 무엇인지 설명했다. 한 명 한 명의 재능을 콕 집어 언급했다. 이후 팀원들은 다음 분기의 과제를 검토하고 각자의 역할을 정하기 시작했다. 이때 그들은 잭이 시키지 않아도 자연스럽게 각자의 재능에 맞는 역할을 정했다.

평소 과소평가되고 있다고 느껴 회의를 장악하던 직원은 어떻게 됐을까? 그는 말을 줄이고 동료들 의견에 더 귀를 기울였으며, 다른 팀원의 능력을 끌어내는 데도 기여하기 시작했다. 멀티플라이어가 되려고 노력하는 리더 밑에서 그 직원도 멀티플라이어 방향으로 걷기 시작한 것이다. 그는 잭에게 "이제 우리가 정말로 한 팀이라는 기분이 든다"고 말했다.

○ **해방자 리더가 되다.** 크리스틴은 관리자가 흔히 겪는 고민과 마주했다. 똑똑하지만 소심한 직원 로케시의 능력을 어떻게 끌어낼까 하는 것이었다. 로케시는 늘 다른 직원들의 견해를 받아들였다. 마치 아무 생각도 없는 사람처럼 그냥 동료 의견을 따르기 일쑤였다. 크리스틴은 로케시와 함께 있으면 자신이 대화를 장악한다는 사실을 깨달았다. 그럴 의도가 없음에도 결국엔 크리스틴만 계속 자기 생각을 말하느라 대화 시간의 80퍼센트를 썼다. 그녀가 로케시를 도와주려 할수록 상황은 더 나빠지는 듯했다. 멘토 역할을 해주려고 애쓰면 로케시는 오히려 더 소극적이 되는 것 같았다.

크리스틴은 30일 도전을 시작해 로케시에게 '해방자' 리더가 되는 데 주력했다. 먼저 그녀는 '로케시는 어떤 측면에서 똑똑한가?'를 생각해보았다. 그러자 상대를 비판하려는 디미니셔 관점에서 빠져나와 관찰하고 탐구하는 모드로 돌입했다. 차분히 관찰해보니 로케시는 복잡한 일을 실행 가능한 작은 계획들로 나누는 능력이 뛰어났다. 로케시의 능력을 간파한 크리스틴은 더 적절한 질문을 던질 수 있었고 그에게 대답할 기회도 더 줄 수 있었다.

변화는 즉시 나타났다. 로케시는 이제 자기 의견을 내기 시작했다. 그는 크리스틴과 대화할 때 시간의 50퍼센트 이상을 사용했고 일도 적극적으로 자원해 맡았다. 그리고 얼마 뒤 고객도 그런 변화에 대해 크리스틴에게 이야기했다. 크리스틴은 자신의 경험을 이렇게 요약해 말했다. "침묵은 기회를 만들고 기회는 결과를 만든다. 그것은 가치 있는 결과다. 그리고 나는 벌써 성과를 목격하고 있다!"

○ **토론으로 결정하다.** 게리 로벨은 남아프리카공화국 케이프타운 소재 HP엔터프라이즈서비스HP Enterprise Services의 프로젝트 매니저였다. 고객사가 새로 인수한 사업을 기존의 비용 관리 시스템에 통합해야 했을 때, 게리와 팀원들은 이를 위한 최적의 제품 솔루션을 찾는 임무를 맡았다. 특히 시간과 비용 측면의 요인들을 고려한 통합 전략을 찾는 것이 중요했다. 고객사의 사운이 걸린 중요한 일이었으므로 게리는 이 프로젝트에 팀원들 모두의 지혜를 모으기로 했다.

게리는 대개 의견이 어긋나기 일쑤인 두 진영을 잘 조율해 효과적인 솔루션을 만들어내야 했다. 그의 기술 팀과 고객사 양쪽 모두가 우려를 하고 있을 게 분명했다. 게리는 고객에게 어떤 솔루션을 제안하는 게 최선일지 직감적으로 알았지만, 일단 기술 팀과 토론을 해보기로 했다. 토론 중에 게리는 팀원들에게 고려할 만한 여러 솔루션에 대한 찬반 의견을 적극적으로 내라고 독려했다. 이 과정에서 그들은 처음에 자기가 가졌던 생각을 적어도 한 번씩은 바꿔보게 됐다.

토론 끝에 결국 모두가 동의하는 솔루션이 확정됐다. 그것을 제안받은 고객사의 IT 책임자는 게리뿐만 아니라 기술 팀에게도 많은 질문을 던졌다. 팀원들은 토론 과정에서 '입장 바꿔보기'를 하면서 그런 종류의 질문들을 이미 다뤄봤으므로 전혀 당황하지 않았다. 기술 팀의 일관된 태도를 보고서 고객사 IT 책임자의 불안감은 확신으로 변했고, 그들은 혁신적인 솔루션을 제공해 고객사에 커다란 성장 기회를 안겨줄 수 있었다.

○ **사람에게 투자하다.** 사려 깊고 열정적인 그레고리 팔은 MIT를 졸업하고 하버드에서 MBA를 딴 인재로, 대체에너지 스타트업의 관리자로 일한다. 그는 복잡한 문제 해결 능력이 뛰어나기로 유명하다. 이 책의 초고를 읽고 내게 조언을 해주기도 했던 그는, 멀티플라이어가 되고 싶은 강한 열망과 일터의 늘어나는 압박감 사이에서 괴롭다고 털어놓았었다. 그는 분명한 목표 하나를 마음속에 정한 채 30일 도전으로 이 딜레마를 뚫어보기로 했다.

그레고리는 브라질 대사관에서 일한 풍부한 경험이 있는 마이클을 채용했지만 그의 능력을 충분히 활용하지 못하고 있었다. 마이클은 매일 출근하지 않고 원격으로 근무하는 유일한 직원이라, 종종 '몸이 멀어서 마음도 멀어지곤' 했다. 마이클은 자기 능력이 20~25퍼센트밖에 발휘되지 못하고 있다고 생각했다.

그레고리는 '투자자' 리더로서 간단한 몇 가지를 실천했다. 그는 중역 회의에서 검토할 브라질과의 파트너십 전략 제안서를 작성하는 일을 마이클에게 전적으로 맡겼다. 그리고 마이클을 화상 통화로 전 직원 회의에 참여시켜 모두가 그의 의견을 들을 수 있게 했다. 그레고리는 마이클과 수시로 연락은 하되 업무에 과도하게 간섭하지는 않았다. 그리고 단 몇 주 만에 마이클은 자신의 능력을 75~80퍼센트 발휘하고 있는 것 같다고 말했다. 전보다 3배나 높아진 결과였다!

하지만 그레고리에 따르면 또 다른 성과는 자신의 시각이 변화한 것이었다. 멀티플라이어 렌즈로 주변을 보기 시작하자 도처에서 기회와 가능성이 나타나기 시작했다. 그레고리는 매번 자기가 나서서 일을 다시 해야 한다는 답답함을 느끼는 대신, 사람들의 지적 능력을 한 단계 높이도록 이끌 방법을 발견했다. 간섭하지 않고도 책임 있는 리더가 될 수 있었다. 리더인 자신의 역할을 다른 각도로 보기 시작하자 일하는 방식 자체가 달라졌다.

가속 전략 4: 실패와 좌절을 각오한다

깨닫는 단계에서 영향을 끼치는 단계로 나아가려면 기본 관점의 변화와 새로운 행동 습관, 이 2가지가 함께 필요하다. 이런 변화는 저절로 되는 것도, 즉시 이뤄지는 것도 아니다. 하지만 적절한 노하우와 도구만 있다면 낡은 관점을 버리고 새로운 습관을 형성할 수 있다.

멀티플라이어 원칙의 내용이 이해하기 쉽기 때문에 실천하기도 쉽다고 흔히들 착각한다. 멀티플라이어로 변화하는 것은 머리로 아는 지식으로만 되는 일이 아니다. 디미니셔 습관을 없애고 그 자리를 멀티플라이어 습관으로 채우는 과정에는 인내심과 실수를 이겨내는 회복 탄력성이 반드시 필요하다. 도중에 차질과 방해물, 실패를 만날 수 있음을 예상해야 한다(그리고 그것을 이겨낼 도구가 있어야 한다).

디미니셔 행동을 바꾸는 것은 낡은 관절 대신 새로운 관절을 끼워 넣는 인공관절 수술과는 차원이 다르다. 변화하고 싶다는 열망만으로 저절로 낡은 습관이 없어지지는 않는다. 낡은 습관의 뿌리를 서서히 뽑는 동시에 새로운 멀티플라이어 관점의 씨앗을 뿌리고 잘 배양해 가꿔야 한다.

다행인 점은 의식적으로 만든 새로운 관점을 저장하는 일과 무의식적으로 새로운 습관을 형성시키는 일을 똑같은 뇌 영역에서 담당한다는 사실이다.[4] 하지만 (여기에 함정이 있다) 새로운 습관이 안착하기 전까지는(즉 지속적인 행동 반복으로 새로운 신경 경로가 만들어지기 전까지는) 우리의 잠재의식이 과거의 디미니셔 방식으로 '움직여야 한다'고 생각한다. 그 행동이 당신이 원하는 새로운 멀티플라이어 관점에 배치된다 하더라도 말이다. 이 과도기에는 디미니셔 행동으로 향하려는 잠재의식이 당신의 변화 동기를 꺾을 위험이 있다. 심지어 새로운 관점을 실천해보기도 전에 그 여정을 그만두게 만들 수도 있다.

이 중간 과도기를 헤쳐 나가는 팁을 소개한다. 첫째, 과거의 습관을 버리고 새로운 멀티플라이어 습관을 들이려 노력하는 동안 뜻대로 잘 안 되거나 실패할 수 있다는 사실을 인정하라. 멀티플라이어로의 변화가 쉽지 않은 일임을 인정하라. 두 걸음 앞으로 나아갔다가도 얼마든지 한 걸음 후퇴할 수 있다. 당신 자신에게 수시로 아래와 같이 말하면 옛날 습관을 완전히 뿌리 뽑을 때까지 마음의 여유를 갖는 데 도움이 될 것이다.

1. 나는 '사람들은 똑똑하므로 해낼 수 있다'라는 새로운 관점을 가질 것이다. 그러므로 새로운 습관(예컨대 사람들에게 기회 주기)을 길러야 한다.
2. 멀티플라이어가 되는 과정에서 과거의 습관과 새로운 관점이 뒤섞일 것이다.
3. 과거의 습관을 완전히 없애기 전까지는, 나는 종종 사람들에게 디미니셔 행동을 보이는 실수를 할 것이고(예: 간섭하기) 동시에 멀티플라이어 행동을 익히려고 노력할 것이다(예: 기회 주기).

둘째, 멀티플라이어가 되려는 계획을 당신을 격려해줄 동료들에게 알려라. 완전히 달라지겠다고 마음먹었다면 그 사실을 동료들에게 충분히 알려야 그들이 놀라 당황하는 것을 막을 수 있다. 디미니셔처럼 행동하던 당신이 어느 날 갑자기 멀티플라이어 행동을 보이기 시작하면 그들이 수상쩍은 눈빛으로 바라볼지도 모른다. 또 동료들에게 이야기 해두면 당신의 계획을 실천하는 데 더 충실해지고 그들의 응원도 받을 수 있다.

가속 전략 5: 주변 사람에게 묻는다

멀티플라이어로 향하는 속도를 높이고 싶다면 다른 사람(부하, 동료, 상사)에게 멀티플라이어 실험을 골라달라고 하라. 당신의 뜻하지 않은 디미니셔 성향을 포착할 수 있고, 동시에 당신의 좋은 의도를 알아볼 사람이 누구인지 생각해볼 수 있다. 그들에게 부록 E의 말미에 있는 평가지를 주면서 더 나은 리더가 되기 위한 실험 한 가지를 고르고 싶다고 말하라. 그리고 이렇게 묻는다. "내가 사람들에게서 최고의 역량을 끌어내는 리더가 되려면 어떤 실험이 가장 도움이 될 것인가?" 그런데 주의할 점이 있다. 이 단계는 멀티플라이어가 되려는 열정이 별로 없거나 어쩌다 우연히 리더 역할을 맡은 사람에게는 적당하지 않다. 멀티플라이어가 꼭 되고 싶은 사람의 변화 속도를 높이기 위한 것임을 기억하라.

나와 연구 팀은 세계 곳곳의 고위 리더와 일선 관리자들이 이 실험들을 해본 뒤 새로운 리듬에 점차 익숙해지는 것을 목격했다. 많은 이들이 직원들의 반응을 목격하는 것만으로도 자신이 점차 개선되고 있음을 충분히 느끼면서 더욱 의욕을 가졌다. 또 어떤 이들은 새로운 접근법이 직원들에게 이로울 뿐만 아니라 자기 자신의 부담감을 덜어주기도 한다는 사실을 깨달았다. 기업의 투자 유치 활동 담당 임원 데이브 하블렉Dave Havlek은 팀원들에게 일을 책임지고 처리할 권한을 주고 나서 (부록 E의 '책임 되돌려주기' 항목 참조) 느낀 점을 이렇게 말했다. "내가 모든 결정을 내려야 한다는 부담감이 갑자기 사라졌다. 홀가분했다. 팀원들이 확실한 성과를 내는 걸 보니 무척 뿌듯했다. 내가 날마다 야근을 할 필요가 없어졌다." 데이브가 책임감을 되돌려주자 팀원들은 더 신속하게 움직이면서 현명한 결정을 내렸고 데이브는 자신의 리더 역할을 재정의하게 됐다.

물론 리더 한 명이 조직 전체에 영향을 끼치기도 하지만 혼자 고립된 채 리더 역할을 하는 사람은 아무도 없다. 리더도 전체 시스템의 일부분이며, 구성원들의 지적 능력이 남김없이 발휘되는 분위기를 만들려면 모든 직급에 있는 리더들의 노력이 필요하다.

멀티플라이어 문화 만들기

마이크 펠릭스^{Mike Felix}는 고전하는 사업과 팀을 일으켜 세우는 능력이 뛰어난 강인하고 믿음직한 리더다. 그는 알래스콤^{Alascom}(AT&T의 자회사)의 사장으로서 회사를 성공적으로 회생시킨 뒤, 2012년에 AT&T의 '중서부 인터넷 및 엔터테인먼트 현장 서비스' 부문의 총괄 책임자로 임명돼 약 8,500명의 직원을 이끌게 됐다. 이 같은 인사 조치는 세계 최고의 통합 커뮤니케이션 기업으로 발돋움하겠다는 AT&T의 야심찬 목표를 이루기 위한 과정의 하나였다. 이를 위해 AT&T는 철저하고 현명하게 리스크를 감수하는 한편 구성원 모두의 목소리와 의견을 존중하는 기업 문화를 이뤄내는 민첩한 조직을 만들려고 노력하고 있었다.

이런 시기에 중책을 맡은 마이크는 리더로서 임원진 7명과 지역 관리자 68명, 일선 관리자 약 500명을 이끌어야 했다. 게다가 그의 어깨를 더욱 무겁게 만든 것은 이 중서부 부문이 AT&T의 5개 사업 부문 가운데 실적에서 오랫동안 꼴찌 자리를 지키고 있었다는 점이다. 한마디로 관리자는 넘치지만 제대로 된 리더십이 없는 조직이었다.

문제를 인식하다

마이크는 총괄 책임자로 부임한 첫해의 대부분을 중서부 지역을 돌아다니며 보냈다. 현장 직원들의 행동을 관찰하고 그들의 이야기를 듣고 질문을 하면서 성과를 방해하는 태도와 행동 방식을 파악했다. 그는 한 가지 중요한 사실을 발견했다. 관리자들 대부분이 훌륭한 능력을 갖춘 기술자이지만 사람들을 효과적으로 이끄는 법을 배운 적이 없다는 것이었다. 이에 그는 지역 관리자들이 새로운 리더십 기술을 익혀 팀원들과 함께 꾸준히 높은 성과를 내도록 도와줄 멘토링 프로그램을 마련했다.

1년쯤 지났을 때 마이크는 글로벌 리더십 콘퍼런스에 참석해 멀티플라이어 개념을 접했고, 좋은 리더도 뜻하지 않은 디미니셔가 될 수 있음을 알게 됐다. 타고난 리더인 그는 멀티플라이어 개념에서 큰 인상을 받았다. 그 자신이 추구하는 긍정적 리더십 행동을 설명하는 용어들을 알게 됐으며, 그의 조직의 성장을 방해하고 있던 디미니셔 관점이 명료하게 와닿았다. 그는 핵심을 찌르는 개념들에 크게 공감했다. 그는 말했다. "정신이 번쩍 들었다. 내가 어떤 측면에서 뜻하지 않은 디미니셔인지 깨달았다." 마이크는 《멀티플라이어》 책을 읽고서 자신의 뜻하지 않은 디미니셔 성향을 줄일 방법을 발견했다. 자신의 비전과 에너지를 직원들에게 강요하는 대신 생각의 씨앗을 뿌리고 한 걸음 물러나 많은 질문을 던지기 시작했다. 또 멀티플라이어 행동 방식을 실천해 더 큰 도전 과제를 던져주고 사람들에게 책임감을 돌려주었다. 이는 멘토이자 코치로서 그의 능력을 한 단계 높였다.

어떤 리더도(심지어 탁월한 기술과 자기 인식을 갖춘 리더도) 혼자만의 힘으로 조직을 변화시킬 수는 없다. 마이크는 구성원이 8,500명이나 되는 조직을 변화시키려면 자신의 리더십 역량도 중요하지만 조직 전반에 멀티플라이어 문화를 안착시키는 것이 더 중요하다는 생각이 들었다. 그러자면 500명 이상의 관리자들이 더 나은 리더가 되어 같은 신념을 공유하는 시스템을 만들어야 했다.

행동 변화를 이끌다

마이크는 먼저 멀티플라이어의 언어를 조직에 도입했다. 끊임없이 리더십을 공부하는 그는 문화를 바꾸려면 대화를 바꿔야 한다고 생각했다. 그리고 대화를 바꾸려면 새로운 표현, 특히 높은 성과를 낳는 행동을 나타내는 표현들이 필요했다. 마이크는 사내 모든 관리자에게《멀티플라이어》를 읽게 하고 '뜻하지 않은 디미니셔 퀴즈Accidental Diminisher quiz (www.multipliersquiz.com에서 찾을 수 있음)'를 풀어보게 했다. 이후 모든 관리자가 같은 언어를, 특히 뜻하지 않은 디미니셔와 관련된 표현을 사용하기 시작했다. '늘 'ON' 상태인 리더', '선두 주자'에 대해 이야기했고, 좋은 의도를 가졌지만 '구조자'처럼 행동하는 동료를 보면 경고 신호를 보냈다. 마이크는 말했다. "우리는 공통의 언어를 갖게 됐고 디미니셔 행동을 지적하기 시작했다."

그러나 비효율적인 행동을 인식하는 것은 시작점에 불과했다. 그들은 신뢰와 높은 성과의 문화를 만드는 데 필요한 새로운 리더십 행동 방식을 정의했다. 마이크는 현장에서 많은 시간을 보내면서 직원들이 역량을 최대한 발휘하고 목표를 달성하려면 관리자들에게 어떤 리더십이 필요한지 파악했다. 그는 복잡한 역량 모델을 활용하지 않았다. 대신 그가 기대하는 행동 방식과 학습 진척도를 작은 종이 한 장에 간단히 기록했다. 자동차와 비행기로 수만 킬로미터를 이동하며 중서부 지역을 여러 차례 돈 마이크는 68명의 지역 관리자와 500여 명의 일선 관리자를 모두 만났다. 성과가 있었던 행동 방식에 대해 이야기를 나누고 직원을 코칭하는 방법을 가르쳤다. 임원들과 지역 관리자들도 마이크가 제시하는 새로운 리더십 모델을 잘 따라왔다. 오하이오의 한 지역 관리자는 말했다. "이제 나는 직원들에게 지시가 아니라 조언을 하려고 노력한다. 질문을 하고, 그들이 아는 것을 파악하고, 그들이 해결책을 찾도록 이끈다. 내가 아니라 그들이 사무실 안에서 가장 훌륭한 사람이 돼야 한다." 임원들과 지역 관리자들은 무서운 감독관이 아니라 가르침을 주는 코치가 됐다. 직원의 잘못된 행동을 일일이 짚어내 고치려고 하지 않고 그들 스스로 자신을 평가하고 개선할 수 있게 지도하고 격려했다.

마이크는 밑에 있는 관리자들이 새로운 리더십 행동을 익히도록 이끌었을 뿐만 아니라, 그 자신도 계속해서 자신의 행동 방식을 개선해나갔다. 예를 들어 항상 회의가 끝날 무렵이면 회의 도중 자신의 말투가 어땠는지, 의도와 다르게 잘못된 메시지를 무심코 전달하지는 않았는지 피드백을 달라고 직속 부하 직원들에게 요청했다. 그는 말했다. "사람들은 자신의 멀티플라이어 성향은 잘 본다. 하지만 자신의 디미니셔 성향은 잘 인식하지 못할 때가 많다. 그래서 피드백이 필요하다. 나는 그런 피드백을 주는 사람들로 둘러싸여 있으므로 운 좋은 리더다." 마이크의 뜻하지 않은 디미니셔 성향이 무엇이냐는 질문을 받은 관리자들은 웃음을 터뜨렸다. 한 관리자는 이렇게 말했다. "마이크는 뜻하지 않은 디미니셔 유형들에 전부 해당합니다! 하지만 우리에게 실제로 디미니셔 영향을 끼치지는 않습니다. 그 자신이 그걸 인식할 줄 아니까요. 그는 '아마 내 접근법이 틀린 것 같아'라고 인정합니다. 팀원 몇 명만 있는 자리에서든 4,000명이 참석하는 화상회의에서든, 마이크는 자신이 틀렸다고 말할 줄 아는 사람입니다." 시카고의 한 지역 관리자는 "리더가 그런 태도를 갖고 있으니 우리도 실수하는 것이나 스스로 결정하는 것을 두려워하지 않는다. 만일 실패하면 빨리 극복하고 다시 앞으로 나아가면 된다."라고 말했다.

조직이 지향하는 행동 방식에 대한 명쾌한 합의가 이뤄지자, 마이크와 경영진은 단호한 인사 결정을 내리는 일도 주저하지 않았다. 주요 리더십 결정을 내릴 때는 마이크가 정한 분명한 원칙을 토대로 했다. "과거의 실적으로는 미래의 실적을 예측하지 못한다. 과거의 행동으로는 미래의 행동을 예측할 수 있으며, 그것이 미래의 실적을 좌우한다."라는 원칙이었다. 조직에서 올바른 마인드와 행동을 보이는 리더는 더 높은 자리로 올라갔고, 변화를 이뤄내지 못하는 리더는 퇴출됐다. 마이크와 경영진은 조직 전체로 눈을 돌려 훌륭한 리더십을 보여주는 관리자에게 스포트라이트를 비췄다. 예컨대 안전의 중요성을 강조하는 게임 프로그램을 구상한 한 일선 관리자는 해당 지역에서 영웅 같은 존재가 됐다. 그를 비롯한 여러 영웅을 롤 모델로 삼아 다른 직원들도 각자의 자리에서 새로운 모범 사례를 만들고 성공에 대한 신념을 만들었다. 혁신적인 행동이 조직 곳곳에서 나타났다.

그리고 마이크와 경영진은 신뢰를 높일 필요성을 느꼈다. 직원들이 조직 내에서 신뢰받고 있다고 느껴야 했고, 그들도 경영진을 신뢰해 '우리 회사 경영진은 진심으로 직원들을 위한다'라고 느껴야 했다. 마이크는 말로만 신뢰를 강조하고 신뢰를 주제로 세미나를 열면서 실제로는 사무실에 앉아 지시를 내리며 부하 직원을 보내 지시에 불응하는 직원을 감시하게 하는 리더가 아니었다. 그와 경영진은 먼저 직원들에게 신뢰를 보여주고 많은 질문을 던졌다. 뭔가를 추궁하거나 잘못을 들춰내는 질문이 아니라 진심에서 우러난 질문이었다. '당신이 어떻게 생각하는지, 왜 그렇게 생각하는지 알고 싶다'라는 의미의 질문, '나는 당신을 신뢰한다'라는 메시지가 담긴 질문이었다. 그것은 '나는 당신이 할 수 있다고 믿는다'라는 맹목적인 믿음이 아니라, '나는 당신이 그걸 해낼 방법을 배울 수 있다고 믿는다'라는 보다 깊은 확신이 있는 믿음이었다. 지시 대신 질문을 하는 상사 밑에서 직원들은 스스로 생각하고 판단할 자유가 있으며, 실수를 해도 회복하면 된다는 생각으로 일할 수 있었다.

모두가 공유하는 조직 문화

새로운 신념 체계가 처음부터 굳게 자리 잡기는 힘들다. 따라서 조직 전체에 심어져 깊이 뿌리내리려면 강화와 인정이 필요하다. 마이크와 경영진은 발전과 성과를 공유하고 공개적으로 인정하는 프로그램을 만들었다. 예를 들어 한 분기 동안 사고가 전혀 일어나지 않은 조직의 지역 관리자에게는 '안전 모범 조직' 상을 수여했다. 수익이나 운영상의 목표 못지않게 직원들의 안전도 중요하다는 사실을 모두에게 상기시키기 위해서였다. 마이크가 만든 멘토링 프로그램도 매달 정기적으로 시행됐다. 지금도 마이크는 모든 직급의 직원들과 대화를 하고《멀티플라이어》를 필독서 목록의 가장 상단에 두라고 강조한다. 그는 자신의 뜻하지 않은 디미니셔 성향을 거리낌 없이 이야기하면서 다른 관리자들에게도 그렇게 하라고 독려한다. 과거에는 관리자의 약점이란 누가 들을까 봐 숨어서 은밀하게 언급해야 하는 주제였지만, 이제는 누구나 주저 없이 내놓고 이야기한다. 3년 전만 해도 '천재를 만드는 사람'이라는 리더 개념이 낯설었지만 지금은 일상적인 기준이 됐다.

마이크 펠릭스가 총괄 책임자가 되고 3년이 지난 2015년 말, AT&T의 '중서부 인터넷 및 엔터테인먼트 현장 서비스' 부문은 유버스 TV^{U-}verse TV 서비스로 3회 연속 JD 파워 어워드^{JD Power Award} 고객 만족도 부문 수상을 코앞에 두게 됐다. 또한 그해에 AT&T의 5개 사업 부문 가운데 최고의 수익성을 올렸다. 뿐만 아니라 경영지표 측면에서도 매달 1위 또는 2위 자리를 지켰다. 만년 꼴찌에서 확고부동한 1위로 올라선 것이다. 마이크의 멘티들은 그를 2015년 '올해의 멀티플라이어' 후보로 추천했으며, 그가 최종 후보 리스트에 오르도록 응원했다.

마이크는 자기 자신뿐만 아니라 조직 문화 전체를 변화시켰다. 어느 날 문득 찾아온 깨달음과 문제 인식에서 출발한 그는 새로운 기업 문화를 구축함으로써 지속적인 영향을 끼쳤다. 공통의 언어와 공통된 관점, 그리고 구성원 모두가 발전하고 계속해서 역량을 높일 방법에 관한 일련의 규범이 정착된 기업 문화였다.

뛰어난 조직을 만들고 싶다면 당신 자신이 깨닫고 변화하는 데서 그치지 마라. 날마다 모든 구성원들 사이에 멀티플라이어 효과를 발생시키는 멀티플라이어 조직 문화를 구축하라.

문화의 힘

그렇다면 멀티플라이어 문화를 만드는 방법은 무엇인가? 멀티플라이어의 관점과 행동 방식을 공유하고, 그것이 뉴 노멀이 되는 환경을 어떻게 만들 것인가? 먼저 문화란 무엇이며 강력한 문화가 어떻게 형성되는지 이해할 필요가 있다. 문화의 전통적인 정의부터 살펴보자. 인류학적 관점에서 보면 문화란 "특정한 사회나 집단, 장소, 시대에서 공유되는 일단의 신념과 관습, 예술 등"이다. 비즈니스 관점에서 보면 문화란 "특정한 공간이나 조직에 존재하는, 생각하고 행동하고 일하는 방식"이다.[5] 강력한 문화는 대개 아래와 같은 특징을 갖는다.

- **공통의 언어**: 견해와 원칙, 가치관을 토대로 이뤄진 공동체 내에서 공통된 의미로 사용하는 단어나 어구[6]
- **학습된 행동**: 외부 자극에 대한 일련의 학습된 반응 방식[7]
- **공통의 신념**: 무언가를 옳다고 받아들이는 기준이 되는 것[8]
- **영웅과 전설**: 존경받거나 이상적 모범으로 여겨지는 특성, 행동, 그리고/또는 업적을 가진 사람과 그들의 영웅적 행위를 담은 이야기[9]
- **의식과 규범**: 개인 또는 집단이 규칙적으로 따르는 일관된 행동 양식[10]

이러한 요소들이 함께 작용해 새로운 행동 방식과 긍정적인 결과를 만들어내는 강력한 문화의 예를 하나 살펴보자. 익명의 모임 '알코올중독자들Alcoholics Anonymous, AA'은 전 세계 170개국 200만 명 이상의 사람들이 참여하는 상호 협조 공동체로서 '알코올중독자들이 술을 끊게 돕고 멤버들끼리도 술을 끊도록 서로 돕는다'라는 목적을 추구한다. AA는 상부 감독 기구가 없고 세계 곳곳에서 모임 활동이 이뤄지는 공동체이지만 AA만의 강력한 문화가 형성돼 있다. 어느 지역의 AA 모임에 참석해도 비슷한 경험을 하게 된다. 이유가 무엇일까?

　AA 회원들은 이 단체 고유의 빅북Big Book, 12단계, 12전통 등을 통해 공통된 언어를 사용한다. 이들은 공통의 신념을 지닌다. 예컨대 자신들이 알코올 앞에서 무력하며 "위대한 힘"의 도움이 필요하다는 것을 인정한다. 회원들은 알코올중독과 싸우기 위해 학습된 행동 방식을 다양하게 실천한다. 그중 하나는 모임에 참석하고 정기적으로 후원자와 대화를 나눔으로써 책임감을 키우는 것이다. AA에서는 회원 누구나 자신의 경험담을 들려주고 공유하면서 영웅이 된다. 경험담을 공유하는 것은 자신과 다른 사람들이 술을 끊는 것에 도움이 되며, 그것은 곧 전설이 된다. AA의 의식으로는 정기 모임 참석하기, 특정한 기도문 외우기, 모임에 처음 나가 자신을 소개할 때 "안녕하세요, 내 이름은 ○○○입니다. 나는 알코올중독자입니다."라고 말하기 등이 있다.

AA에 대한 생각은 사람마다 다를 수 있지만 누구나 인정할 수 있는 것은 이 단체가 강력한 문화를 갖고 있다는 점이다. 문화가 개인의 행동 방식을 변화시킬 때 우리는 그 문화에 강력한 힘이 있다고 말할 수 있다. 그 힘은 개인의 의도를 눌러 이기고, 용인되지 않거나 규범에 맞지 않는 행동을 거부한다. AA에서는 누구라도 회원이 될 수 있지만 금주라는 기본 목표의 실현에 방해가 되는 사람은 모임에 참석할 수 없다. 그리스 철학자 플라톤은 이렇게 말했다. "거의 모든 사람들이 그들을 둘러싼 문화의 목소리에 저항할 수 없다. 일반적으로 그들의 가치관과 신념, 지각 자체가 그들이 속한 문화를 반영하기 마련이다."[11]

문화의 깊은 층까지 들어가라

대부분의 기업과 리더들은 조직에서 낡고 비생산적인 습관을 없애고 성장을 위한 새로운 행동 방식을 도입해야 한다고 생각한다. 그들은 새로운 규범을 확립하기로 결심하고 종종 기조연설을 통해 관리자들에게 새로운 관점과 개념을 소개한다. 그런데 대개 새로운 실천 방안을 일선 업무와 통합할 실제적인 방법은 거의 생각해보지 않는다. 그들은 한 번의 깨달음이 기존 습관과 사고방식으로 돌아가려는 관성을 물리치는 데 필요한 힘과 추진력도 만들어낼 것이라고 가정한다.

새로운 관점을 소개하고 대화를 장려하는 것은 물론 좋은 출발점이지만 그것만으로는 한계가 있다. 이는 마치 환자가 처방된 항생제를 잠깐 복용하다가 전체 치료 과정을 완료하지 않아서 살아남은 박테리아가 변형돼 내성이 생기는 상황과 비슷하다. 새로운 문화를 만들려는 어설픈 시도는 원하는 결과도 내지 못할뿐더러 구성원들 사이에 반발을 일으켜 나중에 다시 무언가를 추진할 때도 저항이 일어날 수 있다.

빠르게 성장하는 한 소프트웨어회사에서 멀티플라이어 개념에 큰 흥미를 느끼고 이를 그들의 성장과 혁신, 인재 유지 전략에 핵심 열쇠로 삼기로 했다. 《멀티플라이어》 책을 필독하고 그 개념을 경영 현장과 신입 사원 교육 프로그램에 도입하라는 지시가 관리자들에게 떨어졌다. 얼마 안 가 근무 공간과 회의실에서 멀티플라이어, 디미니셔, 뜻하지 않은 디미니셔 같은 단어들이 들려왔다. 디미니셔 유형이 눈에 띄기 시작했고, 멀티플라이어가 되려는 관리자들은 더욱 의욕을 느꼈다. 그러나 성장곡선을 오르던 회사가 몇 번의 위기에 부딪히자 많은 관리자들이 다시 예전 스타일로 돌아갔다. 그게 더 나은 방식이어서가 아니라 더 편하고 쉬웠기 때문이다. 회사가 꾸준한 성장세로 다시 돌아서자 그

제야 그들은 멀티플라이어라는 중요한 목표를 잊어버렸다는 사실을 깨달았다. 현재 이 회사는 다시 전열을 가다듬고 진정한 멀티플라이어 문화를 만들고 유지한다는 목표에 에너지를 쏟고 있다. 이번에는 개념을 도입하고 대화를 장려하는 데서 그치지 않고, 멀티플라이어 개념을 교육하고 그것을 실제 업무 현장의 인재 및 성과 관리 방식에 통합할 수 있는 확고한 내부 역량을 키우려고 노력 중이다.

문화를 확립하는 일은 일회성 교육이나 잠깐의 실천으로 되는 것이 아니다. 문화의 여러 층위가 골고루 충족돼야만 한다. 다시 말해 문화의 표면적 요소들(예: 공통된 언어와 행동)에서 시작해 더 깊은 요소들(예: 의식과 규범)까지 이뤄내야 하는 것이다. 아래 그림이 이를 보여준다.

표면적 요소의 사항들을 실천하는 것은 수영장에 발만 담그는 것과 비슷하다. 물의 온도를 느끼면서 수면에서 발을 찰랑대는 것이다. 그리고 조직 구성원들이 물이 더 깊은 곳의 행동 방식에 참여하기 시작하면, 수면에서 얻은 개념들이 더 확실한 신념으로 자리 잡고 새로운 행

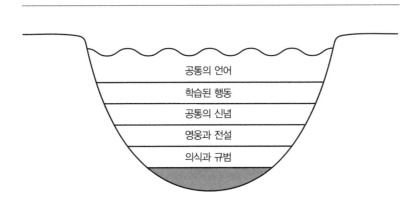

문화의 여러 층

공통의 언어
학습된 행동
공통의 신념
영웅과 전설
의식과 규범

동이 표준적인 것으로 일상화된다. 새로운 아이디어가 새로운 표준으로 자리 잡으면 비로소 지속 가능한 문화가 만들어지는 것이다.

강력한 문화 만들기

새로운 표준을 만들려면 어떻게 해야 하는가? 여기서는 조직 문화의 필수 요소들을 확립하는 데 도움이 될 일련의 실천 사항을 소개한다(아래 표 참조). 공통의 언어 만들기 같은 표면적 요소에서부터, 멀티플라이어 행동을 관리자 평가 및 채용 시스템에 도입하기 같은 좀 더 깊은 수준의 실천 사항까지 충분히 숙지하기 바란다.

각각의 실천 사항에는 해당 접근법을 활용한 기업의 사례가 들어 있다. 이 기업들은 대부분 여러 다양한 실천 사항을 도입하고 있지만, 여기서는 그중 일부만 강조해 소개하는 것임을 밝혀둔다.

멀티플라이어 문화를 만드는 10가지 실천 사항

문화의 요소	멀티플라이어 실천 사항
공통의 언어	1. 책을 읽고 토론한다. 2. 뜻하지 않은 디미니셔에 관해 이야기를 나눈다.
학습된 행동	3. 멀티플라이어 관점을 도입한다. 4. 멀티플라이어 기술을 교육한다. 5. 멀티플라이어 개념을 실제 경영 현장에 도입한다.
공통의 신념	6. 리더십 정신을 성문화한다.
영웅과 전설	7. 멀티플라이어 사례에 스포트라이트를 비춘다. 8. 관리자들의 행동을 평가한다.
의식과 규범	9. 시험적으로 도입해본다. 10. 비즈니스 지표들과 멀티플라이어 행동을 연결한다.

공통의 언어

집단의 구성원들이 공통된 어휘를 사용하면, 명확히 표현하기 힘들거나 눈에 띄지 않았을 행동(바람직한 것과 그렇지 않은 것 모두)에 더 쉽게 이름을 붙일 수 있다. 많은 리더십 모델들이 바람직한 행동을 용어화해 표현하지만, 바람직하지 않은 행동에 대한 논의를 촉발하는 데는 실패한다. 공통된 어휘가 있으면 디미니셔 행동에 대해 꺼내놓고 이야기할 기회가 만들어진다. 디미니셔 행동에 대해서는 목소리를 낮추고 쉬쉬하면서 말하는 경우가 대다수다. 사람들이 리더십에 대해 대화할 수 있는 편안한 분위기를 조성하라. 이론적인 용어를 뛰어넘어 실제 일터 경험과 상호작용 속에서 리더십을 이야기할 수 있어야 한다. 아래의 실천 사항을 이용해 효과적인 행동과 그렇지 않은 행동을 구체적 언어로 표현할 수 있게 도와라.

○ **실천 사항 1: 책을 읽고 토론한다.** 급성장하는 서비스형 소프트웨어 제공업체 뱀부 HR^{Bamboo HR}의 COO(최고 운영 책임자) 라이언 샌더스^{Ryan Sanders}는 직원들에게 《멀티플라이어》 책을 소개했다. 그는 회사의 세 자릿수 성장을 이끄는 과정에서 깨달은 2가지 원칙을 늘 잊지 않았다. 첫째, 성과가 저조한 직원들은 회사의 빠른 성장세 뒤에 쉽게 숨을 수 있다. 둘째, 형편없는 관리자와 리더십 개발 부족이 문제를 악화시킨다. 그는 사내 관리자들의 리더십을 키우기 위해 맨 먼저 임원들에게 《멀티플라이어》를 읽게 했다. 그리고 매주 회의에서 멀티플라이어 리더십의 필요성에 대해 토론하게 했다.

○ **실천 사항 2: 뜻하지 않은 디미니셔에 관해 이야기를 나눈다.** 뱀부 HR의 임원들은 책에 담긴 개념들을 토론했을 뿐만 아니라, '뜻하지 않은 디미니셔 퀴즈'를 풀며 자가 평가를 하고 결과를 서로 비교했다. 그들은 솔직한 대화를 나누면서 서로의 디미니셔 행동을 목격하고 멀티플라이어 행동을 칭찬했다. 많은 기업들이 대화를 시작하는 데서 그치고 말지만, 이 회사의 임원들은 꾸준히 노력한 결과 서로의 디미니셔 행동을 지적하고 그것을 멀티플라이어 행동으로 대체하기 위해 협력하는 편안한 분위기를 만들었다. 모두 함께 새로운 관점을 채택해 조직 문화를 변화시키고 최고 인재 유지율을 높일 수 있었다. 무엇보다도 사내 모든 직급의 구성원이 뜻하지 않은 디미니셔에 관해 대화하는 분위기가 형성됐다.

학습된 행동

우리는 상사나 다른 뛰어난 리더가 중요 프로젝트에 사사건건 간섭하는 것을 목격하면, 그것이 '적절한' 방식이라고 학습하게 돼서 나중에 비슷한 상황과 마주했을 때 그와 똑같이 행동할 가능성이 높다. 그 행동을 자연스럽게 또는 무의식적으로 하게 된다. 일련의 새로운 학습된 행동이 몸에 배려면 아래 그림처럼 '무의식적인 디미니셔'에서 '무의식적인 멀티플라이어'로 변화해야 한다.[12]

일단 지금까지 해오던 부정적인 행동 방식의 나쁜 영향력을 깨달아야 한다. 그런 다음에는 디미니셔 반응이 튀어나오게 만드는 상황이나 요인을 알아챌 수 있어야 한다. 새로운 멀티플라이어 행동 방식을 배운 뒤에는 그것을 실험해보고 성공을 경험해야 한다. 하지만 멀티플라이

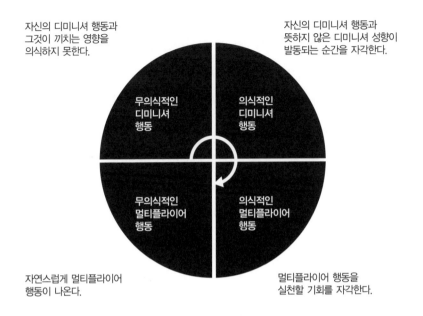

자신의 디미니셔 행동과
그것이 끼치는 영향을
의식하지 못한다.

자신의 디미니셔 행동과
뜻하지 않은 디미니셔 성향이
발동되는 순간을 자각한다.

무의식적인
디미니셔
행동

의식적인
디미니셔
행동

무의식적인
멀티플라이어
행동

의식적인
멀티플라이어
행동

자연스럽게 멀티플라이어
행동이 나온다.

멀티플라이어 행동을
실천할 기회를 자각한다.

어 행동 방식을 쭉 유지하려면 외부 자극이 왔을 때 그런 행동이 습관적으로 또는 무의식적으로 나와야 한다. 아래 실천 사항은 디미니셔 습관을 버리고 멀티플라이어 방식으로 대체할 기회를 발견하는 데 도움이 될 것이다.

○ **실천 사항 3: 멀티플라이어 관점을 도입한다.** 앞서 소개한 마이크 펠릭스는 조직 내에서 특이하고 이례적인 인물이 아니었다. 그의 행동은 AT&T 조직 전체에서 진행된 움직임의 일부였다. 대기업에 몸담은 사람들은 잘 알겠지만 그런 큰 조직에서는 개인이 능력을 제대로 발휘하지 못하는 일이 다반사다. 형식적인 절차, 사내 정치와 부서 이기주의, 직급 체

계에 따른 서열이 그들을 방해한다. 세계 최고의 통합 커뮤니케이션 기업이 되겠다는 목표를 이루기 위해 AT&T는 사내 인재를 더욱 효과적으로 활용하고 신뢰와 투명성의 문화를 정착시킬 방법을 찾아야 했다. 또한 10만 명이 넘는 관리자들이 그 목표에 한마음으로 매진하게 만들 참신하고 효율적인 방법도 필요했다. 먼저 이 기업은 경영진이 솔선수범해 직급에 얽매이지 않는 수평적이고 평등한 문화를 만들려고 노력했다. CEO의 주도하에 AT&T 대학에서는 150명의 최고위 임원을 위한 일련의 세미나를 개최했다. 세미나에서 멀티플라이어 관점과 행동 방식을 소개하고 임원들 사이에 대화를 유도했다. 기업의 풍경이 으레 그렇듯 그들이 부하 직원에게 기대하는 것에 대해 이야기하는 게 아니라, 그들 자신이 뜻하지 않은 디미니셔가 될 수 있는 취약점에 대해 이야기를 나눴다. 멀티플라이어라는 새로운 렌즈를 통해 바라보자 좋은 의도를 가진 리더도 어떻게 부정적 효과를 일으킬 수 있는지, 숨겨진 관점이 어떻게 행동과 결과를 좌우할 수 있는지 인식할 수 있었다.

임원들이 멀티플라이어 행동을 시도하자 다른 직원들도 곧 알아차렸고, 얼핏 사소해 보이는 행동 변화가 커다란 영향력을 끼칠 수 있음을 목격했다. 일례로 파트너 솔루션스Partner Solutions 부문 사장 브룩스 매코클Brooks McCorcle이 '포커 칩 개수 줄이기(부록 E 참조)'를 활용해 대단히 긍정적인 효과를 경험하자 그녀 밑에 있는 관리자들도 따라서 시도하기 시작했다. AT&T 대학은 《멀티플라이어》 책을 상급 관리자 6,700명 전원에게 나눠 주고 멀티플라이어 온라인 세미나를 열었으며, 세계 곳곳에서 약 12만 5,000명의 직원들(AT&T 전체 종업원 수의 약 46퍼센트)이 이 세미나를 시청했다. 온라인 세미나에는 핵심 개념을 관리 일선에서 활용하는 데 도움이 될 48쪽짜리 토론 가이드도 활용했다.

이러한 일련의 노력으로 디미니셔 행동 방식과 디미니셔들을 완전히 뿌리 뽑지는 못했지만, 조직의 전 구성원이 지향하는 목표가 확립됐고, 소극적 마인드를 줄이고 직급에 따른 권위주의를 무너뜨리는 태도가 자리 잡기 시작했다. 관리자들은 부하 직원들에게 질문을 던지고 그들의 말에 귀를 기울였으며, "정답이 하나뿐이라고 생각하지 마시오." "당신은 어떻게 생각하는가?" "당장 통화하면서 이 문제를 얘기해봅시다."라고 말하기 시작했다. 한 임원은 자기 밑에 있는 중간 관리자들에게 회사의 다른 임원들(대개 프로젝트 기획 단계에서는 아이디어가 다른 임원들에게 새어 나가지 않도록 애쓰는 경우가 많다)과의 자유로운 접촉을 허락했다. 중간 관리자들은 상사가 자신을 신뢰한다는 것을 느끼고 더욱 열정적으로 일했다. 얼핏 말도 안 돼 보이는 아이디어도 서슴없이 제안했다. 그 임원은 "수평적이고 협력적인 업무 분위기가 조직을 훨씬 더 빨리 돌아가게 만든다"라고 말했다.

또한 사람들은 의도는 좋지만 디미니셔 효과를 내는 행동을 서로 꺼내놓고 이야기하거나 지적했다. 일례로 누군가가 지나치게 나서며 대화를 지배하려고 하자 다른 동료가 끼어들어 "워워, 카우보이, 속도 좀 늦추게." 하고 가볍게 신호를 보냈다. 그 자리에서 곧장 유머러스하게 메시지가 전달된 덕분에 해당 직원의 디미니셔 성향이 심해지는 일을 막을 수 있었다. 마이크 펠릭스의 조직에서 알 수 있듯이, 관리자들이 디미니셔 행동이 튀어나오는 순간을 인지하고 재빨리 멀티플라이어 방식으로 전환하는 법을 익히면 멀티플라이어 리더십을 표준으로 만들기가 훨씬 용이해진다.

○ **실천 사항 4: 멀티플라이어 기술을 교육한다.** 이스트먼케미컬^{Eastman Chemical}은 원자재 중심 기업에서 특수 화학 기업으로 거듭나기 위해 인재를 개발하고 혁신을 촉진해야 하는 상황에 직면했다. 이를 위해 사내의 경험 많은 임원 코치 마크 헥트^{Mark Hecht}의 지도하에 2일 일정의 집중적인 리더십 워크숍을 여러 차례 진행했다. 워크숍에서 멀티플라이어의 기본 개념을 소개하고 회사의 사업 목표에 도움이 되는 실천 방식을 선별해 교육했다. 아울러 360도 평가를 활용해 관리자들이 스스로 인식하지 못하던 취약점을 자각하고 발전 상황을 모니터링할 수 있게 했다. 일부 관리자들은 한 단계 더 나아가 팀 회의 때 '멀티플라이어 순간'이라는 순서를 마련했고, 디미니셔 행동을 직원 능력을 최대한 이끌어낼 기회로 전환할 중요한 순간들에 관해 서로 이야기했다.

○ **실천 사항 5: 멀티플라이어 개념을 실제 경영 현장에 도입한다.** 멀티플라이어 개념은 인튜이트의 가치관과 매우 잘 맞았지만, 이 기업은 그 개념들이 교육실을 벗어나 관리자가 비즈니스 결정을 내리는 실제 경영 현장으로 들어가는 것이 중요하다고 생각했다. 인튜이트는 단순히 멀티플라이어 기술을 교육하는 것에 그치지 않고 컨설팅회사 BTS가 제공하는 리더십 시뮬레이션을 활용했다. 이 시뮬레이션에서 팀원들은 인튜이트를 모델로 삼은 가상의 사업체를 관리하면서 다양한 전략적 결정을 내려야 하는 상황에 직면했다. 원하는 사업 목표를 달성하는 동시에 사내 인재들의 능력을 배로 끌어낼 방법을 결정해야 했다. 그들은 시뮬레이션 과정에서 멀티플라이어 관점 및 행동 방식을 통해 어려운 문제에 접근하는 방법을 익혔다. 이후 실제 경영 현장에서 유사한 결정을 내려야

했을 때, 그들은 서로 배타적인 선택지들을 제대로 이해하고 멀티플라이어 리더가 될 준비를 충분히 갖춘 상태로 임할 수 있었다.

공통의 신념

강력한 문화에서는 사람들이 무엇이 옳은가에 관한 일련의 신념을 공유하고 세상이 돌아가는 방식에 관한 일련의 가정도 공유한다. 높이 올라가는 유형과 주변으로 밀려나는 유형이 분명하게 정의된다. 즉 어떤 행동을 하면 영웅이 되고 어떤 행동을 하면 조직에서 쫓겨나는지 구성원 모두가 분명히 안다. 멀티플라이어 문화에서는 훌륭한 리더십에 관한 명확한 관점이 정립돼 있다. 그리고 그런 리더십 정신에 부합하게 행동하는 사람이 높은 위치에 올라간다. 신념을 지키는 사람들에게 보상이 돌아갈 때마다 조직의 문화는 한층 강해진다. 디미니셔 행동을 못본 체하고 넘어갈 때마다 조직의 문화는 약해진다. 강력한 문화를 만들려면 리더십에 관한 핵심 신념을 정의하라. 그리고 그 신념을 위반하는 일보다 그것을 지키고 인정하는 일이 더 많아지게 하라.

○ **실천 사항 6: 리더십 정신을 성문화한다.** 2011년 글로벌 스포츠용품 기업 나이키는 효과적이고 지속성 있는 경영 문화를 구축하려는 노력에 박차를 가하고 있었다. 이 회사는 글로벌 성장을 뒷받침하는 데 필요한 리더십을 분석하고 CEO 마크 파커Mark Parker의 지휘하에 '관리자 매니페스토Manager Manifesto'를 만들었다. 이는 나이키의 모든 관리자가 지향할 목표와 탁월함의 기준을 정의한 것이었다. 멀티플라이어 개념을 기본토대로 삼은 이 관리자 매니페스토에서는 회사가 관리자들에게 기대하

는 것을 정의했다. 여기에는 이런 내용이 포함됐다. 사람들의 재능을 확장하는 관리자가 훨씬 더 많은 것을 얻어낸다. 관리자는 팀원들을 이끌고 코칭하고 의욕을 불어넣음으로써 팀의 성과를 배로 높이고 사업 성장을 가속화하는 역할을 한다. 이 관리자 매니페스토는 모든 관리자에게 "당신의 임무는 팀원들 개개인의 잠재력을 남김없이 발휘시키는 것이다"라는 명료한 메시지를 전달했다.

영웅과 전설

바람직한 리더십 가치관을 직접 실천해 보여주는 개인은 강력한 롤 모델이 되어 촉망받는 관리자뿐만 아니라 소극적인 관리자도 앞으로 나아가게 자극할 수 있다. 그런 리더는 조직 내에 전염 효과를 일으키고 전설적인 존재가 되어 조직을 떠난 뒤에도 오래도록 흔적을 남긴다. 멀티플라이어 관점과 실천 방식의 진정한 모범을 보이는 리더가 영웅이 되기도 하지만, 멀티플라이어를 목표로 노력하는 리더 역시 강력한 롤 모델이 될 수 있다. 자신의 디미니셔 성향을 직시하고 개선하려고 최선을 다해 노력하는 리더 말이다.

돈 커닝햄Dawn Cunningham은 3M에서 전설적인 존재가 된 리더다. 고객 통찰 부서의 책임자인 돈은 3M의 리더십 개발 프로그램 중 하나인 '증폭 프로그램Amplify program'에 참가한 이후, 스스로를 뜻하지 않은 디미니셔 성향에서 구해내는 작업을 시작했다. 그녀는 심지어 예전 동료들에게까지 연락해 자신이 과거에 보인 디미니셔 행동을 사과했다. 그녀의 노력은 직원들에게 큰 인상을 남겼고, 나중에는 회사의 고위 임원 100여 명 앞에서 강연까지 했다. 그녀는 용기 있게 스스로를 평가한 내용을 임원들에게 들려주었고, 좋은 의도를 갖고 한 행동이 그들이 절실히 바라는 혁신을 오히려 방해할 수 있다는 점을 생각해보라고 권유했다.

○ **실천 사항 7: 멀티플라이어 사례에 스포트라이트를 비춘다.** 2012년 나이키의 글로벌 디자인 운영 총괄 책임자 케이시 레너가 '올해의 멀티플라이어' 상을 수상했을 때[13] 회사는 그녀에게 최대한 스포트라이트를 비추었다. 나이키는 사내 발표로 이 사실을 알리고 본사에서 시상식을 진행했으며, 이 자리에서 레너의 부하 직원들은 그녀와 함께 일한 경험에 대해 앞다퉈 증언했다. 한 직원은 "그녀가 우리의 능력을 믿어주기 때문에 우리도 우리 자신을 믿을 수 있다"라고 말했다. 그녀에게 찬사를 보내는 순서가 끝난 뒤에는 동료들이 그녀의 리더십을 기리기 위해 특별히 제작한 운동화 한 켤레를 그녀에게 선물했다. 당신의 회사의 누군가가 꼭 상을 수상해야만 하는 것은 아니다. 멀티플라이어 리더십의 모범이 되는 리더에게 스포트라이트를 비추고 박수를 보낼 방법은 얼마든지 있다. 사람들의 역량을 끌어내 발휘시키는 리더를 영웅으로 만들어라.

○ **실천 사항 8: 관리자의 행동을 평가한다.** 기업은 관리자들이 경영 일선에서 멀티플라이어 행동을 얼마나 잘 실천하는지 정기적으로 평가함으로써 멀티플라이어 문화를 강화할 수 있다. "평가할 수 있어야 개선할 수 있다"라는 말도 있지 않은가. 일부 기업에서는 멀티플라이어 360도 평가를 경영 평가 도구로 활용한다. 또 멀티플라이어 행동 방식을 관리자 평가 항목에 집어넣은 기업도 있다. 예를 들어 나이키에서는 멀티플라

이어 원리에 기초한 훌륭한 관리자의 8가지 습관을 기준으로 1년에 한 번씩 직원들이 상사를 평가한다. 오스트레일리아의 광대역 통신망 서비스 제공업체 NBN은 멀티플라이어 행동 방식을 자사의 핵심 리더십 역량에 포함했으며, 180도 평가 도구를 사용해 관리자들을 평가하고 있다. 이 자료는 반기 성과 평가에 반영될 뿐만 아니라 사내 모든 리더의 강점과 취약점을 한눈에 보여주는 시각화 데이터를 작성할 때도 활용된다.

의식과 규범

멀티플라이어 원칙들을 성과 관리, 인재 개발 계획, 재정 인센티브 같은 실제 경영 관행에 적용해야 멀티플라이어 리더십을 정착시킬 수 있다. 실험적으로 시도한 방식이나 심지어 부자연스럽게 느껴지던 것도 조직 문화의 필수적인 일부분이 될 수 있다. 다음 두 실천 사항은 낯선 개념을 일상적인 것으로 정착시키는 데 도움이 된다.

○ **실천 사항 9: 시험적으로 도입해본다.** 세일즈포스에서 제품 개발 전무로 일했던 크리스 프라이Chris Fry는 임원진을 위해 2일간의 멀티플라이어 워크숍을 개최했다. 워크숍이 끝나갈 즈음 크리스는 임원들에게 시험적으로 딱 한 가지만 집중해 실천해보라고 제안하면서 "나는 우리 모두가 1퍼센트만 더 나아지는 것을 목표로 삼았으면 합니다"라고 말했다. 그들은 사내에서 인재들의 자유로운 이동과 성장을 촉진한다는 목표로 '재능 자석' 원칙에 집중하기 시작했다. 그리고 '회사 밖에서 인재를 찾는 것보다 회사 내에서 인재를 이동시키는 편이 더 쉽다'라는 기본

규칙을 세웠다. 그들은 새로운 인재 이동 방침을 마련하고 '기회의 열린 시장'이라고 이름 붙였다. 소프트웨어 개발자들이 분기별 제품 출시를 완료한 뒤에 사내에서 새로운 팀으로 이동할 수 있게 하는 방침이었다. 제품 출시가 완료될 때마다 내부의 다양한 인재들을 홍보하는 일종의 '사내 채용 박람회'가 열렸다. 기존 관리자들이 인재 이동에 반대할 수 없도록 했고, 덕분에 개발자들은 사내에서 근무 위치를 자유롭게 옮길 기회를 얻었다. 이 시험 시스템은 대단히 성공적인 데다 직원과 관리자들 사이에 인기도 높아서 나중에는 회사 전체에 확대 시행됐다.

○ **실천 사항 10: 비즈니스 지표들과 멀티플라이어 행동을 연결한다.** 네덜란드의 컨설팅회사 리더십 네이티브스Leadership Natives의 릭 더 레이크Rick de Rijk는 글로벌 은행 ABN 암로ABN AMRO를 위한 리더십 개발 프로그램을 만들 때, 일련의 역량 증진 및 교육 프로그램을 다루는 것 이상을 했다. 이들은 ABN 암로에서 정의해놓은 새로운 리더십 언어와 멀티플라이어 특성들이 얼마나 관련돼 있는지 비교했다. 그 결과 96퍼센트가 겹치는 것으로 드러났고, 멀티플라이어 개념을 은행이 목표로 하는 리더십 언어를 수립하기 위한 새로운 교육 방식으로 채택했다. 이후 교육 프로그램에서는 참가자들이 멀티플라이어 행동을 그들의 사업 영향력 목표 및 핵심 성과 지표와 연결하는 비즈니스 리더십 계획을 수립했다. 그리고 이 비즈니스 리더십 계획을 기업 전략과 결합해 은행의 핵심 비즈니스 지표들과 그 성과를 촉진할 리더십 행동을 명확하게 연결했다. 이와 같은 시험 프로그램을 시행하고 그 영향력을 측정한 결과 투자 대비 수익률이 163퍼센트였다.[14]

앞에서 소개한 실천 사항들은 완벽한 목록도, 예외 없이 모든 조직에 적용할 수 있는 규칙도 아니다. 일련의 관점과 행동을 조직에 불어넣기 위해 의식적인 노력을 기울이는 방법의 사례들이다. 이 같은 관점과 행동이 조직 문화에 차츰 스며들면 똑똑한 조직을 위한 강력한 토대를 닦을 수 있다. 단순히 똑똑한 사람들의 집합체가 아니라 진정한 집단 지성을 갖춘 조직 말이다.

성공을 위한 추진력을 만들어내라

흔히들 변화, 특히 조직 문화의 변화는 위에서부터 시작돼야 한다고 믿는다. 최고 경영진의 주도로 이뤄져야 한다고 말이다. 물론 상부에서 시작해 새로운 문화 규범이 차츰 아래쪽으로 퍼지는 것도 좋은 방법이지만(AT&T의 경우처럼) 그것이 유일한 전략일 필요는 없다. 우리 연구 팀이 관찰한 바로는 조직 문화의 변화에 성공한 기업들은 대개 그 변화의 시작점이 중간층이었다. 그 이유는 이렇다. 중간 관리자들이 멀티플라이어 관점과 행동 방식을 채택해 시도하기 시작하면 그 이례적인 움직임은 변화(긍정적이든 부정적이든)를 예민하게 감지하는 고위 관리자들과 아래 직원들의 시선을 끌어당긴다. 그리고 고위 관리자들은 새로운 방식이 낳는 긍정적인 성과를 알아채면 신속하게 그 방식을 지원하기 마련이고, 이후 조직 전체에 퍼뜨리게 된다. 다시 말해, 대부분의 경영진은 모종의 행진을 알아채고 그 행진의 선두에 서는 일을 매우 잘한다. (여담이지만, 이것은 어떤 리더십 역량 모델에도 나와 있지 않은 리더십 기술 중에 하나다.)

당신의 사내 입지나 영향력 측면에서 볼 때 조직 전체 차원에서 추진할 만한 상황이 되지 않는다면 먼저 유망한 중간 관리자들과 함께 시험적으로 시도하라. 그들이 거두는 성과에 스포트라이트를 비추고 새로운 행동 방식을 동료들에게 퍼뜨리게 하라. 긍정적 성과를 경영진에게 알리고, 그 작은 행진을 커다란 움직임으로 바꾸는 일에 당신이 적극적으로 힘을 보태라.

시작점을 선택하는 것도 중요하지만 그보다 훨씬 더 중요한 것은 일단 만들어낸 추진력을 계속 유지하는 일이다. 안타깝게도 대부분의 새로운 계획은(기업의 변화든, 개인적 삶의 변화든) 처음엔 거창하게 시작했다가 다음 페이지의 '전진 실패 사이클' 그래프와 같이 흐지부지되는 경우가 태반이다.[15] 처음에 작은 것부터 시작해 꾸준하게 연이은 성공 경험을 쌓아야 한다. 역시 다음 페이지의 '성공 사이클' 그래프에서 보듯, 성공을 한 번 경험할 때마다 다음 단계로 나아가는 에너지가 생긴다. 이러한 일련의 성공은 최종적인 성공에 필요한 에너지와 집단 의지력을 만들어낸다. 이 사이클이 계속되면 새로 도입한 신념이 조직에 점차 굳게 자리 잡고 과거의 낡은 생존 전략이 단지 생존만이 아니라 번영까지 가능케 하는 새로운 전략으로 대체된다.

마지막으로, 추진력을 만들어내고 유지하기 위해 집단의 힘에 의지하는 것도 좋은 방법이다. 특히 도중에 차질이나 실패를 경험할 때 도움이 된다. 뜻을 함께하는 리더들이 뭉치면 새로운 방식을 실험하고 조직 문화의 전설이 될 성공 사례를 배양하기가 훨씬 용이해진다. 또한 주위 사람들에게 긍정적인 압력을 줌으로써 추진력을 유지할 수 있다. 멀티플라이어 30일 도전 사례들 중에 가장 큰 효과를 거둔 것은 동료들

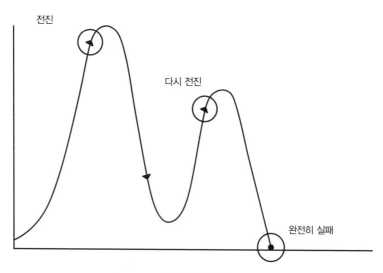

전진 실패 사이클

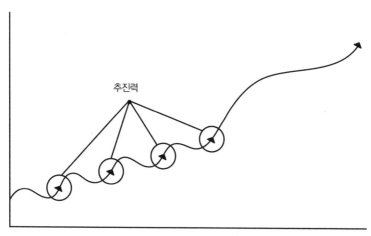

성공 사이클

과 함께 실천한 경우, 또는 자문관 겸 책임 포인트의 역할을 해줄 파트너가 있는 경우였다.

처음부터 거창하게 시작할 필요는 없다. 이 책을 읽고 변화의 도전을 기꺼이 함께할 동료 2~3명과 시작하라. 그리고 온라인 학습 커뮤니티를 만들어보라. 또는 멀티플라이어가 되기를 꿈꾸는 세계의 다양한 리더들로 구성된 모임을 찾아 참여하는 것도 좋다. 사람들과 함께 하면 당신 혼자서 모든 답을 알아내지 않아도 된다. 그들의 두뇌와 지혜가 당신에게 방향을 안내하는 길잡이가 돼 줄 수 있다.

멀티플라이어 효과를 기억하라

나와 동료들은 멀티플라이어 개념을 교육할 때 사람들에게 종종 "이런 개념과 관점이 중요하다고 느껴집니까?"라고 물어본다. 멀티플라이어 리더십이 당신이나 당신의 조직에, 더 넓게는 이 세상에 어째서 중요한가? 하나씩 생각해보자.

첫째, 멀티플라이어 리더십이 당신에게 중요한 이유는 사람들에게서 더 많이 얻어낼 수 있기 때문이다. 본래 높은 성과를 내는 직원도 멀티플라이어 상사 밑에서는 디미니셔 밑에서보다 능력을 2배나 더 발휘한다는 사실이 나의 연구에서 일관되게 관찰됐다. 그들은 조금 더가 아니라 '훨씬 더' 많이 역량을 발휘한다. 자발적인 노력과 정신적 에너지를 남김없이 쏟는다. 자신에게 있는 줄도 몰랐던 지적 능력과 잠재력을 끌어내 이용한다. 더 명석하게 사고하고, 더 철저하게 이해하며, 더 빠르게 배운다. 그 과정에서 더 똑똑하고 유능한 인재로 발전한다.

팀원들은 당신에게 더 많은 성과를 주고, 그들 자신도 만족스러운 경험을 얻는다. 멀티플라이어 밑에서 일한 사람들이 들려준 경험담을 한마디로 요약하면 "지치지만 신난다"였다. 한 여성은 이렇게 말했다. "진이 빠질 만큼 힘들었다. 하지만 언제든 또 하라면 할 수 있었다. 번아웃이 되는 게 아니라 오히려 에너지가 충전되는 경험이다." 당신이 멀티플라이어가 되면 사람들이 당신 곁으로 모여든다. '함께 일하고 싶은 상사'가 되기 때문이다. 당신은 재능 자석이 되어 인재를 끌어당기고 키우는 동시에 조직에도 커다란 이익을 안겨주게 된다.

둘째, 멀티플라이어 리더십은 당신이 속한 조직에도 중요하다. 오늘날 많은 조직이 새로운 도전 과제와 불충분한 자원이라는 이중고에 직면해 있다. 수년간 가파른 성장곡선을 그리며 성장한 어느 스타트업의 사례에 당신도 공감이 갈 것이다. 이 회사는 '문제가 있는 곳에 즉각 인력을 보낸다'라는 전략으로 운영돼왔다. 하지만 성장에 제동이 걸려 하향세로 돌아서면서 인력 추가 없이 시장 경쟁자들을 앞서야 했고, 이제는 자원 할당 방법 못지않게 자원 활용 방법도 전략적으로 중요해졌다. 〈포춘〉 '500대 기업'에 속하는 어느 회사의 리더는 자사의 한 사업 부문에서 직원들의 3분의 1이 능력을 20퍼센트도 채 발휘하지 못한다는 얘기를 최근 우리에게 들려주었다. 멀티플라이어들이 포진한 조직은 구성원들의 능력을 2배 이상으로 끌어올릴 수 있다.

이것이 그 어느 때보다 지금 멀티플라이어 리더십이 필요한 이유다. 시장이 침체되고 자원이 부족한 오늘날 관리자들은 기존 자원에서 더 많은 역량과 생산성을 얻을 방안을 찾는다. 기업과 조직들은 해결할 문제가 늘어나면 더 많은 자원을 투입해야 한다는 덧셈의 논리가 아니라 기존 자원에서 더 많은 역량을 끌어내는 곱셈의 논리로 움직일 관리자가 절실히 필요하다. 자원을 지렛대처럼 활용하는 것은 시의적절한 접근법인 동시에 시대를 뛰어넘어 유의미한 접근법이다.

시대를 뛰어넘어 유의미한 것은 풍요와 성장의 시기에도 성장에 따른 요구를 뒷받침하려면 구성원 능력을 배로 끌어내 조직의 역량을 높일 리더들이 필요하기 때문이다. 불황기든 활황기든 멀티플라이어 리더십은 조직에 똑같이 필요하다.

셋째, 멀티플라이어 리더십은 이 세상에도 중요하다. 알베르트 아인슈타인Albert Einstein은 이렇게 말했다고 한다. "현재 당면한 중대한 문제들은 그것들이 발생했을 때와 똑같은 사고 수준으로는 해결할 수 없다." 만일 우리가 현재의 지적 능력의 2배를 발휘해 사회의 고질적인 문제들을 해결하는 데 사용한다면 어떨까? 이 세상에서 미처 활용되지 못한 채 잠자고 있는 능력들을 이끌어낸다면 어떤 해법이 만들어질까? 우리에게는 사회의 가장 복잡하고 중요한 문제를 해결하기 위해 사람들의 지성을 끌어내 활용할 수 있는 리더들이 필요하다. 조직 상부에 있는 천재들만으로는 안 된다. 천재를 만드는 사람이 필요하다.

천재가 될 것인가, 천재를 만드는 사람이 될 것인가?

필리프 프티가 417미터 높이의 뉴욕 세계무역센터 쌍둥이 빌딩 사이에 외줄을 설치했을 때, 그에게는 아직 마음을 바꿀 기회가 있었다. 출발하기 직전 한 발은 건물 끝에, 다른 발은 외줄에 올려놓고 있던 시점은 그에게 가장 중요한 순간이었다. 허공에 매달린 줄은 빌딩 사이의 기류 때문에 위아래로 흔들렸다. 그는 아직 건물 쪽의 다리에 무게중심을 싣고 있었다. 까마득한 아래쪽을 내려다보며 건물 꼭대기에 서 있던 결정적 순간을 그는 이렇게 회상했다. "나는 건물을 딛고 있는 발에서 외줄 위의 발로 무게중심을 옮기기로 결심해야 했다. 저항할 수 없는 어떤 목소리가 나를 줄 위로 이끌었다." 그는 드디어 무게중심을 옮기고 줄 위로 첫발을 디뎠다.

이 책의 결론에 다다른 지금, 당신도 프티와 비슷한 심정일지 모른다. 당신의 한 발은 현재 상태라는 빌딩 위에, 다른 한 발은 변화라는 외줄 위에 올려져 있다. 당신은 줄에서 발을 떼고 다시 뒤로 돌아가 과거의 방식을 계속할 수도 있다. 아니면 무게중심을 줄로 옮겨 멀티플라이어가 되는 여정을 시작할 수도 있다. 관성은 사람들을 건물에 남아 있게 할 것이다. 그것이 더 편하고 안전하다. 그러나 많은 이들은 자신을 외줄 쪽으로, 주변에 보다 긍정적인 영향을 끼치는 리더가 되는 쪽으로 이끄는 힘을 느낄 것이다.

우리는 멀티플라이어 리더가 되느냐 마느냐 하는 선택을 날마다, 어쩌면 매 순간 마주해야 한다. 당신은 어떤 선택을 할 것인가? 그 선택은 주변 사람들에게 어떤 영향을 끼칠까? 당신의 선택이 당신의 팀이나 당신의 직접적 영향권에 있는 사람들뿐만 아니라 앞으로 올 세대에게도 영향을 끼칠까? 뜻하지 않은 디미니셔에서 멀티플라이어로 변화한 리더 단 한 명이라도 난제가 산적해 있고 인재들의 능력이 미처 다 발휘되지 못한 이 세상에 큰 영향을 끼칠 수 있다.

디미니셔 관점은 한 조직 전체의 성장을 가로막을 수 있다. 멀티플라이어가 되려고 마음먹은 리더 한 명이 주변에 멀티플라이어 개념을 전파한다면 어떤 일이 벌어질까? 현재 구성원 역량의 50퍼센트만 사용하는 조직이 100퍼센트를 사용하게 된다면? 뜻하지 않은 디미니셔가 멀티플라이어로 변화하면 아서왕 전설에 나오는 갤러해드 경처럼 "열 사람의 힘"을 갖게 된다. 멀티플라이어는 지적 능력을 발휘시키는 열쇠이기 때문이다. 단 한 명의 멀티플라이어도 중요하다.

실패하는 학교들을 이끄는 교육 종사자들의 머릿속에도 디미니셔 관점이 깔려 있다. 교장이 멀티플라이어 리더십을 배우고 교사와 학부모, 학생들에게 학교의 성공에 대한 보다 큰 주인 의식과 책임감을 넘겨준다면 어떻게 될까? 학생들과 교사들이 다 함께 새로운 관점을 배우고 실천한다면? 부모들이 가정에서 멀티플라이어가 된다면 그 가족은 어떻게 달라질까?

많은 정부 기관의 기능이 심각한 수준으로 약해지고 있으며, 심지어 붕괴 단계에 이른 곳도 있다. 공직의 리더들이 도전의 씨앗을 뿌리고 지역사회의 역량을 끌어내 해답을 찾는다면 어떨까? 치열한 토론을 통해, 그리고 지역사회의 능력을 남김없이 끌어냄으로써 가장 골치 아픈 문제들의 해결책을 발견할 수 있을까? 디미니셔 리더가 사라지고, 광범위한 규모로 지적 능력을 불러일으키는 진정한 멀티플라이어가 그 자리를 메울 수 있을까?

나는 많은 조직과 학교, 심지어 가정에서 목격되는 디미니셔 문화가 불가피한 것이라고 생각하지 않는다. 궁극적으로 디미니셔 문화는 지속 가능성이 없다. 디미니셔 문화는 잘못된 가정에 근거하고 있기 때문에 사람들이 일하고 번영하는 방식에 대한 진실과 배치된다. 역사 속의 여러 제국처럼 그것도 결국 붕괴하게 돼 있다. 격변의 시대에는 보유한 인재들의 역량을 최대한 끌어내고 멀티플라이어 관점에서 사고하는 조직만이 살아남을 것이다.

어떤 리더가 되느냐 하는 선택은 당신의 조직과 팀원들에게만 중요한 것이 아니라 당신 자신에게도 중요하다. 그것은 당신 스스로에 대한 관점에 영향을 끼치고 당신이 남길 유산을 좌우할 것이다. 당신은 어떤 리더로 기억되고 싶은가? 그릇이 큰 대범한 리더? 주변 사람들을 성장시키는 리더? 타인의 성장을 돕는 멀티플라이어라고 해서 그 자신이 작아져야 할 필요는 없다. 또 사람들의 발전을 촉진하려면 그들이 크게 행동하고 큰 역할을 할 수 있게 도와야 한다. 사람들의 역량을 남김없이 끌어내면 그 과정에서 당신 안에 숨어 있던 능력도 최대치로 발휘돼 빛나게 된다.

책의 서두에서 록 밴드 U2의 리드 보컬이자 사회 활동가인 보노가 두 정치인에 관해 언급한 말을 소개했다. "영국 총리 윌리엄 이워트 글래드스턴을 만난 사람은 그가 세상에서 가장 똑똑하다는 인상을 받았지만, 그의 라이벌 벤저민 디즈레일리를 만난 사람은 자신이 세상에서 가장 똑똑하다고 느꼈다고 한다." 이것이야말로 멀티플라이어의 힘과 본질을 한마디로 보여주는 말이다.

지금 당신은 한 발은 건물 끝에, 다른 발은 외줄 위에 올려놓은 채 무게중심을 옮겨 첫걸음을 내디딜지 고민하고 있는가? 그것은 너무나도 중요한 선택이다. 당신은 어느 쪽이 될 것인가? 천재인가, 천재를 만드는 사람인가?

멀티플라이어 되기

여정의 출발

1. 공감

2. 디미니셔 성향에 대한 깨달음

3. 멀티플라이어가 되겠다는 결심

가속 전략

1. 올바른 관점에서 시작한다.

2. 양극단에 집중한다(약점을 완화하고 강점을 더 강화한다).

3. 멀티플라이어 실험을 진행한다.

4. 실패와 좌절을 각오한다.

5. 주변 사람에게 묻는다.

문화의 요소들

- **공통의 언어:** 견해와 원칙, 가치관을 토대로 이뤄진 공동체 내에서 공통된 의미로 사용하는 단어나 어구

- **학습된 행동:** 외부 자극에 대한 일련의 학습된 반응 방식

- **공통의 신념:** 무언가를 옳다고 받아들이는 기준이 되는 것

- **영웅과 전설:** 존경받거나 이상적 모범으로 여겨지는 특성, 행동, 그리고/또는 업적을 가진 사람과 그들의 영웅적 행위를 담은 이야기

- **의식과 규범:** 개인 또는 집단이 규칙적으로 따르는 일관된 행동 양식

멀티플라이어 문화 만들기

문화적 요소	멀티플라이어 실천 사항
공통의 언어	1. 책을 읽고 토론한다.
	2. 뜻하지 않은 디미니셔에 관해 이야기를 나눈다.
학습된 행동	3. 멀티플라이어 관점을 도입한다.
	4. 멀티플라이어 기술을 교육한다.
	5. 멀티플라이어 개념을 실제 경영 현장에 도입한다.
공통의 신념	6. 리더십 정신을 성문화한다.
영웅과 전설	7. 멀티플라이어 사례에 스포트라이트를 비춘다.
	8. 관리자의 행동을 평가한다.
의식과 규범	9. 시험적으로 도입해본다.
	10. 비즈니스 지표들과 멀티플라이어 행동을 연결한다.

이 책은 한두 명이 아니라 수많은 사람이 함께 완성한 결과물이다. 작업을 하는 동안 너무 많은 이들에게 빚을 졌다. 값진 의견과 조언으로 책에 기여해준 모든 분께 감사드리고 싶다.

가장 먼저 감사를 전할 그룹은 자칫 그 기여를 간과할 수 있지만 가장 중요한 이들이다. 우리와의 인터뷰에서 멀티플라이어나 디미니셔와 일한 경험을 솔직하게 들려준 사람들, 디미니셔 상사에 대응한 경험과 방법을 들려준 사람들에게 감사드린다. 증인 보호 차원에서 그들의 이름을 밝힐 수는 없지만 어떤 사례가 자기 이야기인지 그들 자신은 잘 알 것이다. 이 책은 그들이 기꺼이 들려준 이야기 덕분에 완성이 가능했다. 물론 인터뷰와 연구를 허락해주고 경험담을 들려준 멀티플라이어들에게도 감사를 전한다. 부록 C에 그들의 이름이 실려 있다. 이 리더들, 그리고 책에 담지 못한 다른 훌륭한 리더들은 언제나 내게 깊은 영감을 주었다. 그들의 리더십이 수많은 다른 리더들에게도 영감을 주었으면 하는 바람이다.

미완성 원고를 검토하고 조언해준 이들 덕분에 책 내용이 더 충실해질 수 있었다. 그들의 조언 덕택에 방향을 올바로 잡고 순조롭게 진행할 수 있었다. 초판 출간에 큰 기여를 해준 이들은 다음과 같다. 이벳 앨런Evette Allen, 섀넌 콜쿤Shannon Colquhoun, 샐리 크로포드Sally Crawford, 마지 더피Margie Duffy, 피터 포텐보Peter Fortenbaugh, 홀리 굿리프Holly Goodliffe, 세바스천 거닝햄Sebastian Gunningham, 라누 굽타Ranu Gupta, 존 홀John Hall, 커스틴 한센Kirsten Hansen, 제이드 코일Jade Koyle, 맷 매컬리Matt Macauley, 스튜 매클레넌Stu Maclennan, 저스틴 맥커운Justin McKeown, 수 넬슨Sue Nelson, 토드 팔레타Todd Paletta, 벤 퍼터먼Ben Putterman, 고든 러도Gordon Rudow, 스테판 샤퍼Stefan Schaffer, 리사 쉬블리Lisa Shiveley, 스탠 슬랩Stan Slap, 힐러리 소모자이Hilary Somorjai, 존 소모자이John Somorjai, 프론다 스트링저 와이즈먼Fronda Stringer Wiseman, 일라나 탄도스키Ilana Tandowsky, 거리언 타이Guryan Tighe, 마이크 손베리Mike Thornberry, 제이크 화이트Jake White, 앨런 윌킨스Alan Wilkins, 베스 윌킨스Beth Wilkins, 존 와이즈먼John Wiseman, 브리턴 워든Britton Worthen, 브루스와 팸 워든Bruce and Pam Worthen. 이번 개정증보판에서는 다음 이들에게 감사드린다. 엘런 고버노프Ellen Gorbunoff, 데보라 킵Deborah Keep, 더스틴 루이스Dustin Lewis, 롭 메인스Rob Maynes, 유니스 니콜스Eunice Nichols, 라이언 니콜스Ryan Nichols, 벤 퍼터먼Ben Putterman, 앤드루 빌헬름스Andrew Wilhelms.

검토자 역할을 훨씬 뛰어넘어 도움을 준 몇몇 이들에게 특별히 깊은 감사를 표한다. 이들은 새로운 아이디어와 흥미로운 사례를 제공하고 일부 원고 내용도 수정해주었으며 내게 든든한 응원군 역할도 해주었다. 이 책을 범죄 현장에 비유한다면 여기에는 그들의 지문만 찍힌 것이 아니라 곳곳에 그들의 유전자가 남아 있는 셈이다. 그들의 이름은 다음과 같다. 제시 앤더슨Jesse Anderson, 하이디 브랜도Heidi Brandow, 에이미 헤이스 스텔혼Amy Hayes Stellhorn, 마이크 램버트Mike Lambert, 맷 로보Matt

Lobaugh, 그렉 팔Greg Pal, 가디 샤미아Gadi Shamia, 크리스틴 웨스너린드Kristine Westerlind. 개정증보판 작업에서 진정한 멀티플라이어의 면모를 보여주며 통찰력과 사례, 검토 의견을 제공해준 이들은 다음과 같다. 하이디 브랜도, 릭 더 레이크Rick de Rijk, 롭 더랑어Rob DeLange, 제니퍼 드라이어Jennifer Dryer, 엘리스 포스터Elise Foster, 알리사 갤러거, 존 하벌리Jon Haverley, 헤이즐 잭슨Hazel Jackson, 메건 램버트Megan Lambert, 제프리 옹Jeffrey Ong. 아울러 나의 어머니이자 내 요청에 언제든 응해주는 편집자인 로이스 앨런Lois Allen에게 특별히 감사드린다. 초판과 개정증보판 모두에서 그녀는 고등학교 숙제를 검사하듯 원고를 꼼꼼하게 검토하고 많은 오류를 바로잡아주었다. 어머니, 당신은 늘 나를 더 나은 사람으로 만들어주십니다.

다음 이들은 우리가 진행한 수많은 설문 조사의 데이터 분석을 도와주었다. 브리검영대학교의 재러드 윌슨Jared Wilson과 짐 모텐슨Jim Mortensen, 부스 컴퍼니Booth Company의 크리스털 휴스Crystal Hughes와 데렉 머피Derek Murphy, 조시 쉬츠Josh Sheets, 그리고 자신의 타고난 재능을 아끼지 않고 발휘해준 명석한 엔지니어 채드 포스터Chad Foster. 그래픽 작업과 관련해서는 빅모노클Big Monocle의 뛰어난 팀과 앤서니 갬벌Anthony Gambol에게 감사드린다.

경험이 풍부하고 팀워크에 뛰어난 하퍼콜린스HarperCollins출판사 담당자들을 만난 것은 내게 큰 행운이었다. 많은 저자들이 책을 준비하면서 녹초가 되지만, 나는 이들 덕분에 오히려 에너지를 얻었다. 이 모두가 통찰력 있는 편집자 홀리스 하임바우크Hollis Heimbouch 덕택이다. 홀리스, 당신의 빠른 판단력과 조언에, 그리고 당신의 일에서 멀티플라이어의 모습을 몸소 보여준 것에 감사합니다. 그리고 매튜 인먼Matthew Inman과 스테파니 히치콕Stephanie Hitchcock, 하퍼콜린스의 팀원들이 책에 기울여준 노고에도 감사드린다. 우리와 흔쾌히 계약해준 더프리 밀러^{Dupree Miller}의 내 담당 에이전트 섀넌 마븐^{Shannon Marven}의 인내와 노고도 책이 무사히 출간되는 데 소중한 역할을 했다.

책의 출간 작업을 뛰어넘어 훨씬 커다란 역할을 해준 고마운 이들을 언급하지 않을 수 없다. 여러 위대한 멘토들이 그들의 안목을 빌려주어 내가 그들의 탁월한 시각으로 세상을 볼 수 있게 해주었다. 나의 관점 형성과 이 책에 크나큰 영향을 끼친 몇 사람을 소개한다. 위대한 경영 사상가 고^故 C. K. 프라할라드는 조직 곳곳에 숨은 지적 역량을 끌어내는 일의 중요성과 조직 전체의 목적의식을 형성하는 방법을 내게 가르쳐주었다. 그는 내가 멀티플라이어의 핵심 관점을 밝혀내도록 도와주었고 여러 면에서 책의 집필 방향을 잡아주었다. 나는 그의 제자라는 사실이 늘 자랑스러웠으며, 지금도 그가 남긴 유산을 소중히 여기며 그의 연구를 이어가는 사람들 중의 하나라는 점이 자랑스럽다. 교수이자 평화 중재자인 J. 보노 리치^{J. Bonnor Ritchie}는 언제나 끝없는 지적 호기심을 나에게(그리고 그가 가르치는 학생들에게도) 전염시켰으며, 문제의 애매모호한 부분을 피해가지 않는 자세를 가르쳐주었다. 탁월한 비즈니스 리더인 레이 레인은 내게 리더가 되는 법을 가르쳐주었으며, 그 자신이 나와 많은 이들에게 멀티플라이어였다. 작가이자 훌륭한 교사인 케리 패터슨은 나의 시야를 높여주었고, 비단 기업 관리자뿐만이 아니라 전 세계의 모든 리더를 위해 내가 이 책을 쓰도록 격려해주었다. 내가 호되게 매를 맞는 기분이 들 만큼 엄한 코치가 되어 나를 뒤에서 힘껏 밀어준 케리에게 감사한다.

초판의 공저자이자 연구 파트너인 그렉 맥커운에게 깊은 고마움을 전한다. 정확성을 집요하게 추구하는 그의 성격과 높은 포부, 자신이 하는 모든 일에서 진실을 추구하는 그의 태도가 이 책을 더 훌륭한 결과물로 만들었다. 그는 기나긴 연구 여정에서 없어서는 안 될 파트너였다. 더 와이즈먼 그룹의 뛰어난 팀이 없었다면 이 개정증보판은 나오지 못했을 것이다. 특히 카리나 빌헬름스Karina Wilhelms는 프로젝트 팀장이자 편집자, 나의 생각 파트너로서 개정증보판 작업의 모든 과정에 도움을 주었다. 치열하게 깊이 생각하고 신속하게 움직이면서도 차분함을 잃지 않는 그녀는 날마다 나의 정신을 일으켜 세운다. 또한 알리사 갤러거는 자료 조사를 담당하고 멀티플라이어 실험들의 주요 업데이트 정보를 취합해주었다. 숀 밴더호벤Shawn Vanderhoven은 9장 내용에 비판적 조언을 해주었고 삽화 및 그래픽 작업에서 출중한 능력을 발휘했다. 주디 정Judy Jung은 인터뷰 과정 전체를 관리해주었으며, 내가 늘 가르침과 공부를 병행할 수 있도록 해주는 중요한 직원이다. 하이디 브랜도Heidi Brandow는 소중한 의견과 아이디어를 주었을 뿐만 아니라 지난 5년간 멀티플라이어가 되는 법을 조직 관리자들에게 교육하는 방법을 전 세계에 전파하는 일에 힘을 쏟아왔다. 그녀만큼 이 일을 탁월하게, 그리고 열정적으로 해낼 수 있는 사람은 없다. 내게 도전 의식을 불어넣어주고 일에서 행복을 맛보게 해준 이들 모두에게 감사한다.

처음부터 이 프로젝트에 믿음을 보여주고, 든든한 보디가드처럼 내 작업 공간을 지켜주고, 날마다 내가 천재가 된 기분을 느끼게 해준 남편 래리에게 깊은 고마움을 전한다.

귀한 시간과 에너지를 아낌없이 쏟아준 이 모든 이들에게 다시 한번 감사한다. 이 책이 그들의 노고를 헛되게 하지 않는 결과물이기를 바란다.

부록

연구 과정

디미니셔와 멀티플라이어의 차이점을 밝히기 위해 수행한 연구의 과정을 상세히 소개하겠다. 1) 연구의 기초 작업 2) 연구 방법 3) 멀티플라이어 모델 개발 4) 디미니셔에 대응하는 방법 연구의 4단계로 나누어 설명하겠다.

1단계: 연구의 기초 작업

- **연구 팀.** 그렉과 내가 연구 팀의 주요 멤버였으며 C. K. 프라할라드가 비공식 고문으로서 중요한 역할을 했다. 연구에 도움을 준 이들이 많았지만 핵심 멤버는 아래와 같다.

  리즈 와이즈먼: 브리검영대학교 매리엇 경영대학원 조직행동학 석사
  그렉 맥커운: 스탠퍼드 경영대학원 경영학 석사
  C. K. 프라할라드: 미시간대학교 로스경영대학원 폴 앤드 루스 매크래켄 석좌교수, 기업 전략 전문가

- **핵심 질문.** 우리는 반복 프로세스를 통해 연구의 핵심 질문을 "지적 능력을 줄이는 디미니셔와 지적 능력을 배가하는 멀티플라이어의 결정적 차이점은 무엇이며, 그들은 조직에 어떤 영향을 끼치는가?"로 최종 압축했다(두 부분

으로 구성됨). 이 질문에는 본질적으로 대립 요소가 들어 있다. 우리는 멀티플라이어만을 연구하는 것으로는 충분하지 않다고 생각했다. 짐 콜린스Jim Collins가 말했듯이, 올림픽 경기에서 금메달리스트만 연구하면 그들에게 감독이 있어서 승리했다는 잘못된 결론에 이를 수 있다. 승리한 선수와 패배한 선수를 비교해보면 그들 모두에게 감독이 있다는 것을 알 수 있다. 감독은 승리를 좌우하는 핵심 요인이 될 수 없다.[1] 우리는 디미니셔와 멀티플라이어를 가르는 핵심 요인을 찾고 싶었다.

- **핵심 용어 정의.** 위 질문의 답을 찾기 위해 먼저 3가지 핵심 용어(디미니셔, 멀티플라이어, 지적 능력)를 다음과 같이 정의했다.

  디미니셔: 부서 간 장벽에 갇혀 일하고, 임무 완수에 어려움을 겪고, 똑똑한 인력을 보유하고 있음에도 목표 달성에 제대로 활용하지 못하는 조직이나 경영 팀을 만드는 리더

  멀티플라이어: 어려운 문제를 이해하고 신속하게 해결하며, 목표를 달성하고, 시간이 흐르면서 역량이 높아지는 조직이나 경영 팀을 만드는 리더

  지적 능력: 우리는 자료 검토 과정에서 지적 능력에 대한 70개 이상의 정의를 제시한 논문도 발견했다.[2] 1994년 52명의 전문가들이 참여한 논문이 우리의 연구에 중요한 역할을 했다. 그들이 동의한 지적 능력의 정의는 다음과 같다. "지적 능력이란 추론하고, 계획하고, 문제를 해결하고, 추상적으로 사고하고, 복잡한 개념을 이해하고, 빠르게 배우고, 경험을 통해 학습할 줄 아는 능력이다. 그것은 좁은 능력이 아니라 주변 상황을 이해하는 넓고 깊은 능력이다. 문제를 '이해하고' 상황을 '파악하며' 해야 할 일을 '알아내는' 능력이다."[3] 여기에 더해 우리는 새로운 환경에 적응하고 새로운 기술을 습득하며 어려운 과제를 완수하는 능력도 포함했다.

- **기업 선택.** 소프트웨어 기업 오라클에서 디미니셔/멀티플라이어 현상을 처

음 목격한 이후, 우리는 기술업계의 다른 회사들로 연구 범위를 넓혔다. 그 회사들은 다음과 같다.

업종	기업명
생명공학	아피메트릭스
온라인 소매업	아마존
소비자 전자 제품	애플
네트워킹 및 커뮤니케이션	시스코
인터넷 검색	구글
마이크로프로세서	인텔
컴퓨터 소프트웨어	마이크로소프트
기업용 소프트웨어 애플리케이션	SAP

2단계: 연구 방법

- **추천자들.** 우리가 직접 디미니셔와 멀티플라이어를 찾는 대신에 그들을 추천해줄 사람들을 찾았다. 추천자들을 선정할 때 2가지 기준을 적용했다. 첫째, 자기 영역에서 성공적으로 자리를 잡은 전문가여야 했다. 본받을 만한 긍정적인 경력을 갖고 있어야 했다. 우리는 사심이나 불만을 품은 사람들을 인터뷰하면 연구 결과가 왜곡될 수 있다고 생각했다. 둘째, 관리자 직급에서 일한 경험이 대략 10년이 돼야 했다. 리더의 어려움을 직접 경험해본 이들의 현실적인 시각이 필요했기 때문이다. 또한 위 기업들에서 일하는 추천자들은 완전히 다른 기업이나 업종에서 만났던 멀티플라이어와 디미니셔의 이야기도 들려주었다.

- **설문 조사.** 추천자들에게 그들이 생각한 멀티플라이어와 디미니셔를 48개 리더십 행동 방식 항목에서 1~5점으로 평가해달라고 요청했다. 항목 리스트의 작성에는 표준 역량 모델, 가장 많이 쓰이는 리더십 프레임워크, 우리가 디미니셔와 멀티플라이어의 차이점일 것이라고 가정한 행동 방식 등을 활용했다.

설문 조사 항목에는 기술(예: '고객에게 집중한다' '지적 호기심이 있다' '팀원들의 재능을 키운다' '사업 감각이 뛰어나다')과 관점(예: '자신이 생각의 리더가 돼야 한다고 믿는다' '지적 능력은 계속 발전하는 것이라고 본다')을 고루 넣었다. 설문 조사 결과를 취합해 여러 방식으로 분석했다. 우리는 멀티플라이어와 디미니셔 사이에 가장 큰 차이가 나는 부분, 멀티플라이어의 가장 두드러진 기술 및 관점, 널티플라이어 및 디미니셔의 관점과 가장 밀접하게 연관된 기술을 찾았다.

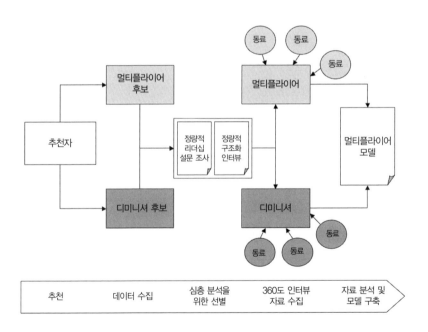

- **구조화 인터뷰.** 추천자들의 1차 인터뷰는 구조화된 형식에 따라 진행했다. 맥락 효과를 최소화하기 위해 모두에게 같은 질문을 같은 순서로 했다. 서로 다른 시간에 다른 개인들에게서 얻은 답변을 비교 및 종합할 때 신뢰도 높은 분석 결과를 얻기 위해서였다.

  모든 인터뷰는 2007년 10월에서 2009년 10월 사이에 진행했다. 평균 소요 시간은 60~90분이었으며, 대면 방식 또는 전화를 이용했다. 인용과 사례를 영구 자료로 남기기 위해 모든 대화 내용을 기록했다. 기본적으로는 미리 구조화된 형식에 따랐지만 경우에 따라 각 질문에 할애되는 시간은 융통성 있게 조절했다. 인터뷰는 아래와 같은 내용으로 구성됐다.

  1. 리더 2명을 결정: 지적 능력을 억누르는 리더와 증폭하는 리더
  2. 각 리더와 일한 경험이나 사례
  3. 디미니셔와 일한 경험, 상황
  4. 추천자에게 끼친 영향: 추천자가 자기 능력의 몇 퍼센트를 발휘했다고 느끼는가?
  5. 집단에 끼친 영향: 해당 리더가 집단에서 어떤 역할을 했는가, 조직 내에서 어떻게 인식됐는가?
  6. 리더의 행동: 어떤 행동을 하거나 하지 않음으로써 사람들에게 영향을 끼쳤는가?
  7. 행동의 결과: 어떤 성과를 달성했는가?
  8. 멀티플라이어 후보에 대해서는 3~7번 질문 반복

- **심층 인터뷰.** 뛰어난 멀티플라이어에 대해 더 자세한 정보를 얻기 위해 심층 인터뷰를 진행했다. 이 인터뷰는 a) 멀티플라이어 본인과의 인터뷰 b) 보다 상세한 이야기를 듣기 위한 추천자들과의 2차 인터뷰 c) 멀티플라이어가 속한 경영 팀의 전직 및 현직 멤버들과의 인터뷰로 구성했다.

- **연구 범위 확장.** 우리는 초반에 선정한 기업들에서 추가 사례를 발견했고, 기술과 생명공학 분야에서 찾아낸 기업들도 추가했으며, 나중에는 범위를 확장해 다른 영리 부문 및 비영리 부문, 정부 기관까지 연구했다. 이 같은 과정을 통해 최종적으로 144명의 리더를 선정했다. 4개 대륙에 걸쳐 연구를 진행하면서 다양한 분야의 리더를 만났다(부록 C 참조). 다음 표는 우리가 연구한 멀티플라이어들이 속한 조직이다. 우리가 연구한 디미니셔들이 속한 조직은 여기에 싣지 않았음을 밝혀둔다.

분야	사례
생명공학	헥살, 아피메트릭스
친환경 기술	블룸에너지, 베터플레이스
교육	스탠퍼드대학교, 바이탈스마츠
엔터테인먼트	드림웍스 스튜디오
정부	백악관, 이스라엘 육군
제조	GM 대우, 플렉스트로닉스
비영리 부문	페닌슐라 청소년 클럽, 그린벨트 운동, 베니언 센터, 유니투스
사모 투자회사 및 벤처 캐피털	어드벤트인터내셔널, 클라이너 퍼킨스 코필드앤드바이어스
컨설팅 서비스	베인앤드컴퍼니, 맥킨지앤드컴퍼니
소매업	갭, 랜즈엔드, 짐보리
스포츠	하이랜드고등학교 럭비팀, 노스캐롤라이나주립대학교 여자 농구 프로그램
기술	아마존, 애플, 시스코, 인포시스테크놀로지스, 휴렛팩커드, 인텔, 인튜이트, 마이크로소프트, SAP, 세일즈포스
노동자 조합	자영업여성연합(SEWA)

3단계: 멀티플라이어 모델 개발

약 400쪽 분량의 인터뷰 자료를 여러 번 읽고 주제별로 분석했다. 그리고 그 결과물을 설문 조사에서 얻은 정량 데이터와 대응해 정리했다. 마지막으로 체계적이고 철저한 토론을 거쳐 멀티플라이어의 5가지 원칙을 확정했다. 그렉과 나는 토론에서 서로 상대편 의견에 대한 쓰디쓴 비판도 서슴지 않았다. 그 덕분에 우리의 연구 결과가 더욱 알차졌기를 바란다.

4단계: 디미니셔에 대응하는 방법 연구

멀티플라이어 연구는 본래 2007년부터 2009년에 걸쳐 진행했으나 8장 '디미니셔에 대응하기'는 2016년에 수행한 연구 내용이다. 목표는 디미니셔의 영향을 제대로 이해하고 그들의 해로운 영향력을 최소화할 전략을 정립하는 것이었다. 이 연구에는 더 와이즈먼 그룹의 리즈 와이즈먼, 카리나 빌헬름스, 알리사 갤러거, 재러드 윌슨이 참여했다. 그 과정은 아래와 같다.

- **심층 인터뷰.** 디미니셔 상사나 동료 곁에서 생존하고 번영할 방법을 이해하기 위해 사람들과 인터뷰를 24회 진행했다. 인터뷰 대상자 선정 기준은 2가지였다. 1) 경력상의 전반적 성공도와 조직에서 겪는 복잡한 상황에 대처하는 기술 보유 여부 2) 멀티플라이어와 디미니셔 개념에 대한 이해도. 이들은 디미니셔와 일한 경험을 떠올린 뒤, 자신들의 대응 전략을 확인하고 해당 전략의 효과를 평가하기 위한 일련의 질문에 대답했다.

- **설문 조사.** 디미니셔에 대응하는 최선의 전략을 밝힌다는 목표 아래 더 와이즈먼 그룹이 약 200명을 대상으로 설문 조사를 실시했다. 우리는 일부 사람들이 디미니셔의 영향을 더 쉽게 받는 이유, 그리고 디미니셔의 영향력에 만성적으로 노출됐던 사람이 그 자신도 디미니셔가 될 가능성이 더 높은지 여부를 알아내고 싶었다. 설문 조사를 통해 디미니셔에 대응하는 효과적인 전략과 그렇지 않은 전략에 관해 유용한 관점을 얻었다. 또한 일부 사람들이 디미니셔의 영향을 더 강하게 받게 되는 요인들도 알아냈다. 그러나 디미니셔의 영향력에 만성적으로 노출됐던 사람이 그 자신도 디미니셔가 될

가능성이 더 높은지 여부를 말해주는 확정적인 데이터는 얻지 못했다. 이 문제를 제대로 밝히려면 데이터가 더 필요하다.

- **전략 실험.** 우리는 8장에 소개한 전략들을 확정한 다음, 몇몇 사람(위 설문 조사의 참가자였음)에게 해당 전략을 2주간 그들의 디미니서 상사에게 실험해 달라고 요청했다. 이 전략이 2주 만에 뚜렷한 차이를 가져오는지 알아보기 위해서였다. 이후 우리는 그들의 실험 결과에 관한 정보를 수집하고 전화회의로 그 내용을 검토했다. 실험을 완료한 5명 모두가 디미니서 상사와의 관계에서, 또는 전반적인 업무 만족도 및 시각에서 (놀랄 만한 수준은 아닐지라도) 뚜렷한 변화를 경험했다고 답했다. 가장 인상적인 사례는 '볼륨 줄이기'를 실험한 참가자였다. 그는 이 전략을 실천한 결과 직장 스트레스가 줄어든 덕분에 퇴근 후 저녁마다 아내와 아이들을 위해 요리하는 일에 에너지를 쏟을 수 있었다. 그는 일과 삶의 만족도가 높아졌을 뿐만 아니라 아내도 행복해졌다고 했다.

- **문헌 조사.** 우리는 긍정적인 대응 전략에 관한 통찰력을 얻고자 '피해자'를 주제로 한 기존 자료도 검토했다. 전반적으로 조직 근무 환경과 겹치는 내용이 거의 없었으므로 우리가 진행한 인터뷰와 설문 조사 데이터에 집중해 최선의 대응 전략을 정리했다.

자주 하는 질문

- **디미니셔와 멀티플라이어 이렇게 두 유형만 있는가, 아니면 그 중간에 해당하는 사람도 있는가?**

  '디미니셔-멀티플라이어 모델'을 하나의 스펙트럼으로 볼 때 양극단에 있는 사람은 소수이고 대부분은 그 중간 어딘가에 위치한다. 멀티플라이어 개념을 접한 사람들은 대부분 자신에게 디미니셔 성향과 멀티플라이어 성향이 공존한다고 느낀다. 우리가 만난 어느 리더는 그런 대표적인 모습을 보여주었다. 그는 똑똑하고 자기 인식이 높은 사람으로 전형적인 디미니셔에 속하지는 않았지만, 이 책을 읽고 자신이 때때로 디미니셔 방식으로 행동한다는 것을 깨달았다. 디미니셔-멀티플라이어 모델은 일종의 스펙트럼으로서 대다수 사람이 그 스펙트럼 중간 어딘가에 위치한다.

- **같은 리더가 누군가에게는 디미니셔가, 다른 누군가에게는 멀티플라이어가 될 수 있는가?**

  그렇다. 당신이 서로 다른 두 사람을 바라보는 관점이 중요한 역할을 한다. 실제로 당신은 두 사람에게 비슷한 방식으로 행동하는데도 당신의 관점 때문에 행동이 다르게 해석될 수 있다.

- **평소에는 대부분 멀티플라이어이지만 이따금 디미니셔가 되는 사람도 있는가?**

  특정한 상황이 우리 안의 고약한 성향을 불러낼 수 있다. 많은 리더의 경우

(심지어 훌륭한 리더도) 특정 상황에서 디미니셔 성향이 깨어나곤 한다. 특히 a) 위기 상황일 때(다음 질문 참고) b) 사안의 중요도가 매우 높을 때 c) 시간적 압박이 있을 때 d) 리더가 받는 스트레스가 강할 때다. 자신의 디미니셔 성향이 자극받는 상황을 인식하고 그것을 완화할 개선책을 찾는 것이 중요하다.

멀티플라이어 리더십의 모범적 실천가인 롭 더랭어는 이렇게 말했다. "평소 멀티플라이어 리더십에 충실한 리더는 예외적으로 디미니셔가 될 수 있다." 즉 당신과 팀원들 사이에 강한 신뢰가 형성돼 있으면 당신이 가끔 보이는 디미니셔 성향을 그들이 용서할 가능성이 높다는 의미다. 당신의 디미니셔 행동에 주의를 환기시키고 당신의 생각을 설명한 뒤 다시 평소의 멀티플라이어 스타일로 돌아가면 팀원들이 너그럽게 반응할 것이다. 중요한 것은 멀티플라이어 행동을 최대한 자주 보여주는 것이다.

- **디미니셔 리더십이 필요한 경우(특히 위기 상황)도 있는가?**

  그렇다. 리더가 개입해 강력한 지시나 명령을 하는 것이 합당한 위기 상황이 있다. 하지만 그럴 때 반드시 부정적인 디미니셔 효과를 일으켜야 하는 것은 아니다. 현명한 리더는 아래와 같이 함으로써 디미니셔 효과를 방지할 수 있다.

1. **예외 상황으로 여긴다.** 평소 멀티플라이어 리더십에 충실하다면 가끔 택하는 디미니셔 방식은 예외로 여겨질 수 있다. 예를 하나 들겠다. 내가 예일대학교 의과대학 병원에서 리더십 세미나를 진행할 때, 레지던트 과정을 감독하는 몇몇 의사들이 이런 흥미로운 애로 사항을 털어놓았다. 레지던트들에게 최선의 기량을 발휘하도록 충분한 기회와 자유를 주고 싶지만, 생사를 넘나드는 위급한 상황을 다루는 직업 특성상 세세한 것까지 간섭하고 지시를 내리는 리더가 될 수밖에 없다는 것이었다. 수술대 앞에서 죽어가는 환자를 눈앞에 두고 있으면 멀티플라이어 리더가 되기 힘들다고 했다. 나는 고개를 끄

덕이고는 이렇게 물었다. "그런 상황에서 보내는 시간이 전체 근무 시간의 몇 퍼센트나 됩니까?" 그들은 대략 3~5퍼센트라고 대답했다. 나는 나머지 95퍼센트 동안에는 다른 리더십을 발휘할 수 있지 않겠느냐고 제안했다. 몇 달 뒤 나는 미 해군대학원에서 군함을 지휘하는 장교들과도 비슷한 대화를 나눴다. 그들은 생사가 달린 위기 상황은 기껏해야 2~3퍼센트라고 대답했다. 이런 급박한 상황에서는 멀티플라이어가 되지 않아도 된다. 나머지 95~97퍼센트 동안 멀티플라이어 리더인 것으로 충분하다.

2. **사람들에게 알린다.** 무턱대고 간섭하거나 명령하는 대신 그 3~5퍼센트에 해당하는 상황이므로 당신이 강하게 지휘해야 한다는 것을 사람들에게 알려라. 그들에게 허락을 구하는 것도 좋다. 위기가 지나가고 나면 다시 그들에게 통제권을 돌려준다. 또는 꼭 당신이 직접 세세하게 관리해야만 하는 일을 (그리고 이유를) 팀원들에게 설명한다. 그 밖의 일에서는 그들이 주도적인 역할을 하길 바란다고 말하라.

이런 예외적 상황을 허락한다 할지라도 나는 극단적 상황을 포함해 대부분의 상황을 디미니셔 또는 멀티플라이어 관점으로 바라볼 수 있다는 점을 여전히 강조하고 싶다. 종종 디미니셔 접근법이 필요하다고 여겨지는 상황도 결국엔 사람들의 지적 능력을 최대한 끌어내야 하는 순간일 때가 많다. 중차대한 상황일 때, 복잡한 난제에 직면했을 때야말로 멀티플라이어 접근법이 가장 필요하다.

- **멀티플라이어 리더십은 일 잘하는 인재에게 효과적인 접근법 같다. 하지만 성과가 낮은 직원들은 어떻게 해야 하는가?**
  누구에게나 나름의 능력은 있지만 모두가 똑같은 수준으로 기여하는 것은 아니다. 멀티플라이어는 사람들을 산업 단지가 아니라 도시의 스카이라인처럼 바라본다. 산업 단지는 특색 없이 거의 똑같은 3층짜리 건물이 넓은 구역에 퍼져 있지만, 도시의 스카이라인을 보면 갖가지 색깔과 높이의 건물들이 불규칙하게 삐죽삐죽 솟아 있다. 멀티플라이어는 지적 능력과 인재의 풍부한 다양성을 인정한다. 모두의 능력 수준이 똑같을 수는 없지만 누구나 능력이 성장할 수 있다고 생각한다. 멀티플라이어는 모두의 능력을 같은 수준으로 만들려고 애쓰지 않고, 각 구성원의 능력을 한 번에 한두 층씩 쌓아 높이려고 노력한다.

성과가 낮은 구성원에 대해서는 다음과 같이 해보라.

1. 그가 똑똑하며 높은 성과를 낼 능력을 지녔다고 가정하고 바라보라. 때때로 사람들은 자신에게서 더 많은 것을 기대하고 요구해줄 누군가가 필요하다.
2. '이 사람은 똑똑한가?'가 아니라 '이 사람은 어떤 측면에서 똑똑한가?'를 생각해보라. 그를 하루아침에 최고 인재로 변화시킬 수는 없을지 몰라도 그가 어떤 면에서 뛰어난지 깨달을 수 있을 것이다. 그 장점을 팀 프로젝트에서 활용할 방법을 찾아라.
3. 성과가 낮은 직원은 과거에 훌륭한 인재였지만(또는 잠재성이 크지만) 디미니셔 리더 밑에서 일한 경험 때문에 위축된 사람인 경우가 많다. 당신이 아무리 멀티플라이어가 되어 이끌어도 그가 즉각 반응하지 않을 수도 있으며, 이는 그가 도전 과제를 책임지고 맡는 것에 익숙하지 않거나 또는 신뢰할 수 있는 상사를 경험해본 적이 없기 때문이다. 작은 것부터 시작해 서서히 그들의 신뢰를 얻도록 하라.

멀티플라이어 리더라고 해서 성과 문제에 부딪히지 않는 것은 아니다. 계속해서 낮은 성과를 내는 직원이 있다면 상황을 신중하게 지켜보면서 그들이 능력을 좀 더 발휘할 수 있는 팀이나 환경으로 이동하도록 도와라.

- **문화나 사회에 따라 멀티플라이어-디미니셔 리더십의 효과가 어떻게 달라지는가?**
  우리는 4개 대륙의 35개 조직을 연구했다. 멀티플라이어 리더십(그리고 그것의 긍정적 영향력)은 여러 문화권에 두루 퍼져 있었다. 그런데 위계 서열이 강한 사회에서는 디미니셔의 영향력이 더 강한 경향이 있었다(연구 대상 집단 전체로 볼 때 디미니셔는 평균적으로 사람들 능력의 48퍼센트를 끌어냈지만, 이들 사회의 디미니셔는 30~40퍼센트에 그쳤다). 또한 위계 서열이 중시되는 사회에서는 구성원들이 최대 역량을 발휘하는 데 필요한 지적·정서적·조직적 환경을 조성하기 위해 리더가 더 많은 노력을 기울이고 더 많은 방책을 강구해야 한다.

모든 멀티플라이어가 똑같은 방식으로 움직이는 것은 아니다. 하지만 그들 각각의 리더십 행동은 다양해도 기본적인 관점과 가정은 동일하다. 즉 사람들은 똑똑하므로 스스로 해낼 수 있다고 보는 믿음 말이다. 또한 그들은 자신의 능력과 존재감이 팀에 끼치는 영향력을 인지하고 있으며, 구성원들에게 기여할 기회를 주려고 적극적으로 노력한다. 그러한 노력의 구체적인 방식과 행동은 문화권에 따라 달라질 수 있다.

- **멀티플라이어이지만 때로 사람들에게 디미니셔 영향을 끼치는 리더들이 있다고 했다. 이 모순을 어떻게 설명할 수 있는가?**

  그것은 우리에게도 흥미로운 문제였다. 우리의 데이터 풀에서도 같은 리더인데 그를 두고 어떤 사람은 디미니셔, 어떤 사람은 멀티플라이어라고 말하는 경우가 이따금 있었다. 더 자세히 검토해보니 그것은 모순이 아니라 역설이라고 표현해야 맞겠다는 생각이 들었다. 일례로, 우리는 직속 부하의 능력은 효과적으로 끌어내지만 조직 내의 다른 구성원들(동료나 상사)에게는 멀티플라이어 리더십을 발휘하지 못하는 리더들을 목격했다. 조직 내에서 리더와 멀리 떨어져 있는 사람일수록 해당 리더를 디미니셔로 느꼈다. 이는 뜻하지 않은 디미니셔에 수반되는 전형적인 현상이다. '모두에게' 멀티플라이어가 되려면 의도적인 노력이 필요한 것 같다. 리더는 조직의 주변부에 있는 구성원들에게도 의식적인 노력을 기울여야 그들에게도 멀티플라이어가 될 수 있다.

- **스티브 잡스 같은 리더들(또는 디미니셔 성향이 강해 보이는 동시에 시대의 아이콘이 된 성공한 다른 리더들)은 어떠한가?**

  많은 기업 창립자와 강한 비전을 제시하는 리더들이 디미니셔 특성과 멀티플라이어 특성을 함께 지니고 있다. 언론에서는 세간의 이목을 끄는 이런 리더들을 다룰 때 그들의 디미니셔 성향을 부각시키곤 한다(그런 이야기가 독자의 흥미를 더 자극하기 때문이다). 회사 창립자나 시대의 아이콘이 된 리더의 디미니셔 특성을 바라볼 때는 이런 점을 참고하라. 1) 강력한 리더(특히 창립자)는 디미니셔 특성을 가진 경우가 많다. 그러나 대개 그것을 상쇄할 훨씬 더 강한 멀티플라이어 특성 2~3가지를 갖고 있다. 2) 디미니셔 특성을 가진 최고위 리더(예: CEO)는 그 대신 종종 멀티플라이어 특성이 강한 다른 리더들(예: COO 등의 임원)을 영입한다. 3) 디미니셔 성향이 강한 리더는 안정적인 상황에서는 조직을 잘 이끌 수 있을지 몰라도 변화가 심하고 복잡한 상황에서는 고전한다. 4) 창립자는 본인의 생각과 아이디어를 발판으로 회사를 시작하는 경우가 많다. 기업은 창립자의 능력을 토대로 일정 규모까지는 성장할 수 있다. 그러나 성장을 지속해 성공을 거두고 그 성공을 유지하려면 어느 시점에는 창립자 본인이 멀티플라이어가 되거나 또는 주변에 멀티플라이어 리더들을 두어야 한다.

- **멀티플라이어가 사람들의 능력을 2배 이상이나 얻어낸다는 것이 믿기지 않는다. 그것이 정말 가능한가?**

  그렇다. 처음엔 우리도 그 수치가 높게 느껴졌지만 사실이라고 믿게 된 여러 근거가 있다.

  첫째, 우리는 추천자들에게 멀티플라이어를 평균적인 관리자가 아니라 디미니셔와 비교해달라고 했다. 즉 2배 효과는 최고와 최악을 비교한 결과다. 둘째, 우리는 다양한 산업 분야, 직종, 관리 직급에 있는 많은 사람에게 질문을 던진 뒤 2배라는 수치가 평균임을 확인했다. 셋째, 2배라는 놀라운 차이는 자발적인 노력이 가져오는 결과인지도 모른다. 관리자는 어떤 직원이 그의 평소 생산성 수준만큼 성과를 내고 있는지, 아니면 그 이상이나 이하인지 파악할 수 있다. 그러나 그가 발휘하지 않고 있는 잠재력이 얼마만큼인지는 알기 어렵다. 사람들이 우리의 질문에 대답한 내용을 보면 그들은 특정한 상사 밑에서는 상당한 양의 능력을 발휘하지 않고 있었다.

우리는 놀라운 차이이기는 하나 실제로 멀티플라이어가 사람들 능력을 디미니셔보다 평균 2배 이상 얻어낸다는 결론을 내렸다.

- **남성 리더와 여성 리더 사이에 차이가 있는가?**

남성과 여성의 리더십 방식에는 어느 정도 다른 점이 있겠지만, 두 성별 사이에서보다 한 성별 내에서 훨씬 더 큰 차이가 나타나는 것 같다. 어느 한쪽 성별이 디미니셔가 될 확률이 더 높음을 보여주는 데이터는 없다. 실제로 디미니셔 비율과 멀티플라이어 비율은 남성과 여성이 비슷하게 나타난다. 그러나 '뜻하지 않은 디미니셔'의 유형에는 남성과 여성 사이에 다소 차이가 있다. 아마도 여기에는 남성과 여성의 리더십을 바라보는 전통적인 좁은 시각이 영향을 끼친 것으로 보인다. 예를 들어 비교적 이른 나이에 사회생활을 시작한 여성은 자신을 남성 중심 세계에 억지로 끼워 맞추느라 자기에게 맞지 않는 리더십 모델을 택하는 경우가 많다. 어떤 여성들은 '남자처럼 행동하기' 모델을 택한다. 이들은 강인하고 무자비한 리더가 되어 약한 모습을 절대로 보이지 않으면서 남성보다 더 남성처럼 되려고 애쓴다. 또 어떤 여성들은 '어미 곰' 리더가 된다. 사람들을 보호하고 지켜주려고 하며 위태로워진 직원과 프로젝트를 곧바로 구조하려고 뛰어든다. 두 유형 모두 심각한 디미니셔 효과를 일으킬 수 있다. 리더가 진정성이 있어야, 즉 특정한 역할을 연기하는 것이 아니라 자신의 모습에 충실할 때 사람들의 최고 역량을 끌어낼 수 있다.

- **멀티플라이어가 디미니셔보다 더 성공하는가?**

그렇다. 그들은 '사람들에게서 더 많은 능력을 끌어낸다'라는 성공적인 결과를 얻는다. 이는 연구 내내 일관되게 관찰된 현상이다. 업계의 상징적인 존재로 강한 힘을 가졌지만 직원들을 강압적으로 몰아붙이는 리더는 그들에게서 멀티플라이어만큼 얻어내지 못했다. 우리는 디미니셔와 멀티플라이어들의 경력을 시간 흐름에 따라 추적해 연구하지는 않았지만, 그들과 함께 일한 사람들의 성공은 연구했다. 그들은 디미니셔가 아니라 멀티플라이어와 함께 일할 때 더 성공하고 번영했다.

- **누구나 멀티플라이어가 될 수 있는가, 아니면 디미니셔 성향이 너무 강해서 변하기 힘든 사람도 있는가?**

  자신의 디미니셔 행동을 자각한다면 누구나 변화할 수 있다. 무게중심을 이동해 자기 자신 너머로 시야를 넓힐 의지만 있다면 누구나 멀티플라이어가 될 수 있다. 디미니셔 리더십이 내면에 너무 단단히 박혀서 변하기 힘든 사람도 있겠지만, 그런 사람은 매우 특이한 예외에 해당한다.

  우리는 교육과 코칭 과정에서 사람들이 크게 변화하는 사례를 많이 목격했다. 일례로, 우리가 만난 어느 리더는 디미니셔 성향이 강했지만 어느 순간부터 멀티플라이어 행동을 실천하려고 열심히 노력했다. 주변 사람들도 변화를 알아챘다. 그는 다른 회사의 더 높은 직급으로 옮기고 나서 깨끗한 백지 상태에서 새로운 리더십을 실천하기 시작했다. 현재는 멀티플라이어로 인정받고 있으며, 조직 구성원들에게도 이 개념을 전파하고 있다.

  우리는 모든 디미니셔가 반드시 '변화할' 것이라고 생각하지는 않지만 대다수의 사람들이 변화할 수 있다고 믿는다. 그 출발점은 자기 인식과 강력한 의지다.

- **기업은 디미니셔를 해고해야 하는가?**

  모든 디미니셔를 빠짐없이 해고할 필요는 없지만, 현명한 기업이라면 그들을 주요 리더 직급에서 없애야 한다. 만일 디미니셔 방식을 고집하는 관리자가 있다면 그들이 부정적 영향력을 크게 끼칠 수 없는 위치로 보낼 필요가 있다. 주요 리더 직급의 디미니셔를 제거하면 그 대신 다른 사람들이 더 큰 능력을 발휘할 수 있다. 또 디미니셔의 영향으로 그 밑의 관리자들까지 디미니셔 방식에 오염되는 것을 방지할 수 있다.

물론 말처럼 쉬운 일은 아니다. 디미니셔는 본래 영리하고 위협적이기 때문이다. 가장 편한 방법은 그들을 그냥 본래 자리에 놔두는 것이다. 그러나 디미니셔가 조직에 야기하는 높은 비용을 계산해보면 즉시 조치를 취해야겠다는 마음이 들 것이다. 예를 들어 공장에서 방해가 되는 기계 하나 때문에 전체 생산 라인이 50퍼센트의 생산성밖에 못 낸다면 그 기계는 운영에 매우 큰 비용을 야기하는 것과 같다. 기계 하나를 교체하면 전체 생산 라인의 작업량이 2배가 될 수 있다. 주요 리더 직급의 디미니셔도 그와 같다. 설령 그가 자신의 역량을 남김없이 발휘해 일한다고 해도 주변 사람들에게는 방해물 역할을 한다. 따라서 조직 내 모든 디미니셔를 해고하진 않더라도 주요 리더 위치의 디미니셔는 너무 큰 비용이 따르므로 그대로 놔둬선 안 된다.

- **매우 심각한 디미니셔에게도 이 책을 소개하는 것이 옳은가?**

  그렇다. 이 책을 디미니셔 책상에 던져놓고 도망쳐라! 아니면 다른 디미니셔 동료의 손을 통해 전달하는 것도 한 방법이다.

  디미니셔 관점에서 이 책의 내용을 전달하려고 하면, 즉 상대의 흠을 잡으면서 지시하는 태도를 취하면, 그들은 마음의 문을 더욱 닫아 디미니셔 사이클이 계속될 것이다. 하지만 당신이 멀티플라이어의 자세로 접근한다면, 그리고 상대가 심리적으로 편안하게 새로운 개념을 배우도록 유도한다면, 그 사람은 훨씬 더 받아들이는 자세가 될 것이다. 아래 2가지 접근법을 권한다.

1. **당신 자신의 경험을 강조한다.** 누구나 때로 뜻하지 않은 디미니셔가 될 수 있다는 점을 인정하면서 이렇게 말한다. "이 책을 읽고서 내 자신이 그럴 의도가 없음에도 때로 사람들에게 디미니셔처럼 행동한다는 것을 깨달았다." 또는 이 책이 당신에게 끼친 영향을 강조하면서 이렇게 소개할 수도 있다. "내

가 멀티플라이어에 가까워지려고 노력했더니 우리 팀의 성과가 높아지고 있다. 당신도 아마 이 책에 흥미를 느낄 것이다."

2. **조직에 가져오는 이로움을 강조한다.** 관리자라면 조직의 역량을 2배로 늘리는 것에 관심을 갖기 마련이다. 따라서 이런 말로 소개한다. "지금껏 이용한 것보다 더 많은 지적 역량이 우리 조직 안에 있다. 조직의 지적 역량을 한층 높이기 위해 우리가 경영진으로서 함께 할 수 있는 일이 분명히 있다."

또는 간단한 점심 식사를 곁들이는 자유로운 분위기에서 이야기를 꺼낸다든지, 멀티플라이어 내용 중 한 가지 개념을 가볍게 들려준다든지 하는 식으로 간접적으로 소개할 수도 있다. 상대가 누가 됐든 책의 내용을 소개할 방법은 얼마든지 있다. 하지만 당신 자신이 멀티플라이어의 접근법을 취해야 성공 확률이 높아진다. 디미니셔 방식으로 사람들을 멀티플라이어의 길로 안내할 수는 없다!

- **멀티플라이어 리더가 되려면 책에 소개된 5가지 원칙의 강점을 모두 갖춰야 하는가?**

  그렇지 않다. 5가지 원칙 모두에서 뛰어난 리더가 될 필요는 없다. 실제로 내가 연구한 리더들 중에 5가지 모두 뛰어난 사람은 극소수였다. 대부분은 3~4가지에서 뛰어났다. 멀티플라이어 360도 평가를 이용해 5가지 중에 당신이 상대적으로 강한 것과 취약한 것을 확인해보기 바란다. 당신의 가장 뛰어난 강점을 더욱 강화하는 것이 현명한 전략이다. 그리고 5가지 중 어느 것에서도 디미니셔 범위에 들어가지 않도록 하라. 그런 다음, 추가로 1~2가지 강점을 더 키우기 위해 최선을 다하라.

- **멀티플라이어의 길에 들어서기 위해 딱 한 가지만 먼저 한다면 무엇이 좋겠는가?**

  우리가 제안하고 싶은 것은 사람들의 생각을 자극하는 통찰력 깊고 흥미로운 질문들을 던지는 일이다. 이것은 실천하기 쉬운 동시에 멀티플라이어 원칙 5가지 모두에 적용되는 기술이다. 당신이 목표로 하는 것이 해방자이든, 도전 장려자이든, 토론 조성자이든, 사람들에게 통찰력 깊고 흥미로운 질문을 던지는 것부터 시작하면 올바른 방향으로 나아가게 된다. 따라서 일단 한 가지 기술부터 익히고자 한다면 '질문하기' 부터 시작하라.

한 가지 관점을 추천받고 싶다면, '사람들은 똑똑하므로 스스로 해낼 수 있다' 라는 관점부터 채택하라. 그리고 "이 사람은 어떤 측면에서 똑똑한가?" 라고 물어라. 이 질문은 사람들을 이분법적으로 판단하려는 충동을 저지해 줄 것이다. 또 이 질문은 인재를 총천연색 관점으로 보는 멀티플라이어의 세계로 입성하는 확실한 티켓이기도 하다.

멀티플라이어 목록

아래는 이 책에 소개됐으며 멀티플라이어 '명예의 전당'에 오른 인물 목록이다. 본문의 여러 장에 등장한 인물의 경우, 아래 목록에서는 중점적으로 소개된 장에만 한 번 이름을 기재했다.

멀티플라이어	본문 사례의 직업	현재 직업
1장: 왜 멀티플라이어인가?		
애벗 함장	미 해군 중령	
조지 슈니어	인텔 부서장	세빈로센펀드(Sevin Rosen Funds)의 계약 임원, 호라이즌벤처스 (Horizon Ventures)의 파트너
팀 쿡	애플 COO	애플 CEO
데보라 랭 (Deborah Lange)	오라클 세무 담당 전무	은퇴
조지 클루니	배우	배우 겸 사회 활동가
2장: 뛰어난 인재를 탁월한 인재로 키운다		
밋 롬니	베인앤드컴퍼니 컨설팅 매니저	정치인
안드레아스 슈트뤼엥만	헥살 공동 창립자	투자자
토머스 슈트뤼엥만	헥살 공동 창립자	투자자
래리 겔윅스	하이랜드고등학교 럭비팀 감독	콜럼버스트래블(Columbus Travel) CEO
알리사 갤러거	로스앨터스 교육청 국장	더 와이즈먼 그룹 글로벌 리더십 개발 프랙티스 책임자
마거리트 핸콕	여학생 캠프 총감독	컴퓨터역사박물관 엑스포넨셜 센터 소장

K. R. 스리다르	블룸에너지 CEO	블룸에너지 CEO
3장: 일터를 쉼터로 만든다		
로버트 엔슬린	SAP 북미 총괄 책임자	SAP 글로벌고객운영 책임자
어니스트 바크라크	어드벤트인터내셔널 중남미 지사 매니징 파트너	어드벤트인터내셔널 디렉터 겸 스페셜 파트너
스티븐 스필버그	영화감독	영화감독
패트릭 켈리	8학년 사회 및 역사 교사	8학년 사회 및 역사 교사
케이시 레너	나이키 글로벌 디자인 운영 총괄 책임자	나이키 글로벌 근무 환경 경험 총괄 책임자
레이 레인	오라클 사장	투자자
존 브랜던	애플 채널 세일즈 상무	애플 해외 세일즈 상무
마크 댄크버그	비아샛 CEO	비아샛 CEO
4장: 변화와 도전을 즐긴다		
맷 매컬리	짐보리 CEO	은퇴
아이린 피셔	베니언센터 소장	지역사회 활동가
C. K. 프라할라드	미시간대학교 교수	2010년 4월 16일 영면
앨런 G. 래플리	프록터앤드갬블 CEO	프록터앤드갬블 경영 회장, 《게임 체인저(The Game Changer)》 공저자
션 멘디	페닌슐라청소년클럽 뉴제너레이션 센터 책임자	페닌슐라청소년클럽 개발 담당 국장
왕가리 마타이	아프리카 그린벨트 운동 창설자, 2004년 노벨 평화상 수상	2011년 9월 25일 영면
5장: 스스로 결론을 내리지 않는다		
아르안 멩에링크	네덜란드 지역 경찰서장	네덜란드 지역 경찰서장
루츠 지옵	마이크로소프트 러닝 대표	마이크로소프트 포아프리카 아카데미(4Afrika Academy) 학장
팀 브라운	IDEO 사장 겸 CEO	IDEO 사장 겸 CEO
수 시겔	아피메트릭스 대표	제너럴일렉트릭(General Electric) 벤처스 라이센싱 앤드 헬시메지네이션 (Ventures, Licensing & Healthymagination) CEO
6장: 능력을 소유하지 않는다		
최재	맥킨지 서울사무소 파트너	두산인프라코어 최고 전략 책임자(CSO)

엘라벤 바트	인도 SEWA 창립자	디 엘더스 회원
존 챔버스	시스코시스템스 CEO	시스코시스템스 경영 회장
존 우키	오라클 전무, SAP 전무	세일즈포스 기업용 애플리케이션 총괄 전무
마이클 클라크	플렉스트로닉스 인프라 담당 사장	노르텍(Nortek) 사장 겸 CEO
케리 패터슨	인터랙트 퍼포먼스 시스템스 (Interact Performance Systems) 공동 창립자	바이탈스마츠(VitalSmarts) 공동 창립자, 작가
주빈 다나 (Jubin Dana)	캘리포니아 청소년 축구 협회 (California Youth Soccer Association) 코치	캘리포니아 청소년 축구 협회 코치, 변호사
나라야나 무르티	인도 인포시스 CEO	인포시스 명예 회장, 인도의 정치 및 경영 지도자

8장: 디미니셔에 대응하기

선 헤리티지	미 합동 사령부 중령	미 해군 암호 장교

9장: 멀티플라이어 되기

빌 캠벨	인튜이트 CEO	2016년 4월 18일 영면
마이크 펠릭스	AT&T 중서부 인터넷 및 엔터테인먼트 현장 서비스 총괄 책임자	AT&T 중서부 인터넷 및 엔터테인먼트 현장 서비스 총괄 책임자

멀티플라이어 토론 가이드

팀원들과 멀티플라이어 리더십을 토론할 때 활용하면 좋은 질문을 소개한다. 멀티플라이어 개념을 토론하면서 멀티플라이어 경험을 창출할 방법도 생각해보라.

1장 왜 멀티플라이어인가?

- 성공한 디미니셔도 멀티플라이어가 되려고 노력해야 하는가? 그렇다면 이유는 무엇인가?
- 디미니셔 밑에서 일하는 사람도 멀티플라이어가 될 수 있는가?
- 당신 안의 디미니셔 성향을 끌어내는 사람이 주변에 있는가? 왜 그렇게 생각하는가?

2장 뛰어난 인재를 탁월한 인재로 키운다

- '함께 일하고 싶은 상사'라는 평판이 생기려면 시간이 얼마나 걸릴까?
- 기존 인력의 재능을 끌어내는 대신에 새로운 인재를 채용해야 하는 경우는 언제인가?

3장 일터를 쉼터로 만든다

- 해방자는 충분한 자유를 주는 동시에 최고의 성과를 기대한다. 리더가 둘 중 어느 한쪽에 지나치게 치우쳤을 때 어떻게 알 수 있는가?

- 해방자는 교사 켈리처럼(3장 참조) 사람들에게 '사랑과 증오'를 동시에 받을 수밖에 없는가?

4장 변화와 도전을 즐긴다
- 사람들에게 디미니셔 영향을 끼치지 않으면서 리더의 지식과 견해를 전달할 방법은 무엇인가?
- 리처드 파머 같은 리더(4장 참조)가 디미니셔에서 멀티플라이어로 변화하기 위해 할 수 있는 것 한 가지는 무엇인가?

5장 스스로 결론을 내리지 않는다
- 굉장히 중요한 결정을 내려야 하는데 시간이 30분밖에 없다고 상상해보라. 그래도 리더는 토론 조성자가 돼야 하는가? 아니라면 어째서인가? 만일 그렇다면 어떤 식으로 접근할 것인가?
- 토론 조성자는 철저한 토론을 통해 합당한 결정을 내리려는 사람이다. 토론이 충분히 이뤄졌으므로 이제 결정을 내려야 할 때임을 어떻게 판단해야 하는가?

6장 능력을 소유하지 않는다
- 세부 사항을 꼼꼼히 챙기는 것과 지나치게 간섭하는 것의 차이는 무엇인가?
- 사람들에게 충분한 주도권을 주되 무관심하지는 않은 리더가 되려면 어떻게 해야 하는가?

9장 멀티플라이어 되기
- 5가지 멀티플라이어 원칙에 공통되는 관점을 하나 꼽는다면 무엇일까?
- 5가지 중에 당신이 가장 짧은 시간 내에 가장 크게 발전시킬 수 있는 강점은 무엇인가?
- 1년 동안 딱 한 가지 원칙에 집중해 노력하는 것이 가능할까?

- 건물 가장자리와 외줄 중에서 당신의 무게중심은 어디에 놓여 있는가? (4장 '필리프 프티' 일화 참조)
- 당신이 속한 여러 조직(회사, 지역사회, 가족) 중 어디에서 멀티플라이어 리더십을 실천했을 때 가장 효과가 클 것 같은가? 그렇게 생각하는 이유는 무엇인가?

보다 체계적인 토론을 하고 싶다면 www.multipliersbooks.com에서 '멀티플라이어 퍼실리테이터 가이드(Multipliers Facilitator Guide)'를 다운로드할 수 있다. 이를 활용해 사람들과 멀티플라이어 리더십에 대해 토론해보기 바란다.

부록 E
멀티플라이어 실험

재능을 구체적으로 관찰하기

각 구성원의 타고난 재능을 알아내라.

각 개인의 타고난 재능을 발견해 보다 충분히 활용할 방법을 찾는다. 개인별로 또는 팀 단위로 실행해 모두가 각 팀원의 재능을 알 수 있게 한다.

멀티플라이어 원칙

- **재능 자석**

  이 실험을 권고할 만한 뜻하지 않은 디미니셔: 아이디어맨, 늘 'ON' 상태인 리더, 전략가

- **멀티플라이어 관점**

  누구나 뛰어나게 잘하는 것이 있다.

- **멀티플라이어 실천 사항**

  개인별:

  1. 재능을 알아낸다: 해당 개인이 어떤 면에서 뛰어난지 관찰한다.
     - 다른 것보다 더 잘하는 일이 무엇인가?
     - 다른 사람보다 더 잘하는 일이 무엇인가?
     - 쉽게(크게 노력하지 않고, 또는 자기도 모르게) 해내는 일이 무엇인가?
     - 기꺼이(누가 요청하지 않아도, 또는 보수가 없어도) 하는 일이 무엇인가?
  2. 이름을 붙인다: 그의 타고난 재능에 짤막한 이름을 붙여준다(예: '복잡한 개념 통합하기', '다리 놓기', '근본 원인 찾아내기'). 당신의 판단이 맞는지 그 자신이나 그의 동료들과 확인해본다. 재능에 꼭 맞는 표현을 찾을 때까지 수정한다.
  3. 재능을 활용한다: 재능에 맞는 역할이나 임무를 찾는다. 본래 정해진 직무를 넘어서 그를 위한 새로운 역할을 만들어도 좋다. 해당 개인과 충분히 대화를 나눠 재능을 활용할 최선의 방법을 본인이 생각해볼 기회를 준다.

팀 단위:

1. 타고난 재능이라는 개념을 정의한다.
2. 각 팀원에게 다른 동료들의 타고난 재능을 생각해보라고 요청한다.
3. 팀원들을 한데 모은다.
4. 한 번에 한 명씩에게만 집중해 이야기를 나눈다.
   - 모두 돌아가며 특정 팀원의 재능을 설명한다.
   - 해당 팀원이 자신의 생각을 이야기한다.
   - 해당 팀원의 재능을 최대한 활용할 방법을 함께 토론한다.

실험 결과 사례

시스멕스 아메리카(Sysmex America)의 세일즈 및 고객 교육 책임자 스테파니 포스트(Stephanie Post)는 멀티플라이어 워크숍에서 '타고난 재능'에 대해 알게 됐다. 그리고 자신의 팀원들에게 어떤 재능이 숨겨져 있는지 알아내기로 마음먹었다. 그녀는 "팀원들의 업무 참여도를 높이고 그들이 흥미를 느끼는 일을 알아내 그 재능을 활용할" 기회라고 생각했다. 그녀의 팀은 각 동료들의 재능을 발견했는데 특히 '자원 천재' 키미가 두드러지게 눈에 띄었다. 키미는 어떤 식당이나 중요 고객이 애용하는 장소의 이름이 기억나지 않을 때 옆에서 곧바로 도움을 주는 직원이었다. 또 다들 잊고 있어도 키미만은 상사의 생일을 잊지 않고 기억했다. 키미는 팀에 어떤 정보가 필요할 때 구글 검색을 해서 금방 문자로 알려주었다. 그리고 뭐든지 조사하고 탐구하기 좋아하는 성격이었다. 호기심이 많아서 일의 프로세스와 과정을 망설임 없이 파고들었다. 스테파니는 키미의 재능에 이름을 붙여준 뒤 프로젝트의 주요 부분을 아웃소싱하는 대신 그녀에게 맡겼다. 그 결과 비용을 크게 절약했고 새로운 사업 라인을 개발해 시장에 진출할 수 있는 토대도 마련했다.

기회 찾기 이 실험을 언제, 어떻게 이용할 것인가?	영향력 높이기 이 실험을 언제, 어떻게 이용할 것인가?
학습 효과 극대화하기 실험 결과는 어떠했는가? 결과에 대한 판단 근거는 무엇인가?	기술 발전시키기 어떤 상황에서 이 실험을 다시 활용할 수 있는가?

능력치를 넘는 과제 주기

능력치를 넘어서는 일을 맡겨라.

사람마다 능력의 수준은 다르다. 그러나 누구나 성장할 잠재력은 갖고 있다. 아이에게 발크기보다 큰 신발을 사 주듯이, 팀원에게 일을 줄 때도 그의 능력에 비해 버거워 보이는 일을 맡긴다. 그리고 그가 조금씩 발전하며 그 일에 맞게 성장하는 것을 지켜본다.

멀티플라이어 원칙

- **재능 자석, 도전 장려자, 투자자**

  이 실험을 권고할 만한 뜻하지 않은 디미니셔: 선두 주자, 보호자

- **멀티플라이어 관점**

  누구나 발전할 수 있다.

- **멀티플라이어 실천 사항**

  1. 팀원들의 능력 수준을 확인한다. 아마 그것을 그린 그래프 모양은 높이뛰기 바가 아니라 들쭉날쭉한 스카이라인과 비슷할 것이다.
  2. 능력 발휘 준비가 돼 있다고 판단되는 1~2명을 선택한다.
  3. 그들의 현재 능력에 비해 어려워서 있는 힘껏 노력해야 해낼 수 있는 업무들을 선별한다.
  4. 능력 수준과 업무 난이도 사이의 격차는 리더가 아니라 그들 자신이 메워야 한다.
  5. 나머지 팀원들에게도 똑같이 한다.

비즈니스 및 리더십 전략 컨설팅회사 BTS의 CEO 제시카 패리시(Jessica Parisi)는 고객들을 위한 새로운 리더십 개발 전략을 채택했다. 그리고 1년쯤 되자 해당 전략을 확대 추진하기 위해 중간급 관리자 영역과 현장 관리자 영역을 담당할 리더가 각각 한 명씩 필요해졌다. 그런데 팀 회의 때마다 비교적 최근에 들어온 신입 직원 메건이 현장 리더십 프로그램 개발에 큰 열정과 관심을 보였다. 제시카는 메건이 능력이 뛰어나고 최근에 현장 리더십 프로그램을 두 차례 관리한 경험이 있다는 것을 알고 그녀의 역할을 확대하기로 했다. 메건이 겨우 스물네 살이라는 것은 중요하지 않았다. 메건의 열정과 성장하는 전문성을 결합하면 좋은 결과가 나올 거라는 생각이 들었다. 메건도 처음엔 놀랐지만, 곧 그녀는 세계 곳곳의 BTS 지사들에서 현장 리더십 프로그램과 관련해 조언을 구하는 사람이 됐다. 메건이 현장 관리자 영역을 담당하는 리더가 되면서 글로벌 팀워크도 좋아졌을 뿐만 아니라 이 일을 계기로 다른 컨설턴트들도 메건이 개발한 모델을 채택하기 시작했고, BTS가 구성원들에게 기대하는 역량 수준에도 변화가 생겼다.

직접 실험해보기: 멀티플라이어 실천 사항을 통해 성공에 가까이 가라. 당신이 할 실험을 계획하고 되돌아보는 데에 이 표를 이용하라.

기회 찾기 이 실험을 언제, 어떻게 이용할 것인가?	영향력 높이기 이 실험을 언제, 어떻게 이용할 것인가?
학습 효과 극대화하기 실험 결과는 어떠했는가? 결과에 대한 판단 근거는 무엇인가?	**기술 발전시키기** 어떤 상황에서 이 실험을 다시 활용할 수 있는가?

포커 칩 개수 줄이기

회의에서 칩을 더 적게 사용하라.

회의에 들어가기 전에 당신이 사용할 '포커 칩'의 개수를 정해놓는다. 칩 1개는 회의에서 발언하는 횟수 1회에 해당한다. 칩을 현명하게 사용해 다른 구성원들에게 더 많이 활약할 기회를 준다.

멀티플라이어 원칙

- **해방자**
  이 실험을 권고할 만한 뜻하지 않은 디미니셔: 늘 'ON' 상태인 리더, 전략가

- **멀티플라이어 관점**
  리더가 작아지면 다른 사람들이 커질 기회를 얻는다.
  강한 존재감을 드러내는 횟수를 줄이면 리더의 발언이 더 큰 영향력을 갖는다.

- **멀티플라이어 실천 사항**
  리더가 강한 존재감을 드러내 칩을 사용하는 경우와 존재감을 줄이는 경우의 예시는
  다음과 같다.

강한 존재감을 드러냄	존재감을 줄임
안건을 정의하면서 회의를 시작한다(결정해야 할 사항이나 논의할 문제가 무엇인가, 왜 그것이 중요한가, 어떻게 토론/결정할 것인가).	"나 역시 그렇게 생각한다"라고 말하고 싶은 충동이 들 때
큰 질문을 던진다.	회의에서 나온 이야기들을 재구성해 리더 자신의 의견처럼 제시하고 싶을 때
리더 자신의 의견을 제시한다(회의 도중 아직 나오지 않은 의견).	"내가 자료 조사를 해본 결과 그게 맞다"라고 말하고 싶을 때
토론 방향을 재설정하거나, 빗나간 회의 흐름을 바로잡는다.	
회의 내용을 요약한다.	

모로코 소재 HP 엔터프라이즈의 글로벌 지원 책임자 마흐무드 만수라(Mahmoud Mansoura)는 리더로서 자신의 역할을 재고해보기 시작했다. 그는 멀티플라이어 워크숍에 참여한 뒤 평소 자신이 팀원들이 활약할 공간을 너무 많이 차지하고 있음을 깨달았다. 그는 회의 때 말을 많이 했다. 주간 회의 때면 늘 회의 시작과 동시에 이런저런 발표 내용과 전달 사항을 말하고 온갖 지시를 내렸다. 수년 동안 그렇게 해왔지만, 이제 그런 방식이 팀에 끼치는 영향을 진지하게 생각해보기 시작했다. 자신이 말을 줄이면 팀원들이 더 많이 기여할 수 있을 것이라고 생각됐다. 마흐무드는 포커 칩을 이용해 자신의 존재감을 줄이기로 했다. 그는 회의를 시작하면서 자신이 길게 말하는 시간을 없애고, 대신 모두가 둥근 테이블에 모여 앉아 이야기를 나누는 원탁회의를 도입했다. 그는 팀원들이 일의 성과와 애로 사항, 문제를 이야기하는 것을 주의 깊게 들으면서 그들이 문제를 해결하는 과정도 목격했다. 이제 그는 팀에 새로운 방향 제시가 필요할 때, 또는 자신의 시기적절한 발언이 팀에 긍정적 영향을 줄 것이라고 느껴질 때만 개입한다. '포커 칩 활용'을 통해 그는 회의에서 자신이 장악하던 시간을 성공적으로 팀원들에게 되돌려주었다.

직접 실험해보기: 멀티플라이어 실천 사항을 통해 성공에 가까이 가라. 당신이 할 실험을 계획하고 되돌아보는 데에 이 표를 이용하라.

기회 찾기 이 실험을 언제, 어떻게 이용할 것인가?	영향력 높이기 이 실험을 언제, 어떻게 이용할 것인가?
학습 효과 극대화하기 실험 결과는 어떠했는가? 결과에 대한 판단 근거는 무엇인가?	기술 발전시키기 어떤 상황에서 이 실험을 다시 활용할 수 있는가?

실수 공개하기

리더 자신의 실수를 들려줌으로써 과감한 시도와 학습을 촉진하라.

당신이 했던 실수 경험담과 거기서 배운 교훈을 들려준다. 그때 얻은 깨달음을 현재 리더로서 결정을 내리고 사람들을 이끌 때 어떻게 활용하는지 들려준다.

멀티플라이어 원칙

- **해방자**

  이 실험을 권고할 만한 뜻하지 않은 디미니셔: 선두 주자, 낙관주의자, 완벽주의자

- **멀티플라이어 관점**

  실수는 자연스러운 학습과 성취 과정의 일부다.

- **멀티플라이어 실천 사항**

  1. 직접 경험한 것을 말한다: 그동안의 조직 생활과 경력상의 발전기와 침체기를 되돌아본다. 큰 실수를 했던 경험을 떠올린다. 심각한 실수일수록 좋다! 각각에 대해 다음을 생각해본다.

     - 어떤 실수를 했는가?
     - 어떤 결과가 초래됐는가?
     - 당신이 어떤 점을 잘못했는가(행동 또는 생각)?
     - 그 경험에서 무엇을 배웠는가?

     팀원들에게 경험담을 들려줄 기회를 찾는다. 매우 어려운 업무를 마주하고 있는 팀원이 있을 때, 또는 팀원이 끔찍한 실수를 저질렀을 때 들려주는 것도 좋다.

  2. 공개적으로 말한다: 당신이나 팀원들의 실수에 대해 사무실 안에서, 또는 일대일 면담에서 말하지 말고 공개적인 자리에서 이야기한다. 그래야 실수 당사자가 찜찜한 기분을 툭툭 털어내고 다른 사람들도 뭔가 배울 수 있다. 실수 경험담을 공유하는 것을 조직 운영의 일상적인 부분으로 만들어라. 예를 들어 회의에 '이번 주의

멍청한 짓'이라는 순서를 마련한다. 리더를 포함해 팀원들 중에 어이없는 실수를 한 사람이 있으면 공개적으로 밝히고 함께 웃고서 다음 안건으로 넘어간다.

입원 환자 약국 관리자 쿠인 부(Quynh Vu)는 《멀티플라이어》를 읽고 '실수 공개하기'를 실천했다. 쿠인은 매일 수많은 처방전 약을 정확하게 준비해 병원 입원 환자들에게 전달하는 약국에서 40명의 약사 보조사를 감독한다. 약국에는 이중 점검 시스템이 있어 실수 발생률을 크게 줄여주지만 100퍼센트 완벽하게 막을 수는 없다. 약품을 분류하고 보관하는 과정, 심지어 조제 과정에서도 얼마든지 실수가 발생할 가능성이 있다. 쿠인은 자신이 예전에 했던 작은 실수를 직원들에게 들려주는 데서 그치지 않았다. 그녀는 다른 관리자들과 협력해 당일 근무자 10~12명이 참여하고 10분을 넘지 않는 짧은 '일일 안전 회의'를 도입했다. 이 회의에서 직원들은 실수 경험을 서로에게 들려주고 문제 해결을 도모한다. 쿠인은 말했다. "이 안전 회의에서 우리는 '아찔했던' 실수 경험을 터놓고 이야기한다. 그리고 그 일을 반면교사로 삼는다. 또한 안전 회의는 개선할 부분들을 토론하는 시간이기도 하다."

직접 실험해보기: 멀티플라이어 실천 사항을 통해 성공에 가까이 가라. 당신이 할 실험을 계획하고 되돌아보는 데에 이 표를 이용하라.

기회 찾기 이 실험을 언제, 어떻게 이용할 것인가?	영향력 높이기 이 실험을 언제, 어떻게 이용할 것인가?
학습 효과 극대화하기 실험 결과는 어떠했는가? 결과에 대한 판단 근거는 무엇인가?	**기술 발전시키기** 어떤 상황에서 이 실험을 다시 활용할 수 있는가?

실패의 범위 정하기

사람들이 시도하고 리스크를 감수하고 회복할 수 있는 범위를 규정하라.

주저하지 않고 새로운 모험을 할 수 있는 편안한 분위기를 만든다. 구성원들이 새로운 시도를 해도 되는 영역과 중요도가 너무 높아서 실패를 용인할 수 없는 영역을 명확히 구분한다.

멀티플라이어 원칙

- **해방자**

  이 실험을 권고할 만한 뜻하지 않은 디미니셔: 구조자, 낙관주의자, 보호자, 완벽주의자

- **멀티플라이어 관점**

  행동이 가져오는 마땅한 결과를 경험할 때 값진 것을 배운다.

- **멀티플라이어 실천 사항**

  명확한 '흘수선' 을 정해준다. 흘수선 위에서는 새롭고 과감한 시도를 해도 되지만 그 밑에서 일어나는 실수는 포탄과 같아서 치명적 실패를 야기해 '배를 침몰시킬' 수도 있다. 모든 구성원이 이 흘수선을 정확히 인식해야 한다.

  1. 화이트보드나 플립 차트의 빈 공간을 크게 두 부분으로 나눈다.
  2. '실수해도 괜찮은 상황' 과 '실수하면 안 되는 상황' 의 시나리오를 생각해보고 모든 구성원이 포스트잇에 적는다.
  3. 구성원들은 자신이 처음에 포스트잇을 붙인 범주를 바꿔도 괜찮다. 각각의 시나리오가 어느 범주에 속하는지 토론한다. 모두가 합의된 의견에 이를 때까지 화이트보드 위의 포스트잇을 이동시킨다.
  4. '실수해도 괜찮은 상황' 쪽에 최대한 많은 시나리오를 담도록 한다. 두 범주 사이에 '흘수선' 을 그린다.

멀티플라이어

427

5. 비슷한 시나리오들끼리 그룹으로 묶는다.

6. 각 범주 내에서 5번과 같이 묶은 그룹의 주제를 정의한다. 예시는 아래와 같다.

   a. 실수해도 괜찮은 상황: a) 비용보다 학습 효과가 더 크다. b) 회복할 시간과 자원이 충분하다. c) 고객들에게 피해가 가지 않는다.

   b. 실수하면 안 되는 상황: a) 조직의 윤리나 가치관에 위배된다. b) 조직의 브랜드나 평판이 타격을 입는다. c) 누군가(리더 포함)의 경력에 치명타를 준다.

7. 흘수선 위와 아래에서의 핵심 원칙들을 기록하고 팀원들과 공유한다.

실험 결과 사례

의류 기업 바나나리퍼블릭(Banana Republic)의 경영진은 멀티플라이어 워크숍에 참가할 당시 직원들이 현명하게 리스크를 감수하면서 혁신을 추구하게 만들 방법을 찾고 있었다. 이들은 자사의 사업에서 새로운 시도와 실패를 허용할 영역과 반드시 성공해야 하는 영역을 규정하기로 했다. 경영진은 각자의 생각을 포스트잇에 적은 뒤 커다란 화이트보드에 붙였다. 화이트보드 공간은 '실패를 허용함', '실패를 허용하지 않음' 이렇게 두 부분으로 나뉘어 있었다. 그들은 거기에 붙은 아이디어들을 토론하면서 포스트잇을 왼쪽 또는 오른쪽으로 이동시켰고, 나중에는 합의에 도달했다. 절대 실패해서는 안 되는 상황의 키워드는 '12월'이라는 한 단어로 요약할 수 있었다. 회사 대표는 이렇게 말했다. "1년 중 11개월 동안에는 제품, 가격, 홍보 등 모든 면에서 새로운 시도를 해도 괜찮다. 하지만 12월만은 리스크를 감수하고 불안한 전략을 택해선 안 된다." 12월은 연중 가장 소비가 많은 쇼핑 시즌이기 때문이다. 이들은 관리자급 전체에게 이와 같은 구분을 전달해 실패의 범위를 명확히 인식시켰다.

직접 실험해보기: 멀티플라이어 실천 사항을 통해 성공에 가까이 가라. 당신이 할 실험을 계획하고 되돌아보는 데에 이 표를 이용하라.

기회 찾기 이 실험을 언제, 어떻게 이용할 것인가?	영향력 높이기 이 실험을 언제, 어떻게 이용할 것인가?
학습 효과 극대화하기 실험 결과는 어떠했는가? 결과에 대한 판단 근거는 무엇인가?	**기술 발전시키기** 어떤 상황에서 이 실험을 다시 활용할 수 있는가?

오로지 질문만 하기

질문만 던지며 대화를 이어나감으로써 당신의 호기심을 깨워라.

당신이 말하는 모든 문장 끝에 물음표를 붙이라는 의미다. 즉 질문만 던진다.

멀티플라이어 원칙

- **도전 장려자**

  이 실험을 권고할 만한 뜻하지 않은 디미니셔: 아이디어맨, 늘 'ON' 상태인 리더, 구조자, 빛의 속도로 대응하는 리더, 전략가, 완벽주의자

- **멀티플라이어 관점**

  리더는 주변 사람들에게서 배우고 그들을 제대로 이해해야 한다.

- **멀티플라이어 실천 사항**

  구성원들이 알고 있는 것에 접근한다. 질문을 던지는 화법을 통해 당신의 의견을 전달한다. 극단적으로 나가 오로지 질문만 던져보라! 단 몇 분 만에 성과를 기대하지 말고 충분한 시간을 투자하라. 다음과 같은 다양한 종류의 질문을 활용한다.

  ▶ 이끄는 질문: 상대를 특정한 결과로 이끈다.

  ▶ 돕는 질문: 당신이 아는 것을 상대도 깨닫게 돕는다.

  ▶ 발견의 질문: 함께 어떤 아이디어나 해결책을 찾는다.

  ▶ 도전의 질문: 기존 가정에 의문을 제기한다.

도전의 질문
기존 가정에 의문 제기

발견의 질문
답을 아는 사람이 아무도 없을 때

돕는 질문
자신이 아는 것을 상대도 깨닫게 도움

이끄는 질문
특정한 결과 쪽으로 유도

열린 질문
설명을 이끌어냄

닫힌 질문
'네' 또는 '아니오'라는 대답이 나옴

LG전자의 헬스케어 세일즈 고객 관리 책임자 톰 모틀라우(Tom Mottlau)는 세일즈 팀 신입 사원 마이크가 회사에 빨리 적응해 안착할 수 있게 교육해야 했다. 평소 같으면 톰이 최소한 하루를 몽땅 투자해야 하는 일이었고, 기존 직원들까지 참여해 그들의 풍부한 전문 기술과 정보를 신입 사원에게 알려줘야 했다. 하지만 톰은 멀티플라이어 임원 코칭에 참여한 뒤 '질문만 던지기'를 활용했다. 톰은 마이크의 능력에 대한 선입견이나 가정을 배제한 채 긴 질문 목록을 만들었다. 그리고 이 질문들을 통해 마이크의 과거 경험에 대해 많은 것을 알게 됐고, 신입 사원 적응 프로그램의 어떤 면을 강화해야 마이크와 회사 모두에게 이로울지 판단할 수 있었다. 톰이 질문들을 출발점으로 삼아 교육을 진행하자 마이크는 짧은 시간 내에 빠른 진척을 보였고, 예전 같으면 톰이 하루를 전부 투자했을 일이 4시간밖에 안 걸렸다. 또한 마이크는 자신이 겪어본 가장 독특하고 효과적인 '첫 출근' 경험이었다고 말했다.

직접 실험해보기: 멀티플라이어 실천 사항을 통해 성공에 가까이 가라. 당신이 할 실험을 계획하고 되돌아보는 데에 이 표를 이용하라.

기회 찾기 이 실험을 언제, 어떻게 이용할 것인가?	영향력 높이기 이 실험을 언제, 어떻게 이용할 것인가?
학습 효과 극대화하기 실험 결과는 어떠했는가? 결과에 대한 판단 근거는 무엇인가?	**기술 발전시키기** 어떤 상황에서 이 실험을 다시 활용할 수 있는가?

전력투구가 필요한 과제 주기

당신의 팀이나 조직은 어떤 힘든 임무를 달성해낼 수 있는가?

팀원들에게 도전 의식을 자극하는 어려운 일, 즉 '미션 임파서블' 을 제시한다. 무엇을 해 낼 수 있는지 깨닫게 돕고, 흥미롭고 구체적인 도전 과제를 주고, 할 수 있다는 믿음을 심 어준다.

멀티플라이어 원칙

- **도전 장려자**

    이 실험을 권고할 만한 뜻하지 않은 디미니셔: 선두 주자, 보호자, 전략가

- **멀티플라이어 관점**

    사람들은 어려운 일을 해낼 능력이 있다.

- **멀티플라이어 실천 사항**

    ▶ 팀원 또는 조직 전체 구성원이 해낼 수 있다고 여겨지는 어려운 일을 찾는다.

    ▶ 흥미롭고 구체적이며 가능해 보이는 과제를 주어 최고의 사고력을 발휘하게 한다.

    ▶ 첫 단계는 충분히 성취 가능한 것으로 정해서 할 수 있다는 믿음을 형성시킨다.

    ▶ 질문을 활용해 창의적 능력을 자극한다.

    ▶ 질문을 하되 답은 주지 마라. 팀원들 스스로 답을 찾아야 한다.

피마카운티 지역 오수 관리과 과장 제이슨 그로드먼(Jason Grodman)은 조직의 생산성을 높이라는 지시를 받았다. 조사관 10명을 이끄는 리더인 제이슨은 최선의 생산성 제고 방안을 찾으려고 모든 에너지를 쏟았다. 과거 자료를 검토해보니 이 과에서 한 해에 완료한 점검 건수 중 가장 많은 것은 750건이었다. 그는 조사관들에게 이런 도전적인 과제를 제시했다. "우리가 2016년에 1,000건의 점검을 완료하려면 어떻게 해야 하는가?" 아직 구체적인 방법은 떠오르지 않았다. 하지만 제이슨은 목표치를 달성할 계획을 짜는 일을 조사관들에게 맡겼다. 조사관들은 머리를 맞대고 계획을 세운 뒤, 새로운 질문을 던지고 다른 각도로 바라보면서 계속 계획을 보완했다. 2016년도 첫 7개월 동안 그들은 기존의 최고 성과인 750건을 이미 넘어섰다. 목표인 1,000건을 무난히 달성할 뿐만 아니라 1,000건을 넘어설 것으로 전망됐다. 기존 성과 기록을 깨고 도전적인 목표치를 이뤄낸다는 것도 고무적이었지만, 제이슨은 직원들의 높아진 업무 참여도를 목격하고 어려운 과제를 부여하는 접근법의 힘을 직접 경험한다는 것이 훨씬 더 즐거웠다.

직접 실험해보기: 멀티플라이어 실천 사항을 통해 성공에 가까이 가라. 당신이 할 실험을 계획하고 되돌아보는 데에 이 표를 이용하라.

기회 찾기 이 실험을 언제, 어떻게 이용할 것인가?	영향력 높이기 이 실험을 언제, 어떻게 이용할 것인가?
학습 효과 극대화하기 실험 결과는 어떠했는가? 결과에 대한 판단 근거는 무엇인가?	기술 발전시키기 어떤 상황에서 이 실험을 다시 활용할 수 있는가?

토론 조성하기

토론을 이용해 집단 지성과 실행 속도를 높여라.

결정이 필요한 중요한 사안을 확인한다. 문제의 틀을 잡고, 토론에 불을 붙이고, 타당한 결정을 내린다.

멀티플라이어 원칙

* **토론 조성자**

  이 실험을 권고할 만한 뜻하지 않은 디미니셔: 빛의 속도로 대응하는 리더, 낙관주의자
* **멀티플라이어 관점**

  결정 과정에 사람들을 참여시키고 집단 지성을 이용한다. 결정 프로세스를 충분히 이해하면 사람들은 현명하게 움직인다.
* **멀티플라이어 실천 사항**

  1. 문제의 틀을 잡는다.
     * 질문을 정한다: 효과적인 토론을 위한 질문에는 고를 수 있는 명확한 선택지들이 담긴다.
     * 왜 그 질문이 중요하며 토론이 필요한지 설명한다.
     * 팀을 꾸린다: 사람들에게 자신의 주장을 뒷받침할 정보나 데이터, 근거를 준비해 오게 한다.
     * 결정이 내려지는 방식을 정확하게 알린다.
  2. 토론에 불을 붙인다.
     * 토론을 위한 질문을 던진다.
     * 각자의 입장을 뒷받침하는 근거를 말하게 한다.
     * 모두가 참여하게 한다.
     * 입장을 바꿔 상대편 관점에서 주장해보게 한다.

3. 타당한 결정을 내린다.
   - 의사 결정 프로세스를 다시 분명히 설명한다.
   - 결정을 내린다.
   - 결정 사항과 그 이유를 알린다.

건물 관리, 안전, 포장 관련 제품 및 서비스 공급업체 손턴브라더스(Thornton Brothers)의 대표 클레이 길버트(Clay Gilbert)는 유능한 고위 임원을 업계 경쟁사에 빼앗기고 나서 '토론 조성하기'를 실천했다. 예전 같았으면 핵심 임원 2명만 불러 사무실 문을 닫아놓고 회의를 했을 터였다. 하지만 《멀티플라이어》를 읽은 뒤 그는 결정을 내리기 전에 직원들이 모여 토론하는 시간을 갖기로 했다. 토론 당일 클레이는 회사의 목표와 핵심 가치를 반영하는 핵심 질문을 던지며 전체적인 틀을 잡아주었다. 토론 내내 자신은 중립적인 태도를 유지하되 사고 방향을 살짝 수정해주거나 더 깊은 토론을 촉진할 때만 잠깐씩 끼어들었다. 사람들은 창의적이고 알찬 의견을 내놓았고 현재 클레이는 그 의견들을 신중히 검토 중이다. 아직 최종 결정 사항은 나오지 않았지만, 그는 토론을 통해 직원들의 지적 능력을 마음껏 발휘시켰다는 뿌듯함을 느꼈다. 토론 과정은 모두에게 최선을 다해 사고할 것을 요구했으며, 그들은 의사 결정 프로세스에 더 큰 확신을 갖게 됐다.

직접 실험해보기: 멀티플라이어 실천 사항을 통해 성공에 가까이 가라. 당신이 할 실험을 계획하고 되돌아보는 데에 이 표를 이용하라.

기회 찾기 이 실험을 언제, 어떻게 이용할 것인가?	영향력 높이기 이 실험을 언제, 어떻게 이용할 것인가?
학습 효과 극대화하기 실험 결과는 어떠했는가? 결과에 대한 판단 근거는 무엇인가?	**기술 발전시키기** 어떤 상황에서 이 실험을 다시 활용할 수 있는가?

결정권의 51퍼센트 주기

더 많은 결정권을 주어 책임감을 느끼게 하라.

업무를 위임하는 데서 그치지 말고 (리더인 당신이 아니라) 그들 자신이 책임자임을 인지시킨다. 그들에게 결정권의 51퍼센트를 주되 책임감은 100퍼센트 지운다.

멀티플라이어 원칙

- **해방자, 투자자**

  이 실험을 권고할 만한 뜻하지 않은 디미니셔: 늘 'ON' 상태인 리더, 구조자, 완벽주의자

- **멀티플라이어 관점**

  사람들은 일에 대한 책임을 느낄 때 최선을 다한다.

- **멀티플라이어 실천 사항**

  1. 팀원에게 맡길 프로젝트를 정한다.
  2. 프로젝트 내용을 설명하고 그가 궁금해하는 질문에 대답해준다.
  3. 그에게 더 많은 결정권을 주고 이를 구체적인 숫자로 나타낸다. 예컨대 그에게 결정권의 51퍼센트가, 리더인 당신에게는 49퍼센트가 있다고 말한다. 또는 더 과감하게 75 대 25로 할 수도 있다. 50퍼센트 이상의 숫자는 '당신이 책임자이며 최종 결정을 내려야 한다' 라는 메시지를 전달한다.

- **51퍼센트(또는 그 이상)라는 숫자의 의미를 확실히 이해시켜라:**

  - 리더인 내가 아니라 당신이 책임자다.
  - 당신이 최종 결정을 내려야 한다(나도 의견을 내겠지만 만일 둘의 생각이 다르면 당신이 최종 결정한다).
  - 나는 당신이 주도적으로 이끌어가길 바란다(나도 관여는 하겠지만 당신의 방식을 따를 것이다).

- **다음과 같이 못을 박아라:**

당신의 결정권이 51퍼센트이고 나는 49퍼센트다. 그러니 이것은 내 할 일 목록에서
삭제할 것이다(이것은 전적으로 당신 일이다!).

실험 결과 사례

스테이시(Stacey)와 짐(Jim)은 고등학생들에게 신학 수업을 지도하는 교사였다. 이들
은 학생들이 그동안 배운 것을 부모님들 앞에서 보여주는 연말 행사를 기획하고 있
었다. 이는 전에 없던 새로운 행사였고, 스테이시와 짐은 학생들, 특히 곧 학교를 떠
나게 될 졸업반 아이들이 행사를 주도적으로 이끄는 주인공이 되길 바랐다. 스테이
시와 짐은 행사에 대한 자신들의 생각을 설명하고 행사 준비와 관련된 기본 지침과
기준을 알려주었다. 그런 다음 학생들 자신이 책임지고 계획하라고, 그 기준만 충족
시킨다면 어떤 식으로 기획해도 좋다고 말했다. 학생들은 곧 의견을 나누며 토론을
시작했지만 자꾸 선생님 생각에 의지하려는 모습을 보였다. 스테이시는 실제적인 책
임자는 학생들이며 결정권도 그들에게 있다고 다시 한번 못 박았다. 이를 확실히 하
기 위해 스테이시와 짐은 방을 나와버렸다. 10~15분쯤 뒤 다시 방에 돌아와 보니, 학
생들은 재미난 아이디어를 구상해 각자 맡을 역할도 정하고 선생님 도움이 필요한
부분도 정해놓은 상태였다. 학생들은 끝까지 책임지고 계획을 수립해서 결국 스테이
시와 짐의 기대 이상으로 행사를 멋지게 성공시켰다.

**직접 실험해보기: 멀티플라이어 실천 사항을 통해 성공에 가까이 가라. 당신이 할 실험을 계
획하고 되돌아보는 데에 이 표를 이용하라.**

기회 찾기 이 실험을 언제, 어떻게 이용할 것인가?	영향력 높이기 이 실험을 언제, 어떻게 이용할 것인가?
학습 효과 극대화하기 실험 결과는 어떠했는가? 결과에 대한 판단 근거는 무엇인가?	**기술 발전시키기** 어떤 상황에서 이 실험을 다시 활용할 수 있 는가?

책임 되돌려주기

구성원에게 책임을 되돌려줘라.

당신 생각에 팀원이 해결할 수 있다고 여겨지는 문제를 그가 들고 오면 그것을 다시 되돌려주면서 해결책을 찾으라고 말한다. 리더는 문제 해결사가 아니라 코치가 돼야 한다. 만일 그의 도움 요청이 타당하다면 당신이 개입해(즉 '펜' 을 넘겨받아) 도움을 주고 나서 다시 책임을 그에게 되돌려준다.

멀티플라이어 원칙

- **투자자**

  이 실험을 권고할 만한 뜻지지 않은 디미니셔: 아이디어맨, 구조자

- **멀티플라이어 관점**

  사람들은 똑똑하므로 해낼 수 있다.

- **멀티플라이어 실천 사항**

  1. 해결책을 요구한다: 팀원이 문제를 들고 오면, 끝까지 치열하게 생각해 해결책을 찾으라고 말한다. 아래처럼 질문한다.
     - 당신 생각에 이 문제의 해결책이 무엇인가?
     - 이 상황을 타개할 방법을 제안해보겠는가?
     - 이 문제를 해결하기 위해 어떤 방법을 써보고 싶은가?
  2. '펜' 을 돌려준다: 팀원들이 어려움을 겪으면 도움을 주고 나서 손을 뗀다. 아래처럼 말하며 책임감을 돌려준다.
     - 이 문제를 철저하게 생각해보게 도울 수 있어서 기쁘다. 하지만 주도권은 여전히 당신에게 있다.
     - 이런 점들을 고려해보면 좋을 것이다. 이후부터는 당신이 주도하라.
     - 나는 지원하는 역할을 할 것이다. 당신이 책임지고 진행하는 과정에서 어떤 부분에 내 도움이 필요한가?

데이브 하블렉(Dave Havlek)은 유능한 임원이며 자신을 "늘 엄청난 스트레스에 시달리고 엄청나게 고집 센 사람"이라고 표현한다. 그는 클라우드 컴퓨팅의 선두 기업이며 빠른 혁신과 변화로 유명한 세일즈포스의 투자 유치 활동 책임자다. 그는 밤 12시가 넘도록 야근하는 일이 다반사였지만 직원들의 발전을 가로막는 장애물 같은 상사이기도 했다. 그가 중요한 일을 다 처리하고 지시를 내렸기 때문에 직원들은 자신의 역할에 회의를 느꼈다. 그러던 어느 날 인력이 부족한 그의 팀이 8주 일정의 프로젝트를 소화하게 되어 직원 채용 계획을 급히 수립해야 하는 상황을 맞았다. 하지만 데이브 혼자서 해결책을 찾기엔 시간이 부족했다. 그는 평소의 방식을 버리기로 했다(멀티플라이어 리더십 교육 프로그램에 참여한 이후였다). 혼자서 답을 찾으려 애쓰는 대신 팀원들에게 임무를 넘겨주기로 한 것이다. 팀원들은 적극적으로 나서서 그 책임을 받아들였고, 함께 협력해 데이브가 혼자 하는 경우보다 더 효과적인 직원 채용 계획을 구상해냈다.

직접 실험해보기: 멀티플라이어 실천 사항을 통해 성공에 가까이 가라. 당신이 할 실험을 계획하고 되돌아보는 데에 이 표를 이용하라.

기회 찾기 이 실험을 언제, 어떻게 이용할 것인가?	영향력 높이기 이 실험을 언제, 어떻게 이용할 것인가?
학습 효과 극대화하기 실험 결과는 어떠했는가? 결과에 대한 판단 근거는 무엇인가?	기술 발전시키기 어떤 상황에서 이 실험을 다시 활용할 수 있는가?

새로운 상사 찾기

능력을 마음껏 꽃피울 직장을 원한다면 단순히 적절한 회사나 직책을 찾지 말고 '새로운 상사'를 찾아라. 멀티플라이어 상사를 찾기 위한 팁을 소개한다.

1. **멀티플라이어와 디미니셔 행동의 신호를 관찰한다.**

    멀티플라이어와 가장 상관관계가 높은 특성 3가지는 지적 호기심, 올바른 질문 던지기, 고객 중심적 태도다. 그리고 디미니셔와 가장 상관관계가 낮은 특성들은 토론과 반대 의견을 반김, 사람들에게 권한을 줌, 상대를 이해하려고 노력함, 유머 감각이다. 따라서 이런 특성들이 있는지 관찰하라. 멀티플라이어와 디미니셔를 알아볼 수 있는 신호의 예는 다음과 같다.

멀티플라이어 신호

- [ ] 대화할 때 말하는 시간보다 듣는 시간이 더 많다.
- [ ] 호기심을 갖고 추가 질문을 한다.
- [ ] 더 깊이 이해하려고 '이유'를 묻는다.
- [ ] 문제를 여러 시각에서 바라본다.
- [ ] 자기 비하적인 위트를 구사해 상대를 편안하게 만든다.

디미니셔 신호

- [ ] 대화할 때 듣는 시간보다 말하는 시간이 더 많다.
- [ ] 피상적인 답변을 그냥 받아들이고 넘어간다.
- [ ] '무엇'과 '어떻게'를 묻는다.
- [ ] 자기 의견을 강하게 말한다.
- [ ] 자신을 대단히 중요하게 여긴다.

2. 적절한 질문을 던진다.

그의 관점과 사고방식을 드러낼 수 있는 질문을 던진다.

☐ **성장 마인드셋을 지녔는가, 고정 마인드셋을 지녔는가?**

이렇게 묻는다: 당신은 리더로서 어떻게 성장해왔습니까?

답변에서 주목할 점: 그가 자신의 취약점을 인지하고 있는가? 자신이 깨닫지 못하는 약점을 알기 위해 적극적으로 노력하는가? 동료들의 피드백을 자기 개선의 동력으로 삼았는가? 자신의 좋은 의도가 부정적 영향을 끼칠 수 있음을 아는가?

☐ **자기 자신 위주인가, 팀 위주인가?**

이렇게 묻는다: 당신의 팀에 대해 들려주시겠습니까?

답변에서 주목할 점: 답변의 내용이 아니라 얼마나 오래 말하는지 관찰한다. 자기 위주의 사고방식을 지닌 사람이라면 대화의 주도권을 금세 다시 잡는다.

☐ **자신의 역할을 어떻게 생각하는가?**

이렇게 묻는다: 이 조직에서는 리더의 기본적인 역할이 무엇입니까? 팀원들이 당신의 역할이 무엇이라고 설명합니까?

답변에서 주목할 점: 그가 자신을 생각의 주도자라고 여기는가, 생각의 촉진자라고 여기는가?

☐ **지적 능력에 대한 관점이 어떤가?**

이렇게 묻는다: 이 조직에서는 어떤 유형의 사람이 지적 능력이 뛰어나다고 여겨집니까?

답변에서 주목할 점: 지적 능력을 한 가지 관점으로만 보는가, 아니면 사람들이 저마다 다른 종류의 능력을 발휘한다고 믿는가?

☐ **사람들에게 책임과 권한을 얼마나 주는가?**

이렇게 묻는다: 내가 들어갈 직급의 누군가가 현재 맡은 프로젝트 사례를 말씀해주시겠습니까?

답변에서 주목할 점: 그가 일련의 작은 임무들을 설명하는가, 아니면 대형 프로젝트나 계획을 언급하는가?

3. 주변의 평가를 알아본다.

그 상사 밑에서 일하는 것이 어떤지 조사해본다. 현재 그의 밑에서 일하는 사람들과 이야기를 나눠보거나 글래스도어닷컴(Glassdoor.com) 등의 웹 사이트를 활용한다.

4. 구매 전 시험 사용을 해본다.

불안한 마음이 든다면 처음엔 프리랜서나 컨설턴트로 그 회사와 일해본다. 그게 여의치 않다면 실제 업무 현장을 경험해보기 위해 팀 회의나 화상회의를 참관하게 해달라고 부탁한다.

덧붙임: 만일 상사 후보가 위와 같은 당신의 요청이나 시도를 탐탁지 않게 여긴다면 결론이 나온 셈이니 더 알아보고 말고 할 것도 없다.

멀티플라이어 실험

1단계: 당신의 뜻하지 않은 디미니셔 성향을 깨달았다면 그 성향을 고쳐 멀티플라이어에 가까워지는 데 도움이 될 실험을 선택하라. 뜻하지 않은 디미니셔 성향을 진단하고 싶을 때는 언제든 www.multipliersbooks.com의 퀴즈를 활용하라.

뜻하지 않은 디미니셔 성향

실험	아이디어맨	늘 'ON' 상태인 리더	구조자	선두 주자	빛의 속도로 대응하는 리더	낙관주의자	보호자	전략가	완벽주의자
재능을 구체적으로 관찰하기: 팀원들이 쉽게 해내는 일이 무엇인지 알아내 그들의 타고난 재능을 효과적으로 활용한다.	✓	✓						✓	
능력치를 넘는 과제 주기: 현재 능력치를 넘어서는 임무를 맡겨 한층 더 성장하게 돕는다.				✓			✓		
포커 칩 개수 줄이기: 회의에서 사용할 '포커 칩' 개수를 정해놓는다. 칩 1개는 회의에서 발언하는 횟수 1회다.		✓						✓	
실수 공개하기: 리더의 실수를 들려주어 과감한 시도와 학습을 촉진한다.				✓		✓			✓
실패의 범위 정하기: 사람들이 시도하고 리스크를 감수하고 실수에서 회복할 수 있는 범위(프로젝트, 업무 종류나 사업의 측면)를 규정한다.			✓			✓	✓		✓

실험	아이디어맨	늘 'ON' 상태인 리더	구조자	선두 주자	빛의 속도로 대응하는 리더	낙관주의자	보호자	전략가	완벽주의자
오로지 질문만 하기: 질문만 던지는 방식으로 회의나 대화를 진행한다.	✓	✓	✓		✓			✓	✓
전력투구가 필요한 과제 주기: 목표만 주지 말고 구체적인 과제를 제시한다. 해결책이 필요한 흥미롭고 어려운 문제를 준다.				✓			✓	✓	
토론 조성하기: 중요한 결정을 내릴 때 리더가 즉각 답을 내지 않고, 여러 선택지를 제시한 후 팀원들 각자 의견과 근거를 준비해 토론하게 한다.						✓	✓		
결정권의 51퍼센트 주기: 문제나 프로젝트에 관해 더 많은 결정권을 주어 책임감을 갖게 한다.		✓	✓						
책임 되돌려주기: 팀원에게 도움이 필요하면 리더가 다가가 도와준 다음 다시 그에게 책임을 되돌려준다.	✓			✓					

2단계: 멀티플라이어가 되는 과정에 속도를 내고 싶다면 타인(부하 직원, 동료, 상사)에게 당신이 실천할 실험을 골라달라고 요청한다.

3단계: 그 사람에게 이렇게 묻는다.

- 뜻하지 않은 디미니셔 성향들 중 내게서 목격되는 것은 무엇인가? (즉 당신이 보기에 나는 좋은 의도를 갖고서도 어떤 식으로 사람들의 아이디어와 행동을 가로막는가?)
- 내가 사람들의 최고 역량을 끌어내는 리더가 되려면 어떤 실험이 가장 도움이 될 것인가? 그렇게 생각하는 이유는 무엇인가?
- 당신은 내가 더 나은 리더가 되는 데 도움이 될 어떤 조언을 해주고 싶은가?

멀티플라이어 평가

나도 모르게 디미니셔가 되었는가?

놀랍게도 디미니셔 리더들 중에는 자신이 사람들의 능력을 억누른다는 것을 자각하는 이가 거의 없다. 그들 대부분은 개인적인, 대개는 지적인 탁월함을 칭송받으며 조직의 높은 자리에 올랐고, 가장 똑똑한 관리자가 되는 것이 상사의 임무라고 생각했다. 또 어떤 이들은 한때 멀티플라이 사고방식을 갖고 있었지만 너무 오랫동안 디미니셔에 둘러싸여 일하다 보니 디미니셔 세계의 일원이 돼버렸다.

의도치 않게 디미니셔가 됐든 아니든 팀에 끼치는 영향은 같다. 그들은 팀 역량의 절반밖에 얻지 못한다.

'뜻하지 않은 디미니셔 퀴즈'는 다음과 같이 구성돼 있다.

- 10가지 경영 시나리오를 읽고 당신의 리더십 스타일과 가까운 것이 무엇인지 생각해 본다.
- 당신이 어느 정도로 디미니셔의 영향력을 발휘하고 있는지 진단한다. 뜻하지 않은 디미니셔 점수를 즉시 확인할 수 있다. 점수가 낮을수록 좋다.
- 당신의 답변들을 분석한 보고서, 그리고 멀티플라이어가 되기 위한 행동 개선을 도울 권고 사항을 받는다.

'뜻하지 않은 디미니셔 퀴즈'는 www.multipliersbooks.com에서 확인할 수 있다.

완전한 360도 평가를 진행하고 싶거나 당신이나 팀이 사람들의 지적 능력을 얼마나 활용하고 있는지 평가하고 싶다면 아래로 연락하기 바란다.

더 와이즈먼 그룹 홈페이지 www.TheWisemanGroup.com

이메일 info@TheWisemanGroup.com

추천의 글

1. Peter F. Drucker, *Management Challenges of the 21st Century* (New York: Harper Business, 1999), 135.

들어가며

1. David R. Schilling, "Knowledge Doubling Every 12 Months, Soon to Be Every 12 Hours," *Industry Tap*, April 19, 2013; "Quick Facts and Figures about Biological Data," *ELIXIR*, 2011; Brian Goldman, "Doctors Make Mistakes. Can We Talk About That?," TED Talks, November 2011; Brett King, "Too Much Content: A World of Exponential Information Growth," *Huffington Post*, January 18, 2011.
2. 가명을 사용함.
3. http://www.gallup.com/poll/165269/worldwide-employees-engaged-work.aspx.
4. https://www.shrm.org/ResourcesAndTools/hr-topics/employee-relations/Pages/SHRM-Job-Security-Is-No-Longer-Top-Driver-of-Satisfaction.aspx#sthash.x5fhRn2v.dpuf.
5. 이 데이터는 2010년부터 2016년 11월 사이에 관리자 1,626명에 대해 진행된 멀티플라이어 360도 평가 및 활용지수에서 나온 것이다. 이 평가에서는 관리자의 동료, 부하, 상사들이 해당 관리자가 사람들의 지적 능력과 역량을 얼마만큼 활용하고 있는지 평가한다.

1장 왜 멀티플라이어인가?

1. Bono, "The 2009 Time 100: The World's Most Influential People," *Time*, May 11, 2009.
2. 가명을 사용함.

3. 가명을 사용함.

4. 가명을 사용함.

5. 연구 방법 및 데이터는 부록 A에 있다.

6. Carol Dweck, *Mindset: The New Psychology of Success* (New York: Random House, 2006).

7. Nicholas D. Kristof, "How to Raise Our I.Q.," *New York Times*, April 16, 2009.

8. Ibid.; Richard E. Nisbett, *Intelligence and How to Get It: Why Schools and Cultures Count* (New York: W. W. Norton & Company, Inc., 2009).

9. Gary Hamel and C. K. Prahalad, *Competing for the Future* (Boston: Harvard Business School Press, 1994), 159.

10. 가명을 사용함.

11. Dweck, *Mindset*, 6.

12. Ibid., 7.

13. Adrian Gostick and Scott Christopher, *The Levity Effect: Why It Pays to Lighten Up* (Hoboken, NJ: Wiley, 2008), 12. Pat Riley, speech to SAP (Miami, July 12, 2011).

14. Joel Stein, "George Clooney: The Last Movie Star," *Time*, February 20, 2008.

2장 뛰어난 인재를 탁월한 인재로 키운다

1. 가명을 사용함.

2. Carol Dweck, *Mindset: The New Psychology of Success* (New York: Random House, 2006).

3. Jack and Suzy Welch, "How to Be a Talent Magnet," *BusinessWeek*, September 11, 2006.

3장 일터를 쉼터로 만든다

1. 가명을 사용함.

2. '우수' 또는 '최우수' 결과가 나온 학생은 82퍼센트에서 98퍼센트로 증가했다. '기초 실력 부족' 또는 '기초 실력 많이 부족'으로 나온 학생은 9퍼센트에서 2퍼센트로 감소했다.

3. '올해의 멀티플라이어'는 더 와이즈먼 그룹이 후원하는 상으로 멀티플라이어 리더십의 모범을 보인 리더에게 수여되며, 해당 리더와 같은 조직에서 일하는 구성원들의 추천으

로 후보자가 선정된다. 관련 정보는 다음에서 볼 수 있다. http://multipliersbooks.com/nominate-leader-2016-multiplier-year-award/.

4. Peter B. Stark and Jane S. Flaherty, *The Only Negotiating Guide You'll Ever Need* (New York: Random House, 2003).

4장 변화와 도전을 즐긴다

1. Larry Huston and Nabil Sakkab, "Connect and Develop: Inside Procter & Gamble's New Model for Innovation," *Harvard Business Review*, March 2006.
2. 리즈 칸(Riz Khan)과의 인터뷰. *One on One*, Al Jazeera broadcast January 19, 2008.
3. Noel Tichy, *The Leadership Engine* (New York: Harper Business, 1997), 244.

5장 스스로 결론을 내리지 않는다

1. 국방 장관 도널드 럼즈펠드(Donald Rumsfeld)에 대한 해임 요구가 빗발치고 있던 2006년 4월 18일 화요일, 부시 대통령은 백악관 로즈가든에서 자신의 결정에 대해 이렇게 말했다. "럼즈펠드는 자신의 역할을 훌륭히 해내고 있다… 그에 대한 해임 요구가 들려오고 있다. 나는 언론 분위기를 알고 있다. 사람들이 어떤 추측을 하는지 잘 안다. 그러나 내가 결정권자이며 나는 최선의 결정을 내린다. 현재의 최선은 그가 계속 국방 장관직을 수행하는 것이다."
2. Joe Klein, "The Blink Presidency," *Time*, February 20, 2005.
3. Michael R. Gordon, "Troop 'Surge' Took Place Amid Doubt and Debate," *New York Times*, August 30, 2008.
4. Quoted in Adam Bryant, "He Prizes Questions More Than Answers," *New York Times*, October 24, 2009.
5. Ibid.
6. '공동 탐구'는 주니어 그레이트 북스 재단에서 개발하고 가르치는 학습 기법이다.

6장 능력을 소유하지 않는다

1. Nic Paget-Clarke, interview in Ahmedabad, August 31, 2003, *In Motion magazine*.
2. '빅 픽처'는 캐털리스트 컨설팅(Catalyst Consulting)에서 개발했다.
3. *The Economist* ranking for Murthy/Infosys: http://www.marketwired.com/press-

release/worlds-most- admired-ceos-2005-microsofts-bill-gates-named-
most-admired-global-leader-nasdaq-wppgy-571937.htm.

4. 멀티플라이어 및 디미니셔의 리더십 행동 방식에 대한 우리의 연구 조사를 토대로
한다. 부록 B 참고.

7장 뜻하지 않은 디미니셔

1. Carol Dweck, *Mindset: The New Psychology of Success* (New York: Random
House, 2006).

8장 디미니셔에 대응하기

1. '디미니셔에 대응하기' 관련 연구 방식의 자세한 설명은 부록 A 후반부를 참고하라.

2. Freedman, Joshua. "Hijacking of the Amygdala" https://web.archive.org/web/
20091122194535/http://www.inspirations-unlimited.net/images/Hijack.pdf
(PDF). Archived from the original on November 22, 2009. Retrieved 2010-04-
06.

3. Elinor Ostrom and James Walker, *Trust & Reciprocity: Interdisciplinary Lessons
from Experimental Research* (New York: Russell Sage Foundation, 2003), 3-7.

4. 가명을 사용함.

5. www.speedoftrust.com/How-The-Speed-of-Trust-works/book.

6. 대표적인 웹 사이트는 다음과 같다. glassdoor.com, greatplacetowork.com,
vault.com.

7. 이 데이터는 2010년부터 2016년 11월 사이에 관리자 1,626명에 대해 진행된 멀티플
라이어 360도 평가에서 나온 것이다. 이 평가에서는 관리자의 동료, 부하, 상사들이
해당 관리자가 사람들의 지적 능력과 역량을 얼마만큼 활용하고 있는지 평가한다.

9장 멀티플라이어 되기

1. John H. Zenger and Joseph Folkman, *The Extraordinary Leader* (New York:
McGraw-Hill, 2002), 143-47.

2. Phillippa Lally, Cornelia H. M. van Jaarsveld, Henry W. W. Potts, and Jane
Wardle, "How Are Habits Formed: Modelling Habit Formation in the Real
World," http://onlinelibrary.wiley.com/doi/10.1002/ejsp.674/abstract (July 16,
2009).

가명을 사용함.

4. David D. Burns, *Feeling Good: The New Mood Therapy* (New York: William Morrow and Company, 1980).

5. "culture," *Merriam-Webster.com*, 2016, https://www.merriam-webster.com (October 24, 2016).

6. Saritha Pujari, "Culture: The Meaning, Characteristics, And Functions." *Yourarticlelibrary.com: The Next Generation Library*. http://www.yourarticlelibrary.com/culture/culture-the-meaning-characteristics-and-functions/9577/.

7. Ibid.

8. Kim Ann Zimmermann, "What Is Culture? | Definition of Culture," http://www.livescience.com/21478-what-is-culture-definition-of-culture.html (February 19, 2015).

9. Ifte Choudhury, "culture; some definitions," https://www.tamu.edu/faculty/choudhury/culture.html, Texas A&M.

10. "culture," *BusinessDictionary.com*, 2016, http://www.businessdictionary.com/definition/culture.html.

11. "Elements of Organizational Culture," http://www.kautilyasociety.com/tvph/communication_skill/organizational_culture.htm.

12. Daniel Pekarsky, PhD, "The Role of Culture in Moral Development," *Parenthood in America*. Published by the University of Wisconsin-Madison General Library System. http://parenthood.library.wisc.edu/Pekarsky/Pekarsky.html, 1998.

13. '올해의 멀티플라이어'는 더 와이즈먼 그룹이 후원하는 상으로 멀티플라이어 리더십의 모범이 되는 리더에게 수여되며, 해당 리더와 같은 조직에서 일하는 구성원들의 추천으로 후보자가 선정된다. 관련 정보는 다음에서 볼 수 있다. http://multipliersbooks.com/nominate-leader-2016-multiplier-year-award/.

14. 163퍼센트라는 투자 대비 수익률은 ROI 연구소 유럽(ROI Institute Europe)에서 측정하고 잭 필립스(Jack Phillips)와 패티 필립스(Patti Phillips)가 인정한 수치다.

15. 전진 실패 사이클은 멀티플라이어 워크숍에서 나온 것으로, 가트너(Gartner)에서 개발한 하이프 사이클(Hype Cycle)에서 파생된 것이다. 하이프 사이클은 시간에 따른 기술의 성숙도를 그래프로 나타낸 것이다. 이는 기술 촉발에서 시작해 기술에 대한

기대감이 정점에 이르렀다가, 많은 기업의 실패로 기술에 대한 환멸 단계를 거쳐, 이후 꾸준한 상승 곡선(깨달음 및 생산성 안정기)을 그린다. 기술이 시장에서 겪는 하이프 사이클과 달리, 개인이나 조직의 변화 사이클은 깨달음 및 생산성 안정기에 해당하는 상승 곡선을 그리지 못하고 최종 실패에 이르는 경우가 많다.

부록 A 연구 과정

1. James C. Collins, *Good to Great: Why Some Companies Make the Leap—and Others Don't* (New York: Harper Business, 2001), 7.

2. Shane Legg and Marcus Hutter, *Technical Report: A Collection of Definitions of Intelligence* (Lugano, Switzerland: IDSIA, June 15, 2007).

3. Linda S. Gottfredson, "Mainstream Science on Intelligence: An Editorial with 52 Signatories, History, and Bibliography," *Intelligence* 24, no. 1, (1997): 13–23.

어떻게 사람들의 역량을 최고로 끌어내는가
멀티플라이어-개정증보판

개정증보판 1쇄 발행 | 2019년 2월 1일
개정증보판 8쇄 발행 | 2024년 3월 11일

지은이 | 리즈 와이즈먼
옮긴이 | 이수경
펴낸이 | 김수언
펴낸곳 | 한국경제신문 한경BP
책임편집 | 노민정
교정교열 | 한지연
저작권 | 백상아
홍보 | 서은실 · 이여진 · 박도현
마케팅 | 김규형 · 정우연
디자인 | 권석중
본문디자인 | 디자인 현

주소 | 서울특별시 중구 청파로 463
기획출판팀 | 02-3604-590, 584
영업마케팅팀 | 02-3604-595, 562   FAX | 02-3604-599
H | http://bp.hankyung.com   E | bp@hankyung.com
F | www.facebook.com/hankyungbp
등록 | 제 2-315(1967. 5. 15)

ISBN 978-89-475-4442-9   03320